2022
国际军备控制与裁军

李驰江◎主编

世界知识出版社

图书在版编目（CIP）数据

2022 国际军备控制与裁军 / 李驰江主编. --北京：世界知识出版社，2022.8
ISBN 978-7-5012-6558-9

Ⅰ.①2… Ⅱ.①李… Ⅲ.①军备控制—研究报告—世界—2022 ②裁军问题—研究报告—世界—2022 Ⅳ.①D815.1 ②E118

中国版本图书馆 CIP 数据核字（2022）第 147413 号

责任编辑	刘豫徽
责任出版	王勇刚
责任校对	陈可望

书　　名	2022 国际军备控制与裁军 2022 Guoji Junbei Kongzhi yu Caijun
主　　编	李驰江
出版发行	世界知识出版社
地址邮编	北京市东城区干面胡同 51 号（100010）
网　　址	www.ishizhi.cn
投稿信箱	lyhbbi@163.com
电　　话	010-65265923（发行）　010-85119023（邮购）
经　　销	新华书店
印　　刷	北京虎彩文化传播有限公司
开本印张	720 毫米×1020 毫米　1/16　33 印张
字　　数	456 千字
版次印次	2022 年 8 月第一版　2022 年 8 月第一次印刷
标准书号	ISBN 978-7-5012-6558-9
定　　价	128.00 元

版权所有　侵权必究

前 言

《2022国际军备控制与裁军》应约与读者见面了。作为中国军控与裁军协会编撰的年度出版物，本书收录了15篇论文，涉及核、外空、生物、网络、人工智能等领域最新情况和态势，基本涵盖了过去一年国际军控、裁军、防扩散领域的重大事件，在一定程度上反映了中国专家、学者对相关问题的认识与看法。

2021年，大国竞争和博弈加剧，国际军控、裁军与防扩散进程经历深刻调整。美国拜登政府将大国竞争视为国家安全战略的核心，推动构筑和加强美英澳三边安全伙伴关系、四边机制、五眼联盟等盟友体系，谋求压倒性军事优势，严重冲击全球战略安全稳定。受新冠肺炎疫情影响，《不扩散核武器条约》第十次审议大会再次延期，大量重要多边军控活动仍以线上方式进行。地区防扩散热点问题延宕未决。朝鲜半岛形势保持缓和，但由于美国拒绝回应朝鲜的正当合理关切，朝鲜半岛核问题相关对话僵局没有变化。有关各方启动恢复伊朗核问题全面协议履约的谈判，美国和伊朗就重返伊朗核协议展开激烈博弈，牵动中东地区局势持续暗流涌动。新兴科技推动世界新军事革命加速发展，主要国家纷纷就生物安全、外空安全、网络安全、人工智能军事化应用等新兴领域治理提出主张，相关全球安全治理进程和博弈更趋激烈。

面对挑战，中国军控外交深入践行习近平外交思想，推动构建人类命运共同体，积极倡导和维护多边主义，继续在国际军控与维护全球战略安全上发挥建设性作用。2021年，王毅国务委员兼外长在日内瓦裁军谈判会议上发表重要讲话，深入阐释全球安全观，提出中国倡议，赢得广泛共鸣。中国与阿拉伯国家联盟发表《中阿数据安全合作倡议》，推动达成《科学家生物安全行为准则天津指南》，首次发布《中国关于规范人工智能军事应用的立场文件》，并在第76届联合国大会上提出"在国际安全领域促进和平利用国际合作"决议，深入参与全球安全治理和双多边军控进程。中国继续联合有关国家努力推动伊朗核问题尽早回归全面协议轨道，坚持朝鲜半岛核问题政治解决方向，积极参与五核国会议，努力维护全球战略稳定。

2021年恰逢中国军控与裁军协会成立20周年，中国军控与裁军协会成功举办"中国军控与裁军协会成立20周年纪念大会暨中国恢复联合国合法席位50周年军控工作座谈会"。国务委员兼外长王毅在大会上发表讲话，祝贺中国军控与裁军协会成立20周年，肯定了协会成立20年来取得的成绩。王毅指出，中国恢复在联合国合法席位后，全面参与多边军控事务。在党中央坚强领导下，中国军控外交不断走深走实，有效维护了自身合法权益，为世界和平与稳定做出了积极贡献。王毅强调，站在新的历史起点上，我们要深入学习贯彻习近平总书记在建党100周年纪念大会上的重要讲话精神，努力探索一条具有中国特色、体现大国担当的军控外交之路，为维护中国国家安全与发展利益、促进世界和平发展做出不懈努力。

2022年是中国军控与裁军协会连续第十九年编辑出版本部论文集，旨在为国内专家、学者提供展示自己学术成果的平台，同时希望对研究国际军控、裁军、防扩散等问题的学者有所启迪。书中各位专家观点仅代表作者个人，不代表中国军控与裁军协会的看法。

衷心感谢参与撰稿的所有作者，他们的辛勤与严谨为本书质量提供了保障。协会有关领导和秘书处同志对全书的审核校稿做了大量工作，世界知识出版社的领导和有关编辑人员为本书的编辑和出版付出了辛勤努力。另外，对于多年来广大读者和有关人士给予本书的好评和支持，在此一并致谢。

由于课题组水平所限，书中谬误在所难免，恳请国内外专家和读者批评指正。

《国际军备控制与裁军》课题组
2022年4月于北京

目　　录

【核政策与核裁军】

核军备控制的未来：方向与议程　　　　　　　　　　孙向丽　3

美国"延伸威慑"政策与北约"核共享安排"政策评析

　　　　　　　　　　　　　　　　　　　　　　　　史建斌　20

拜登政府核政策调整的理想与现实　　　　　　　　　樊吉社　36

【核不扩散】

美国与伊朗围绕重返伊朗核协议谈判的博弈　　　　　李国富　51

朝鲜半岛：无核化与永久和平体制　　　　　　　　　杨希雨　64

美英澳核潜艇合作的核扩散风险初析　　赵学林　宋岳　赵畅　80

【外空与反导】

高超声速武器发展态势及军控前景　　　　　　　　　巩小豪　97

外空核查机制探析　　　　　　　　　　　　陈俊哲　王国语　114

新时代太空安全问题研究　　　　　　　　　　　　　兰顺正　135

【网络安全与人工智能】

2021年网络安全与军控：威胁形势、应对举措与中国行动

             徐龙第　153

人工智能军事应用国际规范制定：进展、共识与分歧

            朱启超　龙坤　176

致命性自主武器系统的军控进程

        曹华阳　李响　况晓辉　赵刚　193

【生物安全与军控】

2021年国际生物安全形势综述　　　蒋丽勇　舒东　刘术　215

【常规与综合】

美国经济制裁体系的运行机制、对华制裁现状及未来动向

             富景筠　张高胜　235

新兴战略力量对战略稳定的冲击及应对探析　　郭晓兵　张明　251

【附件】

2021年中国军控与裁军文件摘编　　　　　　　　　　267

【核政策与核裁军】

核军备控制的未来：方向与议程

孙向丽

**美国"延伸威慑"政策
　与北约"核共享安排"政策评析**

史建斌

拜登政府核政策调整的理想与现实

樊吉社

核军备控制的未来：方向与议程

孙向丽

内容提要：当前国际核秩序正日益走向核国家多元化、战略风险多样化，以条约为主要手段的传统核军控模式难以为继。面对困境与挑战，各国智库与学者提出不少新议程、新动议，涉及美俄双边核军控、中美俄三边核军控及减少核风险等。鉴于复杂化的地缘政治竞争，如何减少常规冲突中的核使用风险以及跨域性战略风险已成为最现实、最迫切的军控议程。在当前"第三核时代"时期，核军控进程的方向与重点议程已不可避免地发生了重大变化，从过去聚焦于核武器数量限制的条约式传统军控模式，逐渐向更广泛的非条约军控合作模式发展。这是适应新时代核秩序挑战而做出的必然调整，国际社会应就此努力进行开创性合作。

关 键 词：核武器；核军控；核裁军；军控议程
作者单位：中国工程物理研究院战略研究中心

一、引言

自 1945 年以来，根据核武器发展状况及国际核军备控制进程特点，大体可将国际核秩序划为三个时期，即部分学者所称的三个核时代。[1]第一核

---

[1] Michal Smetana, "A Nuclear Posture Review for the Third Nuclear Age," *The Washington Quarterly* 41, no. 3 (2018): 137–157.

时代，即冷战时期。第二核时代，指冷战结束后的20余年。第三核时代，即2017年以来，以美国强调大国竞争战略为标志，大国间的核及新兴军事技术竞争日益激烈。尤其是美国特朗普政府推行单边主义，不断毁约退群，国际军控机制摇摇欲坠，再加上大国关系恶化，人们普遍对军控未来充满忧虑。有学者甚至感叹：军备控制正在走向末路。[1]如何看待今日的核军备控制？核军备控制的未来出路在何方？围绕这两个问题，本文对各方观点及新建议进行评议，分析未来核军控进程方向与重点，并就未来核军控发展提出建议。

二、当前国际核军控面临的挑战

与冷战前后时期的核秩序相比，当今世界面临的核危险类型、核竞争关系特征等有显著不同。学术界普遍认为，国际核秩序正在走向多元化与复杂化，以条约为主要手段的传统国际核军控模式难以为继。

（一）核国家多元化

冷战时期美国和苏联为争夺世界霸权，在政治、军事、经济等领域全方位激烈对峙。两国是核军备竞赛的主要推动者、参与方，与此同时，为避免恐怖的核战争风险，它们也开展核军备控制合作，是核军控进程的主导者。由于谈判桌上主要是美苏两方，当时的核军控博弈目标相对清晰，军控成为两极世界的重要沟通与稳定手段。在冷战结束后20年里，尽管世界走向多极化，但是作为仅有的两个超级核大国，美俄依然是全球核军控、

---

[1] Ulrich Kuhn, "Why Arms Control Is (Almost) Dead?" Carnegie Endowment for International Peace Europe, March 5, 2020, http://carnegieeurope.eu/strategiceurope/81209; Linton F. Brooks, "The End of Arms Control?" *Daedalus* 149, no. 2 (2020): 84-100.

核裁军的主要责任方，在推动双边核军控及防扩散等进程中，美俄仍然拥有共同利益。

当今核时代，参与战略博弈的核国家以及对核秩序拥有重要影响的核国家数目增加了。美俄对此尤其关注。在美国看来，对其战略利益构成挑战的核对手不只是俄罗斯，还有中国。①正如美国战略司令部司令、海军上将查尔斯·理查德所说："在我们的历史上，国家首次同时面临两个有核能力的同级别战略对手。"②此外，美国还将朝鲜视为对其造成挑衅及威胁的国家，将伊朗视为有核扩散威胁的国家。③对俄罗斯而言，下一步核裁军对象不应只包括美俄两国，也应包含其他核国家。2012年2月24日，普京在萨洛夫联邦原子能中心讲话时宣称："我们不会单方面核裁军。就进一步核裁军而言，应该让所有核国家参与。我们不能在其他核国家扩军时单方面裁军。"④近年来，俄官方明确宣布：继美俄《进一步削减和限制进攻性战略武器措施的条约》（新START条约）之后，下一轮战略核军控应该是多边的，即强调中、英、法等国加入多边核军控进程的必要性。⑤引发关注的核国家还有印度、巴基斯坦以及以色列等国，虽然它们的核力量有限，但它们对核秩序及地区战略格局的影响却非同小可。可以说，对地缘政治及地区战略稳定拥有重要影响的核国家越来越多，已不是冷战前后泾渭分明

---

① *Nuclear Posture Review*, US Department of Defense, February 2018.

② Hans M. Kristensen, Matt Korda, "China's Nuclear Missile Silo Expansion: From Minimum Deterrence to Medium Deterrence," Federation of American Scientists, September 1, 2021.

③ *Nuclear Posture Review*, US Department of Defense, February 2018.

④ Vladimir Putin, Transcript from Meeting with Experts in the City of Sarov to Discuss Global Threats to National Security, Strengthening Russia's Defenses and Enhancing the Combat Readiness of Its Armed Forces, February 24, 2012, http://archive.premier.gov.ru/eng/events/news/18248.

⑤ Alexey Arbatov, James M. Acton, Vladimir Dvorkin, "Prospects of Engaging the UK and France in Nuclear Arms Control," Carnegie Endowment for International Peace, April 30, 2014.

的两极状态,而是出现了"威慑关系的多元化"和"核多元化"。①这些变化给国际核秩序治理、核军控进程带来很大的不确定性和复杂性。

(二) 战略风险多样化

目前在大国间及地区层面,出现了不同以往的多元化战略竞争,军备竞赛已不再仅集中于核武器领域,而是延伸至先进常规武器以及外空、网络、人工智能、高超声速武器等新兴军事技术领域。由于许多技术在军民领域均有广泛应用,且其与大国科技、经济领域的战略竞争密切关联,因而对其控制的政治与技术难度都非常大。特别是反卫星武器、网络攻击技术对核指挥、控制与通信系统具有极大的杀伤力,因此成为美国等大国的重大安全关切。针对此类风险,美国 2018 年的《核态势审议》报告明确提出,应运用核威慑手段对付非核战略攻击。而俄罗斯为突破美国的弹道导弹防御体系,将高超声速与远程核动力巡航导弹等技术应用到战略核武器系统。高超声速等技术与核武器的结合,颠覆了传统的弹道导弹防御,必将引发新一轮进攻与防御性武器的竞赛,给未来战略竞争带来极大的不确定性和复杂性。另外,由于核国家大都拥有核常两用运载系统,其核常指挥、控制与通信系统有部分共用相容性,因此,常规冲突很容易引发误判,从而导致非刻意的核升级,即一些学者所称的"核常交缠"风险。②可以说,当前的战略风险已不仅集中于核武器本身,而是越来越密切地与非核技术关联,战略竞争、战略风险与战略威慑均具有跨域交叉的性质。

---

① Steven E. Miller, "The Rise and Decline of Global Nuclear Order?" in Steven E. Miller and Alexey Arbatov, *Nuclear Perils in a New Era: Bringing Perspective to the Nuclear Choices Facing Russia and the United States* (Cambridge, Mass.: American Academy of Arts and Sciences, 2021), p. 30; Alexey Arbatov, "A New Era of Arms Control: Myths, Realities and Options," Carnegie Moscow Center, October 24, 2019.

② James M. Acton, et al., "Entanglement: Chinese and Russian Perspectives on Non-nuclear Weapons and Nuclear Risks," Carnegie Endowment for International Peace, November 8, 2017.

就核风险而言，冷战时期主要风险是美苏两大阵营的核大战。如今此类风险已明显减小，取而代之的是常规冲突中的核使用风险，包括"刻意"和"非刻意"的核风险。近年来，美国一直批评俄罗斯"以升级促降级"（escalate-to-deescalate）战略，认为这是在常规冲突中以有限核使用进行胁迫的策略。但与此同时，美国2018年的《核态势审议》报告提到了核武器防止冲突升级的作用，2020年《俄罗斯联邦核威慑国家政策基本原则》也提到核武器防止冲突升级的作用，两国在这方面的政策没有实质性区别。不可否认，未来常规冲突中以有限核使用防止常规冲突升级的可能性大大增加，这是当今时代最现实的刻意核风险。非刻意核风险一般包括三类：一是因核设施、核材料的保护措施不足等原因导致的非授权核使用，这属于核安保问题引发的核恐怖主义风险；二是由技术失误或自然事件（比如虚假预警等）导致的事故性核使用，这属于技术安全问题引发的风险；三是误解、误判导致的非刻意核升级风险，比如对对方军事行动意图误判致使冲突升级到核使用，或者两用系统等"核常交缠"原因引发误判而导致核升级。在当前大国竞争日趋激烈、地区安全问题不断复杂化的背景下，此类风险日益凸显。

在核扩散领域也充满风险。在复杂演变的地缘政治背景下，朝鲜半岛核问题的解决越发具有挑战性，伊朗核协议复谈虽有新进展但仍然充满不确定性；中东等地区国家想借助核能发展而积累核武器研制潜力的问题不可忽视；核扩散在安全环境恶劣地区引发的核武器、核材料失控隐患令人担忧；而地缘政治目的与核领域合作的结合，如美英帮助澳大利亚建造核潜艇的计划，为防扩散机制带来深层隐患。

显然，上述战略风险性质不同，影响因素不同，但对全球与地区安全均具有深远影响。如何应对、解决这些多样化核风险，已成为当今核军控的巨大挑战。

（三）军备控制"去管制化"

自 20 世纪 60 年代以来，国际核军控机制逐步形成为多平台结合的体系，包括美俄双边军控机制、联合国框架下的多边军控进程、以《不扩散核武器条约》（NPT）为主的防扩散管控机制。上述体系以条约协议为主，建立相互信任措施等其他措施为辅。其中，美俄双边核削减条约机制包括明确量化限制及核查措施，成为美俄主要的传统军控模式。由于美俄拥有全球绝大多数核武器，美俄在国际核军控进程中拥有特殊责任，美俄双边核武器削减是全球多边核军控进程的基础与前提。经过大半个世纪的发展，美俄基于核均势基础上的核军控机制虽未实现所有军控目标，却使双方在紧张对立关系中建立了沟通渠道，减少了军备竞赛对战略稳定带来的破坏作用，为维护冷战时期美苏之间的"冷和平"发挥了重要作用，它的持续发展也为后冷战时期动员全球力量进行防扩散、反对核恐怖主义合作、推动多边军控进程提供了必要的保证。

遗憾的是，自特朗普担任总统后，美国先后退出了伊朗核协议、《中导条约》、《开放天空条约》等，并曾威胁要退出美俄新 START 条约。一系列退约退群行为对美俄双边军控及全球核军控机制造成极大破坏。美国政府提出的理由是现有机制已不适应新时期大国竞争环境，需要更新换代。2020 年 4 月，美国国务院提出下一步核军控议程的 4 个优先事项：继续限制俄罗斯传统的"三位一体"战略核力量；解决俄罗斯不断扩大的非战略核武器限制问题；对俄罗斯不受新 START 条约约束的新型核武器运载系统进行限制；限制中国扩大核武库规模和发展核常两用武器系统。[①]美国总统

[①] Christopher A. Ford, "US Priority for 'Next-Generation Arms Control'," *Arms Control and International Security Papers* 1, no. 1 (April 6, 2020), US Department of State.

特朗普等官员还多次表示：要推动中美俄三边核军控，以防止核军备竞赛，不允许中俄继续扩充核武库。①显然，特朗普政府在核军控领域进行"破旧立新"的目标非常明确，即退出认为一切对美不利的军控机制，构建新核军控条约机制以限制中俄。由于美俄关系不断恶化，在导弹防御、非战略核武器限制等议题上矛盾重重，美俄双边军控难以推进，同时美国对中美俄三边核军控拿不出任何现实可行的方案，也难以付诸实施。美政府试图"破旧立新"，而实际结果却是破坏有余，建树乏善可陈。美国总统拜登上任后，虽然迅速与俄方续签新START条约，但美俄间主要分歧议题依然找不到解决之道，千疮百孔的军控机制似乎再难修复。

面对当前困局，不少军控专家做出悲观评论。美国前国家核安全局局长林登·布鲁克斯大使认为，即使续签新START条约，不过是延缓旧军控体制的解体步伐而已，以限制性条约为基础的传统军控模式即将消亡；现有国际战略格局下，美俄关系不断恶化，很难继续推进条约模式军控。②曾担任奥巴马政府副国务卿的高特莫勒认为，美国进一步削减核武器的障碍主要是政治性的，除认定俄方军控履约记录不佳原因，还有美国国内政治中两党极化这一重要因素。③有学者将这种以条约为基础的传统军控模式的消亡，称为军备控制的"去管制化"（deregulation），他们认为，美国早在2002年退出《反导条约》时，就已开启去管制化进程，特朗普政府一系列

---

① Kingston Reif and Shannon Bugos, "Trump Still Wants Multilateral Arms Control," *Arms Control Today*, April 2020; Pamela Falk, "US 'Not Going to Allow Russia and China to Continue' Increasing Nuclear Weapons Stockpile, Top Negotiator Says," *CBSNEWS*, June 19, 2020; Robert P. Ashley, "Russian and Chinese Nuclear Modernization Trends," Remarks at the Hudson Institute, May 29, 2019.
② Linton F. Brooks, "The End of Arms Control?" *Daedalus* 149, no. 2 (2020): 84–100.
③ Rose Gottemoeller, "Rethinking Nuclear Arms Control," *The Washington Quarterly* 43, no. 3 (2020): 139–159.

退约行为，只是其后续行动而已。① 他们预测，按照现有趋势发展下去，将面对一个有更多核国家、更多核风险、更少稳定性、更少军控管制的世界。② 毫无疑问，美国推行单边主义、维持全球霸权的政策是造成当前局面的主要原因，但国际战略格局的深刻演变、新兴技术发展与冲击、核国家多元化、核对手非对称发展等因素，亦是促成传统军控模式衰落的重要因素。

三、国际核军控的新议程

面对当前核军控的困境与挑战，各国政府、智库与专家学者，纷纷出谋划策，提出了不少核军控新议程、新动议。

（一）关于美俄双边核军控

2021年2月3日，美俄政府宣布续签新START条约，暂时延续了美俄间迄今唯一留存的战略核武器条约的寿命，此举受到国际社会普遍欢迎。美俄双边军控机制的存亡之所以引发各方关注，是因为它事关全球军控进程的各个方面。如果任由该条约消亡，两国将失去透明与可预测性机制，两国庞大核力量的发展与部署态势将失去限制与监督核查，核军备竞赛与核危机风险必然大幅上升；美俄军控机制不存或不能进一步削减核武库，

---

① Dmitri Trenin, "Stability amid Strategic Deregulation: Managing the End of Nuclear Arms Control," *The Washington Quarterly* 43, no. 3 (2020): 161, 174; Steven E. Miller, "The Rise and Decline of Global Nuclear Order?" in Steven E. Miller and Alexey Arbatov, *Nuclear Perils in a New Era: Bringing Perspective to the Nuclear Choices Facing Russia and the United States* (Cambridge, Mass.: American Academy of Arts and Sciences, 2021), p. 31.

② Steven E. Miller, "The Rise and Decline of Global Nuclear Order?" in Steven E. Miller and Alexey Arbatov, *Nuclear Perils in a New Era: Bringing Perspective to the Nuclear Choices Facing Russia and the United States* (Cambridge, Mass.: American Academy of Arts and Sciences, 2021), p. 80.

其他核国家的多边核军控之路就难以推进；如核国家在核裁军、核军控方面没有进展，将直接削弱全球防扩散机制的稳固性，也将进一步刺激无核武器国家推进激进核裁军路线，激化核武器国家与无核武器国家间的矛盾。因此，美俄双边核军控是促进多边核军控以及全球防扩散进程的重要基础。另外，如果美俄任由上述条约消亡，对俄而言，将失去一个与美平起平坐的标志，对其大国地位也是损失；对双方而言，这将不利于维护双方履行核裁军义务的形象，也不利于美国特别看重的军控领域的领导力。鉴于此，很多军控专家建议，维护美俄军控机制符合美俄自身利益，有利于全球军控进程，双方应在努力保留双边机制的同时，不拘泥于以规模限制为主的传统条约式军控模式，扩充军控工具箱，采取非条约、非正式的军控合作手段，务实地推进美俄军控进程。[1]

林登·布鲁克斯大使认为：现代意义上的军备控制概念，来源于谢林与哈尔普林1961年出版的《战略与军备控制》一书，即军控是基于共同安全利益而进行的"潜在对手间任何形式的军事合作"。军控并不仅局限于军备数量的限制与裁减条约，它应包含所有可能缓解紧张与危机的手段；军控最重要作用是维护战略稳定，以此减少核战争、核使用风险，战略稳定比削减更重要；只要能减少核风险，任何形式的军控模式都应该鼓励。鉴于在导弹防御、非战略核武器、天基打击力量、常规战略打击能力等议题上有重大分歧，美俄进一步削减核武器举步维艰，因此双方可以暂缓解决这些复杂议题，而是通过通报发展情况、交换信息、进行现场视察等手段提高透明度及可预测性，通过相互克制保持大致均势，避免刺激对方，同

---

[1] Linton F. Brooks, "The End of Arms Control?" *Daedalus* 149, no. 2 (2020): 84 – 100; Rose Gottemoeller, "Rethinking Nuclear Arms Control," *The Washington Quarterly* 43, no. 3 (2020): 139 – 159; Nevine Schepers and Oliver Thranert, "Arms Control Without Treaties," *Policy Perspectives* 9, no. 3, Center for Security Studies, Swiss, March 2021.

时宣示政治意愿，开展战略对话。①

美国卡内基国际和平基金会的学者认为：军控应该回归原始定义，即"潜在对手间任何形式的军事合作"，服务于提升相互安全，为管理核风险提供有力途径；美俄在续签新START条约后，应着手进行进一步谈判，为避免后续条约谈判破裂，不应试图囊括所有议题，而仍集中于限制进攻性战略核武器；至于其他棘手议题，应通过非条约形式的军控合作逐一解决。②

美国前副国务卿高特莫勒认为：美国参联会2013年认定，继续裁减三分之一实战部署的战略核武器不会影响美国安全，美可以将实战部署的战略核武器削减到1000枚左右。2002年，美俄达成的《莫斯科条约》采取了简洁做法，内容只有几页纸，充分利用了此前美俄双边核军控条约的核查机制。因此，如果在新START条约基础上进一步削减，可以利用新START条约的申报、视察机制对此新削减内容进行核查。关于其他困难议题，可以放入中后期解决方案，这将是推进未来美俄双边军控进程的有益模式。③

（二）关于中美俄三边核军控

针对特朗普政府抛出的中美俄三边核军控提议，各国专家学者纷纷对此提出分析意见与建议。2020年德国汉堡大学和平研究与安全政策研究所发布了一份研究报告，邀请来自美俄中的3位军控专家提出意见，引发不少关注与讨论。

---

① Linton F. Brooks, "The End of Arms Control?" *Daedalus* 149, no. 2 (2020): 84-100.
② James M. Acton, Thomas D. MacDonald, and Pranay Vaddi, "Reimagining Nuclear Arms Control: A Comprehensive Approach," Carnegie Endowment for International Peace, October 21, 2021.
③ Rose Gottemoeller, "Rethinking Nuclear Arms Control," *The Washington Quarterly* 43, no. 3 (2020): 146.

在报告中，美方学者提出了一个非对称框架。方案一，美俄将战略核力量（包括核弹头、运载工具和未部署力量）降低到一定水平，中国承诺不超过该水平，并不部署这些核力量。美俄互相核查，中国通过透明措施提供保证，并允许保持一定模糊性。针对陆基中程导弹力量，中国限制或降低到特定水平，美俄承诺不超过该水平，同时限制或减少美俄海基巡航导弹，但可保留一些海基系统，而且三国均需要受到核查和透明措施的制约。方案二，为战略和中程导弹力量规定一个统一上限，三国各自决定如何对其进行组合。同时，美俄单独就非战略核武器进行限制安排。[①]

俄罗斯学者认为，一个可能的妥协方案是将三方武器数量统一设定一个上限（如2000枚），包括所有陆海空基战略力量与陆基中程导弹力量，不论是核还是常规弹头，也包括未来要部署的助推滑翔系统以及美国空射导弹 AGM-158、JASSEM-ER 等。为防止中国迅速增加战略核武器，还可在上述限制框架内单设分项限制，比如将战略运载工具限于500—600件范围内。关于海基巡航导弹的限制问题，由于发射平台繁多，在海上机动性大，难以进行条约限制，可能只得先通过特殊申报等相互信任措施加以解决。[②]

中方学者认为，有四个方案选项：一是在亚太地区冻结现有《中导条约》类型的中程导弹力量现状；二是对所有射程为500—5500公里的陆基、空基导弹（包括核与常规导弹）数量设定同等上限，各国自由决定如何组合陆空基数量；三是将《中导条约》与新START条约框架结合，为三方部署的陆基中导和洲际弹道导弹发射器、潜射弹道导弹发射器和重型轰炸机

[①] David Santoro, "A U. S. Perspectives on Trilateral Arms Control: A Long Shot Within Reach," in Ulrich Kuhn (ed.), *Trilateral Arms Control? —Perspectives from Washington, Moscow, and Beijing*, IFSH Research Report # 002, March 2020.

[②] Alexey Arbatov, "Trilateral Arms Control—A Russian Assessment," in Ulrich Kuhn (ed.), *Trilateral Arms Control? —Perspectives from Washington, Moscow, and Beijing*, IFSH Research Report # 002, March 2020.

的总数设定同等上限；四是将动能导弹防御拦截器纳入总体上限，这有助于解决中俄对美导弹防御系统的担忧，三国可协商攻防弹头交换比例，即一枚进攻性弹头对应于几枚动能拦截器。①

从上述内容看，三位学者为兼顾各方关切，设计了一些非对称或组合型限制方案，但这些方案难以实施，主要原因如下。

首先，核常武器系统混合限制不具合理性。1987年美苏签署的《中导条约》主要是限制陆基中程核力量，但同时也限制了常规陆基中程力量。主要有两个原因：一是对中程导弹的核常弹头进行区别核查存在困难；二是当时军备竞赛主要内容是核力量，常规陆基中导在军事中的作用相对较弱。因此，《中导条约》在限制陆基中程力量时，对核常导弹未加区别。在当今国际安全环境下，核力量与常规力量在国防安全领域都发挥着重要作用，尤为重要的是，它们在军事上的作用具有实质性不同，而且区分核常系统的核查技术手段及军控措施也有长足发展，因此，有必要将核武器和常规武器分开考虑。当然，由于中程导弹等往往兼具核常弹头两用能力，因此引发核、常弹头性质误判是值得关注的议题。核常两用运载系统是大多数核国家都存在的共同问题。目前军控界鼓励核国家主动将核常武器分开部署，或者通过条约规定将核常武器加以区别。新START条约就有关于载核弹头与常规弹头的战略轰炸机要在不同基地部署的规定。这一问题需要核国家各自或共同协商解决，把核常力量混合限制不是合理的解决方案。

其次，关于核武器规模的限制问题。中国执行自卫防御性核战略，核力量非常有限。对中国而言，不论核武器射程、威力大小，均是战略性

---

① Tong Zhao, "The Case for China's Participation in Trilateral Arms Control," in Ulrich Kuhn (ed.), *Trilateral Arms Control? —Perspectives from Washington, Moscow, and Beijing*, IFSH Research Report # 002, March 2020.

的,① 任何核武器均是整体核威慑力量的有机组成,因此,对核武器进行限制时,必须将所有核武器作为整体统筹考虑,不可能仅就中程核力量单独限制。此外,限制核武器数量也必须将导弹防御及其他可能影响战略稳定的因素一并考虑。对中国而言,核规模的确定主要取决于两方面因素:一是在自卫防御性核战略指导下,基于对外部核威胁的判断,确定有效核威慑所需要的核力量规模;二是考虑国际核军控进程中核国家应有的核裁军义务。基于上述考虑,中国根据外部安全威胁的变化,既确保了核威慑有效性,又采取了非常负责和克制的核发展政策。在自主选择前提下,中国核武器数量与美俄相比有差距是可以接受的,若将此差距用三边条约固定化,将带来政治与法律权利不平等的问题。因此,在法律上、政治上应按照平等、对等原则,进行规模总量的同等设限。而目前美俄显然是不会接受三边同等限制。如此看来,中美俄以三边军控条约形式对核武器规模进行限制并不现实。

最后,对常规力量的限制必须考虑平衡原则。后冷战时期,国际倡议大都鼓励减少核武器在国家安全中的作用,随着核武器作用的相对下降,常规武器作用相对上升。中程常规导弹力量是许多国家的重要国防力量,是维护国家安全与地区稳定的重要因素。美俄虽然受《中导条约》限制没有陆基中程导弹,却拥有强大的海基、空基常规巡航导弹。据美俄专家估计,美国的海基、空基常规巡航导弹在6000枚以上,中国以陆基导弹为主的中程导弹有2000多枚。② 按此估计,在陆、海、空基整体中程常规导弹

---

① 孙向丽:《核时代的战略选择——中国核战略问题研究》,中国工程物理研究院战略研究中心,2013,第134页。

② Alexey Arbatov, "Trilateral Arms Control—A Russian Assessment," in Ulrich Kuhn (ed.), *Trilateral Arms Control? —Perspectives from Washington, Moscow, and Beijing*, IFSH Research Report # 002, March 2020, p. 55; Alexey Arbatov, "A New Era of Arms Control: Myths, Realities and Options," Carnegie Moscow Center, 2019.

力量方面，美国拥有明显的规模优势，而且海基、空基中程力量具有灵活性高、生存力强、部署运行方面对盟国依赖性小等优点。为稳定地区安全态势，常规中程导弹限制应统筹考虑陆、海、空基力量，以及地区导弹防御等因素，也有必要考虑航母等其他常规军事力量。常规中程导弹是涉及地区安全与稳定的重要因素，相关国家应本着维护地区常规武力平衡的原则，以合作协商的态度，全面平衡地处理该问题，而不应仅就某类中程导弹力量进行单独限制。

虽然中国表示无意参加中美俄三边核军控谈判，并不意味不参加国际核军控进程。事实上，中国一直以建设性态度参加多边核军控进程，包括参加《不扩散核武器条约》审议进程，签署《全面禁止核武器试验条约》，支持日内瓦裁军谈判会议谈判"禁止为核武器或其他核爆炸装置生产易裂变材料条约"，长期维持有限核力量、不与任何国家进行核军备竞赛等，受到国际社会普遍欢迎和肯定。同时，由于中国无意与美国进行核军备竞赛，两国可通过战略对话等形式解决相互关切的问题。中国外交部已在多种场合表示中方对战略对话持开放态度，认为这有助于增信释疑，推动中美关系健康稳定发展。①除了战略对话，中美开展军控合作的形式还可包括单边承诺、联合声明、建立互信措施、联合研究与交流等。为避免未来发生危机与冲突升级，也有必要逐步建立涉及核领域的危机沟通与管理机制。总之，中美核军控合作目标应该是致力于搭建建设性的核关系，以维护双方战略稳定性为基本原则，为协商解决彼此安全关切、增信释疑提供稳健的战略沟通渠道。正如一些中方学者所指出的，核军控服务于战略稳定，不

---

① 《外交部：中国无意参加所谓的"中美俄三边军控谈判"》，新华网，2020年3月6日，http://www.xinhuanet.com/world/2020-03/06/c_1125673714.htm； *Statement by Director-General FU Cong at the EU Non-proliferation and Disarmament Conference*, FMPRC, November 13, 2020, https://www.fmprc.gov.cn/mfa_eng/wjb_663304/zzjg_663340/jks_665232/kjfywj_665252/202011/t20201113_599777.html。

是用于固定单方优势，目前三边谈判限制核武器时机不成熟，各方应讨论如何维护全球战略稳定。①

（三）关于减少核风险倡议

鉴于在复杂的多元化、跨域性战略竞争环境下，限制核武器规模的传统核军控模式难以推进，常规冲突及地区冲突中核使用风险日益突出，越来越多的智库与专家开始转向推动更加务实的非条约军控合作措施，其中关于减少核风险倡议几乎成为各军控平台的主要议程。

2018 年 5 月，联合国秘书长古特雷斯发布《保护我们共同的未来：裁军议程》，敦促各方携手促进军控与裁军进程，呼吁核武器国家采取措施降低核风险。② 2019 年，联合国裁军研究所对现有各方降低核风险的建议进行了综述，系统提出了降低核风险的措施建议，包括针对核战略导致的核风险、升级带来的核风险、非授权使用风险、事故性核升级等所需要采取的建议措施等。③ 2019 年，美国政府发起"为核裁军创造环境倡议"（CEND），包括五核国在内 40 余国参与，该进程专门设立了"降低核风险"工作组，提出一系列降低核风险建议，包括政策宣示类、行为规范类、装备裁减类，目前仍在讨论有关政策克制与战略稳定等问题。2020 年 2 月 25 日，为促进《不扩散核武器条约》第十次审议大会，"斯德哥尔摩核裁军倡议"组织发布了"推进核裁军的阶石（垫脚石）"文件，提出推进核军控进程的 22 项措施，包括：美俄保留双边核军控机制的重要性以及进一

---

① Wu Riqiang, "Trilateral Arms Control Initiative: A Chinese Perspective," *Bulletin of the Atomic Scientists*, September 4, 2019; Fan Jishe, "Trilateral Negotiations on Arms Control? Not Time Yet," *China-US Focus*, September 13, 2019.

② *Securing Our Common Future: An Agenda for Disarmament*, Office for Disarmament Affairs, UN, May 2018.

③ Wilfred Wan, "Nuclear Risk Reduction: A Framework for Analysis," UNIDIR, 2019.

步削减核武器的必要性；核国家削弱核武器在安全政策中的作用；最大限度减少冲突和意外使用核武器的风险；加强合作和建立信任，提高核武器库和核战略透明度；加强核军控架构等。①

近年来，中、美、俄、英、法在五核国磋商机制中开展了核战略及减少战略风险议题的讨论。2021年12月7日，五核国向《不扩散核武器条约》第十次审议大会提交《减少战略风险》工作文件，强调高度重视减少战略风险与核风险，提出下一步继续在减少战略风险领域开展合作的愿景。2022年1月3日，五核国领导人发布《关于防止核战争与避免军备竞赛的联合声明》，宣示了五核国在反对核战争与降低核风险方面的负责任立场，缓解了部分无核武器国家对核战争风险的关切。

此外，在中美二轨军控及学术交流中，减少核风险议题也成为热点。中美俄等国学者还开展了关于核风险议题的深入研究。②总的来看，减少核风险倡议大都集中于核风险种类和性质分析，核风险根源探究，以及减少风险措施建议等议题。减少核风险措施集中于政策宣示、透明措施，沟通与危机管理机制建设等领域。

减少核风险议题日益突出，与当前复杂化的地缘政治竞争格局密不可分。正如俄方专家所言："在21世纪，任何核国家之间的战争都充满失败一方使用核武器的概率，这不仅仅是一种可能性。"③如何减少常规冲突中的核武器使用风险，以及如何减少多样化战略风险，已成为最现实的重要

---

① *Stepping Stone for Advancing Nuclear Disarmament*, NPT/CONF. 2020/WP. 6, March 12, 2020. "斯德哥尔摩核裁军倡议"组织是2019年成立的旨在促进《不扩散核武器条约》第十次审议大会取得圆满成果的军控组织，有16个成员国：阿根廷、加拿大、埃塞俄比亚、芬兰、德国、印度尼西亚、日本、约旦、哈萨克斯坦、荷兰、新西兰、挪威、韩国、西班牙、瑞典、瑞士。

② James M. Acton, et al., "Entanglement: Chinese and Russian Perspectives on Non-nuclear Weapons and Nuclear Risks," Carnegie Endowment for International Peace, November 8, 2017.

③ Dmitri Trenin, "Stability amid Strategic Deregulation: Managing the End of Nuclear Arms Control," *The Washington Quarterly* 43, no. 3 (2020): 172.

军控议题，值得国际社会深入探讨。

四、结语

面对新时代复杂的多元化、跨域性战略竞争环境及日益凸显的战略风险，核军控进程的方向与重点不可避免地发生了重要变化，从过去集中于核武器数量限制、以条约为基础的传统军控模式，逐渐向更广泛的非条约军控合作模式发展，这是适应新时代核秩序变化而做出的必然调整之一。为军控概念做出开创性贡献的托马斯·谢林在 2005 年曾指出："军控可能注定是比那些在日内瓦经过重大外交（谈判）部署出来的结果更加非正式的某种安排。"[1]当然，这并不意味传统军控模式及现有军控条约不重要，恰恰相反，国际社会仍然有一个共识性意见，即经过 60 余年建立起来的国际核军控机制，仍然发挥着重要作用，各国应在维护现有国际军控机制基础上，去拓展新的军控合作形式，以此解决新出现的战略风险挑战。

展望未来，国际安全环境将继续深刻演变，大国竞争加剧凸显军控合作的重要性。冷战结束后，尽管国际核军控进程不断演变，但"维护全球战略稳定"和"各国安全不受减损"仍然是核军控应遵循的重要原则。在新的核时代里，国际社会应直面现实风险与挑战，以积极态度进行开创性军控合作，维护各国共同安全利益，这是充满战略风险的世界避免灾难性后果的必然的选择。

---

[1] Thomas C. Schelling, "Reciprocal Measures for Arms Stabilization," *Daedalus* 134, no. 4 (2005): 107.

美国"延伸威慑"政策与北约"核共享安排"政策评析

史建斌

内容提要：2021年，美国"延伸威慑"政策框架下的北约"核共享安排"政策再起热议。美国为给北约盟友提供延伸威慑以及安全保证，从冷战至今在北约欧洲成员国领土上部署着战术核武器。为提升延伸威慑的可信性，同时显示联盟团结与风险共担，北约制定了"核共享安排"政策，允许北约无核武器成员国参与北约核政策磋商，而且在特定情况下可使用本国运载工具投掷美国部署在欧洲的战术核武器。基于北约历次颁布的战略概念文件以及对美国当前核战略、核力量态势的研判，北约显然无意改变"核共享安排"现状。"核共享安排"长期引发争议，争议焦点在于其是否侵蚀了国际核不扩散机制。"核共享安排"对国际核军控进程和防扩散机制构成挑战，国际社会需要共同维护《不扩散核武器条约》的权威性、有效性和普遍性。

关 键 词：核武器；核共享安排；延伸威慑；防扩散
作者单位：中国工程物理研究院战略研究中心

为盟友提供延伸威慑是美国核政策中的一项重要内容。延伸威慑通常指为给盟友提供安全保证，使用核力量威慑或抵御他方对盟友的敌对行动。① 为提升延伸威慑的可信性，同时显示联盟团结与风险共担，以美国为首的北约制定了"核共享安排"（Nuclear Sharing Arrangements）政策，该政策允许北约无核武器成员国参与北约核政策磋商，而且在特定情况下可使用美国部署在欧洲的核武器。"核共享安排"政策长期引发核扩散争议，在当前严峻的国际核军控态势下，更是引起普遍质疑。2021年9月7日，针对北约不断渲染"中国核威胁论"，中国外交部发言人汪文斌指出："国际社会真正应该感到关切的是北约的核共享政策。很多国家认为，北约的核共享政策违反《不扩散核武器条约》规定，加剧核扩散与核冲突风险。"② 2021年12月17日，俄罗斯外交部提交的《美俄安全保障条约（草案）》提出："缔约国应避免在本国领土以外部署核武器，并在本条约生效时撤回部署在本土以外的核武器；缔约国不得训练无核武器国家的人员使用核武器以及开展涉及使用核武器情形的演习或训练。"③ 2022年2月4日，中俄两国发布联合声明，认为所有核武器国家应"撤出在境外部署的核武器"。④ 针对美国延伸威慑框架下的北约"核共享安排"政策，本文回溯其产生背景，梳理其主要机制，评估其当前状况，辨析其主要争议，指

---

① 从广义上讲，延伸威慑可由国家政权的所有手段提供。参见 Justin V. Anderson and Jeffery A. Larsen, "Extended Deterrence and Allied Assurance: Key Concepts and Current Challenges for U. S. Policy," *INSS Occasional Paper* 69, September 2013, p. 5. 鉴于核武器在威慑中的至关重要作用，在核军控领域，"延伸威慑"一般指用核武器为盟友提供保护，故又称"核保护伞"。

② 《外交部：如果北约真正关心核军控问题，就应该放弃核共享政策》，国际在线，2021年9月7日，http://news.cri.cn/search?page=1&pageSize=25&type=0&qtext=%E5%A6%82%E6%9E%9C%E5%8C%97%E7%BA%A6%E7%9C%9F%E6%AD%A3%E5%85%B3%E5%BF%83%E6%A0%B8%E5%86%9B%E6%8E%A7%E9%97%AE%E9%A2%98%EF%BC%8C%E5%B0%B1%E5%BA%94%E8%AF%A5%E6%94%BE%E5%BC%83%E6%A0%B8%E5%85%B1%E4%BA%AB%E6%94%BF%E7%AD%96&lang=cn。

③ *Treaty Between the United of America and the Russian Federation on Security Guarantees*, Released by Russian Foreign Ministry, December 17, 2021, Article 7.

④ 《中华人民共和国和俄罗斯联邦关于新时代国际关系和全球可持续发展的联合声明》，人民网，2022年2月4日，http://v.people.cn/n1/2022/0204/c61600-32345468.html。

出"核共享安排"对国际核军控进程和防扩散机制构成的挑战,呼吁国际社会共同维护《不扩散核武器条约》的权威性、有效性和普遍性。

一、产生背景

1949年北约成立之初,大多数西方军事规划者认为北约在常规军事力量上逊于苏联及其东欧卫星国,但在核力量上占优,因此核武器被视作维护北约安全的重要手段。美国承诺为北约盟友提供延伸威慑。延伸威慑若要有效,一方面,必须让对手认为它是可信的,即在对手的谋算中,其发动攻击无法达到预期目的或者付出代价将超过预期获益;另一方面,必须让盟友认为它是可信的,即北约盟友遭到攻击时,美国将使用核武器保卫盟友。为此,美国艾森豪威尔政府在"大规模报复"战略指导下,开始把战术核武器部署到北约盟友领土上:1954年9月,首先部署到英国;此后,又陆续部署到意大利、法国、联邦德国、土耳其、荷兰、希腊和比利时等国。[1] 20世纪50年代末,美国在欧洲部署了约2500枚战术核弹头。[2] 虽然美国的延伸威慑主要由本土部署的战略核武器提供,但这些前沿部署(Forward Deployed)的战术核武器起到加强延伸威慑的特殊作用:既是一个可视的信号,昭示了美国保护北约盟友的决心,也是一个醒目的警示,一旦冲突发生,美国可以立刻做出反应。[3]

美国在欧洲部署战术核武器旨在加强延伸威慑,显示联盟团结,但是,

---

[1] Robert S. Norris, William M. Arkin and William Burr, "Where They Were," *Bulletin of the Atomic Scientists*, November/December 1999, p. 29.

[2] J. Michael Legge, *Theater Nuclear Weapons and the NATO Strategy of Flexible Response* (Santa Monica, CA: The Rand Corporation, 1983), p. 86.

[3] Clark Murdock (eds.), "Project Atom: A Competitive Strategies Approach to Defining U. S. Nuclear Strategy and Posture for 2025-2050," *A Report of the CSIS International Security Program*, May 2015, p. 15.

由于这些核武器由美国掌控，因而引发了欧洲盟友新的安全顾虑。一方面，随着苏联核武器技术发展，尤其苏联在1957年10月发射了第一颗人造地球卫星，表明苏联具有了对美国本土实施核打击的能力，为此有些北约国家怀疑，为了保护北约盟友，美国是否甘冒自身遭受核打击的风险而对苏联动用核武器？另一方面，美国部署在欧洲的核武器大都射程较短，一旦东西方发生冲突，这些核武器将可能在北约成员国边境甚至领土上引爆，北约无核武器成员国希望知道这些核武器的数量、类型及部署地点，同时关切美国对核武器的使用时机和打击目标是否有慎重、详细的规划。北约无核武器成员国迫切要求增加在核政策上的发言权和对核武器的控制权，从而对美国在欧洲的核战略及核打击计划施加影响，维护自身安全利益。出于对美国延伸威慑可信性的疑虑，有些北约成员国甚至要求拥有本国的核力量或欧洲独立的核力量，如联邦德国总理阿登纳（Adenauer）公开表示其军队要有战术核武器能力。[1]

美国面临的问题是，如何既能保持在北约核事务上的主导地位，又能一定程度上满足北约成员国参与核事务的要求，阻止北约盟友发展独立的核力量。1963年，美国国防部评估，全球除美国、苏联、英国和法国外，另有8个国家可在10年内获得核武器能力，其中包括联邦德国和意大利两个北约国家。[2] 北约内部经过激烈讨论，作为一种折中方案，于20世纪60年代中期逐渐形成"核共享安排"政策，并作为北约核政策中的一项重要内容延续至今。

---

[1] Steven Pifer, et al., "U.S. Nuclear and Extended Deterrence: Considerations and Challenges," *Brookings Arms Control Series Paper 3*, May 2010, p. 5.

[2] Robert McNamara, "The Diffusion of Nuclear Weapons with and without a Test Ban Agreement," *Memorandum for the President*, February 16, 1963.

二、主要机制

"核共享安排"包括政治机制和技术机制。政治机制的核心是成立"核计划小组"这一永久性机构,让北约成员国参与核政策磋商。技术机制的核心是所谓的"双钥安排",即对于美国驻扎在欧洲的一部分战术核武器,部分北约成员国在战时经美国总统授权后可使用本国的运载系统投掷。这两个机制旨在让北约无核武器国家在北约核计划和核决策过程中能有一席之地,防止核大国操控北约的核事务,同时加强北约团结。

(一)政治机制——"核计划小组"

"核共享安排"的政治机制可追溯到"多边核力量",后者侧重从军事体制上增加北约盟友共享联盟核事务的力度。1960年12月,美国在北约理事会提议,在欧洲构建由多国人员联合操控的联盟核力量。[①] 1962年12月,美国和英国宣布,从其战略核力量以及欧洲现有的战术核力量中调拨出一部分来组建多边核力量。[②] "多边核力量"方案引起北约内部分歧。根据该方案,虽然盟友获得了一定的核武器操控权,但核政策仍由美国独断,北约盟友未能参与磋商,因此,除联邦德国支持外,其他欧洲盟友都表示反对。"多边核力量"方案还遭到苏联抗议。苏联担心联邦德国借此获得核武器,明确表示如果美国不放弃该方案,苏联将终止《不扩散核武器条约》的谈判。鉴于此,"多边核力量"方案于1964年12月被美国总统约翰逊叫

[①] William Alberque, "The NPT and the Origins of NATO's Nuclear Sharing Arrangements," *Proliferation Papers*, No. 57, Institute français des relations international (Ifri), February 2017, p. 18.

[②] John F. Kennedy, "Joint Statement Following Discussions with Prime Minister Macmillan—The Nassau Agreement," December 21, 1962.

停，取而代之的是更具政治性的解决方案——"核计划小组"（NPG），北约核共享的政治机制从多国操控核武器转向共同商议核政策。

"核计划小组"于1966年12月成立，其成员是北约各国的防长。该小组最初由美国、英国、意大利、联邦德国各占一个固定席位，另设三个轮值席位给其他北约成员国，主席由北约秘书长兼任。1979年以后，所有北约成员国，包括新加入北约的国家，都可在"核计划小组"内占有一席。截至2021年12月，北约30个成员国中唯有法国未加入"核计划小组"。"核计划小组"作为北约讨论核事务的主要论坛，负责审议北约的核政策，其中包括核武器的安全性、安保性和生存性等。① 在此机制下，北约所有成员国，无论是否拥有核武器，都可以直接参与北约核政策的制定，实现信息共享并消弭分歧，从而一定程度上缓解了北约盟友对美国独断北约核政策、核战略的担忧。

（二）技术机制——"双钥安排"

美国早期的一些核武器系统在发射时，为了防止非授权使用，需在发射控制台同时插入两把钥匙。20世纪50年代末，美国在英国部署"雷神"（Thor）中程弹道导弹，开启了一种"双钥安排"模式：美国向北约提供核弹头，但核弹头仍置于美国的管控之下；发射核导弹所需的两把钥匙，一把由美国的核弹头监管人持有，另一把由非美国的北约导弹部队军官持有。② 美国随后在意大利和土耳其部署的"丘比特"（Jupiter）中程弹道导弹，以及20世纪60年代在北约盟国部署的其他核武器，沿用了这种模式。

美国肯尼迪政府在1961年下令，加强部署在欧洲的核武器的安保性，

---

① North Atlantic Treaty Organization, "NATO Nuclear Deterrence," Factsheet, February 2020.
② Office of the Assistant to the Secretary of Defense (Atomic Energy), "History of the Custody and Deployment of Nuclear Weapons (U): July 1945 through September 1977," February 1978, p.86.

其中一项重要措施是安装电子密码锁（Permissive Action Link，PAL）。① 电子密码锁取代原先的"双钥"机械装置后，发射核武器系统不再需要同时插入两把钥匙，而"双钥安排"发展成为一种新的机制。在和平时期，美军驻扎在欧洲存储有核弹头的军事基地，控制、监管和维护这些弹头，东道国提供核运载工具并接受核任务训练。在战时或极端情况下，美国总统下达使用命令，美国国家指挥机构（National Command Authority，NCA）提供这些核弹头的"解保"（从保险状态转到可爆状态）密码，东道国接手解保的核弹头后，全权负责将之投射到预定目标。②

冷战时期，美国部署在欧洲的战术核武器数量曾多达约7300枚，参与"双钥安排"的战术核武器包括核炮弹、核深水炸弹、导弹核弹头以及核炸弹等。③ "双钥安排"使北约盟友得以参与对核武器使用的操控，尽管这种使用控制是有限的：北约盟友只有否决权，即拒绝用自己的运载工具投掷解保的核武器；没有决定权，因为如果没有美国总统的指令，这些核弹头无法解保、引爆。由此看来，美国在和平时期仍然掌控着这些"双钥安排"的核武器。

值得一提的是，美国的延伸威慑不仅提供给北约盟友，也提供给亚洲盟友，但是美国与亚洲盟友之间并无类似北约的"核共享安排"政策。冷战期间，美国曾在亚洲盟友领土上大量部署战术核武器，如1967年部署在韩国境内的核弹头多达约950枚，是美国仅次于欧洲的第二大核武器海外

---

① "Improving the Security of Nuclear Weapons in NATO Europe against Unauthorized Use," *National Security Action Memorandum*, no. 36 (April 6, 1961).

② Martin Butcher, Otfried Nassauer, Tanya Padberg, et al., "Questions of Command and Control: NATO, Nuclear Sharing and the NPT," *PENN Research Report 2000. 1*, March 2000, p. 20.

③ Hans M. Kristensen, "Non-Strategic Nuclear Weapons," *Special Report No. 3*, Federation of American Scientists, May 2012, p. 15.

部署地区。① 但是，美国在亚洲的核政策制定和核武器部署具有单边性，亚洲盟友既不能参与核政策磋商，也不能参与核任务训练，更不能染指核武器使用。冷战结束后，美国从亚洲撤走全部战术核武器，对亚洲盟友的延伸威慑主要由"三位一体"战略核力量提供。然而，美国强调拥有重新部署的能力，2018年版美国《核态势审议》报告明确要求，"一旦需要，美国有能力把两用飞机和核武器部署到其他区域，例如东北亚地区"。②

三、发展现状

随着华约组织的解散和苏联的解体，欧洲战略态势发生重大变化，北约逐步调整了安全政策，于1991年、1999年及2010年先后发布战略概念文件，以此作为北约防务的纲领。这些文件一脉相承地把核武器视为北约整体威慑和防御能力的核心部分，"只要核武器存世，北约就要保持核联盟"，"北约将在欧洲保持足够的核力量"；持续关注延伸威慑对北约安全的作用，"联盟的战略核力量，尤其是美国的战略核力量，为联盟提供了最高安全保证，英国和法国的独立核力量，不仅为本国提供威慑，同时也服务于联盟的整体威慑和安全"；继续看重前沿部署战术核武器的跨大西洋纽带作用，"部署在欧洲并交付给北约的核力量，在联盟的欧洲成员国与北美成员国之间提供了重要的政治、军事联系"。为此，这些战略概念文件无一例外地强调了联盟之间的风险共享与责任共担，"可靠的联盟核态势以及彰显联盟团结和共同致力于防止战争，继续要求欧洲盟友广泛参与涉及核任

---

① Hans M. Kristensen and Robert S. Norris, "A History of U. S. Nuclear Weapons in South Korea," *Bulletin of the Atomic Scientists* 73, no. 6 (2017): 349.

② Office of the Secretary of Defense, U.S. Department of Defense, *Nuclear Posture Review*, Washington, D. C., February 2, 2018, p. 48.

务的集体防御计划、和平时期在领土上部署核力量,以及指挥、控制、协商安排"。①

美国政府亦承诺继续对北约盟友提供延伸威慑和安全保证。美国 2010 年版《核态势审议》报告指出:"美国核武器(在欧洲)的驻扎,结合北约独一无二的核共享安排,有助于联盟团结并为感受到区域威胁的盟友提供安全保证。"② 对于部署在欧洲的核武器,美国 2018 年版《核态势审议》报告阐述,"为威慑潜在对手和保证盟友安全做出了重大贡献,这些国家极其依赖美国的延伸核威慑"。③ 冷战结束后,北约与俄罗斯的常规力量对比发生逆转,美国根据"总统核倡议",从欧洲撤走了大部分核武器,仅保留了核炸弹。④ 美国科学家联盟(FAS)估计,截至 2021 年,美国有约 100 枚 B61-3/-4 战术核炸弹部署在比利时、德国、意大利、荷兰和土耳其等 5 个国家的 6 个空军基地(详见表 1)。⑤

---

① 本段引文内容引自 NATO, *The Alliance's New Strategic Concept*, Brussels: NATO Office of Information and Press, 1991; NATO, *The Alliance's Strategic Concept*, Brussels: NATO Office of Information and Press, 1999; NATO, *Active Engagement, Modern Defence: Strategic Concept for the Defence and Security of the Members of the North Atlantic Treaty Organization*, Lisbon: NATO Summit, 2010。

② U. S. Department of Defense, *Nuclear Posture Review Report*, Washington, D. C., April 6, 2010, p. 32.

③ Office of the Secretary of Defense, U.S. Department of Defense, *Nuclear Posture Review*, Washington, D. C., February 2, 2018, pp. 17, 48.

④ 20 世纪 90 年代初,美国总统老布什、苏联总统戈尔巴乔夫以及俄罗斯总统叶利钦先后单方面宣布大量削减战术核武器,世称"总统核倡议"。赵武文、孙向丽主编《周边国家核能力》,中国原子能出版社,2021,第 149 页。

⑤ Hans M. Kristensen and Matt Korda, "United States Nuclear Weapons, 2021," *Bulletin of the Atomic Scientists* 77, no. 1 (2021): 56.

表 1 美国部署在欧洲的战术核力量

东道国	空军基地	核弹数量	运载工具
比利时	克莱恩·布罗格尔（Kleine Brogel）	15	F-16A/B
德国	布切尔（Buechel）	15	PA-200"飓风"
意大利	阿维亚诺（Aviano）	35	F-16 A/B
意大利	盖迪·托雷（Ghedi Torre）	35	PA-200"飓风"
荷兰	沃尔克尔（Volkel）	15	F-16 A/B
土耳其	因克尔利克（Incirlik）	20	F-16 A/B
总数		100	

资料来源：作者自制。

当前这些战术核炸弹都由美国空军控制、监管和维护，但为持续体现北约联盟的政治团结与风险共担，其中相当一部分仍参与"双钥安排"。例如：经美国总统授权后，部署在比利时"克莱恩·布罗格尔"空军基地、德国"布切尔"空军基地、意大利"盖迪·托雷"空军基地和荷兰"沃尔克尔"空军基地的核炸弹可由东道国经认证的两用飞机投掷；其余小部分由美国空军投掷，如部署在意大利"阿维亚诺"空军基地和土耳其"因克尔利克"空军基地的核炸弹。[①] 北约通过军事演习训练和维持无核武器国家使用核武器的技术能力。2020 年 10 月，北约开展了每年例行的"坚定正午"（Steadfast Noon）军事演习，有来自多个国家的逾 50 架两用飞机参与演习，北约秘书长延斯·斯托尔滕贝格（Jens Stoltenberg）认为，这是"对联盟核威慑力量的一次重要检验"。[②] 一些领土上未驻扎美国核武器的

---

① 美国未在土耳其"因克尔利克"空军基地驻扎战机；危机情况下，由其他基地的美军战机转场至此，挂载核弹。

② NATO, "Secretary General Visits Dutch Airbase Hosting NATO Deterrence Exercise," Press Release, October 16, 2020, https://www.nato.int/cps/en/natohq/news_178834.htm.

北约国家，如捷克、丹麦、希腊、匈牙利、挪威、波兰和罗马尼亚等，① 也可参与核作战中的常规支援任务，如空中加油、侦察、护航和搜救等。② 虽然名义上北约"核计划小组"中各成员国地位平等，但外界认为，由于各国参与核任务的程度不同，因而在核政策磋商中的话语权不尽相同。③

美国正对部署在欧洲的战术核力量进行现代化升级。美国将把更先进的B61-12核炸弹于2022—2024年部署到欧洲，现有的B61-3和B61-4核炸弹将撤回国内。B61-12精度高，威力可调，具有钻地能力，可由美制F-15E和F-16飞机、北约经认证的PA-200飞机以及美国正在研发的F-35A战斗轰炸机挂载。为了"最大限度地确保并在必要时提升驻欧两用飞机的战备性、生存能力及作战效能"，F-35A将取代北约现役的两用飞机。④ B61-12核炸弹和F-35A战斗轰炸机这对组合，将成为美国前沿部署核力量的中坚。

从北约历次颁布的战略概念文件以及美国当前的核战略、核力量部署态势与现代化计划来看，北约显然无意改变"核共享安排"现状。

四、主要争议

北约的"核共享安排"备受争议，争议的焦点在于是否侵蚀了国际核

---

① Hans M. Kristensen, "U. S. Nuclear Weapons in Europe," Briefing to Center for Arms Control and Non-Proliferation, November 1, 2019, https://uploads.fas.org/2019/11/Brief2019_EuroNukes_CACNP_.pdf.

② 该任务被称为"以常规空中战术支援核作战"（Support Nuclear Operations With Conventional Air Tactics, SNOWCAT）。参见 Hans M. Kristensen and Matt Korda, "United States Nuclear Weapons, 2021," *Bulletin of the Atomic Scientists* 77, no. 1 (2021): 57.

③ Malcolm Chalmers and Simon Lunn, "NATO's Tactical Nuclear Dilemma," Royal United Services Institute, Occasional Paper, March 2010, p. 6.

④ U. S. Department of Defense, *Nuclear Posture Review*, February 2, 2018, Washington, D. C., p. 54.

不扩散机制。《不扩散核武器条约》（NPT）作为国际核军控与裁军机制的基石，第一条明确规定了核武器缔约国的义务，"承诺不直接或间接向任何接受国转让核武器或其他核爆装置或对这种武器或核爆装置的控制权"；第二条明确规定了无核武器缔约国的义务，"承诺不直接或间接从任何让与国接受核武器或其他核爆炸装置或对这种武器或爆炸装置的控制权的转让"。① 争议双方主要在以下三方面各执一词。

第一，"核共享安排"是否有悖《不扩散核武器条约》规定。以美国为首的北约辩解，"核共享安排"没有违背《不扩散核武器条约》规定。从字面上看，《不扩散核武器条约》没有明确的条款禁止核武器国家在无核武器缔约国境内部署核武器，因此，仅部署核武器不涉及核武器或其控制权的转让；条约也没有明确条款禁止无核武器缔约国参与核计划或准备使用核武器。此外，在和平时期，美国核武器及其控制权的转让行为尚未发生。②

俄罗斯、南非、埃及等国以及"不结盟运动""新议程联盟"等组织认为，美国在北约无核武器国家领土上部署核武器，而且允许这些国家的两用运载工具在特定情况下投掷核武器，是一种核武器国家向无核武器国家转让核武器控制权、无核武器国家从核武器国家接受核武器控制权的行为，是一种特殊形式的核扩散。在《不扩散核武器条约》第七次审议大会筹备会上，上百个国家表达了对"核共享安排"违反条约宗旨的关切，认为美国及部署着美国核武器的北约国家是"核扩散者"。③ 俄罗斯在2015

---

① International Atomic Energy Agency, *Treaty on the Non-Proliferation of Nuclear Weapons, INFCIRC/140*, April 22, 1970, Articles Ⅰ, Ⅱ.

② Martin Butcher, Otfried Nassauer, Tanya Padberg, et al., "Questions of Command and Control: NATO, Nuclear Sharing and the NPT," *PENN Research Report 2000. 1*, March 2000, pp. 22, 25.

③ Nigel Chamberlain and Nicola Butler, "Time to Put Article I Under the Spotlight," Basic Briefing for the 2004 Preparatory Committee for the 2005 Review Conference of the Treat on the Non-Proliferation of Nuclear Weapons, April 2004.

年召开的《不扩散核武器条约》第九次审议大会上指出,北约所谓的"核共享安排"违背了条约义务。① 对于北约 2020 年的"坚定正午"军事演习,俄罗斯外交部发言人扎哈罗娃指出,这种行径公然违背《不扩散核武器条约》第一条和第二条,严重破坏条约的存续。②

第二,全面战争爆发时,《不扩散核武器条约》是否失效。美国曾辩称,《不扩散核武器条约》在序言中表明,条约旨在防止核武器扩散,并通过这一措施避免世界任何地方爆发核战争;因此,条约在核冲突没有发生的情况下是有效的,此时美国仍然控制着核武器,未向北约无核武器国家转交控制权;一旦全面战争爆发,说明《不扩散核武器条约》未能履行使命;在此情况下,条约不再具有约束力,核国家可以自由向盟友转让核武器以用于冲突。③

批驳方认为,《不扩散核武器条约》序言所述旨在防止核扩散和核战争,并未说明条约在战时将失效。由于美国和北约的核政策中都保留了首先使用核武器的选项,这种单边解读,将使条约产生漏洞——美国可以自行决定何为全面战争情形,甚至自己发起战争,造成条约失效的情形,从而向盟友转让核武器及其使用权;而北约无核武器国家则可借此立即退出条约并接受美国的核武器,即便《不扩散核武器条约》第十条规定,退约需提前三个月通知所有其他缔约国和联合国安全理事会。莫斯科物理与技术研究所的报告指出,苏联/俄罗斯从未认可美国的上述辩解,在《不扩散

---

① Statement by Mikhail I. Uliyanov, Acting Head of the Delegation of the Russian Federation, at the 2015 Review Conference of the Parties to the NPT (General Debate), Permanent Mission of the Russian Federation to the United Nations in New York, New York, April 27, 2015.

② "Briefing by Foreign Ministry Spokeswoman Maria Zakharova," The Ministry of Foreign Affairs of the Russian Federation, Moscow, October 22, 2020, https://mid.ru/en/foreign_policy/news/1797611/.

③ Adrian Fisher, "Memorandum for Mr. Bill Moyers, Subject Working Group Language for the Non-Proliferation to Existing and Possible Allied Nuclear Arrangements," September 30, 1966. See Original classification: Secret-Exdis, pp. 4–5.

核武器条约》成文之前，苏联就声明不接受任何对条约的单边解读。①

第三，"核共享安排"是否因为早于《不扩散核武器条约》出现而存之有理。《不扩散核武器条约》于1968年7月1日开放供签署，于1970年3月5日生效。北约曾发文申明，"《不扩散核武器条约》谈判之际，这些安排业已存在，其特性已昭告主要代表团，它们不应被诘责"。② 美国强调，关于"当决定开战时，条约不再受控"之说，美国在《不扩散核武器条约》开放供签署之前即已公之于众；③ 而且《不扩散核武器条约》由美国与苏联密切合作而起草，当时苏联并未对"核共享安排"提出异议。④

批驳方对此表示质疑。事实上，多数非北约国家在签署、批准《不扩散核武器条约》时，并不知悉北约有"核共享安排"。⑤ 至于条约在战时失效之说，仅出现在美国参议院批约之前的备忘录里，未体现在美国的官方声明中，因而并非广为人知。⑥ 一些国际非政府组织的学者也认为，虽然"核共享安排"出现在《不扩散核武器条约》生效之前，但当前已不合时宜。⑦

---

① Anatoli Diakov, Eugene Miasnikov and Timur Kadyshev, "Non-Strategic Nuclear Weapons: Problems of Control and Reduction," Moscow Institute of Physics and Technology, 2004, p. 48.

② NATO International Secretariat, "NATO's Position Regarding Nuclear Non-Proliferation, Arms Control and Disarmament and Released Issues," NATO Fact Sheet, June 20, 2005.

③ "Questions on the Draft Non-proliferation Treaty Asked by US Allies together with Answers Given by the United States, 28 April 1967," 该文件附在美国时任国务卿迪安·腊斯克（Dean Rusk）给约翰逊总统的一封信中，并在1968年7月9日（即《不扩散核武器条约》开放供签署8天以后）提交参议院用于批约听证会。

④ William Alberque, "The NPT and the Origins of NATO's Nuclear Sharing Arrangements," Proliferation Papers, No. 57, Institute français des relations international (Ifri), February 2017, p. 43.

⑤ Martin Butcher, Otfried Nassauer, Tanya Padberg, et al., "Questions of Command and Control: NATO, Nuclear Sharing and the NPT," PENN Research Report 2000. 1, March 2000, p. 22.

⑥ Karel Koster, "NATO Nuclear Doctrine and the NPT," British American Security Information Council (Basic), June 29, 2004.

⑦ Hans M. Kristensen, "Non-Strategic Nuclear Weapons," Special Report No. 3, Federation of American Scientists, May 2012, p. 32.

五、结语

美国在《不扩散核武器条约》无核武器缔约国领土上部署战术核武器，使美国成为当今世界唯一将核武器部署在其他国家的核武器国家，在国际上备受争议。美国进而允许北约无核武器国家的两用运载工具在特定情况下投掷核武器，正如美国政府在1964年所述，"北约所承诺的核模式防御，使北约无核武器成员国在战争时期实际上成为核武器国家"。① 冷战时期遗留至今的"核共享安排"政策，显然有悖《不扩散核武器条约》防止核武器扩散的宗旨，对国际核军控进程和防扩散机制构成挑战。

非但如此，这种政策若被其他国家效仿，将给国际社会带来更多风险与危害。日本和韩国作为美国在东亚地区的盟友，国内长期出现与《不扩散核武器条约》无核武器缔约国义务不符的声音，而2021—2022年两国政要的言论尤其令人担忧。日本前首相安倍晋三于2022年2月27日公然发表违背本国"无核三原则"的言论，宣称日本应与美国寻求类似北约的"核共享安排"；② 而韩国新当选总统尹锡悦在2021年9月竞选期间表示，如果当选，将要求美国在韩国重新部署战术核武器，并要求美国与韩国达成类似北约的"核共享安排"。③

在当前复杂的国际安全环境及严峻的核军控态势下，各方需要共同致力于维护《不扩散核武器条约》的权威性、有效性和普遍性。对条约的所

---

① Charles E. Johnson, "U. S. Policy on Nuclear Weapons," Washington, December 12, 1964, cited in Martin Butcher, Otfried Nassauer, Tanya Padberg, et al., "Questions of Command and Control: NATO, Nuclear Sharing and the NPT," *PENN Research Report 2000. 1*, March 2000, p. 26.
② 相关情况与评议可参阅史建斌：《日本政客鼓吹日美建立"核共享安排"》，《世界知识》2022年第9期，第27—29页。
③ 相关情况与评议可参阅史建斌：《美国战术核武器返韩问题再引关注》，《世界知识》2022年第8期，第26—28页。

有缔约国而言，条约所有条款应在任何时候、任何情况下都具备约束力——无论是在和平时期还是在战争时期，各国都应一致遵守。对美国而言，应摒弃冷战思维与零和博弈，撤出部署在欧洲的核武器。对北约无核武器国家而言，应放弃在战时使用美国核武器的意愿和能力。若能如此，将有力地推进国际核军控进程，加强国际防扩散机制。

拜登政府核政策调整的理想与现实*

樊吉社

内容提要：从担任参议员到任职副总统，拜登经历了几乎所有与核有关的重要事件。他的政治履历以及竞选期间在核问题上表达的政策偏好等，让国际社会对其执政后如何调整美国核政策充满了期待。拜登总统的核政策理念能否转化为政策实践受到四个因素影响：特朗普政府的核政策遗产、大国竞争态势、国内的动力与阻力以及美国预算压力。在核政策的理念与现实之间，拜登政府并没有容易的选项，其核政策调整将呈现更多过渡特点而非变革特色。本文梳理拜登总统的核政策理念，分析拜登政府核政策调整的影响因素，并探讨拜登政府核政策调整的前景。

关 键 词：拜登政府；核态势评估；核政策；防扩散

作者单位：中共中央党校（国家行政学院）国际战略研究院

每一位美国总统在执政期间都致力于将其内政或外交政策偏好转换为政策实践，在核政策问题上也不例外。同一党派的总统在不同时期的核政策也有一定区别，而不同党派的总统核政策理念的区别更是特别明显，① 这种区别体现在它们对核武器作用的定义、对核力量发展的主张、防范核扩

---

* 此文完成于 2022 年 2 月底，拜登政府的《核态势评估》报告尚未发布，文章通过分析拜登总统的核政策理念、国内政治和政策环境、国际安全环境，研判美国核政策调整面临的基本现实以及可能调整的方向与内容。

① 参见樊吉社：《美国军控政策中的政党政治》，社会科学文献出版社，2014。

散的态度和力度、核军控和裁军的主张以及对维持现存国际核秩序的姿态等各个方面。

特朗普政府对美国的核政策做了重要调整,拜登执政后美国核政策将走向何方值得关注。冷战结束迄今,《核态势评估》报告是观察美国核政策的重要文献,该评估报告形成对美国所面临国际环境的认识和判断,确定核武器的作用,设定美国核战略、学说和力量结构,及其与美国军事和外交战略的相关性。[①] 拜登政府于2021年7月启动核政策评估,计划于2022年初完成评估并发布《核态势评估》报告。然而,因为政策评估通常需要较长时间,且此次评估面临的国际形势和国内争议更为突出,报告能否如期发布存在较大不确定性。本文梳理拜登总统的核政策理念,分析拜登政府核政策调整的影响因素,并探讨拜登政府核政策调整的前景。

一、拜登总统的核政策理念

拜登是美国历史上政治履历最丰富的总统之一。他于1972年当选并持续担任参议员36年,并在奥巴马执政期间担任8年副总统。拜登就任总统之前曾深度参与塑造美国外交政策,核政策问题同样是他熟知的领域。

拜登在核政策问题上与民主党一贯的政策偏好基本一致,因其在参议院担任议员和任职副总统的履历,以及对核问题的深度参与,与其他总统相比,他的核政策理念"有迹可循"且清晰明确。在总统竞选期间,拜登通过多种方式阐释了他的政策理念。2020年10月,民主党总统候选人拜登就核问题答复了宜居世界理事会(Council for a Livable World)的问卷:核

---

① Eryn MacDonald, "Five Things Everyone Should Know About the Nuclear Posture Review," *All Things Nuclear*, Union of Concerned Scientists, October 4, 2021, https://allthingsnuclear.org/emacdonald/five-things-everyone-should-know-about-the-nuclear-posture-review/.

武器应该用于威慑核武器使用并减少使用核武器的机会，核战争没有"赢家"，未来有必要评估保留首先使用核武器权利的政策；美国不需要发展新的核武器，美国一方面可以通过核武器库存管理项目确保威慑和盟友需求能得到满足，另一方面要减少对核武器的依赖并减少在核武器上的过量支出；支持部署导弹防御系统，同时提升导弹防御能力的可靠性；支持延长《新削减战略武器条约》（*The New START Treaty*）并推动《全面禁止核武器试验条约》生效；承认进攻性武器系统和防御性武器系统之间存在关联；愿意通过外交谈判，以多边与可核实的方式处理伊核和朝核等防扩散问题。① 2020年初，拜登在《外交事务》杂志发表文章，表达了与上述问卷答案非常相似的想法。②

2020年8月18日，民主党全国大会通过《2020年民主党党纲》，以非常官方的方式阐述了民主党在一系列核问题上的政策主张，其中非常关键的内容包括两项：第一，民主党认为核武器的唯一目的（sole purpose）应该是威慑并在必要情况下报复核攻击，民主党将通过与盟国和军方沟通，将这种观念付诸实践；第二，民主党认为防止核、生物、化学武器扩散并最终消除这些武器是美国的道义责任（moral responsibility）和安全要务（security imperative）。③

除了这些服务于总统大选目的的公开表态，拜登在军控议题上的偏好同样"有据可查"。宜居世界理事会网站刊文称，拜登在冷战期间致力于削减核武库，反对放弃《反导条约》等军控条约，支持永久终止核试验，相

---

① "Presidential Candidates: Joe Biden," Council for a Livable World, October 2020, https://livableworld.org/presidential-candidates-joe-biden/.

② Joseph R. Biden, Jr., "Why America Must Lead Again: Rescuing U.S. Foreign Policy After Trump," *Foreign Affairs*, March/April 2000.

③ "2020 Democratic Party Platform," *Democratic National Convention*, August 18, 2020, p. 81.

信消除核威胁的唯一办法是消除核武器，因而称其为"终身的核军控旗手"。① 拜登在担任副总统期间，全面参与了奥巴马政府与核有关政策的决策和执行，包括核安全峰会、无核世界倡议、美俄核裁军谈判、伊核谈判以及对朝政策等。

从担任参议员到任职副总统，拜登经历了几乎所有与核有关的重要事件，包括美苏限制战略武器谈判、美苏削减战略武器谈判、美苏围绕反导系统研发和部署问题的较量、地区防扩散问题的缘起与发展、美俄降低核威胁的长期合作、核恐怖主义的上升以及因核而生的系列危机及其管理过程。拜登在参议院的政治履历、在白宫参与决策的历史、在核问题上清晰的偏好，让国际社会对其执政期间如何调整美国核政策充满期待。

二、影响拜登政府核政策调整的因素

拜登总统的核政策理念能否转化为政策实践将受到四个因素影响：特朗普政府的核政策遗产、大国竞争态势、国内的动力与阻力以及美国预算压力。

第一，特朗普政府的核政策遗产将影响拜登政府的核政策调整。特朗普政府不相信军控和防扩散条约或者协议安排有任何价值，因此，美国选择退出了多项相关条约和协议。具体而言，特朗普政府于2018年5月18日宣布退出伊朗核协议《联合全面行动计划》；2019年8月2日，美国正式退出存续30余年的《中导条约》；2020年11月22日，美国正式退出《开放天空条约》。《新削减战略武器条约》签署于2010年4月，经过美俄

---

① "Joe Biden: A Lifelong Champion of Nuclear Arms Control," Council for a Livable World, https://livableworld.org/meet-the-candidates/joe-biden-a-lifelong-champion-of-nuclear-arms-control/.

批准于 2011 年 2 月 5 日生效，有效期 10 年，可以延长 5 年。在特朗普任期内，条约面临到期是否续约的问题。然而，特朗普总统执政初期就宣称该条约是奥巴马政府签署的若干糟糕协议之一，① 此后美俄搁置了续约磋商。2019 年 6 月，美主管军控事务的副国务卿汤普森和俄罗斯副外长里亚布科夫启动会谈，探讨双边关系中的军控议题。美还提出将中国纳入所谓"美俄中三边核军控谈判"，以此延宕《新削减战略武器条约》议题。直到特朗普总统任期结束，美俄仍未能就续约问题达成共识。特朗普执政期间，美国不再重视军控条约和协议的价值，怀疑其他缔约方不遵守协议，同时不愿意接受协议约束。

同时，特朗普政府还调整了核战略。在 2018 年发布的《核态势评估》报告中，特朗普政府强调大国竞争而非大国合作，提出要发展"灵活的、定制的核威慑战略"，将核武器的作用界定为用于"威慑核武器攻击"以及"非核武器攻击"，计划在短期内调整现存少量潜射弹道导弹以获得低当量核武器选项，并拟在较长时期内获得现代化的海上发射的核巡航导弹。② 显然，特朗普执政时期美国更强调加强自身能力，贬抑国际合作的价值和意义，这与其退出多个军控协议的逻辑完全一致。

特朗普政府留下的这些核遗产，增加了拜登政府核政策调整的难度。首先，虽然拜登政府做了一些修补工作，如就任后即快速完成美俄《新削减战略武器条约》续约并尽快启动谈判恢复伊朗核协议，但另外一些军控条约或协议却难以修复。其次，特朗普政府启动的新型核武器项目难以逆转，特别是具有争议的核巡航导弹开发。最后，拜登政府任何核政策的调

---

① Jonathan Landay, David Rohde, "Exclusive: In Call with Putin, Trump Denounced Obama-era Nuclear Arms Treaty–Sources," Reuters, February 10, 2017, https://www.reuters.com/article/us-usa-trump-putin-idUSKBN15O2A5.

② Department of Defense, *Nuclear Posture Review*, February 2018, https://media.defense.gov/2018/Feb/02/2001872886/-1/-1/1/2018-NUCLEAR-POSTURE-REVIEW-FINAL-REPORT.PDF.

整都需要思考如何脱离特朗普政府确定的"美国优先"和"大国竞争"基调。

第二,"大国竞争"的外部安全环境将限定核政策调整的空间和力度。在 2010 年《核态势评估》报告中,美国强调大国合作,承诺维持大国战略稳定关系,尝试降低核武器作用,承诺不发展新型核武器。在 2018 年《核态势评估》报告中,美国宣称俄罗斯展示了首先使用核武器的意愿,试图修改欧洲版图并将其意愿强加给邻国;违背国际法律和政治承诺;占领克里米亚违背 1994 年签署的《布达佩斯安全保障备忘录》。报告认为,俄罗斯和中国均在寻求反卫星能力和网络进攻能力等非对称手段应对美国常规优势。[1] 大国竞争成为特朗普执政时期美国对外政策基调,美国试图颠覆美俄双边军控机制,并施压中国参加所谓"美俄中三边核军控谈判"。

拜登执政后,美国在对外政策中进一步强化大国竞争基调,称中国是"唯一有能力将其经济、外交、军事和技术力量结合起来,对稳定和开放的国际体系构成持续挑战的竞争对手",[2] 将其对华政策界定为"3C":竞争(compete)、合作(collaborate/cooperate)、对抗(confront)。[3] 为聚焦对华战略竞争,拜登政府致力于稳定美俄关系,在 2021 年 6 月首脑峰会后发起双边战略稳定对话(Strategic Stability Dialogue),并随后开展三次对话,成立了"未来军备控制原则和目标工作组"(Working Group on Principles and Objectives for Future Arms Control)和"具备战略效应的能力与行动工作组"

---

[1] Department of Defense, *Nuclear Posture Review Report*, April 2010, https://dod.defense.gov/Portals/1/features/defenseReviews/NPR/2010_Nuclear_Posture_Review_Report.pdf.

[2] The White House, *Interim National Security Strategic Guidance*, March 2021, https://www.whitehouse.gov/wp-content/uploads/2021/03/NSC-1v2.pdf.

[3] President Biden, "America's Place in the World," U.S. Department of State, February 4, 2021, https://www.whitehouse.gov/briefing-room/speeches-remarks/2021/02/04/remarks-by-president-biden-on-americas-place-in-the-world/; Secretary Antony Blinken, "A Foreign Policy for the American People," U.S. Department of State, March 3, 2021, https://www.state.gov/a-foreign-policy-for-the-american-people/.

(Working Group on Capabilities and Actions with Strategic Effects)。①

2022年初乌克兰危机爆发后，拜登政府稳定美俄关系的政策受挫。不仅如此，俄罗斯总统普京表示俄核力量进入"特殊战备状态"引发美国和北约的广泛关注，核问题在美俄关系中的重要性由此大增。② 对比2018年美国核政策审议中关于大国关系的评述及其影响，可以预见美俄关系恶化和中美战略竞争加剧，将很可能限定拜登政府核政策调整的空间和力度。乌克兰危机已影响美国新版《国家安全战略报告》和《核态势评估》报告的发布，甚至可能影响美政府内部有关资源分配的争论和决策。③

第三，美国国内的政策分歧将制约拜登政府的核政策调整。冷战期间建立并在冷战结束后得到巩固的军控、裁军和防扩散机制面临新的挑战，美国核政策也面临"何去何从"的难题。特朗普政府选择放弃美国的主导作用，"退出"多个军控协议。拜登政府则希望重建美国在军控领域的"领导"地位，承担所谓"道义责任"。为此，拜登总统组建了一支与其偏好类似的外交团队，他们分布在国家安全委员会、国务院、国防部和能源部，包括主管政策的常务副国务卿舍曼（Wendy Sherman），主管军控和国际安全事务的副国务卿邦妮·詹金斯（Bonnie Jenkins），主管军控、核查和履约事务的助理国务卿马洛里·斯图尔特（Mallory Stewart），主管国际安全和防扩散事务的助理国务卿艾略特·康（C. S. Eliot Kang），主管政策的

---

① Shannon Bugos, "U. S., Russia to Continue Strategic Stability Dialogue in 2022," *Arms Control Today*, December 21, 2022, https://www.armscontrol.org/blog/2021-12/us-russian-nuclear-arms-control-watch.

② Shannon Bugos, "Putin Orders Russian Nuclear Weapons on Higher Alert," *Arms Control Today* 52 (March 2022), https://www.armscontrol.org/act/2022-03/news/putin-orders-russian-nuclear-weapons-higher-alert.

③ Nahal Toosi, Alexander Ward, Quint Forgey, "Putin Is Delaying the National Security Strategy," *Politico*, February 2, 2022, https://www.politico.com/newsletters/national-security-daily/2022/02/10/putin-delaying-national-security-strategy-00007916.

国防部副部长科林·卡尔（Colin Kahl），主管核、生、化防御的助理国防部长黛博拉·罗森布拉姆（Deborah Rosenblum），主管应对大规模杀伤性武器事务的副助理国防部长理查德·约翰逊（Richard Johnson），主管核与导弹防御项目的副助理国防部长利奥诺·托梅奥（Leonor Tomero），主管核安全的能源部副部长吉尔·赫鲁比（Jill Hruby），国家核安全局副局长弗兰克·罗斯（Frank Rose）等。① 这些人多数具有在政府担任相同或者相近职位的工作经历，熟悉业务，政策偏好与拜登总统相近。

此外，21 名民主党参议员和众议员在 2021 年 7 月 21 日致函拜登总统，敦促他在核政策方面采取大胆行动，降低核武器在国家安全战略中的作用。② 2021 年 8 月 9 日，众议院军事委员会主席史密斯（Adam Smith）致函拜登总统，敦促降低核武器作用。③ 2022 年 1 月 26 日，55 名民主党参议员和众议员再次致函拜登总统，期待他能支持与中俄谈判、宣布核武器的唯一作用是威慑核攻击，并且美国不会首先使用核武器、阻止两款新型核武器的部署和研发。④ 2021 年 12 月，包括 21 名诺贝尔奖获得者在内的将近 700 名科学家和工程师也致函拜登政府，敦促其宣布不首先使用核武器的政策并进一步裁减核武器。⑤

---

① Shannon Bugos, Julia Masterson, "Key Arms Control Officials Confirmed," *Arms Control Today*, September 2021, https://www.armscontrol.org/act/2021-09/news/key-arms-control-officials-confirmed.

② Rebecca Kheel, "Lawmakers Urge Biden to Make 'Bold Decisions' in Nuclear Review," *The Hill*, July 22, 2021, https://thehill.com/policy/defense/564225-lawmakers-urge-biden-to-make-bold-decision-in-nuclear-review.

③ "Smith Urges Biden-Harris Administration to Prioritize Deterrence over Domination in Nuclear Posture Review," The House Armed Services Committee, August 9, 2021, https://armedservices.house.gov/press-releases?ID=00AB52C6-2D8E-4458-999E-FF7F37932538.

④ Greg Hadley, "55 Democrats Urge Biden to Adopt 'No First Use' Nuclear Policy," *Air Force Magazine*, January 26, 2022, https://www.airforcemag.com/democrats-urge-biden-no-first-use-nuclear-posture-review/.

⑤ David E. Sanger, "Scientists Urge President to Slash Nuclear Arsenal," *The New York Times*, December 17, 2021, Section A, p. 16.

然而，也有来自国会、行政部门以及盟国的力量阻止拜登政府对美国核政策做出任何重大调整。参议院军事委员会副主席、共和党参议员杰姆·英霍夫（Jim Inhofe）和众议院军事委员会副主席、共和党众议员迈克·罗杰斯（Mike Rogers）在2022年1月13日发表声明，对拜登政府可能削减关键核武器项目表达关切。① 虽然拜登总统任命了符合其政策偏好的官员，但部分官员在行政部门遭到排挤，例如在国防部承担核政策评估工作的副助理国防部长托梅奥被以机构重组的名义排挤出局，其工作任务转由更为保守的官员承担。② 美国盟国对拜登政府可能降低核武器作用并宣布其"唯一作用"是威慑和报复核攻击表达了很大的忧虑，并多次游说拜登政府保持当前核政策不变。③

第四，美国国内政策排序与预算压力将影响拜登政府核政策调整。传统上，民主党政府重视军备控制，愿意在核政策方面采取克制的政策，拜登在担任参议员、副总统期间的政策偏好体现了民主党的政策理念。对拜登政府而言，比政策理念更重要的则是政治议程排序和预算压力。拜登执政后，美国政策重心转移到国内，聚焦疫情防控，强调国内政治和经济重建，投资国内基础设施等，这意味着美国应该减少防务开支。更为复杂的是，美国核力量现代化正处于关键的时间节点，如果不调整核政策，美国就需要在相当长的时间内持续投入大量资源。就此而言，拜登政府的核政

---

① "Inhofe, Rogers Urge Biden Administration to Continue Critical Nuclear National Defense Programs," James M. Inhofe, US Senator for Oklahoma, January 13, 2022, https://www.inhofe.senate.gov/newsroom/press-releases/inhofe-rogers-urge-biden-administration-to-continue-critical-nuclear-national-defense-programs.

② Joe Gould, "Biden Hit with Backlash over Removal of Pentagon's Top Nuclear Policy Official," *Defense News*, September 28, 2021, https://www.defensenews.com/congress/2021/09/27/biden-hit-with-backlash-over-removal-of-pentagons-top-nuclear-policy-official/.

③ Demetri Sevastopulo, Henry Foy, "Allies Lobby Biden to Prevent Shift to 'No First Use' of Nuclear Arms," *Financial Times*, October 30, 2021, https://www.ft.com/content/8b96a60a-759b-4972-ae89-c8ffbb36878e.

策选择影响深远。

美国核力量已经接近设定服役期限,部分运载工具需要更换而非继续延寿,这意味着美国未来需要大量国防预算用于核力量现代化。按照美国国会预算办公室的评估,从2021年到2030年的10年内,美国为此需要支出6340亿美元,年均600多亿美元,多数开支用于核潜艇和洲际弹道导弹。① 与此同时,拜登政府也有非常庞大的国内投资规划,所需费用数额巨大,此种状况下,美国部署哪些核武器以及在何种程度上规划核力量现代化显得至关重要。民主党国会议员因此呼吁拜登政府降低核武器作用,考虑推迟或者取消部分现代化项目,深度裁减核武器数量,继续对陆基洲际导弹延寿而非替代,取消特朗普政府启动的两款新型核武器部署和研发决定。②

三、美国核政策调整前景:理想和现实之间

在核问题上,拜登总统拥有清晰的政策理念,组建了专业的团队,而其国内政治议程排序也需要他慎重思考核政策调整,然而,在理想和现实之间,拜登政府并没有容易的选项。如果取消特朗普政府启动的两款新型核武器部署和研发,他可能被批评为"软弱"。事实上,他的核政策理念已经遭到国防部、核工业部门和部分共和党议员的抵制和对抗,主管核与导弹防御项目的副助理国防部长托梅奥被排挤出局就是一个很清晰的信号,而来自盟国的压力也不可小觑。乌克兰危机爆发则使得其政策调整空间进

---

① "Projected Costs of U. S. Nuclear Forces, 2021 to 2030," Congressional Budget Office, May 2021, https://www.cbo.gov/system/files/2021-05/57130-Nuclear-Forces.pdf.
② "Letter on Nuclear Posture Review Guidance," Ed Markey, United States Senator for Massachusetts, July 21, 2021, https://www.markey.senate.gov/download/letter-on-nuclear-posture-review-guidance.

一步收窄，任何克制与谨慎都可能被视为"示弱"或者"无视"地缘安全的"新现实"，国内压力必然增加。

当然，美国核政策如何调整必然受到总统的决策风格影响。奥巴马总统介入并影响了2010年《核态势评估》报告的撰写过程和报告结论，即使面临来自日本的压力，美国仍然决定退役战斧核巡航导弹。① 特朗普总统则对当时的《核态势评估》报告没有多少兴趣，该报告主要体现了国防部和核工业部门的政策偏好。拜登总统熟悉核问题，他也希望调整核政策，但同样面对诸多新形势和国内阻力。乌克兰危机已经影响了多份安全政策评估报告的发布，其中一部分报告可能需要重新审视美国面临的外部安全环境，并据此做出适当的调整，拜登总统将在何种程度上塑造《核态势评估》报告的结论有待观察。② 尽管如此，从拜登总统及其外交安全团队的言论和政策行动，仍然可以初步判断美国核政策调整的方向和内容。

在防扩散问题上，拜登政府已经明确表示愿意以外交谈判，以多边与可核实的方式处理伊核和朝核等防扩散问题。拜登执政后，美国积极推动重返伊朗核协议，开展多轮谈判并取得积极进展。③ 朝鲜半岛核问题僵局持续多年，拜登执政后立即启动并在2021年4月完成了政策评估，尝试探索处理朝核问题的不同路径。根据政策评估，拜登政府试图改变奥巴马执政时期对朝的"战略耐心"政策以及特朗普执政时期对朝的"极限施压+首脑外交"政策，转而对朝采取所谓"精准、务实的外交"，用分阶段的方

---

① Hans Kristensen, "Japan, TLAM/N, and Extended Deterrence," FAS Strategic Security Web log, July 2, 2009, www.fas.org/blog/ssp/2009/07/tlam.php.

② Bryan Bender, Lara Seligman, "Biden's Nuclear Agenda in Trouble as Pentagon Hawks Attack," *Politico*, September 23, 2021, https://www.politico.com/news/2021/09/23/leonor-tomero-pentagon-nuclear-hawks-513974.

③ Steven Erlanger, "Russia's Calls to Ease Sanctions Bring Nuclear Talks with Iran to a Halt," *The New York Times*, March 12, 2022, Section A, p. 7.

式以部分放松制裁换取部分无核化措施,乃至最后实现完全无核化。① 拜登政府既不会对朝"置之不理",也不会做"一揽子的大交易",这种类似美国处理伊核问题的政策思路能否取得成功,目前看并不乐观。拜登政府通过公开和私下的方式与朝鲜进行了接触,但朝鲜希望美国取消对朝制裁。过去一年中,朝核形势并没有缓解,拜登政府的对朝政策能否取得进展尚待观察。

在核军控问题上,拜登政府尝试维系美俄两国的制度性安排以及战略稳定关系。拜登执政后,美俄在极短时间内完成了《新战略武器削减条约》续约工作。两国首脑在 2021 年 6 月的首脑会晤后发表了关于战略稳定的联合声明,启动双边战略稳定对话。② 截至 2021 年底,美俄已经进行了三轮战略稳定对话,内容涉及双方关切的战略议题,建立工作组并取得一定共识。尽管乌克兰危机爆发,美国对俄罗斯实施极为严厉的制裁,俄罗斯在 2022 年 3 月 12 日仍然表达了继续与美国进行战略稳定对话的意愿。③ 美俄在核军控和裁军问题上有很长的互动历史,双方都积累了很多经验和教训,对话和谈判本身也是较量的方式和手段。因此可以推测,即使在乌克兰危机背景之下,美俄两国仍将维持沟通渠道的畅通,并将大致遵守此前达成的军控协议,甚至延续战略稳定对话,虽然双方未必能够在拜登执政期间取得实质进展。拜登政府强调中美战略竞争,希望与中国开启涉核的战略

---

① John Hudson, Ellen Nakashima, "Biden Administration Forges New Path on North Korea Crisis in Wake of Trump and Obama Failures," *The Washington Post*, April 30, 2021, https://www.washingtonpost.com/national-security/biden-administration-forges-new-path-on-north-korea-crisis-in-wake-of-trump-and-obama-failures/2021/04/30/c8bef4f2-a9a9-11eb-b166-174b63ea6007_story.html.

② *U.S.-Russia Presidential Joint Statement on Strategic Stability*, The White House, June 16, 2021, https://www.whitehouse.gov/briefing-room/statements-releases/2021/06/16/u-s-russia-presidential-joint-statement-on-strategic-stability/.

③ Lindsay Isaac, "Russia Ready to Resume Security Talks with US, Says State Media," CNN, March 12, 2021, https://edition.cnn.com/europe/live-news/ukraine-russia-putin-news-03-12-22/h_0207000113959f58046941ef0a57f27d.

稳定对话,① 但显然不会采取特朗普政府的鲁莽方式。

在核战略问题上,"一体化威慑"(Integrated Deterrence)将成为统领概念。美国国防部各层级官员频繁强调,"一体化威慑"将成为国防战略的框架或者基石,而且《核态势评估》和《导弹防御评估》将与《国防战略》完全嵌合在一起。主管政策的国防部副部长科林·卡尔在2021年卡内基国际核政策会议的主旨发言中较为详细地介绍了与此有关的核内容。"一体化"包括核、常规、外空、网络和信息等多域一体;从核与常规冲突到混合战以及灰色区域竞争在内的多冲突频谱一体;包括军事、外交、经济、情报和信息战等多种国家能力一体;从盟国到伙伴的多力量一体。"威慑"则包括惩罚威慑(第二次打击能力)、拒止威慑(防御与抗压能力的组合)以及纠缠防御(defense by entanglement)。② 在此战略框架之下,拜登政府仍有可能降低核武器作用,比如回归到奥巴马政府时期对核武器作用的定义,强调核武器仅用威慑和报复核攻击(Fundamental Role,即根本作用,或 Sole Purpose,即唯一目的),这与拜登总统一再强调美国要在军控领域扮演"领导"角色的诉求较为契合。美国在核武器现代化问题上很可能延续特朗普政府的政策,但会对核力量结构做出调整,展示克制姿态,同时预留未来根据形势进一步调整的能力和空间。③

---

① "Readout from the Biden-Xi Virtual Meeting: Discussion with National Security Advisor Jake Sullivan," Brookings Institution, November 16, 2021, https://www.brookings.edu/events/readout-from-the-biden-xi-virtual-meeting-discussion-with-national-security-advisor-jake-sullivan/.

② Colin Kahl, "Keynote Address at 2021 Carnegie International Nuclear Policy Conference," Carnegie Endowment for International Peace, June 23, 2021, https://ceipfiles.s3.amazonaws.com/Other/Hon+Dr+Colin+H+Kahl+Bio.pdf.

③ "Administrator Jill Hruby Remarks, Nuclear Deterrence Summit, February 7, 2022," National Nuclear Security Administration, February 7, 2022, https://www.energy.gov/nnsa/articles/administrator-jill-hruby-remarks-nuclear-deterrence-summit-february-7-2022.

【核不扩散】

美国与伊朗围绕重返伊朗核协议谈判的博弈

李国富

朝鲜半岛：无核化与永久和平体制

杨希雨

美英澳核潜艇合作的核扩散风险初析

赵学林　宋岳　赵畅

美国与伊朗围绕重返伊朗核协议谈判的博弈

李国富

内容提要：美国总统拜登在竞选期间强烈反对特朗普政府退出伊朗核协议，表示如果伊朗重新遵约，美将重返伊朗核协议。拜登执政后，启动重返伊朗核协议谈判，并希望以解除美国对伊朗相关制裁为诱饵，迫使伊在一些关键性问题上做出让步。伊朗则据理力争，与美在多轮谈判中激烈博弈。伊朗新总统莱希在伊朗核协议谈判问题上持更强硬立场。目前，美伊在恢复伊朗核协议的谈判中已取得一些重要进展，但仍有部分关键问题尚未突破，谈判已进入关键阶段。美伊都表示出达成协议的强烈意愿，但如在短期内没有重大突破，谈判也存在失败的可能性。

关 键 词：重返伊朗核协议；维也纳谈判；解除制裁；美伊博弈

作者单位：中国国际问题研究院

美国总统拜登在竞选时猛烈抨击特朗普政府退出《联合全面行动计划》（以下简称"伊朗核协议"）是"危险的失败"政策，表示如果伊朗能严格遵守伊朗核协议，美将重返协议。2021年初，美国总统拜登执政后，将重返伊朗核协议作为执政百日的优先事项，启动恢复协议全面履约的相关谈判。但拜登政府不愿意简单地重返伊朗核协议，而希望以解除对伊相关制裁为诱饵，联合欧洲和中东盟友对伊恩威并施，试图迫使伊在一些重大问题上做出让步，使伊朗核协议"更长、更强"。伊朗对美国展开了针锋相对的斗争，通过不断加快核研发进度等对美施压。伊朗总统鲁哈尼对美抱有一定期望，认为美重返伊朗核协议并解除对伊相关制裁，是伊摆脱困境的机遇。2021年4月到6月，伊核问题全面协议联合委员会在维也纳启动美伊恢复履约问题的谈判，在欧盟等方协调下，美伊先后进行六轮间接谈判，并取得一些进展。

2021年6月，莱希当选伊朗新总统。莱希虽愿意继续就重返伊朗核协议进行谈判，但大幅调整前任总统鲁哈尼的谈判政策，持更强硬立场，包括降低伊朗核协议谈判在伊外交中的优先地位，强调将美解除制裁与伊经济发展"脱钩"，等等。2021年11月29日，美伊重启维也纳伊朗核协议谈判。截至2022年2月底，谈判已进入最关键的瓶颈阶段。美伊都表示，双方在谈判中取得了实质性进展，但仍存在一些最棘手的关键性问题需要做出"政治决定"才能解决。美伊都体现出重返伊朗核协议的强烈意愿和需求，存在着达成协议的客观条件。但如果双方短期内在剩余关键问题上不能取得突破，谈判仍存在功亏一篑的可能性。

一、美国和伊朗恢复伊朗核协议谈判前的基本态势

拜登政府执政后，美伊对对方都有误判，认为对方更需要伊朗核协议，可以通过强势压对方"先迈出第一步"。

（一）拜登政府对伊政策是"穿新鞋走老路"

美国总统拜登关于重返伊朗核协议的承诺，遭到美共和党等强硬派极力反对，也引发美中东盟国尤其是以色列的强烈不满和担忧。为消除国内反对派担忧和安抚盟国，拜登及其内阁高级成员多次承诺，在与盟友充分磋商前，美不会擅自与伊接触。拜登还表示，他虽放弃特朗普政府对伊

"极限施压"政策,但会对伊采用"聪明的强硬手段",① 重返伊朗核协议只是后续与伊修补伊朗核协议"缺陷"谈判的起点。

总体来看,拜登政府对伊政策与特朗普政府没有实质区别,旨在通过对伊进行最大限度的打压,削弱伊在中东地区的势力范围,二者的区别只是运用策略和称谓不同。特朗普希望通过极限施压,逼迫伊签署一项能满足美要求的"更好的伊朗核协议"。而拜登则试图通过重返伊朗核协议,将这一目标拆分为两个阶段来实现。第一阶段,美通过解除对伊相关制裁和重返伊朗核协议,促使伊重新严格履行伊朗核协议义务,达到遏制伊核计划快速发展势头。第二阶段,美将与欧洲和中东盟国协调政策,联手向伊施压,通过谈判迫使伊接受一项解决包括伊导弹和地区政策问题在内的"更长、更强"的加强版伊朗核协议。

拜登上述"两步走"政策反映出美从中东战略收缩,将全球战略重点移到"印太"地区的紧迫感,也暴露出美对能否实现该战略目标缺乏信心。拜登深知,美如想将战略重点完全从中东转移到"印太"地区,就必须在中东跨过伊核问题这道坎。但由于特朗普对伊采取"极限施压"政策并退出伊朗核协议,伊逐步加快核研发进度,核能力显著提升。为避免美再次卷入中东冲突,美急需将伊核问题重新锁进伊朗核协议的"箱子"中。至于解决伊导弹和地区政策问题则是一个长期目标,没有紧迫性。拜登曾表示,"争取中东地区稳定的关键是解决伊核问题,而不是伊导弹问题"。② 此外,拜登还想通过重返伊朗核协议来弥合与欧盟分歧,修补美受损的国际声誉。

---

① "Joe Biden: Smarter Way to Be Tough on Iran," CNN, February 5, 2022, https://www.cnn.com/2020/09/13/opinions/smarter-way-to-be-tough-on-iran-joe-biden/index.html.
② "Biden Reaffirms Pledge to Revive Iranian Nuclear Deal," Al-Monitor, December 2, 2020, https://www.al-monitor.com/pulse/originals/2020/12/biden-iran-nuclear-deal-rejoin-compliance-sanctions-trump.html.

当然，拜登上述对伊政策基于他对伊局势的误判。美认为，"极限施压"政策和新冠肺炎疫情肆虐叠加产生的影响已使伊面临崩溃的困境，因此伊比美更需要重返伊朗核协议，更需要美解除对伊制裁。美通过重返伊朗核协议，解除对伊经济命脉相关制裁，能诱逼伊在一些问题上做出退让。因此，拜登执政伊始就以强势姿态对待重返伊朗核协议，除继续执行特朗普极限制裁外，还要求伊在重返伊朗核协议中率先迈出第一步。拜登明确表示，伊必须停止提高浓缩铀的浓度，美才能取消制裁，只要伊不遵守伊朗核协议，美不会为促伊回到谈判桌而解除对伊制裁。① 此外，拜登继续沿用特朗普对伊武力威胁的政策，多次派 B-52 战略轰炸机飞往海湾地区，还下令轰炸了叙利亚东部伊支持的武装力量。拜登并警告伊方，"你不能采取行动而不受惩罚，小心点"。不难看出，拜登政府的对伊政策实质上是穿新鞋，走的还是特朗普政府的老路。

（二）伊朗对美国有所期待并坚守底线

伊朗总统鲁哈尼视伊朗核协议为执政以来最重要的外交成果。鲁哈尼虽对拜登重返伊朗核协议的政策保持高度警觉，但也抱有期盼。鲁哈尼表示，拜登"了解政治，有政治经验"，他甚至断言，拜登将会放弃对伊"极限施压"政策。②

伊朗对伊核问题形势的判断与美截然相反，认为伊处于更有利的地位。首先，特朗普政府调动美所有资源对伊实施"极限施压"，但并没有达到预期目的。即使拜登政府想对伊施加新的压力，美所能动用的资源已所剩不

---

① 《拜登拒绝伊朗要求：想要解除制裁必须先遵守伊核协议》，中国新闻网，http://www.chinanews.com/gj/2021/02-08/9407401.shtml，访问日期：2022 年 4 月 14 日。

② "Iran's Rouhani Expects Economic Relief after Trump Departure," Al-Monitor, January 13, 2021, https://www.al-monitor.com/pulse/originals/2021/01/iran-rouhani-trump-economic-relief-maximum-pressure-oil.html.

多，伊不惧怕。其次，拜登政府急于想通过重返伊朗核协议解决伊核问题，以便美能从中东抽身应对"印太"地区等新挑战，美不想在中东与伊进行一场新的战争。拜登将美重返伊朗核协议作为其执政百日优先事项，说明美比伊更需要重返伊朗核协议。伊最高领袖哈梅内伊明确表示，现在与签订伊朗核协议时期相比，形势对伊更有利，如要达成任何新协议，应对伊更有利。①

2021年1月，伊外长扎里夫在美主流杂志《外交事务》上发表文章，阐述了对伊美重返伊朗核协议的立场，核心是美应首先无条件地、有效解除特朗普政府退出伊朗核协议后对伊实施的所有制裁，在此基础上伊将重新完全履行伊朗核协议义务。伊拒绝就美重返伊朗核协议问题与美进行双边会谈，认为任何必要的谈判须在伊朗核协议联委会框架内进行。同时，伊明确划出与美谈判的范围和内容：（1）已签署的伊朗核协议不容谈判，也不能修改；（2）安理会第2231号决议不容谈判，也不能修改；（3）与核无关的问题，如伊导弹和地区政策不容谈判；（4）伊要求美保证，美将不再退出伊朗核协议。伊朗最高领袖哈梅内伊指出，如果美不解除对伊制裁就重返伊朗核协议，不仅对伊没有意义，反而还有害处。只有美切实取消对伊制裁并经伊核实确认后，伊才会重新履行伊朗核协议。伊只认可美取消制裁的切实行动，而非"语言和纸面上"的内容，并强调上述立场是伊领导层的共识，是不会改变的最终立场。②

同时，伊还采取多方面强硬措施对拜登政府重返伊朗核协议的强硬立场进行反制。第一，展示自卫决心和能力。在拜登就职之前，伊先后举行

---

① "Khamenei Says Iran in 'No Rush' for Talks over JCPOA," NIAC, March 6, 2022, https://www.niacouncil.org/news/khamenei-says-iran-in-no-rush-for-talks-over-jcpoa/.
② 《伊朗最高领袖：核实美方取消对伊制裁后才能重新遵守伊核协议》，中国新闻网，2021年2月7日，http://www.chinanews.com/gj/2021/02-07/9407293.shtml，访问日期：2022年3月6日。

了5次大规模军事演习,伊革命卫队司令萨拉米表示,伊随时准备应对敌军可能发动的军事行动。2021年2月,伊成功发射了一颗使用固体燃料新型地球同步卫星运载火箭,大大提高了伊侦查、防御和打击能力。第二,加快核研发步骤。根据2020年底伊议会通过的《反制裁战略法》,伊在2021年初开始生产丰度为20%的浓缩铀,并准备生产20%丰度的金属铀,启动1000台先进的IR-2M型和164台更先进的IR-6型离心器,升级和改造阿拉克重水反应堆和启用伊斯法罕核工厂等。第三,限制国际原子能机构(IAEA)对伊核活动的核查。2021年2月,伊表示根据《反制裁战略法》,伊将暂停自愿执行国际原子能机构对伊保障监督附加议定书。2月21日,伊与国际原子能机构协商达成为期3个月的"临时技术谅解协议",允许国际原子能机构继续保持附加议定书规定的对伊核查措施,特别是对伊核活动的实时录像监控,但限制阅读录像内容。此后,该临时协议被延长至6月24日。①

二、第一阶段伊朗核协议复谈情况

2021年4月6日,伊朗核协议联合委员会政治总司长级会议在奥地利维也纳举行,讨论美伊恢复履约问题。会议由欧盟对外行动署副秘书长莫拉主持,伊朗副外长阿拉格齐、中国常驻维也纳联合国代表王群大使、俄罗斯、英国、法国、德国相应官员与会。联委会启动了两个进程,一是核领域和制裁解除工作组工作进程,二是伊与美"近距离接触"进程。此后,美伊开始重返伊朗核协议的间接谈判。4月6日,联委会成立了两个工作

---

① 《国际原子能机构与伊朗达成临时协议 监督工作将继续》,中国新闻网,2021年2月22日,https://www.chinanews.com.cn/shipin/cns-d/2021/02-22/news881129.shtml,访问日期:2022年3月22日。

组，分别商讨制定美解除对伊制裁和伊重新履行伊朗核协议所需采取的步骤。之后，联委会成立了第三个专家组，协调执行前两个问题的顺序。在正式谈判后，美表示准备采取必要措施，取消与伊朗核协议不一致的部分制裁措施，恢复遵守伊朗核协议。4月9日，伊明确表示，伊美谈判的目标是双方一次性重返伊朗核协议，伊对"分步走"或"分阶段"重返伊朗核协议不感兴趣，打消了之前媒体对美伊可能达成阶段性协议的各种猜想。

从4月至6月，美伊在伊朗核协议联合委员会框架内共举行六轮谈判。值得注意的是，其间，发生了两起伊核设施遭破坏的重大事件。4月11日，伊纳坦兹核设施遭到破坏，损失巨大。伊指责此举是以色列的"核恐怖主义行为"，旨在破坏伊美谈判。作为报复，伊决定启用更先进的IR-6型离心机来替换被破坏的IR-1型离心机，并将提炼浓缩铀的丰度提升到60%。伊还表示如需要，可提炼90%丰度的浓缩铀。6月，伊卡拉吉离心机生产工厂再次遭到破坏。尽管上述袭击给维也纳谈判增添了复杂因素，但并没有打断美伊谈判。这从侧面反映出美伊双方对谈判都有紧迫感，且谈判进展比较顺利。

在第五轮谈判结束后，伊朗总统鲁哈尼乐观地表示，谈判已取得重大进展，各方已就主要问题达成共识，"几乎所有主要制裁都将解除"，"伊朗核协议谈判眼下只剩一些细节问题有待商定"。① 当时国际社会普遍认为在鲁哈尼离任前，美伊达成协议可能性很大，但最终第六轮谈判还是无果而终。据外媒报道，第六轮谈判结束时，美伊就双方重返伊朗核协议达成"原则性"协议草案。不过，美明确表示双方仍存在一些严重分歧，主要是三个方面：一是伊是否愿意完全遵守伊朗核协议义务；二是伊是否接受美

---

① 《鲁哈尼就伊核协议谈判进展态度乐观》，光明网，2021年5月11日，https://m.gmw.cn/baijia/2021-05/11/34835408.html，访问日期：2022年4月12日。

提出的解除制裁范围；三是双方重返伊朗核协议的顺序问题。①

鲁哈尼对任内没有与美方达成协议表示失望。6月23日，鲁哈尼公开抱怨称，如伊有意愿，如参加谈判代表获得必要的权力，伊政府将能够"今天"解除制裁。鲁哈尼指责"议会官僚"延误了与美达成解除制裁的协议，抱怨国内强硬派要求美解除所有制裁的要求不切实际。鲁哈尼表示："是的，我们可以解除所有这些制裁，但这需要另一次谈判和另一次机会"。②

三、莱希政府调整重返伊朗核协议谈判政策

6月18日，莱希当选伊朗总统后，伊方在伊朗核协议谈判上的政策发生了重大变化。首先，伊以政府换届需要时间准备为由，暂时停止参与维也纳谈判。其次，伊最高全国安全委员会监督伊朗核协议执行委员会评估了伊美谈判进展，认为前六轮谈判不成功，没有迫使美同意解除对伊所有制裁，美也没有提供任何未来不再次爽约的保证。该委员会拒绝了鲁哈尼政府与美"原则上"达成的重返伊朗核协议草案。最后，哈梅内伊公开批评鲁哈尼过于"轻信"美西方解除对伊制裁的承诺，指出协议草案中有关伊导弹等问题内容为美再次违约和干涉伊内政提供了借口。哈梅内伊告诫莱希政府从中吸取教训，不要上美的当。③

此后，伊朗新总统莱希虽然支持继续与美进行谈判，但决定"重起炉

---

① "'Serious Differences' Remain in Nuclear Talks, US Official Says," *Al-Monitor*, June 2021, https://www.al-monitor.com/originals/2021/06/serious-differences-remain-nuclear-talks-us-official-says.

② "Iran's Rouhani Blames Hard-liners for Deadlock with US," *Al-Monitor*, June 25, 2021, https://www.al-monitor.com/originals/2021/06/irans-rouhani-blames-hard-liners-deadlock-us.

③ "Leader: Trust in the West Does Not Work," *Tehran Times*, March 6, 2022, https://www.tehrantimes.com/news/463493/Leader-Trust-in-the-West-does-not-work.

灶",重新制定与美谈判政策,其立场更趋强硬:(1)不再把寻求美重返伊朗核协议、解除对伊制裁的谈判作为外交优先重点。莱希多次明确表示,伊外交重点是发展与周边和地区国家的关系,尤其是中、俄关系;强调通过发展经济来抵消美制裁对伊经济的不利影响。莱希甚至还表示,在谈判中"如其他各方无法确保伊国家利益,我们也不打算就这样一份核协议(进行)谈判"。[①](2)强调维也纳谈判重点是美解除对伊所有"非法"制裁。美应首先无条件履行对伊朗核协议的承诺,终止对伊所有"非法"制裁。美违约在先,伊有权在核实美确实解除这些制裁后,再履行伊朗核协议承诺。(3)强调谈判是美"纠错行为",实质是"技术性"谈判,而不是讨论达成一个新伊朗核协议。拒绝讨论任何与伊朗核协议无关的议题,绝不允许谈判伊导弹和地区政策问题。(4)坚决要求美提供正式保证,确保美今后不会再次违约。

莱希执政后,伊与美欧在重返伊朗核协议问题上的博弈态势发生明显变化,突出特点是:美欧急于与伊重启第七轮谈判,而伊则对此漫不经心,以各种理由加以拖延。莱希政府拖延重启与美谈判,主要原因是基于对当前国际环境变化、伊美对抗态势转变的评估,认为伊处在相对有利地位。首先,拜登政府外交战略目标的重点是遏制中俄。美急于从中东地区抽身,希借助恢复伊朗核协议遏制伊核能力,美比伊更需要伊朗核协议。其次,在特朗普对伊"极限施压"政策失败后,美除动武外缺乏打压伊的有效手段。伊只要顶住美欧的"恐吓",就可能在谈判中争取更多成果。最后,美无理退约已失信于国际社会,伊做出任何超出伊朗核协议的新妥协不仅是帮美"解套",而且还是对美退约的"奖赏",将可能鼓励美再次违约。

---

① 《伊朗当选总统莱希:将采取措施解除美国对伊"残暴"制裁》,澎湃新闻,网易,https://www.163.com/dy/article/GGGKPIK20514R9P4.html,访问日期:2022年3月6日。

莱希政府上述强硬立场，使美欧对维也纳伊朗核协议复谈前景普遍担忧，美欧也采取了相应策略：一方面，联合对伊施压，敦促伊尽快恢复谈判。在莱希当选总统后，美即表示希望莱希政府能尽快恢复谈判。英、法、德等欧洲国家领导人亦致电伊总统和外长，敦促伊尽快恢复谈判。另一方面，对伊发出"威胁"信号。拜登明确表示，如维也纳谈判失利，美已准备好其他"选项"，且在海湾地区举行了无人机打击演习向伊示威。对此，伊针锋相对地表示，不会为追求解除制裁而做出有损伊人民利益的妥协。

四、第二阶段伊朗核协议复谈情况

2021年11月29日，维也纳第七轮伊朗核协议谈判启动，这是莱希政府与美欧间就重返伊朗核协议的首次谈判。谈判当天，伊外长阿卜杜拉希扬在伊主要报刊《伊朗日报》刊文，阐述了伊方基本立场，"如伊能得到保证（美不会再次爽约），在有效和经核查地解除所有制裁后，伊准备停止实施其所有的补救措施（超出伊朗核协议的核活动）"，"除非（美）提供保证，防止过去痛苦的经历再次发生，且伊贸易伙伴可自信、没有任何担忧地与伊进行长期经济合作，否则美重返伊朗核协议将没有任何意义"。他强调，伊不会接受伊朗核协议之外的任何要求，也不会讨论伊朗核协议之外的任何议题。同时，他警告美欧必须充分认识到，这一机遇的窗口不会永远开着。为表示对谈判的"认真"和"诚意"，伊首席谈判代表巴盖里率阵容庞大的代表团参会。

第七轮维也纳谈判面临的首要挑战是各方从何处入手重启谈判。在会谈中，伊要求对前几轮谈判的关键内容进行大幅修改，并提出了两个新方案，一是针对解除对伊制裁，二是伊如何重新履约。美欧对伊谈判方案强烈不满，强调第七轮谈判应是前六轮谈判的延续。双方互不相让，谈判很快陷入僵持。12月3日,各方同意休会。英、法、德三国发布联合声明称,伊"正在撤回在前几轮谈判中达成的几乎所有的艰难妥协",对伊修改之前谈判达成的草案"感到失望和担忧"。美国国务卿布林肯表示,"伊几乎没有认真考虑采取必要措施遵守伊朗核协议,这就是我们结束这轮维也纳谈判的原因"。同时,他对伊发出警告,"如果外交途径失败,华盛顿将寻求其他选择"。① 伊则指责美不愿放弃制裁是维也纳会谈面临的主要挑战。经过休会后,第七轮谈判于12月9日再次恢复。伊展现了灵活态度,接受以之前谈判结果为蓝本,增加了伊新政府的谈判考虑,同意国际原子能机构在卡拉奇一个核设施内安装新的监控摄像设备。第七轮谈判于12月17日结束,最主要成果是形成了一份各方认可的共同谈判文本。

第八轮谈判从2021年12月27日开始,至2022年3月10日"暂停",其间,多次休会,是时间最长、最关键和最艰难的一轮谈判。在谈判中,美伊主要集中讨论了美解除对伊制裁范围、双方履约先后次序、核查解除制裁机制、美提供今后不再违约"保证"等问题。双方主要分歧包括:(1)伊要求美必须解除自特朗普政府退出伊朗核协议后施加的所有制裁,无论冠以什么名义;而美只同意解除与伊朗核协议相关的制裁;(2)伊坚持由于美违约在先,必须由美迈出第一步;经核实美确实解除对伊制裁后,伊才开始履约;(3)美提供今后不再违约的保证,作为美伊双方达成协议的必要条件。

美伊经过针锋相对的讨价还价,谈判取得积极进展。2022年2月,美表示谈判取得了"实质性进展"。伊也表示,谈判已非常接近"终点线"。据外电报道,相关各方已形成20页的协议草案,包括美解除对伊制裁措

---

① 《伊核协议维也纳谈判本周将继续,迄今有何进展与挑战?》,《齐鲁晚报》网,https://www.qlwb.com.cn/detail/18136850.html,访问日期:2022年4月12日。

施、伊如何重新履约步骤、如何实施前两项的核查及次序安排。① 至于美方的保证,伊方寻求采取一些具体措施来保护伊的核项目、贸易和投资,免受未来美违背协议的影响。② 应该看到,美伊虽在一些问题上取得了实质性进展,但这些问题仍没有得到根本解决。2022年2月27日,伊议会国家安全和外交政策委员会成员指出,拜登政府虽同意大幅解除前届政府对伊实施的制裁,但仍拒绝解除所施加的所有制裁。"伊朗红线中的几个问题仍未解决",包括解除制裁的范围、保证、核查以及伊和国际原子能机构的分歧。③ 伊外长更是明确表示,伊绝不会接受任何侵犯伊国家和人民利益的协议。④

2022年2月爆发的乌克兰危机,使美伊重返伊朗核协议的谈判节外生枝。乌克兰危机爆发后,美欧对俄罗斯实施多轮制裁。3月5日,俄外长拉夫罗夫提出,美需做出不低于国务卿级别的书面保证,以确保美欧对俄制裁不会影响俄伊在贸易、投资和军事技术领域的合作。美国国务卿布林肯对此予以拒绝,认为美欧对俄实施的制裁与维也纳谈判无关。3月11日,欧盟外交与安全政策高级代表博雷利宣布,尽管恢复伊朗核协议的"最终文件"基本准备就绪,但"由于外部因素,维也纳会谈需要暂停"。第八轮维也纳谈判进入没有期限的"暂停"。

---

① "Inside Story: JCPOA Talks Zoom in on Verification, Guarantees as End Nears," Amwaj. media, March 6, 2022, https://amwaj.media/article/iran-vienna-jcpoa-baqeri-kani-shamkhani.
② Ibid.
③ "Iran FM Continues Talks with Foreign Counterparts," *Tehran Times*, March 6, 2022, https://www.tehrantimes.com/news/470320/Iran-FM-continues-talks-with-foreign-counterparts.
④ Ibid.

五、前景展望

目前，伊朗核协议维也纳谈判进入最关键的冲刺阶段。美伊通过谈判已就绝大部分问题达成共识，包括双方交换扣押人员、伊与国际原子能机构争端等。据报道，美伊尚未就三方面最棘手的问题达成共识：（1）伊坚持要求美取消将革命卫队定性为"外国恐怖组织"，这是伊所设定的"红线"之一；（2）美试图将重新履约与谈判"加强版"伊朗核协议挂钩，这被伊视为"不可接受的建议"；（3）如何将美今后不再违约的"政治保证"具体化为措施安排，从而提高美今后违约的代价。

展望未来，美伊双方需要全面评估重新恢复履约的利弊，克服各自国内政治因素制约，做出政治决断，重返伊朗核协议。伊朗核协议其他有关方应继续为美伊谈判创造良好氛围，从维护伊朗核协议、维护多边主义和全球防扩散体系角度出发，共同推动早日达成协议。

朝鲜半岛：无核化与永久和平体制

杨希雨

内容提要：朝鲜半岛问题错综复杂，归根结底就是"核"与"和平"两大问题。20世纪90年代以来，朝鲜半岛无核化进程几度取得进展，但又反复陷入危机，形成所谓"周期性危机"现象，根本原因是：只注重解决朝鲜的去核化而不解决朝鲜的切身安全关切，只注重推进朝鲜半岛无核化而忽略半岛永久和平体制的构建，是一条行不通的道路；只有均衡而公正地同时推进"核"与"和"两大问题的政治解决进程，朝鲜半岛无核化才能可靠地实现。根据中方提出的"双轨并进"思路，一方面建立以落实《关于朝鲜半岛无核化共同宣言》为宗旨的朝鲜半岛无核化谈判机制和议题框架，另一方面建立以保障南北双方共同安全为宗旨的朝鲜半岛永久和平体制谈判机制和议题框架，二者同步推进，形成相互促进、互为保障的机制，才是综合解决半岛问题的现实可行途径。

关 键 词：朝鲜半岛核问题；无核化；永久和平体制；双轨谈判
作者单位：中国国际问题研究院

一、引言

2021年，美国与朝鲜关于朝鲜半岛核问题的对话仍然停滞不前。朝鲜从2021年3月以来逐步加快各种类型导弹试验的步伐。朝鲜半岛紧张局势有可能再度升级,而且可能对陷入僵局的朝鲜半岛无核化进程带来更大挑战。

如何以和平方式实现朝鲜半岛无核化,这是当今全球核不扩散体系面临的重大挑战。朝鲜核问题的本质,不仅是大规模杀伤性武器扩散问题,而且是与朝鲜半岛持久和平息息相关的战略安全问题。朝鲜半岛问题错综复杂,各种矛盾叠加且相互影响,归根结底是"核"与"和"两大问题:第一,要不要以及怎样实现朝鲜半岛无核化;第二,要不要以及怎样建立朝鲜半岛永久和平体制。

早在1991年,朝鲜半岛南北双方(韩国与朝鲜)就围绕这两大问题,通过总理级会谈和谈判,共同签署了两份历史性文件,即《关于朝鲜半岛无核化共同宣言》和《南北和解、互不侵犯及交流合作协议书》(即《南北基本协议》)。前者确立了朝鲜半岛无核化的大目标,并为实现此目标制定了具体规则;后者确立了南北双方建立和平和解合作关系的基本原则和框架。①在2005年9月第四轮六方会谈中,有关各方经过艰苦谈判,发表了《9·19共同声明》,以多边方式进一步确立了通过谈判实现朝鲜半岛无核

---

① 朝鲜与韩国两国总理于1991年12月正式签署了包括"八不"原则并禁止进行浓缩铀和后处理等措施的《朝鲜半岛无核化共同宣言》,参见《朝鲜国家概况》(最近更新时间:2021年8月),首页〉国家和组织〉国家(地区)〉亚洲〉朝鲜〉国家概况,中华人民共和国外交部,https://www.fmprc.gov.cn/web/gjhdq_676201/gj_676203/yz_676205/1206_676404/1206x0_676406/; *Joint Declaration on The Denuclearization of The Korean Peninsula*, Ministry of Foreign Affairs, ROK, February 14, 2008, https://www.mofa.go.kr/eng/brd/m_5476/view.do?seq=305870&srchFr=&srchTo=&srchWord=&srchTp=&multi_itm_seq=0&itm_seq_1=0&itm_seq_2=0&company_cd=&company_nm=&page=6&titleNm=,访问日期:2022年3月15日;朝鲜和韩国两国政府总理于1991年12月31日正式签署了包括南北和解、互不侵犯、互不干涉内政、加强交流与合作等内容共4章25条的"基本协议",即《南北和解、互不侵犯及交流合作协议书》,参见 *Agreement on Reconciliation, Non-Aggression, and Exchanges and Cooperation between South and North Korea*, https://peacemaker.un.org/korea-reconciliation-nonaggression91。

化，以及建立朝鲜半岛永久和平体制这两大目标。① 2018 年举行的朝韩元首峰会以及朝美峰会，均以正式文件分别确认了实现朝鲜半岛完全无核化、建立朝鲜半岛永久和平体制这两大目标。②

然而，自从 20 世纪 90 年代朝鲜核问题爆发以来，朝鲜与美国的博弈紧紧围绕核问题展开，双方在朝鲜弃核方面取得了一些实质性进展。北京六方会谈实质性推动了朝鲜的去核化进程。但对于同朝核问题密切相关的和平问题，在朝美双边会谈、日内瓦四方会谈、北京六方会谈等范畴内，都未能取得实质性进展。

纵观过去近 30 年的朝鲜半岛无核化进程，历经曲折复杂变化，朝核问题不仅未能解决，有关各方围绕朝核问题乃至半岛无核化问题的矛盾反而越发尖锐，并呈现对抗性，根本原因就在于，只注重解决朝鲜的去核化而不解决朝鲜的安全关切，只注重推进半岛无核化而忽略半岛永久和平体制的构建，是一条行不通的道路。只有均衡而公正地同时推进"核"与"和"两大问题的政治解决进程，朝鲜半岛无核化才能可靠地实现。

二、朝鲜半岛"核"与"和"问题的提出与解决进程

朝鲜半岛无核化问题以及持久和平问题，一直是半岛南北双方以及美国同朝鲜长期对抗博弈的两大核心问题。早在冷战时期的 1972 年，朝韩之

---

① 参见《第四轮六方会谈共同声明》，中华人民共和国常驻联合国代表团官网，2005 年 9 月 19 日，https://www.fmprc.gov.cn/ce/ceun/chn/zt/chwt/t212681.htm。
② 参见《朝韩领导人共同签署发表〈板门店宣言〉》，中国新闻网，2018 年 4 月 27 日，http://www.chinanews.com.cn/gj/2018/04-27/8501874.shtml。《韩朝签署〈9 月平壤共同宣言〉致力将半岛建成"永久和平地带"》，人民网，2018 年 9 月 20 日，http://world.people.com.cn/n1/2018/0920/c1002-30304134.html。《美朝联合声明：美国提供安全保证 朝鲜承诺无核化》，中华网，2018 年 6 月 12 日，https://3g.china.com/act/news/1000/20180612/32517007.html。

间就开启了对话与和解进程,并跨越冷战时代和后冷战时期,虽几经动荡起伏,但双方在南北和平统一为共识的前提下,就半岛无核化以及构建半岛永久和平体制两个基本问题上,取得了一系列里程碑式的重大成果。而朝美接触从 1992 年第一次高级别政治会谈开始,也在朝鲜半岛无核化以及以朝美关系正常化为基础的构建永久和平两个基本问题上,先后取得一系列标志性成果。

(一)朝鲜与韩国自 1972 年以来对话谈判达成的共识与进展

朝鲜与韩国之间从 1972 年谈判发表《7·4 南北联合公报》开始,进行过从工作级、内阁级到最高领导人级别的多次会谈,特别是 2000 年 6 月第一次南北首脑会谈和 2007 年 10 月第二次南北首脑会谈,把南北关系推向高潮。朝鲜与韩国先后签署了《7·4 南北联合公报》(1972 年 7 月)、《南北和解、互不侵犯及交流合作协议书》(1991 年 12 月)、《关于朝鲜半岛无核化共同宣言》(1991 年 12 月),朝鲜最高领导人同韩国总统还多次举行南北首脑峰会并签署了《6·15 南北共同宣言》(2000 年 6 月 15 日)、《南北关系发展与和平繁荣宣言》(2007 年 10 月 4 日)、《板门店宣言》(2018 年 4 月 27 日)、《平壤共同宣言》(2018 年 9 月 19 日)等一系列重要文件,双方在改善南北关系、实现半岛永久和平以及半岛无核化等方面取得了重要的实质性共识。

第一,在改善南北关系、建立半岛永久和平体制、推动民族和平统一方面达成如下基本共识和重要协议。

确立了"统一三原则",即自主、和平、超越意识形态和社会制度差异的民族团结;明确了和平统一的模式,即按照南方关于"邦联"的概念,以及北方关于松散形式的"联邦"的方向,共同推进和平的、没有外来干预的自主统一。

确立了南北相互间关系准则,即互不侵犯、互不使用武力、和平解决争端、终止军事敌对状态、共同维护半岛和平、互不干涉内政。

建立半岛永久和平体制,终结1953年《临时停战协定》,为此南北共同推进在半岛召开三方或四方领导人会议,宣布正式结束朝鲜半岛的战争状态;通过朝韩美三方会谈或朝韩美中四方会谈,建立半岛永久和平体制。

解决包括离散家属团聚等问题在内的人道主义问题,实现离散家属团聚定期化。

开展和加强贸易、投资、文化、教育、科技、新闻出版、广播电视、通邮、立法等广泛领域的交流与合作。

开展和加强南北在恢复与改善南北交通、开发自然资源、经济特区等方面的项目合作,包括建设开城工业园区、金刚山旅游区、合作建设恢复穿越南北的铁路、恢复开城到新义州的铁路、合作建设开城到平壤的高速公路、合作建设位于安边和南浦的造船基地,并在农业、健康与医疗、环境保护等方面建立合作项目,在双方有争议的西海地区建立"和平与合作特区",加强渔业合作,防止意外军事冲突发生。[①]

第二,在实现半岛无核化方面签署重要文件并就若干关键性问题达成如下一致意见。

由两国总理于1991年联合签署《关于朝鲜半岛无核化共同宣言》,共

---

① 参见 *The July 4 South-North Joint Communiqué*, https://peacemaker.un.org/sites/peacemaker.un.org/files/KR%20KP_720704_The%20July%204%20South-North%20Joint%20Communiqu%C3%A9.pdf;《南北和解、互不侵犯及交流与合作协议书》, https://peacemaker.un.org/sites/peacemaker.un.org/files/KR%20KP_920120_JointDeclarationDenuclearizationKoreanPeninsula%28ch%29.pdf; "Text of Joint Declaration of Denuclearization on the Korean Peninsula," https://peacemaker.un.org/sites/peacemaker.un.org/files/KR%20KP_920120_JointDeclarationDenuclearizationKoreanPeninsula.pdf; *South-North Joint Declaration*, June 15, 2000, https://www.usip.org/sites/default/files/file/resources/collections/peace_agreements/n_skorea06152000.pdf; *Declaration on the Advancement of South-North Korean Relations, Peace and Prosperity*, https://www.ncnk.org/sites/default/files/2007_North-South_%20Declaration.pdf。

同承诺南北均不试验、不制造、不生产、不接受、不拥有、不储存、不部署或使用核武器，南北均不开展核后处理和铀浓缩项目，南北的核项目仅限于和平利用核能。

南北双方在2007年第二次南北首脑会谈后发表的联合宣言中，一致同意共同落实六方会谈《9·19共同声明》和《2·13共同文件》。

2018年4月27日，朝鲜最高领导人金正恩与韩国总统文在寅在板门店举行南北峰会并签署板门店宣言，明确了实现朝鲜半岛彻底无核化的共同目标；在同年南北峰会签署的《平壤共同宣言》中，明确承诺南北双方将在推进朝鲜半岛彻底无核化的过程中互相密切合作。①

（二）朝鲜与美国自1992年以来对话谈判取得的共识与进展

从1992年朝鲜劳动党中央书记处书记金容淳访问美国同美国务院副国务卿坎特举行朝美第一次高级别政治会谈开始，美朝先后展开各个层级对话与谈判、朝鲜最高领导人特使访美、美国国务卿访朝等高层接触在内的双边接触，双方先后签署了《美朝共同声明》（1993年6月）、《美朝框架协议》（1994年10月）、《美朝联合公报》（2000年10月）、《美朝关于朝鲜停止核、导试验及美向朝食品援助的协议》（2012年2月）。此外，美朝双方从1994年到2002年，展开了核、导、恐怖主义、互设联络处、朝鲜半岛能源开发项目、双边经贸关系等21个问题的密集对话与谈判，其中就

---

① 参见 *Joint Declaration of Denuclearization on the Korean Peninsula*, https://peacemaker.un.org/sites/peacemaker.un.org/files/KR%20KP_920120_JointDeclarationDenuclearizationKoreanPeninsula.pdf; *Declaration on the Advancement of South-North Korean Relations, Peace and Prosperity*, https://www.ncnk.org/sites/default/files/2007_North-South_%20Declaration.pdf; *Panmunjom Declaration for Peace, Prosperity and Unification of the Korean Peninsula*, https://www.mofa.go.kr/eng/brd/m_5478/view.do?seq=319130&srchFr=&srchTo=&srchWord=&srchTp=&multi_itm_seq=0&itm_seq_1=0&itm_seq_2=0&company_cd=&company_nm=&page=1&titleNm=; "Pyongyang Joint Declaration of September 2018," https://www.ncnk.org/node/1633。

17个问题签署了协议。① 2018年6月，朝鲜最高领导人金正恩和美国总统特朗普在新加坡举行峰会，双方通过谈判签署并发表了新加坡《共同声明》，即《6·12联合声明》。朝美双方在无核化、半岛永久和平体制两大问题以及推进双边关系全面正常化等方面，取得如下共识和进展。

第一，美朝就朝鲜"冻结核武器"迈向"彻底无核化"、不发展弹道导弹方面达成以下重要共识和协议。

美朝郑重承诺共同致力于没有核武器的朝鲜半岛的和平，美国将对朝鲜正式提供不使用或威胁使用核武器的保证，朝鲜不退出《不扩散核武器条约》(NPT)，并将持续性地采取实际步骤落实（朝韩签署的）《关于朝鲜半岛无核化共同宣言》中规定的"八不"（不试验、不制造、不生产、不接受、不拥有、不储藏、不部署、不使用核武器等）。

美国及国际机构向朝鲜提供总发电能力为2000兆瓦的两座轻水反应堆，在两座轻水堆提交朝鲜之前，朝鲜冻结全部核活动。美及国际机构在朝鲜"核冻结"期间，每年向朝鲜提供50万吨重油用于发电。美国及国际机构在提交两座轻水堆后，朝鲜销毁宁边的全部核设施。美朝缔结和平利用核能合作协定。

美朝就朝鲜的弹道导弹问题展开会谈，只要会谈仍在进行，朝鲜不进行任何形式的远程导弹发射活动。

朝鲜承诺实现朝鲜半岛彻底无核化。②

---

① Robert Carlin and John W. Lewis, "Negotiation with North Korea: 1992–2007," Freeman Spogli Institute, Standford, January 2008.
② 参见 *The Agreed Framework*, https://nsarchive2.gwu.edu/NSAEBB/NSAEBB87/nk17.pdf; U. S. Department of State, *U. S.-D. P. R. K. Joint Communique*, October 12, 2000, https://1997-2001.state.gov/regions/eap/001012_usdprk_jointcom.html. The White House, *Joint Statement of President Donald J. Trump of the United States of America and Chairman Kim Jong Un of the Democratic People's Republic of Korea at the Singapore Summit*, https://trumpwhitehouse.archives.gov/briefings-statements/joint-statement-president-donald-j-trump-united-states-america-chairman-kim-jong-un-democratic-peoples-republic-korea-singapore-summit/.

第二，美朝致力于改变相互敌对关系，通过合作在朝鲜半岛建立永久和平体制。

美国和朝鲜就改善双边关系达成一致，承诺依照两国人民对和平及繁荣的愿望，建立新型美朝关系。

美朝采取实际措施，从根本上改善双边关系，采取包括（朝韩美中）四方会谈在内的措施，用永久和平安排来正式取代1953年《临时停战协定》，终止双方相互敌对状态。

美朝一致同意共同迈向政治、经济全面正常化关系，美国采取措施降低美对朝贸易和投资限制，美朝在对方首都互设联络处，并尽早升级到大使级外交关系。

美朝共同承诺开展基于平等和不带偏见的会谈解决分歧，致力于建立基于相互尊重主权、互不干涉内政的新型关系。①

三、"危机周期"与综合解决朝鲜半岛两大问题的新框架

朝鲜半岛南北双方自1972年以来的积极接触，以及朝美自1992年以来的对话谈判，产生了许多重大成果。但这些来之不易的宝贵成果并未得到巩固，更没有带来朝鲜半岛的无核化与持久和平稳定。恰恰相反，朝鲜半岛核问题日益复杂，朝鲜核武库从无到有、从小到大，而朝鲜同韩美同

---

① 参见 *The Agreed Framework*, https://nsarchive2.gwu.edu/NSAEBB/NSAEBB87/nk17.pdf; U. S. Department of State, *U. S. -D. P. R. K. Joint Communique*, October 12, 2000, https://1997-2001.state.gov/regions/eap/001012_usdprk_jointcom.html; The White House, *Joint Statement of President Donald J. Trump of the United States of America and Chairman Kim Jong Un of the Democratic People's Republic of Korea at the Singapore Summit*, https://trumpwhitehouse.archives.gov/briefings-statements/joint-statement-president-donald-j-trump-united-states-america-chairman-kim-jong-un-democratic-peoples-republic-korea-singapore-summit/.

盟的对立也越发带有对抗性,半岛局势越来越深地陷入"危机—对话—进展—僵局—再危机"循环往复的"危机周期"。

第一次危机周期。1993年爆发第一次朝核危机后,朝美于1994年展开了密集谈判,终于在日内瓦签署了《美朝框架协议》。此后,无论是核问题还是朝美关系,都取得了长足的进展。2000年,朝鲜和美国实现高层互访,双方签署了《美朝联合公报》。

第二次危机周期。2002年10月,美国代表团访问平壤,美朝双方就朝鲜秘密浓缩铀项目的对话破裂,从而引发第二次朝核危机。在中国积极斡旋和有关各方的共同努力下,中国发起并主导的六方会谈进程把朝核问题重新拉回对话谈判的轨道。经过四轮艰苦对话谈判,六方会谈于2005年9月共同发表了《9·19共同声明》,首次以多边形式确立了综合解决朝鲜半岛问题的两大目标,即实现半岛无核化和建立半岛永久和平体制。在此基础上,六方会谈在2007年2月达成《2·13共同文件》,推动朝鲜去核化不断取得阶段性进展。[①] 但由于朝美双方在"可核查、不可逆、可验证"去核化措施方面缺乏战略互信,导致六方会谈陷入僵局。

第三次危机周期。2009年以后半岛紧张局势轮番升级。从2009年朝鲜第二次核试验以及2010年天安舰、延坪岛危机开始,直至2016年和2017年朝鲜连续进行核试验和洲际弹道导弹试验,朝美双方最高领导人相互进行核威胁,致使朝鲜半岛局势深陷军事对抗危机。2018年初,朝鲜最高领导人开启了元首外交进程,先后举行中朝、朝韩、朝美元首峰会,不仅扭转了半岛危机,而且再次把朝核问题拉回对话谈判轨道。但同以往一样,随着无核化问题讨论的深入,2019年2月朝美"河内峰会"因双方在宁边

---

① 《2·13共同文件》为落实六方会谈《9·19共同声明》奠定了实施框架,并标志着六方会谈去核化实质性谈判进程的开始。参见 https://www.ncnk.org/resources/publications/Feb_13_2007_Agreement.doc。

去核化的交换条件问题上分歧巨大而破裂,半岛局势再度陷入僵局。

上述危机的反复出现,提出了一个根本性问题:为什么朝韩与朝美之间都曾努力谈判并达成不少实质性成果,朝鲜半岛局势却仍然陷入周期性危机?从根本上说,这种"危机周期"源于朝鲜半岛迄今存在的两种不正常状态:第一,朝鲜半岛迄今依然处于战争状态,1953年签署的《临时停战协定》仅仅是一种交战各方脱离接触的"停战安排";第二,朝鲜半岛迄今依然处于冷战状态,尽管冷战在世界范围已经结束,但是朝鲜半岛上的美韩同盟与朝鲜之间依然处在冷战状态。如果不从根本上结束朝鲜半岛的战争状态和冷战状态,不解决朝鲜的安全关切,不建立起保障南北双方共同安全的永久和平体制,朝鲜半岛核问题就无法摆脱循环往复的"危机周期"。

正是考虑到朝鲜半岛持续半个多世纪的战争状态和冷战状态是实现半岛无核化的主要障碍之一,因此中国推动并由六方会谈有关各方充分协商谈判后发表的《9·19共同声明》,在提出实现半岛无核化目标的同时,专门提出"由直接有关各方另行谈判建立朝鲜半岛永久和平体制"这一目标。①

然而遗憾的是,相对于半岛无核化进程,构建半岛永久和平体制问题迄今仍然停留在原则性共识的层面上。因此,如果要实现半岛无核化,就必须建立新的框架,综合解决朝鲜半岛无核化与半岛永久和平体制两大根本问题。近年来,中国提出"双轨并进"思路,② 这是综合解决半岛"核"与"和"两大问题的切实可行框架。

一方面,以推动实现朝鲜半岛彻底无核化为目标,建立系统性的美朝

---

① 六方会谈《9·19共同声明》第四条。
② 《王毅:坚持实现无核化目标 维护半岛和平与稳定》,外交部长王毅在联合国安理会朝鲜半岛核问题部长级公开会上发言,人民网,2017年4月29日,http://world.people.com.cn/n1/2017/0429/c1002-29244611.html。

谈判与六方会谈相结合的谈判轨道，以循序渐进的方式，通过谈判分阶段完成三项议题和任务。

第一，谈判细化"朝鲜半岛彻底无核化"的范围定义和技术要求。在朝美《6·12联合声明》、六方会谈《9·19共同声明》等已有共识的基础上，以朝韩《关于朝鲜半岛无核化共同宣言》（1992年生效）为蓝本，谈判并由六方共同签署升级版的"实现朝鲜半岛彻底无核化联合宣言"，细化"彻底无核化"的范围界定，重申和确立半岛南北双方不试验、不制造、不生产、不接受、不拥有、不储藏、不部署、不使用核武器等"八不"原则，但是双方均拥有和平利用核能的权利；明确南北双方基于和平利用核能的目的，可以进行在国际原子能机构充分监督下的铀浓缩和后处理活动；确立半岛实现彻底无核化之后，南北相互对等核查机制；半岛南北双方及六方会谈各方致力于最终建立以相关国际法和国际标准为基础的"朝鲜半岛无核区"。

第二，谈判制定基于对等原则和有约束力的解决朝鲜核问题的"行动路线图"。根据六方会谈《9·19共同声明》关于"承诺对承诺，行动对行动"的原则，以及有关各国和平共处原则，根据《美朝联合公报》和《6·12联合声明》中确立的"建立新型朝美关系"的目标，谈判制定朝鲜彻底放弃核武器及其相关计划、美国彻底放弃对朝敌视政策行动措施的对等行动路线图。

朝鲜去核化的行动措施包括4个基本部分：（1）彻底销毁全部核弹头；（2）彻底销毁全部易裂变材料；（3）彻底销毁用于核武器及易裂变材料的生产制造、研发、储藏的全部设施；（4）对现有从事核武器研发和制造的全部专业人员进行旨在转行就业的职业再培训。

美国彻底放弃敌视朝鲜政策行动措施包括3个基本部分：（1）废除全部现行针对朝鲜的相关立法和行政命令，全部取消基于上述立法和行政命令对朝实施的制裁措施;(2)根本性修改现行基于战争状态下针对朝鲜的军事部署、作战计划、联合军演制度,建立"军停线"两侧的"建立信任措施"机制,履行承诺尽快完成韩美战时指挥权向韩方交接,推进以南北和平和解合作为主导的变"非军事区"为"和平区"的建设;(3)签署朝美互不侵犯及建立新型关系协定,实现朝美关系完全正常化,发展互利合作的正常贸易投资关系。行动路线图应该对等地囊括朝美双方上述全部行动措施,按照分阶段、同步走原则,约定和规划朝美各阶段相对应的各自行动措施。

第三,按照升级版的"朝鲜半岛彻底无核化联合宣言"的要求以及朝美双边对等行动路线图,以六方会谈为平台,谈判落实各阶段行动措施和阶段性目标。同时,谈判建立"朝鲜半岛无核化与能源开发合作组织",负责无核化进程的申报、核查、验证、去功能化、销毁等各项技术保障与实施,负责促进朝韩可持续发展的多边能源开发与经济合作。

另一方面,与上述无核化谈判轨道同步进行的,是建立由朝鲜、韩国、中国、美国构成的四方会谈机制,谈判构建朝鲜半岛永久和平体制。不仅通过签署和平协议正式终结半岛战争状态,而且要通过构建保障南北双方共同安全的安全架构,彻底终结半岛南北双方以"相互威慑"为基础的冷战状态,实现半岛永久和平。朝韩中美四方会谈机制,其构成要素包括以下四点。

第一,法理基础。朝鲜和韩国是朝鲜战争的主要当事方,更是决定当今朝鲜半岛和平与繁荣的主人;而中国和美国,历史上是朝鲜战争从内战转变成国际战争之后的两个主要交战国,现实中又是影响朝鲜半岛和平与安全、繁荣与发展的两个主要外部力量。由朝鲜和韩国作为半岛事务主要当事方,由中国和美国作为半岛主要外部力量共同参加的四方会谈机制,可为解决半岛持久和平与繁荣奠定坚实的法理和现实基础。

第二，双边谈判及协议：（1）朝韩基于2000年、2007年、2018年等南北峰会文件规定的原则，谈判签署《南北和平合作和解协定》及附属相关议定书；（2）朝美谈判签署"互不侵犯与和平共处协定"，正式结束朝美敌对状态，明确界定双方建立"新型关系"与"和平共处"的行为准则；（3）中朝谈判签署面向永久和平新时代的"中朝和平友好合作条约"，取代现行条约；（4）中韩谈判签署"中韩和平合作伙伴关系行为准则"，进一步深化相互尊重、和平共处、合作共赢的中韩全面战略合作伙伴关系；（5）中美谈判签署保障半岛南北双方共同安全的"中美关于朝鲜半岛和平与安全的行为准则"。

第三，三边谈判及协议：（1）朝鲜与韩国、美国谈判签署"朝鲜半岛有关武装力量和平共处的军事行为准则"；（2）朝鲜与韩国、美国谈判签署"合作建立信任措施协议"及其附属相关议定书；（3）中国与朝鲜、韩国谈判签署"促进朝鲜半岛互联互通建设合作协议"及其附属相关议定书，促进南北互联互通，中国与半岛互联互通，半岛在东北亚地区互联互通的枢纽作用，以发展促和平。

第四，朝韩中美四边谈判及协议：（1）四方谈判签署"终战宣言"，正式终结朝鲜半岛战争状态，确立合作构建朝鲜半岛永久和平体制的共同目标；（2）四方谈判签署"和平协定"，确立保障四国之间和平共处的共同规约与准则；（3）根据联合国安理会以及联合国大会的有关决议，四方谈判撤销"联合国军司令部"相关事宜;[①]（4）基于1991年南北总理级会

---

① 详见 UNSC Res. 84。所谓"联合国军司令部"是美国自封的，从未得到过联合国的正式承认。1950年7月5日联合国安理会通过的第84号决议提出，建立一个"Unified Command under the United States of America"（美国领导下的联合司令部），而不是美国迄今仍然使用的"United Nations Command"。1975年联合国大会通过了关于解散驻韩国的"联合国军司令部"的决议（United Nationals General Assembly Resolution 3390A/3390B, "Question of Korea," November 8, 1975, http://digitalarchive.wilsoncenter.org/document/117737）。

谈签署的《南北和解、互不侵犯及交流合作协议书》，四方谈判签署南北为主、中美积极参与的升级版协议，不仅确保南北共同安全与和解合作，而且确保南北自主和平统一进程。

由朝韩中美谈判达成的上述双边、三边、四边协议，共同构成综合、均衡、可持续的安全架构，能够可靠地保障南北双方的共同安全。这种以共同安全为宗旨的朝鲜半岛永久和平体制谈判进程，应该同半岛无核化谈判进程同步推进，形成相互促进、互为保障的机制。因为从根本上看，朝鲜半岛的"核"与"和"两大问题，如同一枚硬币的两面，有着不可分割的内在联系，一个拥有核武器的朝鲜半岛，无论是北方还是南方拥核，都将毫无持久和平而言；而没有持久和平的半岛，则永远不可能实现无核化。

朝鲜半岛"核"与"和"这两大问题的内在联系，决定了朝鲜半岛核问题的解决过程，必然伴随朝鲜半岛永久和平体制问题的解决过程。1994年以来，朝鲜核问题多次陷入危机并且愈演愈烈，反复证明了不解决半岛和平问题，无核化进程行不通；朝鲜彻底放弃一切核武器及其相关项目、半岛实现彻底无核化，绝不能脱离解决朝鲜的安全关切、构建南北共同安全的永久和平体制进程。中国提出的无核化谈判与永久和平体制谈判"双轨并进"的建议，既是基于半岛"核"与"和"两大根本问题相互交织的现实，也是基于以往"危机周期"困境的经验教训而提出的现实可行解决问题途径。

四、结语

近年来朝鲜半岛局势的迅速演变，从本质上深刻表明：第一，1953年签署《临时停战协定》以来逐步形成的半岛安全格局，正进入历史性结构性变化的前夜。推动这种格局变化的主要驱动因素，是如何解决朝鲜核问题，如何实现朝鲜半岛无核化；而决定这种变化结果的，是建立什么样的半岛永久和平体制，结束半岛的战争状态和冷战状态。因此，实现半岛彻底无核化、构建半岛永久和平体制的双轨谈判进程，是朝鲜半岛新安全秩序的构建进程。

第二，从根本上看，朝鲜半岛无核化以及永久和平稳定，南北双方是主要当事人。但是由于半岛长期存在的战争状态和冷战状态，南北之间的安全关系早已陷入"零和博弈"状态，即一方加强自身安全的进展，必然意味着另一方安全利益的受损。朝鲜半岛当前安全形势的根本特征，是南北双方都在做"加法"，即增加自己的军备以维护自身安全。例如：朝鲜在增加核武器和攻击型导弹，而韩国在增加反导系统的同时，也在增加攻击型导弹，并引进美国的"延伸核威慑"。这种负面的安全竞赛，导致南北双方都越来越不安全，而非越来越安全。在这样的背景下，开展和推进半岛永久和平体制的谈判，首先要着眼于终结南北之间的负面安全竞争，建立朝鲜和韩国平等享有的共同安全，这是实现朝鲜半岛长治久安的基础。

第三，朝鲜半岛的未来，取决于两个关键因素：一是南北之间能否建立起一种相互信任机制和军事安排，首先停止互相做"加法"，并制定路线图，循序渐进地做"减法"。在互做"减法"的进程中，美国必须承担相应的义务采取相应措施。二是有关各方如何从"共同安全"的原则出发，在推进美国要求的"全面、可验证、不可逆的"朝鲜半岛无核化进程的同时，推动建立朝鲜和韩国共享的"全面、可验证、不可逆的永久和平"，即"CVID"（以彻底、可验证、不可逆方式销毁核武器）和"CVIP"（以彻底、可验证、不可逆方式建立和平）并行谈判的进程,① 为半岛的长治久安和南北实现民族和解和平统一奠定基础。

第四，冷战结束以来，中国明确地把维护朝鲜半岛和平稳定以及推进半岛无核化作为两大战略目标。为此，中国一直主张，无论有关各方特别是朝美之间的矛盾如何尖锐复杂，都必须坚定不移地通过对话谈判方式解决有关问题，特别是必须以综合、均衡的政治进程，和平解决朝鲜核问题，既要解决朝鲜半岛的无核化问题，也要同时解决朝鲜在安全、政治、经济等领域的合理关切。中国坚持的朝鲜半岛无核化，是指在整个朝鲜半岛实现彻底无核化，而不仅仅是朝鲜的无核化；中国坚持构建朝鲜半岛永久和平体制，实现半岛的长治久安，就是要坚定支持朝鲜与韩国作为半岛的主人，按照南北双方已经达成的共识，让半岛成为"永久和平区"和真正的无核化半岛。

---

① CVID 是美国在六方会谈中提出的朝鲜必须"以彻底、可验证、不可逆方式销毁核武器"的英文缩写；详见"CVID", CVID is abbreviated from Complete (or sometimes Comprehensive), Verifiable, Irreversible and Dismantlement (완전하고검증가능하며불가역적인폐기) of nuclear weapon, or Denuclearization (비핵화). cf. PVID stands for Permanent, Verifiable, Irreversible Dismantlement of nuclear weapon, http://www.koreanlii.or.kr/w/index.php/CVID?ckattempt=1。CVIP (Complete, Verifiable, Irreversible Peace on the Peninsula) 是朝鲜在朝美谈判中针对美国的 CVID 对等提出的"以彻底、可验证、不可逆方式建立和平"的英文缩写。

美英澳核潜艇合作的核扩散风险初析

赵学林　宋岳　赵畅

内容提要：2021年9月15日，美国、英国与澳大利亚三国发表联合声明，宣布建立美英澳三边安全伙伴关系（AUKUS），进一步加深三国在战略安全与国防领域的合作，其中包括澳将借助美英力量建造至少8艘核潜艇。美英澳核潜艇合作将开启核武器国家向无核武器国家转让武器级核材料的危险先例，严重违背《不扩散核武器条约》的目的和宗旨，违反《国际原子能机构规约》，对国际原子能机构现行的保障监督体系构成极大挑战，损害《南太平洋无核区条约》精神，破坏东盟国家建立东南亚无核武器区的努力，并带来核安全、核潜艇军备竞赛、导弹技术扩散等诸多方面的隐患和危害，对全球战略平衡与稳定也将产生深远消极影响。

关 键 词：美英澳核潜艇合作；美英澳三边安全伙伴关系；防扩散；《不扩散核武器条约》；核保障监督

作者单位：中核战略规划研究总院

2021年9月15日，美英澳三国宣布建立三边安全伙伴关系（AUKUS），开展核潜艇等领域合作，引发国际社会高度关注。本文主要从核扩散风险的角度出发，介绍三国核潜艇有关情况，探讨其对国际核不扩散体系造成的多重危害与隐患，并呼吁国际社会妥善应对这一重大国际安全挑战。

一、美英澳宣布
建立美英澳三边安全伙伴关系并开展核潜艇合作

美英澳宣布建立三边安全伙伴关系（AUKUS）并开展核潜艇合作，有关情况已引起国际社会高度关注。

（一）基本情况

2021年9月15日，美国、英国与澳大利亚三国发表联合声明，宣布建立美英澳三边安全伙伴关系，开展多种先进国防技术合作，加强在"印太"地区的军事能力。作为美英澳三边安全伙伴关系框架下的首个合作项目，美英将协助澳建造至少8艘核潜艇，具体方案将在未来18个月内商定。为此，澳取消了已进展多年的由法国建造常规动力潜艇的项目。除核潜艇外，澳还将通过美英澳三边安全伙伴关系获得一系列远程打击能力，包括"战斧"巡航导弹、联合空对地防区外导弹、远程反舰导弹、高超声速导弹以及精确打击制导导弹等，并形成制导武器本土制造能力。

11月22日，美英澳三国共同签署《海军核动力信息交换协议》，正式允许澳获取美英机密的核潜艇信息。澳国防部长彼得·达顿在声明中表示，这份协议将有助于澳方就核潜艇采购项目完成预计18个月的前期研究；协议还将为澳人员提供建造、操作和维护核潜艇相关培训。12月1日，美总统拜登向国会提交《海军核动力信息交换协议》。12月14日，由美英澳三国成立的"澳核潜艇项目"联合指导小组举行会议，重申此前承诺，即尽可能早地将澳大利亚核潜艇投入使用，并商定三国在未来18个月内的后续步骤，安排各工作组详细审查在澳建造核潜艇所需的关键行动。

（二）引发国际社会高度关注

美英澳三国宣布成立美英澳三边安全伙伴关系并开展核潜艇合作，国际社会对此表示严重关切，认为此举对国际核不扩散体系造成巨大冲击，并可能诱发新一轮军备竞赛，给地区和平稳定发展带来严峻挑战。

2021年9月17日，印尼外交部发言人费扎萨就美英澳核潜艇合作发表声明称，"印尼对该地区持续的军备竞赛和力量投射深表关切"，并强调澳大利亚"承诺继续履行所有核不扩散义务的重要性"。9月18日，马来西亚总理伊斯梅尔·萨布里警告称，美英向澳提供核动力潜艇的协议可能引发地区核军备竞赛。10月15日，俄罗斯外交部表示，美英澳三边安全伙伴关系的建立引起了人们对地区安全影响以及可能引发军备竞赛的严重担忧。10月19日，国际原子能机构（以下简称"机构"）总干事拉斐尔·格罗西称，机构对美英澳三边伙伴关系表示担忧。格罗西指出，不能排除其他国家会效仿美英澳的先例来推行自己的核潜艇计划。10月29日，法国外交部负责印度太平洋事务的特使佩诺表示，法国不支持美英澳三国打造的美英澳三边安全伙伴关系军事集团，称三国签署这样一份军事协议，只会加剧地区紧张，甚至会导致危险的核扩散。

2021年11月24日，在中国建议下，国际原子能机构以协商一致方式决定增设理事会正式议题，专门讨论"美英澳三国合作所涉核材料转让及其保障监督等影响《不扩散核武器条约》（NPT）的各方面问题"，首次就该问题开启了政府间讨论进程。2022年3月9日，机构理事会在维也纳举行。会议再次以单独正式议题形式专门讨论了上述问题。这体现了国际社会和机构理事会广大成员对美英澳核潜艇合作的持续关切，更说明此事超出机构秘书处现有授权范畴，必须通过相关政府间进程处理。

二、美英澳核潜艇合作
严重违背《不扩散核武器条约》的目的和宗旨

《不扩散核武器条约》是目前世界上最具普遍性和约束力的核不扩散条约，于1968年开放签署，1970年生效，截至目前共有包括5个核武器国家在内的191个缔约国。在其生效后的50余年里，《不扩散核武器条约》在防止核武器扩散方面发挥了至关重要和不可替代的作用，是当前国际核不扩散体系的基石。

（一）《不扩散核武器条约》的目的和宗旨是防止任何形式的核武器扩散

就条约序言而言，防止核武器扩散被提升至有助于降低核战争风险的高度，即"考虑到一场核战争将使全人类遭受浩劫，因而需要竭尽全力避免发生这种战争的危险并采取措施以保障各国人民的安全""认为扩散核武器将使发生核战争的危险严重增加"。

就条约案文而言，《不扩散核武器条约》第一条和第二条明确规定了核武器国家和无核武器国家的核不扩散责任和义务，是条约的核心内容。第一条规定，"每个有核武器的缔约国承诺不直接或间接向任何接受国转让核武器或其他核爆炸装置或对这种武器或爆炸装置的控制权；并不以任何方式协助、鼓励或引导任何无核武器国家制造或以其他方式取得核武器或其他核爆炸装置或对这种武器或爆炸装置的控制权"。第二条规定，"每个无核武器缔约国承诺不直接或间接从任何让与国接受核武器或其他核爆炸装置或对这种武器或爆炸装置的控制权的转让；不制造或以其他方式取得核武器或其他核爆炸装置；也不寻求或接受在制造核武器或其他核爆炸装置方面的任何协助"。

就条约谈判过程而言,关于《不扩散核武器条约》有核武器缔约国和无核武器缔约国的核不扩散义务,一度是各国争论最为激烈的问题,也是当时谈判的重点和难点。1965年由联合国大会表决通过的《不扩散核武器条约》谈判指导原则(第2028号决议)中的第一条即为"条约应没有任何可能允许核武器国家或无核武器国家以任何方式扩散核武器的漏洞"。

综上,《不扩散核武器条约》防止核武器扩散不应被狭隘地理解为只禁止直接转让整装的核武器,以任何方式协助无核武器国家制造核武器——如将核武器拆分成零部件,或直接向无核武器国家转让足够数量的、能够被用来制造核武器的核材料——都属于核武器扩散行为,严重违背《不扩散核武器条约》的目的和宗旨。

(二)美英澳核潜艇合作涉及武器级核材料非法转让问题

美英澳在核潜艇合作细节方面遮遮掩掩,迄今未向国际社会公布未来核潜艇反应堆中将使用何种核材料以及核材料如何转让等核心问题。澳总理莫里森此前在声明中已明确表示新核潜艇反应堆全寿期不换料(目前只有使用武器级高浓铀[①]的核潜艇反应堆具备此能力),结合美英两国核潜艇反应堆目前均使用铀-235丰度达到93.5%的武器级高浓铀,[②] 国际社会普遍认为,美英澳核潜艇合作所涉核材料也将是武器级高浓铀。据国际军控专家估计,澳未来8艘核潜艇总共需要1.6—2吨武器级高浓铀,而制造1

[①] 根据国际原子能机构报告,高浓铀是指铀-235同位素含量大于或等于20%的铀。一般认为,铀-235同位素含量大于或等于90%的铀为武器级高浓铀。

[②] International Panel on Fissile Materials, "US Study of Reactor and Fuel Types to Enable Naval Reactors to Shift from HEU Fuel," https://fissilematerials.org/blog/2020/04/us_study_of_reactor_and_f.html.

枚核武器需要 25 千克武器级高浓铀，① 美英拟向澳转让的武器级核材料可用来制造多达 64—80 枚核武器。

武器级核材料是核武器的源头、物质基础和根本前提。历史上，许多具有核野心的国家企图发展核武器时，都受限于武器级核材料生产技术和能力，无法获得足够数量的武器级核材料。美国和英国作为《不扩散核武器条约》核武器缔约国，直接向无核武器国家输出成吨的武器级核材料，是赤裸裸的核扩散行径；澳大利亚作为《不扩散核武器条约》无核武器国家，公然接受数量如此巨大的武器级核材料，无异于"一只脚跨过了核门槛"。三国此举严重违背《不扩散核武器条约》的目的和宗旨，行为恶劣、危害严重。

三、美英澳核潜艇合作直接违反《国际原子能机构规约》

《国际原子能机构规约》是国际原子能机构建立和运行的法律基础，明确规定机构应"确保""在其监督或管制下提供的援助不致用于推进任何军事目的"，美英澳核潜艇合作直接违反《国际原子能机构规约》。

（一）《国际原子能机构规约》是国际原子能机构建立和运行的法律基础

国际原子能机构是负责和平利用原子能活动的政府间国际组织。经过多年努力，《国际原子能机构规约》（以下简称《规约》）于 1956 年在联合国大会通过并开放签署，1957 年生效。作为机构的基本文件，《规约》

---

① 根据国际原子能机构报告，25 千克武器级高浓铀或 5 千克武器级钚构成一个"重要量"，即能够用来制造 1 枚核武器的最低数量。

是机构建立和运行的法律基础，也是机构制定和执行保障监督措施的法律依据。

（二）《国际原子能机构规约》明确规定机构应确保在其监督或管制下提供的援助不致用于推进任何军事目的

《规约》第二条规定了机构的目标，即"机构应谋求加速和扩大原子能对全世界和平、健康及繁荣的贡献。机构应尽其所能，确保由其本身，或经其请求，或在其监督或管制下提供的援助不致用于推进任何军事目的"。

《规约》第三条详细阐述了机构的职能，其中第 A 款第 5 项规定，"（机构有权）制定并执行安全保障措施，以确保由机构本身，或经其请求，或在其监督和管制下提供的特种裂变材料及其他材料、服务、设备、设施和情报，不致用于推进任何军事目的；并经当事国的请求，对任何双边或多边协议，或经一国的请求对该国在原子能方面的任何活动，实施安全保障措施"。

（三）美英澳核潜艇合作直接违反《国际原子能机构规约》

《规约》授权机构实施保障监督以确保在其监督或管制下提供的援助不致用于推进任何军事目的。需要注意的是，"军事目的"不单指核武器，显然还囊括核潜艇在内的其他军事用途。美英拟向澳转让的武器级核材料与核潜艇设备、反应堆等物项以及相关技术援助，都构成明显的"军事目的"。美英澳三国不仅是机构的成员国，还曾是《规约》草案谈判的主导国，如今却出尔反尔，将一己私利凌驾于以国际法为基础的国际秩序之上，严重冲击《规约》的权威性和有效性，对国际核不扩散体系造成深远的消极影响。

四、美英澳核潜艇合作对国际原子能机构现行的保障监督体系造成极大挑战

美英澳核潜艇合作不仅对国际原子能机构现行的保障监督体系造成巨大法律挑战,还带来新的核查技术难题。

(一)美英澳核潜艇合作给机构保障监督体系带来严峻法律挑战

20 世纪 60—70 年代,部分无核武器国家为给发展核潜艇预留空间,在谈判缔结全面保障监督协定的过程中,规定"不受禁止的军事活动"中的核材料可免除保障监督。当事国如果希望援引《全面保障监督协定》第 14 条豁免机构保障监督(以下简称"第 14 条"),需要向机构保证,在"不受禁止的军事活动"中使用的核材料不被用于制造核武器或其他核爆炸装置;当这些核材料再度被用于和平活动时(如乏燃料后处理),机构应当立即实施保障监督;机构应能持续获知这类核材料总量和成分及任何出口的通报等信息,但不得涉及军事机密。

由于全面保障监督协定第 14 条在现实中从未启用,《不扩散核武器条约》审议大会或机构理事会也未进行相关审议,国际社会对"不受禁止的军事活动"的定义以及豁免保障监督的范围、程序等迄今无定论。澳曾于 1978 年致函机构总干事,寻求机构澄清第 14 条的适用问题,并称澳方的理解是,当事国有义务遵守该条款规定的程序,就此通知机构并向理事会成员国澄清相关情况,与机构就此达成的安排须经理事会批准;如当事国未履行上述程序,将构成对全面保障监督协定的违反。机构总干事回复称,由于迄今无《不扩散核武器条约》缔约国寻求适用第 14 条,理事会尚无机会解释该条款及相关程序,但从机构秘书处角度看,澳方理解是正确的,

秘书处会向理事会报告当事国通知启用第 14 条、机构与当事国达成的安排或当事国违反第 14 条所述程序的情况，理事会有权就此采取适当行动。20 世纪 80 年代，有国际军控专家亦曾向机构寻求澄清，机构秘书处回应称，鉴于"不受禁止的军事活动"尚无明确定义，核潜艇反应堆被认为是最可能适用的活动，但当事国为堆中核燃料进行的铀浓缩或后处理等活动仍需接受机构保障监督。

但需要注意的是，国际社会普遍认为，第 14 条主要针对当事国自主研发，而非由他国援助当事国建造核潜艇的情形。因为《规约》在机构成立之初就已明确规定，机构应确保在其监督或管制下提供的援助不致用于推进任何军事目的。因此，若将第 14 条强行套用至当事国接受来自其他国家援助建造核潜艇的情况中，将直接违反《规约》上述规定，并危及《不扩散核武器条约》的目标和宗旨，这显然不是全面保障监督协定谈判者的本意。据报道，美英澳已向机构通报三国开展核潜艇合作的消息，并与秘书处进行接触，其中必将涉及对核潜艇反应堆中核燃料进行保障监督相关的复杂法律问题，因此三国核潜艇合作无疑给机构现有保障监督体系带来了严峻法律挑战。

此外，需要明确的是，美英澳和机构均无权解释全面保障监督协定第 14 条。根据《规约》第四条第 C 款规定，"机构以各成员国主权平等的原则为基础"。历史上，机构各类型保障监督协定的修改、解释和执行，无论是 INFCIRC/66 号文件、INFCIRC/153 号文件还是 INFCIRC/540 号文件，均需由所有有意愿的机构成员国协商一致，再由机构理事会审批通过。无论机构秘书处是否参与，任何国家或国家集团都不能单方面、小范围地讨论保障监督执行相关问题，这是因为这项讨论必将对机构的保障监督体系产生深远影响，也必将影响机构所有成员国的利益。

（二）美英澳核潜艇合作给机构带来巨大的核查技术挑战

一是核查过程中会不可避免地涉及核燃料组件的内部成分组成、几何结构、尺寸等敏感信息，如何在保护敏感信息的前提下达到有效监测的目的长期困扰国际社会；二是核潜艇长期在深海中游弋，机构无法保证随时随地跟踪核查，需要相应地提升技术手段；三是由于此前没有《不扩散核武器条约》无核武器国家就核潜艇反应堆援引保障监督豁免条款，任何核查技术的可操作性及有效性均需验证；四是由于各国对核潜艇反应堆中核燃料敏感信息的关注点和关切度不同，国际上尚未形成普遍认同的核查方案；五是目前国际上提出的核查方案均存在一定缺陷，例如就"黑匣子"方案而言，其停止核查的起点和终点存在争议，缺乏必要的时效性、可信性和可操作性，以及跟踪核查和信息屏障等技术措施。考虑到机构及其成员国长期以来为保障监督体系全面性、有效性所付出的艰苦努力，允许大量的武器级核材料长期脱离监管与国际社会防扩散努力背道而驰，三国此举已然给机构乃至国际社会提出了新的技术挑战。

五、美英澳核潜艇合作严重损害无核武器区条约

美英澳合作严重损害《南太平洋无核区条约》精神，还破坏东盟国家建立东南亚无核武器区的努力，对国际无核武器区建设造成消极影响。

（一）严重损害《南太平洋无核区条约》精神

《南太平洋无核区条约》禁止缔约国在无核区之内或之外的任何地方制造、获取、拥有或控制任何核爆炸装置；禁止在制造或获取任何核爆炸装置方面寻求或获得任何帮助；禁止在缔约国领土上储存任何核爆炸装置；

禁止向海洋倾倒核废料和其他放射性物质等。① 由上述条约内容可看出，《南太平洋无核区条约》不仅禁止核武器，还禁止用于和平目的的核爆炸装置，以及绝不允许向海洋里倾倒核废料及其他放射性物质，对核活动的限制非常坚决彻底，体现了南太平洋岛国和人民的共同诉求。而美英澳核潜艇合作使澳获得成吨的武器级高浓铀，使南太平洋地区再次笼罩在核扩散的阴霾之下，严重损害《南太平洋无核区条约》精神。

此外，《南太平洋无核区条约》附有三个议定书。第一号议定书规定，每个缔约国承诺对南太平洋无核区内承担国际责任的领土执行条约所规定的禁止条款和保障监督。与该议定书有关的国家是美国、英国和法国。第二号议定书规定，每个缔约国承诺不对无核区条约缔约国使用或威胁使用任何核爆炸装置。与该议定书有关的国家是美国、苏联、英国、法国和中国。第三号议定书规定，每个缔约国承诺不在南太平洋无核区内的任何地方试验核爆炸装置。与该议定书有关的国家是美国、苏联（俄罗斯）、英国、法国和中国。值得注意的是，美国至今仍未批准三个议定书，也是五核国中唯一没有批准《南太平洋无核区条约》相关议定书的国家。

（二）破坏东盟国家建立东南亚无核武器区的努力

《东南亚无核武器区条约》禁止发展、制造或获取、拥有或控制核武器；禁止放置核武器；禁止在条约区域之内或之外的任何地方试验或使用核武器；禁止寻求或获得在这方面的任何帮助；禁止任何国家采取任何帮助或鼓励制造或获取任何核爆炸装置的行动；禁止向任何无核武器国家或

---

① United Nations, Office for Disarmament Affairs, "South Pacific Nuclear-Free Zone Treaty: Status," http://disarmament.un.org/treaties/t/rarotonga, and "Nuclear-Weapon-Free-Zones: South Pacific," Inventory of International Nonproliferation Organizations and Regimes, Center for Nonproliferation Studies, Last Update: May 11, 2012.

任何核武器国家提供原材料或特种可裂变材料或设备,除非接受国际原子能机构的全面保障监督;禁止向区域内任何地方的海洋里倾倒放射性废料和其他放射性装置。未来澳核潜艇将涉及进入东南亚水域相关问题,引发各国高度关切,并对地区国家产生现实威胁,破坏东盟国家建立东南亚无核武器区的努力。

六、美英澳核潜艇合作带来的其他恶劣影响

美英澳核潜艇合作还带来了核安全、核潜艇军备竞赛、导弹技术扩散等诸多方面的隐患和危害,对全球战略平衡与稳定也将产生深远的消极影响。

(一)三国此举存在严重核安全风险

部分美西方国家长年打着"航行自由"的旗号,派核潜艇到别国海域巡逻,而这些核潜艇一旦发生核事故,将对周围环境造成严重的放射性污染。截至目前,美国核潜艇发生大大小小的事故百余起,其中不乏反应堆故障和核潜艇沉没等重大事故。2021年10月,美国海军"康涅狄格"号核潜艇在南海海域发生碰撞事故后,美方刻意拖延和隐瞒详情,至今尚未就国际社会普遍关心的事故是否造成核泄漏、破坏海洋环境等问题给出负责任的详细交代,引来普遍质疑与批评。美尚且如此,澳在毫不具备相应事故处置能力和经验的情况下操作运行核潜艇,一旦发生事故,大量放射性核废物流入海洋,不仅直接违反《南太平洋无核区条约》,还将严重破坏全球海洋环境并危及人类健康。

(二)或将引发核潜艇军备竞赛

美英澳三国之间的核潜艇交易将促使其他国家重新考虑其潜艇野心,

在追求核潜艇或表达过类似意愿的无核武器国家之中释放新的扩散动力。建造和运营这些核潜艇所需的资源和技术令大多数国家望而生畏，但美英澳核潜艇合作所开启的恶劣先例，很可能会刺激部分国家如法炮制拥有核潜艇，进而引发潜艇军备竞赛，甚至寻求突破核门槛，刺激地区国家发展军力，推高军事冲突风险，给世界和平与稳定带来巨大威胁。

（三）转让"战斧"巡航导弹将对当前国际导弹出口管制机制构成巨大挑战

美英澳三边安全伙伴关系在组建之初就强调，美英不仅协助澳建造核潜艇，还将向其提供远程精确打击能力，包括"战斧"巡航导弹、联合空对地防区外导弹、远程反舰导弹、高超声速导弹以及精确打击制导导弹等。以"战斧"巡航导弹为例，作为由美国研发的、具备载核能力的进攻性武器，该导弹从问世之初就被深深打上了美国穷兵黩武的烙印。此次美向澳提供的"战斧"巡航导弹是其最新版本，射程方面可达 1700 公里，远超"导弹及其技术控制制度"（MTCR）①的最大限制。极具讽刺意味的是，美英澳不仅是"导弹及其技术控制制度"的成员国，还是主要的倡导者，如今却将谋求防务能力置于其防扩散和出口控制承诺之上，与世界其他国家在导弹转让方面采取克制、慎重、负责的态度形成鲜明对比，再次体现其对国际秩序"合则用、不合则弃"的双重标准，对包括"导弹及其技术控制制度"在内的国际导弹出口管制机制构成巨大挑战。

（四）对全球战略平衡与稳定产生深远消极影响

美英澳组建三边安全伙伴关系并开展核潜艇合作，实质是以意识形态

---

① "导弹及其技术控制制度"（MTCR）旨在防止可运载大规模杀伤性武器的导弹及其相关技术的扩散，规定成员国限制出口射程超过 300 公里、载荷超过 500 公斤的弹道导弹、巡航导弹等。

划线，打造新的军事集团，这将加剧地缘紧张态势。在国际社会普遍反对冷战和分裂之时，美方公然违背不搞新冷战的政策宣示，拉帮结伙炮制盎格鲁-撒克逊"小圈子"，集中整合资源向"印太"倾斜，运用高新技术和战略力量扩大其军事影响力，将地缘私利置于国际团结之上，这是冷战思维的死灰复燃，将加剧军事对立和冲突风险。核潜艇不仅具备机动的战略打击能力，还有携带核武器的潜力，澳依附美英强化集团军事能力，将对核武器国家间的核平衡乃至全球战略稳定产生深远的消极影响。

七、结语

美英澳核潜艇合作将开启核武器国家向无核武器国家转让武器级核材料的危险先例，对国际核不扩散体系造成了多重危害与隐患。鉴于当前事态发展，国际社会应采取必要行动，坚定捍卫《不扩散核武器条约》的目的和宗旨，共同维护国际核不扩散体系的完整性、有效性和权威性。一是继续推进国际原子能机构关于此问题的政府间讨论进程，并尽早成立所有成员国均可参加的特别委员会等机制，专题讨论对无核武器国家核潜艇动力堆及其相关核材料实施保障监督所涉及的法律与技术问题，并向机构理事会和大会提交建议报告；二是在国际多边裁军及防扩散机制内就此问题进行更广泛的讨论，如五核国机制、安理会、联大一委、裁谈会等，特别是在《不扩散核武器条约》第十次审议大会上单设议题，审议美英澳核潜艇合作所涉武器级核材料转让及其保障监督等影响《不扩散核武器条约》各方面的问题；三是以此为警醒，进一步完善国际核不扩散体系，明确法律文书中相关条款适用范围。

【外空与反导】

高超声速武器发展态势及军控前景

巩小豪

外空核查机制探析

陈俊哲　王国语

新时代太空安全问题研究

兰顺正

高超声速武器发展态势及军控前景

巩小豪

内容提要：当前，高超声速武器领域已成为各主要大国竞相角逐的焦点。从发展进程和能力看，俄罗斯、美国、中国处于"第一梯队"，但朝鲜、韩国、日本、澳大利亚、法国和印度等亦不甘落后，纷纷推出高超声速武器发展计划或开展相关试验，国际高超声速技术加速发展。依照目前趋势，未来几年将是各国完成从高超技术验证到实际部署的关键时期，一场全球范围内的高超声速武器竞赛似难避免。高超声速武器对未来战争形态和作战模式等有多重冲击，但围绕高超声速武器的大国军控博弈仍处起步阶段，军备竞赛而非军备控制将是国际高超声速武器领域的主流。短期内难见大国间就高超声速武器达成实际约束性协议，但防止相关技术进一步扩散有望成为潜在共识。

关 键 词：高超声速；军备竞赛；军控影响

作者单位：中国现代国际关系研究院国际安全研究所

高超声速武器集"远、快、准、狠"于一身，有效射程远，打击速度快，突防能力强，毁伤效果好，被视为改变未来战争模式的利器。世界主要军事强国均已制订高超声速武器发展计划，全力发展此类武器是大国的共同选择，但高超声速武器军备控制尚未成为大国间的主流认知。

一、主要国家高超声速武器发展动向

高超声速武器作为以快见长的新锐"破门"利器，被视为改变战争规则的"下一代武器"，主要军事强国均有强烈的发展意愿，但实际进展却参差不齐，呈现"俄罗斯领跑，美国狂飙，其他国家进场"的整体发展态势。

（一）俄罗斯强化领先优势

2002年美国退出《反导条约》，单方面恢复不受地区和数量限制部署反导系统的权利。美国逐渐建成利用全球不同地域、不同平台对来袭弹道导弹进行分段、分层拦截的全球一体化的战略反导系统，对俄罗斯的战略核力量构成了显著威胁。俄罗斯则针对性地致力于现有导弹系统突破性反导技术和先进高超声速武器的研发，希望通过抢占前沿领域的先机来寻求不对称优势，突破美国的全球反导防御系统。同时，为应对美方带来的军事威胁和周边安全形势动荡以及地缘政治环境恶化带来的国家安全威胁，俄罗斯在2014版《俄罗斯联邦军事学说》中将"非核遏制体系"列为战略发展重点，并将研发高超声速武器作为"非核遏制"军事战略指导思想的重要内容，这直接促成了俄罗斯高超声速武器的飞速发展。

在高层重视和推动下，俄罗斯高超声速武器研制工作势头强劲，多款尖端武器纷纷"亮相"，已形成由"锆石""先锋""匕首"等组成的高超声速武器打击体系，基本具备覆盖陆海空的能力，在高超声速武器领域取得了先发优势。2018年3月1日，俄罗斯总统普京发表国情咨文，首次公开披露了6种新式战略武器研发计划，其中3个属于高超声速武器项目，即"匕首"机载高超声速导弹、"先锋"高超声速战略导弹和可携载新型高超声速战斗部的"萨尔马特"重型洲际弹道导弹，引发全球的高度关注和热议。①

2021年，俄罗斯推动"先锋""匕首"两型高超声速导弹实战部署进程，"锆石"导弹密集开展列装前的舰/潜射试验，另启动多个高超声速导弹新项目，持续推动高超声速导弹武器发展。其中，俄罗斯最新研制的"锆石"高超声速导弹采用吸气式超燃冲压发动机，作战半径达300—1000公里，速度7马赫（最高达9马赫），具有较强的适装能力。该武器对陆地和海上目标，尤其是航母战斗群具有极高的威胁。2021年12月24日，俄罗斯总统普京高调宣称，"锆石"高超声速导弹齐射测试成功，标志着"锆石"导弹进入实战阶段。②"锆石"高超声速导弹预计从2022年开始列装俄罗斯海军。"匕首"高超声速导弹的速度高达10马赫，由米格-31战机挂载发射，能携带常规弹头或核弹头，是俄军最先投入使用的高超声速武器。2017年12月，配备"匕首"系统的俄南部军区航空兵开始参加试验性战斗值勤。2021年12月，俄罗斯国防部长谢尔盖·绍伊古称，俄第一支列装有"匕首"的米格-31战机编队已经组建。③"先锋"高超声速洲际弹道导弹，俄国防部宣称其最大速度可达28马赫，能在稠密大气层内进行跨洲飞行，可突破任意现役或在研的防空和反导系统的拦截。首个"先锋"导弹团2019年12月进入战斗值班。2012—2020年，俄罗斯总共五次成功试射携带有高超声速可变轨滑翔弹头的"先锋"洲际弹道导弹。④

---

① Mark Episkopos, "Listed: Russia's 5 Current and Prospective Hypersonic Weapons," *The National Interest*, August 7, 2021, https://nationalinterest.org/blog/buzz/listed-russia%E2%80%99s-5-current-and-prospective-hypersonic-weapons-191373.
② "Russia Test-fires New Hypersonic Tsirkon Missiles from Frigate, Submarine," Reuters, December 31, 2021, https://www.reuters.com/business/aerospace-defense/russia-test-fires-new-hypersonic-tsirkon-missiles-frigate-submarine-2021-12-31/.
③ 《俄罗斯"匕首"高超声速导弹在北极的测试已成功结束》，俄罗斯卫星通讯社，2022年1月18日，https://sputniknews.cn/20220118/1037162156.html。
④ 《俄五次成功试射"先锋"高超声速导弹》，俄罗斯卫星通讯社，2020年12月22日，https://sputniknews.cn/20201222/1032766410.html。

除上述三款"杀器"外，俄罗斯2021年再次对外公布了三款新型高超声速武器。7月，俄军宣布将在2022年进行小型机载高超声速导弹"锐利"试验，该导弹将采用先进的冲压喷气发动机技术，注重小型化，首次采用大气层内可控高超声速飞行技术，将成为打击航母战斗群的利器。8月，俄罗斯武装力量总参谋部军事学院院长弗拉基米尔·扎鲁德尼茨基上将称，俄罗斯正在研制最新型远程航空高超声速导弹X-95。① 10月，俄罗斯国防部消息人士透露，俄罗斯正在为苏-57隐身战斗机研发"幼虫"-MD新型高超声速导弹。目前该导弹正处于地面测试阶段，尚未进行试飞。为保持战机的隐身性能，该型导弹将搭载在苏-57隐身战斗机的内部弹舱。俄军事专家指出，这款高超声速导弹主要用于打击敌方海上目标。未来，它将取代俄军目前装备的Kh-31超音速反舰导弹（苏联时期研制的一种超音速空射型战术导弹，北约代号：AS-17）。②

近些年来，俄罗斯利用有限的军费开支，突出重点加紧研发以高超声速武器为代表的尖端撒手锏，并在这方面走在了世界的前列。俄罗斯总统普京自豪地表示，这是历史上俄罗斯第一次在发展全新武器方面取得世界领先地位，而过去俄罗斯一直在追赶美国。③ 拥有非对称优势的高超声速武器已经成为俄罗斯先进武器的代表，并将成为俄未来战略威慑的重要选择，有效增加了俄罗斯与西方战略博弈的筹码，并提升了其在国际舞台上的话语权。

---

① 《俄总参军事学院：俄罗斯正研制远程高超声速导弹X-95》，俄罗斯卫星通讯社，2021年8月3日，https://sputniknews.cn/20210803/1034193701.html。
② 柳玉鹏、王楠：《俄为苏-57战机研制高超声速导弹》，《中国国防报》2021年10月26日。
③ "Russia Leads the World in Hypersonic Missiles Tech, Putin Says," Reuters, December 13, 2021, https://www.reuters.com/world/russia-leads-world-hypersonic-missiles-tech-putin-says-2021-12-12/.

（二）美国加速发力

从历史上看，美国曾是高超声速领域的先行者。早在20世纪60年代初，美国X-15高超声速飞机便实现了首次高超声速飞行，达到6.72马赫的高速。几十年来，美国累计实施了70多个高超声速飞行器技术研究项目，但一直停留在技术研发阶段。美国享受着赢得对苏联"冷战"的红利，其唯一超级大国的地位短期内没有他国可以撼动，倚仗航母和战斗机依然能称霸全球，故对高超声速技术军事化的需求和迫切度并不高。时任美国参谋长联席会议副主席约翰·海顿2021年在其告别演说中透露，过去5年美国仅进行了9次高超声速方面的试验，远远落后于其竞争对手。[①] 美国将高超声速技术视为未来战略技术，只进行技术储备，并不大量投资进行研发。但在这场"龟兔赛跑"中，长期领先的美国却打了盹，等其醒来时突然发现，身后的俄罗斯等国已然领先一个身位，实现了弯道超车。

2018年3月，俄罗斯总统普京发表国情咨文讲话，首次对外透露俄罗斯拥有"先锋"和"匕首"等多种高超声速导弹。受到较大刺激的美国从此患上了"高超焦虑症"，开始加速追赶，从战略规划、预算投入、装备研制、技术进展、作战能力、试验能力、工业能力、基础和应用研究等多领域全方位发力，力求快速挽回劣势，重回正常发展轨道。

美国在高超声速武器领域的一系列动作可以概括为"一个目标，两条路径，三大节点，四个阶段，全面出击"。美军的一个主要目标是希望在2023年前后建成多域覆盖、多平台列装的高超声速打击体系，在关键时刻对海上、沿海及内陆等重要战术目标实施远程打击，远期目标还包括建成

---

① Colin Clark, " 'Hundreds' of China Hypersonic Tests Vs. 9 US; Hyten Says US Moves Too Slowly," Breakingdefense, October 28, 2021, https://breakingdefense.com/2021/10/hundreds-of-china-hypersonic-tests-vs-9-us-hyten-says-us-moves-too-slowly/.

全面、分层的高超声速防御能力，发展可重复使用的高超声速系统进行情报、监视、侦察和打击能力，以及用于快速太空进入两级飞行器的第一级。为此，美国采取"两条腿走路"的方式，在高超声速巡航导弹和高超声速助推滑翔导弹两条技术路线同时下注，开启涵盖陆海空多平台、涉及吸气式巡航和助推滑翔多种弹道的高超声速导弹研发项目。比如，海军"常规快速打击"项目、陆军"远程高超声速武器"计划、美国国防高级研究计划局（DARPA）"战术助推滑翔"项目和"作战火力"项目、空军"空射快速响应武器"项目，以及由国防高级研究计划局和空军联合研制的"空射吸气式高超声速武器概念"项目等（如表1所示）。一方面，美国期望通过"全面开花"的方式尽快实现高超声速技术的武器化应用，追上他国进度；另一方面，加大投入，以求突破高超声速巡航导弹技术并实现反超。不过，成效并不明显。

表 1　美国在研高超声速导弹项目一览

主管单位	研制型号	基本情况	动力形式	完成进度
海军	常规快速打击系统（Conventional Prompt Strike, CPS）	预计2025年部署于驱逐舰；2028年部署于潜艇	助推滑翔	开发攻击与防御系统快速原型
陆军	远程高超声速武器（Long Range Hypersonic Weapon, LRHW）	陆基地对地导弹，射程为2776—6115千米，最大速度超过10马赫，预计2023年进行原型部署	助推滑翔	接近实际部署少量或数量有限的原型系统
空军	空射快速响应武器（Air-Launched Rapid Response Weapon, ARRW）	预计2022—2023年部署，平均飞行速度为6.5—8马赫，射程约925千米	助推滑翔	接近开发攻击与防御系统快速原型

续表

主管单位	研制型号	基本情况	动力形式	完成进度
空军	高超声速攻击巡航导弹（Hypersonic Attack Cruise Missile, HACM）	2023财年进行关键技术评估，预计2026年之前部署，利用超燃冲压发动机推进	吸气式巡航	概念开发和初始测试
国防高级研究计划局	战术助推滑翔器（Tactical Boost Glide, TBG）	2014年发起，2019年通过关键设计审查，2022财年继续测试	助推滑翔	概念开发和初始测试
国防高级研究计划局	"作战火力"（Operational Fires，"OpFires"）项目	2022财年进行关键技术评估，陆基中程高超声速导弹，射程在482—5471千米	助推滑翔	概念开发和初始测试
国防高级研究计划局	空射吸气式高超声速武器概念（Hypersonic Air-breathing Weapon Concept, HAWC）	射程1000千米以上、飞行速度6马赫以上的高超声速巡航导弹。2021年9月27日完成首次飞行试验。预计2022财年进行最终技术鉴定	吸气式巡航	接近开发攻击与防御系统快速原型

资料来源：根据美国国防部、国会研究服务处（CRS）官网制作。

2021年2月，美国国防部研究和工程副部长办公室负责高超声速武器的主管迈克·怀特表示，美国国防部制定了一项高超声速现代化战略。怀特称，该战略正在各军种和机构中实施，并计划与美国盟友合作。按照计划，美国将在21世纪20年代初期为作战人员提供高超声速打击能力；21世纪20年代中后期提供分层的高超声速防御能力（首先是末段，然后是滑翔阶段）；21世纪30年代初期到中期，交付可重复使用高超声速能力。该战略主要分四个实施阶段：一是技术开发和概念论证阶段；二是武器系统概念原型开发和演示阶段；三是武器原型加速部署阶段；四是采购程序和能力阶段性计划创建阶段。① 2021 年 11 月 15 日，美国国防部联合高超声速过渡办公室主任吉莉安·布西在美国航空航天学会发表演讲时称，当前美军大部分高超声速武器项目都处于"第二阶段向第三阶段的过渡阶段"。目前最接近第三个阶段的是陆军的"远程高超声速武器"。美陆军已经部署了用于训练的发射器、卡车和其他地面系统，唯一缺少的是导弹，陆军计划 2022 年交付第一批"远程高超声速武器"导弹。②

除制定高超声速现代化战略，规划高超声速导弹升级路线图外，美国在经费上予以充足支持，高超声速武器成为国会拨款的重点前沿领域。根据《2022 财年国防授权法》，美国国会为高超声速武器研发拨款 38 亿美元，相比 2021 财年的 32 亿美元增长近 20%，再创历史新高。③ 而从 2009—2016 财年，美军全军高超声速武器预算总额始终保持在 2 亿—5 亿美元区间浮动，直到 2017 财年增长至 7.19 亿美元，此后更是连年大幅增长，2018 财年达到 11.85 亿美元，2019 财年为 19.39 亿美元，2020 财年为 20.27 亿美元（如图 1 所示）。另据美国政府问责办公室（GAO）2021 年 3 月发布的报告，美国 2015—2024 财年在高超声速武器领域的经费总额将近 150 亿美元。④

---

① "Official Describes DOD Hypersonics Development, Strategy and Opportunities," U.S. Department of Defense, February 24, 2021, https://www.defense.gov/News/News-Stories/Article/Article/2514498/official-describes-dod-hypersonics-development-strategy-and-opportunities/.

② Shaun Waterman, "US Army Likely to Field DOD's First Hypersonic Weapons in Next 'Year or Two'," *Airforce Magazine*, November 16, 2021, https://www.airforcemag.com/us-army-likely-to-field-dods-first-hypersonic-weapons-in-a-year-or-two/.

③ Tate Nurkin, "To Catch China and Russia in Hypersonic Race, US Must Embrace Risk Now," Breakingdefense, February 9, 2022, https://breakingdefense.com/2022/02/to-catch-china-and-russia-in-hypersonic-race-us-must-embrace-risk-now/.

④ "Hypersonic Weapons: DOD Should Clarify Roles and Responsibilities to Ensure Coordination across Development Efforts," March 22, 2021, https://www.gao.gov/products/gao-21-378.

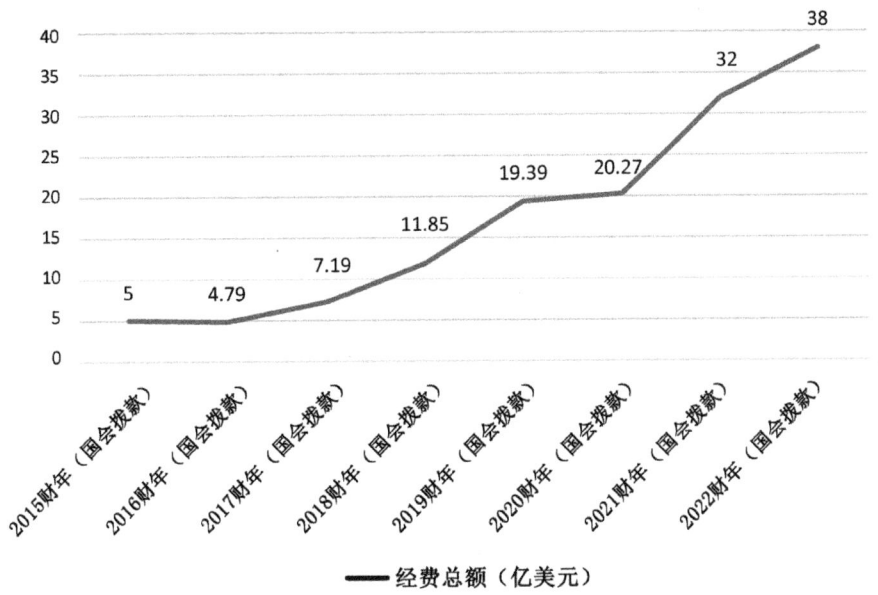

图 1　2015—2022 财年美国高超声速科研经费投入总额

资料来源：根据美国 2015—2022 财年国防授权法相关数据整理。

与此同时，美军密集开展高超声速导弹试验，加快高超声速导弹研制部署进程。然而，受限于技术成熟度不够、试验能力有限、经验缺乏等因素，2020 年以来美军高超声速武器试验屡次失败，各项目进展缓慢。2021 年，美国空军的"空射快速响应武器"进行 3 次飞行试验，但 3 月和 12 月测试样弹都未与载机分离、7 月测试样弹分离后未成功点火，均告失败。10 月，美陆海军开展助推滑翔高超声速武器"首次联合飞行试验"（JFC-1），验证通用高超声速滑翔体（C-HGB）弹头与助推器集成，但因助推器故障未能成功。美国国防部急需对等的高超声速武器来反制他国，导致赶工现象屡次出现。在这种情况下，"求胜心切"的美国自然是欲速则不达。为此，美国正持续推动高超声速地面试验升级与建设，发展飞行试验支持新能力。2022 年 2 月，美国国防部召集多家军工企业高层召开高级别会议，鼓励美国军工产业加快步伐研制高超声速武器。受邀的军工企业高管认为，这场高级别会议"点燃整个美国超音速武器行业的斗志"，从而鼓励行业"加快研制步伐"。① 尽管美国高超声速试验暂时遇挫，但不甘落后的美国在人力、物力、财力上都予以重点倾斜，美国"觉醒"后正在高超领域狂飙突进，其重视程度之高，发展型号之多，经费保障之足，投入精力之大，开展试验之密都远超他国，美国未来高超声速武器实力不容小觑。

（三）朝韩日等纷纷"入局"

在俄罗斯、美国和中国之外，朝鲜、韩国、日本、法国等国2021年也相继宣称掌握高超声速技术，高超竞争日趋白热化。

据朝中社2022年1月12日报道，朝鲜国防科学院11日成功进行了一次高超声速导弹试射，朝鲜劳动党总书记金正恩观看并指导了这次试射。报道称，从导弹分离的高超声速滑翔飞行弹头成功击中了距离1000公里外水域的既定目标。② 这是自2021年9月以来，朝鲜进行的第三次高超声速试射活动。朝鲜2021年9月28日成功试射一枚"火星-8"型高超声速导弹；2022年1月5日，朝鲜第二次成功试射一枚高超声速导弹。不过，分析人士对朝鲜是否真正掌握相关技术并且试射成功表示质疑。卡内基国际和平基金会资深研究员安吉特·潘达认为，"将其描述为机动再入飞行器而非高超声速导弹更准确"。韩国航空大学导弹专家张泳根认为，朝鲜目前的试验即便取得成功，也远未达到完全实用化阶段，不过在东亚地区，朝鲜的高超声速导弹试验已经让其在发展这一技术的竞赛中占据了有利位置。

① Kristin Fisher, Oren Liebermann, "Pentagon to Host High-level Meeting to 'Light a Fire' and Speed Up Hypersonic Weapon Development," CNN, January 29, 2022, https://edition.cnn.com/2022/01/29/politics/pentagon-hypersonic-weapon-meeting/index.html.
② 《朝鲜称高超声速导弹试射获成功》，韩联社，2022年1月12日，https://cn.yna.co.kr/view/ACK20220112000700881。

韩国也不甘示弱。2020年8月，时任韩国国防部长的郑景斗公开表示，将加速研发高超声速导弹，这是韩国政府首次正式宣布开发高超声速武器。2021年12月3日，韩国国防发展局与韩华集团联合公布Hycore（音译"海科"）高超声速巡航导弹概念设计。这是韩国首个高超声速巡航导弹项目，计划于2022年试飞，2024年完成预研。"海科"高超声速巡航导弹长8.7米、重2.4吨，将由改进型"北方天空守护者"-2C弹道导弹的机动式垂直发射系统发射。该导弹配备两级火箭助推器、双模态超燃冲压发动机、任务计算机、惯性导航系统和遥测设备。[①]

日本也在稳步推进其高超声速导弹发展计划。早在2018年，日媒就曾披露，日本防务省制订了高超声速武器计划，着眼于初始系统在不迟于2026年投入使用，第二种类型有望2028年服役，日本政府在2018年8月发布的年度防卫白皮书中首次正式宣布正在研制高超声速助推滑翔弹。2019年11月，日本防卫省公布，将在2030年前同步开展助推滑翔与巡航两种高超声速导弹研发计划。根据这份文件，日本计划在2030年左右部署一型速度不低于5马赫的高超声速巡航导弹，在2030年中期拥有高超声速助推滑翔导弹武器。根据日本2021年8月发布的2022财年国防预算，日本防卫省将在2022财年继续投入3432万美元用于高超声速巡航导弹导引头技术开发；另投入1.27亿美元，用于高超声速助推滑翔导弹早期原型样机研制。按照计划，日本将在2030年左右部署双模态超燃冲压动力高超声速巡航导弹，随后部署一种改进型高超声速巡航导弹，2030年中期部署一种高超声速助推滑翔导弹。

印度则与俄罗斯进行合作，研发最高飞行速度达7马赫的"布拉莫斯

---

① 《韩国高超音速巡航导弹亮相》，来源：《中国国防报》，人民网，2021年12月14日，http://military.people.com.cn/n1/2021/1214/c1011-32307876.html。

Ⅱ"（BrahMos Ⅱ）高超声速巡航导弹。尽管"布拉莫斯Ⅱ"最初计划在2017年部署，但该项目面临重大延误，预计在2025—2028年实现初步作战能力。美国国会研究服务处称，作为印度"高超声速技术验证飞行器"（Hypersonic Technology Demonstrator Vehicle，HSTDV）项目的一部分，印度分别于2019年6月和2020年9月进行了超燃冲压发动机技术测试，速度达到6马赫。① 印度拥有约12个高超声速达13马赫的风洞装置。

澳大利亚则通过美国搭上高超声速武器发展"便车"。2020年11月30日，美国与澳大利亚宣布，将合作开展一项名为"南十字星综合飞行研究试验"（SCIFiRE）的研究项目，两国将合作开发测试一种空基高超声速巡航导弹。该项目将研发出一种速度达到5马赫的精确打击导弹，该导弹将采用推进发射，由吸气式超燃冲压发动机提供动力。② 据估计，该导弹将在未来5—10年内投入使用。澳大利亚皇家空军相关人员表示，F/A-18E/F"超级大黄蜂"、EA-18G"咆哮者"、F-35A"闪电"Ⅱ战斗机，以及P-8A"海神"海上侦察机都将具备搭载这种导弹的能力。2021年9月，美国空军分别授予波音和洛克希德·马丁一份竞争合同，总额达0.668亿美元，让这两家企业对美国和澳大利亚的"南十字星综合飞行研究试验"高超声速巡航导弹项目进行第一阶段的初步设计审查。③

法国是欧洲高超声速武器发展的领头羊。2019年1月27日，法国国防

---

① "Hypersonic Weapons: Background and Issues for Congress," Congressional Research Service, October 19, 2021, https://sgp.fas.org/crs/weapons/R45811.pdf.

② U.S. Department of Defense, "U.S. Department of Defense Announces New Allied Prototyping Initiative Effort with Australia to Continue Partnership in Developing Air Breathing Hypersonic Vehicles," November 30, 2020, https://www.defense.gov/News/Releases/Release/Article/2429061/department-of-defense-announces-new-allied-prototyping-initiative-effort-with-a/.

③ Garrett Reim, "Boeing, Lockheed and Raytheon to Design USAF's 'SCIFiRE' Hypersonic Missiles," September 8, 2021, https://www.flightglobal.com/fixed-wing/boeing-lockheed-and-raytheon-to-design-usafs-scifire-hypersonic-missiles/145339.article.

部长弗洛朗丝·帕利称，法国决定发起一项高超声速武器计划，计划在2021年底之前进行首次试飞，此举意味着法国成为欧洲第一个加入研制高超声速武器行列的国家。2021年，法国 V-MAX 高超声速滑翔导弹和 LEA 高超声速巡航导弹项目陆续计划开展试飞。5月，法国阿丽亚娜集团称计划首飞 V-MAX 高超声速滑翔导弹。7月，法国航空航天实验室透露，将在美国空军基地对法国全尺寸高超声速巡航导弹样机进行首次试飞测试。测试旨在验证法国 LEA 高超声速试验项目下发展的超燃冲压发动机性能，并有助于确定导弹基本方案。

二、高超声速武器扩散危及全球战略稳定

与传统的亚音速巡航导弹和弹道导弹相比，高超声速导弹将提高躲避探测和跟踪传感器、穿透对手的防空和导弹防御系统并打击其目标的能力。因此，高超声速导弹可在几乎没有警告的情况下打击目标，并让对手措手不及。美国参谋长联席会议副主席约翰·海顿将军（美国战略司令部前司令）表示，常规高超声速导弹可"在其他部队不可用、被拒绝进入或不受欢迎时，针对远程、防御和时间敏感目标提供反应迅速的远程打击选项"。[①] 虽然常规高超声速武器不能取代核武器，但其独特属性将增加传统作战优势并加强常规作战能力。

战略稳定性通常包括两类。一是危机稳定性，是指两个核大国确认通过先发制人的突袭带来的收益远远小于之后战争的成本，随即双方放弃"首次打击"的动机。二是军备竞赛稳定性，是指竞争对手的核力量生存能

---

① Senate Armed Services Committee, *Statement of John E. Hyten, Commander, U. S. Strategic Command*, 116th Cong., 1st sess., February 26, 2019, https://www.armed-services.senate.gov/imo/media/doc/Hyten_02-26-19.pdf.

力和核报复能力对彼此核力量结构的质或量的变化不敏感。美国约翰·霍普金斯大学应用物理实验室研究员迪恩·维尔克宁认为,高超声速武器可通过两种方式对战略稳定产生深远影响。其一涉及防御者对高超声速武器攻击的评估挑战。正确评估入境导弹目标的难度增加,可能会导致核对抗升级"难以控制",从而破坏危机稳定性。如果防御方不确定入境导弹的有效载荷是核导弹还是常规导弹,将会进一步降低危机稳定性。其二是竞争对手大量部署高超声速武器可能会增加对手部分核力量遭到突袭的风险,从而打破军备竞赛的稳定性。同样脆弱的平衡感可能会迫使竞争对手增强其核力量的能力或改变其战备状态,或两者兼而有之。[1]

美国兰德公司2017年指出,从战略层面讲,高超声速武器攻击的预警时间很短,再加上攻击目标的不可预测性,压缩了被攻击一方的响应时间。高超声速导弹还会提高对手对先发制人攻击的担忧。有关国家在这些威胁之下会采取应对行动,譬如,下放战略部队的指挥和控制权,分散部署这些部队,推行基于预警的发射,或在危机时刻采取先发制人的策略。简言之,高超声速武器的威胁会促使相关方采取一触即发的战术,进而加剧了局面失稳的危机。对于那些资源有限但不得不投资导弹防御系统的国家来说,其所面临的威胁最大。不过,高超声速导弹扩散以及可能随之加剧的危机,也威胁到大国安全。掌握高超声速导弹的国家越多,危机的来源就越广。[2]

---

[1] Bruce M. Sugden, "Bruce M. Sugden Potential Disruptive Effects of Hypersonic Missiles on Strategy and Joint Warfighting," *Joint Force Quarterly* 104, 1st Quarter 2022.
[2] Richard H. Speier, George Nacouzi, Carrie Lee, Richard M. Moore, "Richard H. Speier, George Nacouzi," RAND, September 27, 2017, https://www.rand.org/pubs/research_reports/RR2137.html.

三、未来军控前景

当前,国际社会对如何管控高超声速武器远未达成共识。初步来看,国际军控界按照管控由紧到松,提出了多种层次的限制方案。

第一种是呼吁达成一项新的国际军控协议,暂停或禁止高超声速武器试验。此类人士认为禁止试验将是防止潜在军备竞赛和维护战略稳定的高效手段。[①] 但亦有专家认为禁止试验不可行,因为在技术上无法对高超声速导弹和其他速度较慢、射程较短,也有可能破坏核威慑的常规能力进行明确区分。[②]

第二种是参照《不扩散核武器条约》,谈判达成"不扩散高超技术条约"。美国科学家联合会国防态势项目高级研究员潘达建议,已经掌握高超声速武器技术的国家,联合起来对潜在的技术扩散进行限制。这种由"已上车"国家对"未上车"国家进行限制的做法已备受诟病。尽管有《不扩散核武器条约》,但偷偷发展核武器的国家并不在少数,部分国家甚至不惜被制裁也要"上车",结果反倒是给地区和平与稳定带来了许多麻烦。此外,核武器属于大规模杀伤性武器,而高超声速武器的杀伤力由其搭载的弹头类型决定,主要大国很难有理有据地去限制其他国家发展高超声速武器。

第三种是扩大《新削减战略武器条约》,进行新的多边军备控制协定的谈判,将高超声速武器纳入其中,并采取如交换武器数据、进行联合技术

---

① Mark Gubrud, Rajaram Nagappa, Tong Zhao, "Mark Gubrufor Hypersonic Missiles?" *Bulletin of the Atomic Scientists*, August 6, 2015, https://thebulletin.org/roundtable/test-ban-for-hypersonic-missiles/.

② 赵通:《禁止高超音速武器:不应期望过高》,《原子科学家公报》,卡耐基国际和平基金会(Carnegie Endowment for International Peace),2015年7月6日,https://carnegieendowment.org/2015/07/06/zh-pub-60630。

研究等提高透明度和建立信任措施。例如,美国传统基金会认为,外交和对话是避免中美产生可怕后果的误解、沟通失误和错误的关键因素。美国应寻求与中国进行战略稳定对话,以便更全面了解中国发展高超声速武器的意图。

第四种是呼吁将主要精力放在防止高超声速武器技术进一步扩散上。兰德公司认为,诸如禁止高超声速导弹的传统国际措施,可能会对谈判产生反作用,而且在高超声速武器发展现阶段不一定合适,最可行途径是多边出口管制。如果美国、俄罗斯等对成套高超声速导弹及其系统实施禁运,将严重阻碍这项高难度技术的扩散。兰德公司建议,在类似导弹及其技术控制制度(MTCR)的管制机构中,首先,对成套高超声速载具和足以有效获取成套高超声速导弹的主要系统实施出口禁运政策。其次,鉴于高超声速技术的两用特性,对超燃冲压发动机等高超声速发动机和部件,高超声速用途燃料,高超声速飞行使用的传感器、导航和通信装置,高超声速飞行控制系统以及同类用途的设计工具和建模工具,高超声速系统的地面模拟与测试装置,实施逐案出口审查政策。[①]

第五种则看低高超声速武器的潜在影响,认为部署高超声速武器不会推翻多年来美国与其他核武器国家之间的关系,包括战略威慑和战略逻辑。即使美国武器库中没有高超声速武器,美国仍将保留一系列有效的军事回应,能够有效应对俄罗斯等大国使用高超声速武器。

综合来看,当今世界正处在一场危险的高超声速导弹军备竞赛中。美国空军部长弗兰克·肯德尔(Frank Kendall)公开提出,美国与俄罗斯等

---

① Richard H. Speier, George Nacouzi, Carrie Lee, Richard M. Moore, "Hypersonic Missile Nonproliferation," RAND, September 27, 2017, https://www.rand.org/pubs/research_reports/RR2137.html.

国正在高超声速武器领域进行一场全新的"军备竞赛"。① 然而，各国通过进行预防性军备控制，避免一场耗费巨大、被技术动力驱动的高超声速军备竞赛的前景并不乐观。这其中既有高超声速武器牵扯利益重大，各国轻易不愿放弃研发的主观因素，又有大国博弈加剧背景下，控制此类技术扩散的国际合作面临严重挑战的客观原因。有专家提出，一个并不理想但较为可行的方案，即由各国采取自主行动，避免那些会破坏战略稳定性的技术部署和使用政策。例如，各国可以自主承诺不针对核目标使用高超声速导弹。② 由高超声速武器军备竞赛引发的国际军事格局演变及其对全球战略稳定的冲击正在显现，国际社会需要认真思考如何妥善应对这一国际安全新挑战，维护各国的共同安全。

---

① Mike Stone, "U. S. in Hypersonic Weapon 'Arms Race' with China-Air Force Secretary," Reuters, December 1, 2021, https://www.reuters.com/business/aerospace-defense/us-hypersonic-weapon-arms-race-with-china-air-force-secretary-2021-11-30/.

② Mark Gubrud, Rajaram Nagappa, Tong Zhao, "Test Ban for Hypersonic Missiles?" *Bulletin of the Atomic Scientists*, August 6, 2015 https://thebulletin.org/roundtable/test-ban-for-hypersonic-missiles/.

外空核查机制探析

陈俊哲　王国语

内容提要：外空核查机制是外空安全和外空军控领域的焦点问题。围绕外空核查机制是否构成外空军控条约的必要组成部分，以及构建双边或多边外空核查机制是否可行等问题，国际社会迄未达成共识。核武器、导弹、化学武器领域军控条约核查机制的形成和发展，对于考察外空核查机制有重要借鉴意义。联合国框架下关于外空核查问题的讨论由来已久，许多国家认为有效可核查的外空军控协议对维护外空安全至关重要。构建外空核查机制应考虑政治可接受、经济可承受和技术可行性等因素，核查机制应遵循互惠、对等和协商一致原则，有助于维护外空战略稳定、增强互信和共同安全，不应成为一些国家谋求战略优势的工具。

关 键 词：外空核查机制；外空安全；外空军控

作者单位：北京理工大学空天政策与法律研究院

一、引言

当前，国际外空活动主体呈现多元化发展，外空环境日趋拥挤，外空安全问题日益突出，外空军控博弈更趋激烈。外空核查问题已成为防止外空军备竞赛等军控进程的重要内容。回顾冷战时期，联合国大会相关决议已强调国际社会应采取措施对核查做出适当和有效的规定，从而防止外空军备竞赛。进入21世纪以来，中国和俄罗斯为推动防止外空军备竞赛的国际讨论，2008年在裁军谈判会议提出"防止在外空放置武器、对外空物体使用或威胁使用武力条约"草案，但以美国为代表的少数国家以"防止在外空放置武器、对外空物体使用或威胁使用武力条约"草案缺少有效核查机制等为由，一直阻挠就此开展实质性谈判。2020年，英美等国提出《通过负责任行为准则、规则和原则减少空间威胁》（简称"负责任外空行为"倡议）草案，① 但未包含关于构建外空核查机制的内容。"防止在外空放置武器、对外空物体使用或威胁使用武力条约"草案和"负责任外空行为"倡议都涉及外空核查机制问题，但国际社会迄未就外空核查机制的必要性、可行性、有效性、基本要素等问题达成共识。本文介绍部分典范军控条约的核查机制，回顾外空核查机制相关国际讨论情况，并提出对外空核查机制的思考和建议。

二、核武器、导弹、化学武器领域的军控核查机制概述

在军控和裁军领域，核查机制是双边或多边军控协议和条约的重要组成部分。在核武器、导弹、化学武器领域，已形成现实有效的核查机制，对建立外空核查机制具有重要借鉴意义。

（一）核武器、导弹相关军控条约中的核查机制

《反导条约》（ABM）、《中导条约》（INF）等一系列军控条约，在核武器和导弹军控领域明确提出运用"国家技术手段"进行核查，使用以强

---

① 参见联合国大会第75届会议，草案 A/C.1/75/L.45/Rev.1，2020年10月23日，https://undocs.org/ch/A/C.1/75/L.45/Rev.1。

入侵性现场核查为代表的核查措施,强调通过核查保证履约效果,这对军控核查机制的建立和发展具有重要作用。

1972年,美国和苏联达成的《反导条约》首次以核武器和导弹军控条约形式规定运用"国家技术手段"进行核查,但是要遵循一般国际法原则。① "国家技术手段是指核查过程中的信息获取过程由某个国家控制的核查方式"。② 1987年,美苏签订了《中导条约》。《中导条约》作为第一个真正销毁中程以及中短程导弹的协议,"建立了当时最为完善的核实机制,特别是接受了高度入侵性的现场核查,为以后的军控谈判,特别是美苏间的削减战略核力量谈判提供了重要的榜样和经验"。③《中导条约》在规定采用"国家技术手段"进行核查的基础上,还规定了相互通知、数据交换、建立连续监视系统等一系列合作性措施,其核查机制主要有三个特点:一是条约规定了详细的核查措施;④ 二是为了监督履约情况,成立一个特别核查委员会(Special Verification Commission),促进条约的落实;三是在条约框架下,苏联第一次同意进行现场核查,双方针对核查签订了《销毁中程

---

① 《反导条约》第12条:(1)为了保证本条约的条款得到遵守,每方应以符合公认的国际法原则的方式使用自己拥有的国家核查技术手段。(2)每方保证不干扰另一方根据本条第1款使用的国家核查技术手段。(3)每方保证不采取蓄意的隐蔽措施来妨碍用国家技术手段核查遵守本条约的条款的情况。此项义务不得要求对目前在制造、装配、改装或检修方面采取的做法做出改变。
② 杜祥琬:《核军备控制的科学技术基础》,国防工业出版社,1996,第105页。
③ 朱明权:《国际安全与军备控制》,上海人民出版社,2011,第234页。学者对于verification的翻译有细微差别,本文对于"核实机制"与"核查机制"不做区分;inspection的翻译有"视察""审查"等,本文亦不做区分,可以看作核查机制的一部分。
④ 参见美国国务院军控、核查与合规局:《中导条约》,例如:包括对双方发射装置、生产设施、销毁设施以及辅助建筑及辅助设施的核查的时间、方式、地点、次数、销毁的数量等。关于核查的时间、方式、地点、次数、销毁的数量,条约第11条规定了本条约生效后30天内可开始可以视察对方的导弹作战基地以及导弹辅助设备;在条约前言(narrative)部分,指出本条约建立了现场核查的四种方式:基数核查以确定最初提交的数据真实性以及更新的数据准确性、收尾核查、临时核查以及销毁核查;条约第11条规定,合同生效前3年每年核查20次,接下来5年每年15次、最后5年每年10次;条约第4条规定,第一阶段结束时,每一缔约方部署的中程导弹的数量不得超过缔约方认为可携带180枚弹头的中程导弹的数量等。参见美国国务院军控、核查与合规局,《中导条约》,https://2009-2017.state.gov/t/avc/trty/102360.htm。

和中短程导弹条约核查议定书》。①

美苏后续达成的军控条约继承和发展了上述核查机制和措施。1991年《削减和限制进攻性战略武器条约》（又称《第一阶段削减战略武器条约》，START I）中提及核查的条款共7条，②规定了"交换基准数据、展示限制项目的技术特性和可辨认特征、国家技术手段的使用、现场核查、设立联合工作组等核查措施"，③此外，还规定了对用于移动式弹道导弹发射装置的生产设施进行持续监视活动。④同《中导条约》一样，《第一阶段削减战略武器条约》以附加议定书形式对核查条款进行规定，⑤具体条款框架设置大致沿袭《中导条约》模式，但增加了航空运输安排、质疑性视察、再入飞行器核查、扩散后核查、改造及销毁核查等规定。条款设置更加细化、区分度更高。此外，《第一阶段削减战略武器条约》规定了航空运输安排，包括飞行计划备案、机载设备和用品限制、飞行许可、飞机入境点、机组人数、航线安全、飞行附加服务等，⑥这对外空核查机制的构建是有启发的。

---

① 例如：关于视察前要求：议定书规定了核查方需要提供入境核查人员名单（总数不超过200人）、核查人员的义务、特权与豁免等条款；关于视察通知：核查请求国需要向被核查国家发出核查意向通知，包括核查地点、核查时间等；关于入境核查活动相关事项：议定书规定了核查方携带入境的设备和用品要求，被核查方应当派遣人员陪同核查，核查人员食宿医疗费用由被核查方承担等；关于取消核查：议定书规定如遇不可抗力可取消核查；关于核查报告：议定书规定核查组在核查完成后规定时间内出具英俄双语的报告，可附照片。参见美国国务院军控、核查与合规局，《销毁中程和中短程导弹条约核查议定书》，https://2009-2017.state.gov/t/avc/trty/102360.htm。
② 参见美国国务院：《关于削减和限制进攻性战略武器条约》，第4、第5、第7、第9、第11、第12条，https://2009-2017.state.gov/documents/organization/27360.pdf。
③ 滕建群等：《国际军备控制与裁军概论》，世界知识出版社，2009，第266页。
④ 参见美国国务院：《关于削减和限制进攻性战略武器条约》，第11条第14款，https://2009-2017.state.gov/documents/organization/27360.pdf。
⑤ 《关于削减和限制进攻性战略武器条约核查议定书》共74页18条。参见美国国务院：《关于削减和限制进攻性战略武器条约核查议定书》，https://2009-2017.state.gov/documents/organization/27364.pdf。
⑥ 参见《关于削减和限制进攻性战略武器条约核查议定书》第4条。

苏联解体后，美俄开始重新研判和探索两国核军控模式。2002年美俄签订的《削减进攻性战略武器条约》（又称《莫斯科条约》）仅有五项条款，未包含核查或透明度条款。① 这表明美俄为进一步发展核武器保留了余地。2010年美俄签订的《新削减战略武器条约》（2011年生效）除重申利用国家技术手段进行核查外，也扩大了利用"隐蔽措施"规避核查的审查范围，② 并规定"为确认关于受本条约约束的战略进攻性武器的已申报数据的准确性，并确保核查本条约各项规定的遵守情况，每一方都有按照本条以及条约议定书第五部分的内容进行核查活动的权利"。③ 这表明，为确认相关事项，④ 双方有权对彼此的洲际导弹基地、潜艇基地、空军基地进行现场核查；除此之外，双方还应该举行展示会，向对方"展示新型武器的显著特性，确认其技术特征，并就本条约所列的第一类进攻性战略武器进行改造后展览（以检查改造结果）"。⑤ 2021年2月，美总统拜登执政伊始，美国与俄罗斯续签了《新削减战略武器条约》，将条约延长5年。续签的《新削减战略武器条约》对核查次数、信息披露、数据交换、相互通知、

---

① 条约第2条规定每年至少举行2次双边执行委员会会议，但是未明确提及"核查"。美国国务院国际安全与防扩散局：《削减进攻性战略武器条约》，https://media.nti.org/documents/sort_moscow_treaty.pdf。

② 不使用隐蔽措施的义务包括在试验范围内不使用这些措施，即导致在试验期间隐藏洲际弹道导弹、潜射弹道导弹、洲际弹道导弹发射装置或洲际弹道导弹或潜射弹道导弹与其发射装置之间的关联措施。不使用隐蔽措施的义务不适用于洲际弹道导弹基地的掩护或隐蔽做法，或进攻性战略武器环境掩蔽的做法。参见美国国务院军控、核查与合规局：《新削减战略武器条约》，第10条，https://www.armscontrol.org/treaties/new-strategic-arms-reduction-treaty。

③ 参见美国国务院军控、核查与合规局：《新削减战略武器条约》，第11条，https://www.armscontrol.org/treaties/new-strategic-arms-reduction-treaty。

④ 如申报的进攻性战略武器数量、类型、技术特征的数据准确性以及确认对方按照条约规定已经改造或销毁约定数量的进攻性战略武器。

⑤ 参见美国国务院军控、核查与合规局：《新削减战略武器条约》，第11条，https://www.armscontrol.org/treaties/new-strategic-arms-reduction-treaty。

建立双边协商委员会等核查措施规定更为详细。① 作为美俄之间目前唯一存续的军控条约，该条约进一步完善了核查机制，回应了国际社会关于核军控的新要求。

（二）《禁止化学武器公约》核查机制

《关于禁止发展、生产、储存和使用化学武器及销毁此种武器的公约》（以下简称《禁止化学武器公约》）作为"迄今为止第一个关于全面禁止、彻底销毁一整类大规模杀伤性武器——化学武器的多边条约，也是当今唯一拥有严格核查机制和无限期有效的国际军控条约"，② 设立了例行视察、质疑性视察等机制，建立了专门的条约履约机构"禁止化学武器组织"（OPCW）。

为了保障公约规定落到实处，该"公约对于所涉及的核心内容做了严格定义"，③ 不仅要全面禁止化学武器，更要彻底销毁。公约对于彻底销毁化学武器的流程规定了严格的核查措施。公约还规定，经缔约国提出并经执理会审议，禁止化学武器组织有权对缔约国履约情况进行质疑性视察。质疑性视察可以视为最大限度地调和质疑被核查国违约和保护被核查国的领土主权之间矛盾的一种手段。关于化学武器相关设施以及相关活动，按照有关规定和风险等级，"从高到低并遵循地域公平分配的原则进行，合理

---

① 例如：规定美俄双方每年进行 18 次现场核查；现场核查期间被核查方必须披露特定战略运载装置上的弹头数量，核查方有权对此进行随机审查；每年进行 2 次数据交换；遥感信息交换；对部署或未部署战略运载工具以及发射设施滚动通知；发射前通知；建立双边协商委员会（Bilateral Consultative Commission）作为条约遵守和执行机构，如无特殊情况，每年开会 2 次；建立新型条约责任追究体系；禁止对国家技术手段进行干扰；对每一枚洲际弹道导弹、潜射弹道导弹以及重型轰炸机进行编码或者标识以方便核查。参见美国国务院军控、核查与合规局：《新削减战略武器条约》，https://www.state.gov/new-start/。

② 国家履行《禁止化学武器公约》工作办公室：《4.29 国际禁化武组织日宣传册》，2021 年 4 月 16 日。

③ 参见黄德明、朱路：《禁止化学武器公约核查制度介评》，《法学评论》2009 年第 27 期。

分配核查资源"。① 在缔约国遭受化学武器威胁时，直接被影响的缔约国可以请求发起调查。② 除此之外，该公约还规定了例行视察制度，缔约国一旦提交涉及公约附表中化学品的初始申报，禁止化学武器组织就应当立即开展核查工作。目前，"全球人口已有98%获得了《公约》的保护，由拥有国宣布的化学武器库存的99%业已在得到核查的情况下销毁"。③ 上述核查措施由禁止化学武器组织参与实施并卓有成效。可见，条约履约机构可以有效保证核查机制的运行，有利于增加核查领域的透明度和建立互信。

（三）相关领域核查机制的基本要素

从前述双边和多边军控条约的核查机制规定看，核查机制包括人员、时间、范围、程序、手段、频率、救济措施（或者反措施）、取消核查、核查报告等要素，每项要素都需要结合不同军控领域设置对应条款，保证条约的现实有效和军控目标的实现。

关于核查机制的要素，有学者认为，"从20世纪90年代以来的军控实践和发展趋势看，完整的核查机制应包含三个方面的措施：国家技术手段、现场核查、合作措施"。"有效的核查能力能阻止违约，有助于参与方核实

---

① 滕建群等：《国际军备控制与裁军概论》，世界知识出版社，2009，第305页。
② 该公约仅核查附件就100页，参见关于执行和核查的附件，第十部分，如："总干事收到请求后，应当通知被请求缔约国以及其他可能受影响国家，在24小时内开始调查是否应当采取进一步措施并派出核查组，并在72小时内向执行理事会提交报告，执行理事会24小时内决定是否以简单多数表决方式命令总干事采取紧急援助，采取紧急援助时可以和任何缔约国或者国际组织合作。核查组有权在指称可能使用化学武器的任何区域进行核查，还有权查看医院、难民营以及指称使用化学武器活动有关的其他任何地方。在核查期间任何时间有权要求被核查国家提供进一步信息。核查组在抵达后24小时内应该向总干事发送一份核查报告，核查期间，视情况发送进展报告。返回后72小时内向总干事提交一份初步报告，30天内提交最终报告。总干事收到报告后，立即将初步报告和最终报告转交执行理事会以及所有缔约国。"《关于禁止发展、生产、储存和使用化学武器及销毁此种武器的公约》，禁止化学武器组织1992年9月3日第635次全体会议，https://www.opcw.org/sites/default/files/documents/CWC/CWC_zh.pdf。
③ 有关禁化武组织的数据，参见 https://www.opcw.org/zh-hans，访问日期：2022年3月1日。

可疑的行为,提供解除遵守异议的可信的原则"。可见,"核查条款和核查能力作为核查机制运行的两个重要变量,成为条约实施效果的关注焦点,实践表明,具有强制约束力的条款能够被更好地遵行,更好地实现军控目标"。①

外空作为核查的新领域,应结合其他军控领域核查机制的历史发展全面分析必要性与可行性,以及外空核查机制可能包含或应包含的要素,根据外空安全、外空军控发展态势,分析外空核查机制的发展动向。总体来看,核武器、导弹、化学武器领域的军控核查机制已经相对完善,特别是核查条款有细致清晰的规定,这为外空核查机制的构建提供了有益参考。外空核查机制应结合本领域特性,根据外空战略稳定和外空军控发展需要,借鉴上述领域的现有经验,讨论外空核查机制的可行性和相关要素。例如,在各国外空力量发展不均衡的情况下,相关国家对于外空透明的政治意愿并不强烈,应认真考虑如何设计未来外空核查机制,使其能够均衡体现各方诉求。在核查技术上,应认真研究是否可对天基设施进行现场核查。

三、外空核查机制的历史和现状分析

美苏在冷战时期就高度关注外空的战略地位以及外空军控问题。为了保持双方的战略均势,早在1981年,联合国大会关于《防止外层空间军备竞赛》(PAROS)相关决议中就提出外空核查问题。进入21世纪以后,联合国框架内外有关外空核查的提议屡见不鲜,但由于技术限制以及大国政治诉求差异,始终难以建立有效的外空核查机制。在当前大国竞争背景下,外空战略地位日益突出,外空安全面临的威胁更加紧迫,国际社会对于维

---

① 滕建群等:《国际军备控制与裁军概论》,世界知识出版社,2009,第229页。

护外空安全的需求日益强烈,对外空核查的关注也与日俱增。

梳理外空核查机制的发展历史、主要内容以及主要国家的立场动向,对于研判外空核查机制的必要性、可行性具有重要意义。下面将分析《防止外层空间的军备竞赛》(PAROS)联大决议、"防止在外空放置武器、对外空物体使用或威胁使用武力条约"草案、《外层空间活动中的透明度和建立信任措施问题政府专家组的报告》(TCBMs)、"负责任外空行为"倡议、《通过负责任行为准则、规则和原则减少空间威胁秘书长的报告》(以下简称"秘书长报告")五个文书中关于核查的历史或现状,探讨外空核查机制的构成要素,结合主要国家外空动态,对外空核查机制趋势进行研判并提出建议。

(一)与外空核查机制相关的议题和法律文件

与外空核查机制相关的议题和法律文件有《防止外层空间的军备竞赛》议题、"防止在外空放置武器、对外空物体使用或威胁使用武力条约"草案、《外层空间活动中的透明度和建立信任措施问题政府专家组的报告》、《通过负责任行为准则、规则和原则减少空间威胁》决议、《通过负责任行为准则、规则和原则减少空间威胁秘书长的报告》等。

1.《防止外层空间的军备竞赛》议题

从联合国大会的会议记录和决议看,早在1978年第十届联大特别会议就有关于"防止外层空间的军备竞赛"的表述,[①] 但直至1981年第三十六届联大才通过第一个《防止外层空间的军备竞赛》决议。[②] 从1981年首份

---

① 参见联合国大会第十届特别会议 S-10/2 号决议,第80段,1978年6月30日,https://www.un.org/chinese/ga/spec/10/ars10_2.pdf。
② 参见联合国大会第一委员会 36/97 号决议,1981年12月9日,https://undocs.org/zh/A/RES/36/97。

《防止外层空间的军备竞赛》决议开始,就提出了外空"核查"相关内容。截至 2021 年底,联大共通过了 41 个《防止外层空间的军备竞赛》决议。从内容上看,开始是聚焦对反卫星系统的核查,随后考虑到外空核查存在技术、政治、外交障碍,相关条款重心转变为寻求更多措施促成核查协议的达成。随着外空军备竞赛风险加剧,相应决议开始强调国际社会必须采取适当及有效的核查规定,维护外空安全。20 世纪末,美俄外空技术进一步发展,外空武器化风险开始显露,核查机制的目的更加明确,即防止包括外空武器化在内的外空军备竞赛。总的来说,决议中核查内容措辞与外空博弈态势发展息息相关。

  1981 年《防止外层空间的军备竞赛》决议正文第 3、第 4 条规定,"请裁军谈判委员会审议关于防止外空军备竞赛的有效核查协定进行谈判的问题,优先审议关于反卫星系统的有效核查协定进行谈判的问题"。① 1984 年《防止外层空间的军备竞赛》决议在序言中提出,"深信有必要采取进一步的措施以防止外层空间的军备竞赛"。② 1988 年《防止外层空间的军备竞赛》决议在序言中提出,"深信在寻求有效和可核查双边和多边协定时应该审查更多的措施,以防止外层空间军备竞赛"。③ 1990 年《防止外层空间的军备竞赛》决议提出,"强调必须采取包括适当和有效核查规定的进一步措

---

  ① 参见 A/RES/36/97,正文第 3 条,请裁军谈判委员会从 1982 年会议开始起,照顾到旨在达成此一目标的现在和未来提案,审议如何就旨在防止外空军备竞赛的有效可核查协定进行谈判的问题。正文第 4 条,请裁军谈判委员会优先审议如何就旨在禁止反卫星系统的有效可核查协定进行谈判的问题,作为朝向实现上文第 3 段所列目标的重要步骤。
  ② 该表述在 A/RES/36/97 中序言第 10 段有所提及,但是与 A/RES/38/70 决议序言第 12 段不完全一致,且联大第 39—42 届会议《防止外层空间的军备竞赛》决议都使用与 A/RES/38/70 决议相同表述。
  ③ 参见联合国大会第一委员会 43/70 号决议,序言第 15 段,1988 年 12 月 7 日,https://undocs.org/zh/A/RES/43/70。

施，以防止外层空间军备竞赛"。① 冷战结束后，国际局势有所缓和。因此，1992年《防止外层空间的军备竞赛》决议除序言外，② 在正文中提出，"强调有必要采取包括适当和有效核查规定的进一步措施，以防止外层空间军备竞赛"，③ "有必要"这一措辞更多地体现为一种建议，并沿用至今。1996年《防止外层空间的军备竞赛》决议中第一次提出"防止外层空间的武器化"。④ 2000年《防止外层空间的军备竞赛》决议提出，"探索"在建立核查协议以防止外空军备竞赛以及外空武器化时审查其他措施。⑤ 此后，相关国家建立外空核查机制的政治意愿有所下降。虽然《防止外层空间的军备竞赛》决议继续提及外空核查内容，但多为倡议性条款，措辞与1992年《防止外层空间的军备竞赛》决议几近相同，例如：2021年《防止外层空间的军备竞赛》决议在正文中的表述为"强调有必要采取包括适当有效核查规定的进一步措施以防止外层空间的军备竞赛"。⑥

2. "防止在外空放置武器、对外空物体使用或威胁使用武力条约"草案

中俄两次在裁军谈判会议上共同提出"防止在外空放置武器、对外空物体使用或威胁使用武力条约"草案，其中关于核查的认识逐步深入。2008年"防止在外空放置武器、对外空物体使用或威胁使用武力条约"草

---

① 参见联合国大会第一委员会45/55号决议，正文第3条，1990年2月4日，https://undocs.org/zh/A/RES/45/55。
② 参见联合国大会第一委员会47/51号决议，序言第14段，1992年12月9日，https://undocs.org/zh/A/RES/47/51。
③ 同上，正文第3条。
④ 参见联合国大会第一委员会51/44号决议，序言第13段，1996年12月10日，https://www.un.org/zh/ga/51/res/a51r044.htm。
⑤ 参见联合国大会第一委员会55/32号决议，序言第13段，2000年11月20日，https://www.un.org/zh/ga/55/res/a55r32.htm。
⑥ 参见联合国大会第一委员会76/22号决议，正文第3条，2021年12月8日，https://documents-dds-ny.un.org/doc/UNDOC/GEN/N21/377/74/PDF/N2137774.pdf?OpenElement。

案提出,"对遵约的核查措施可由附加议定书加以规定"。① 2014年更新版"防止在外空放置武器、对外空物体使用或威胁使用武力条约"草案中规定,"确认需要考察进一步的措施,以寻求有效、可核查的多、双边协议,从而防止外空军备竞赛"。② 然而,美国拒绝对"防止在外空放置武器、对外空物体使用或威胁使用武力条约"草案进行实质性讨论,称没有核查条款是"中俄草案的'根本缺陷'"。这种情况下,中俄有可能考虑提出更为细致的外空核查方案。外空核查机制的总体框架、相关术语定义、核查技术、核查手段等都是需要进一步考虑的问题。

3.《外层空间活动中的透明度和建立信任措施问题政府专家组的报告》

2013年,第68届联大审议了"外层空间活动中的透明度和建立信任措施"议题,通过了政府专家组的报告。该报告起草了"国家空间政策信息""通报外层空间活动"以及"访问空间发射场和设施"等一系列措施,讨论了"外层空间活动中的透明度和建立信任措施的拟订标准,并讨论了这些措施的执行及核查工作的检验标准"。③ 同时,报告指出,"外层空间活动中的透明度和建立信任措施应补充而不是代替军备控制协议和制度中的核查措施。自愿的透明度和建立信任措施可有助于审议为具有法律约束力的军备控制措施以及为具有法律约束力的国际文书所附核查议定书提出

---

① 参见2008年2月12日中国常驻裁军谈判会议代表和俄罗斯联邦常驻裁军谈判会议代表致会议秘书长的信,其中转交中国和俄罗斯联邦提出的"防止在外空放置武器、对外空物体使用或威胁使用武力条约"草案的案文,CD/1839,正文第6条,https://documents-dds-ny.un.org/doc/UNDOC/GEN/G08/604/01/pdf/G0860401.pdf?OpenElement。

② 参见2014年6月10日中国常驻裁军谈判会议代表和俄罗斯联邦常驻裁军谈判会议代表致会议代理秘书长的信,其中转交中国和俄罗斯联邦提出的"防止在外空放置武器、对外空物体使用或威胁使用武力条约"草案更新的中文和俄文案文,CD/1985,序言第6段,https://documents-dds-ny.un.org/doc/UNDOC/GEN/G14/050/65/pdf/G1405065.pdf?OpenElement。

③ 参见联合国大会第68届会议68/189号文件,摘要第3、第4段以及正文第33条,2013年7月29日,https://undocs.org/zh/A/68/189。

的概念和提议"。① 由此可见,《外层空间活动中的透明度和建立信任措施问题政府专家组的报告》可为双边和多边核查机制的建立提供补充参考,外空核查机制中的核查标准、核查设施、核查技术等可以考虑借鉴《外层空间活动中的透明度和建立信任措施问题政府专家组的报告》的相关规定。

4.《通过负责任行为准则、规则和原则减少空间威胁》决议

2020年12月7日,联合国大会通过了《通过负责任行为准则、规则和原则减少空间威胁》的第75/36号决议,② 该决议包括16段序言以及7段正文,明确指出目前国际社会"在有效核查可以具有民用和军事两种用途的空间物体的能力、解读空间物体的行为、确定这些系统是否会被用于违背维护国际安全和稳定目标的目的方面存在种种挑战,重申核查是所有军备控制文书的基本组成部分之一"。③ 外空核查机制再次成为国际社会关注的焦点。

美英等国认为核查机制是外空军控法律文件的重要组成部分。中国同样认可外空核查机制的重要性,但主张其不是缔结外空军控条约的必要或前提条件。中国裁军大使李松在2021年外空安全研讨会上指出:"中俄'防止在外空放置武器、对外空物体使用或威胁使用武力条约'草案并不排斥核查问题。鉴于外空核查的复杂性,应先谈判达成具有法律约束力的条约,从政治和法律角度关上外空武器化和军备竞赛大门,进而在技术条件成熟时通过达成附加议定书解决核查问题。随着空间技术的进一步发展,核查不应成为永远解决不了的问题。所以说,核查并非条约谈判的障碍,

---

① 参见联合国大会第68届会议68/189号文件,第33条。
② 参见联合国大会第一委员会75/36号决议,A/RES/75/36,2020年12月7日,https://undocs.org/zh/A/RES/75/36。
③ 联合国大会第一委员会75/36号决议,A/RES/75/36,序言第十四段,2020年12月7日。该段中文文本有漏译,没有翻译"while reaffirming that verification is one of the essential components of all arms control instruments",文中相应中文部分由笔者自行翻译,特此说明。

更不应成为阻挡谈判的借口。"①

5.《通过负责任行为准则、规则和原则减少空间威胁秘书长的报告》

2021年5月，联合国裁军事务办公室（UNODA）以及联合国外空司（UNOOSA）共同组织了线上研讨会，鼓励成员国研究"外空现有和潜在的威胁和安全风险"。7月，联合国秘书长根据各国提交的意见汇总形成秘书长报告。

秘书长报告分为导言、背景、现有及潜在威胁和风险、识别负责任/不负责任行为、各国看法、秘书长意见以及结论和附件（27份答复，包括欧盟）七个部分，②其中有数十处提及"核查"。③在"各国的看法"部分，秘书长指出，许多国家已经认识到"以可核查方式在外空禁止使用武力"的重要性，并认为"自愿和不具约束力的准则、规则和原则可构成未来法律措施的基础，其中包含一项全面、有效和可核查的具有法律约束力的文书"，但是有些国家认为对于负责任或者不负责任行为，由于技术原因，"发展中国家将难以进行核查"。④

根据秘书长报告，中国、加拿大、美国、英国、欧盟等14个国家和组织提到了"核查"，⑤ 这些国家和国际组织大多认为现阶段外空核查机制的建立存在重重困难，有些国家建议可以从外空透明度与建立信任措施入手，在此基础上开展外空核查机制的讨论。美国并未直接提及外空核查机制，

---

① 参见中华人民共和国常驻联合国日内瓦办事处和瑞士其他国际组织代表团《李松大使在日内瓦外空安全研讨会上的主旨发言》，2021年9月28日，http://www.china-un.ch/dbtxwx/202109/t20210928_9592785.htm。
② 第三、第四、第五部分章节名称较长，此处做了提炼精简，原章节名称参见A/76/77。
③ 根据秘书长报告英文版"核查"提及30余次，中文版报告中"核查"提及60余次。
④ 参见《通过负责任行为准则、规则和原则减少空间威胁秘书长的报告》，联合国大会第76届会议，2021年7月13日，https://undocs.org/zh/A/76/77。
⑤ 参见《通过负责任行为准则、规则和原则减少空间威胁秘书长的报告》，联合国大会第76届会议，第77页，2021年7月13日，https://undocs.org/zh/A/76/77。

仅提到了外空技术作为其他领域核查手段的重要性，认为"数十年来，包括最近延长的《新削减战略武器条约》在内的各项军控条约的缔约国，一直依靠天基国家核查技术手段来监测遵守情况"，并提出"其中一些能力，如基于外空的国家技术手段，为成功执行历代军控条约的核查和可信度奠定了基础。暂时或永久干扰这些系统（与安全相关的系统）的行动可能会破坏维护国际和平与安全的努力"。① 中国认为，"裁谈会达成工作计划并正式启动谈判前，可以考虑成立技术专家组，深入讨论未来外空军控法律文书定义、范围、核查等技术性问题"。②

大部分国家都认可，目前外空安全确实需要包含核查条款的有法律约束力的文书来维护。有学者认为，"如果在一个领域，等到军备出现'恐怖平衡'后再来协商军备控制事宜并达成协议，说明该领域的军备危害极大"，而且"任何领域的军控都不能仅仅通过透明与信任建设机制来实现"，这些建立在自愿基础上的机制，本身就具有极大不确定性，"是否履行了军控义务，只有通过具有法律约束力的国际条约赋予的核查机制来实现"。③

（二）外空核查机制可能包含的要素

外空核查机制可以看作为了实现外空战略稳定和外空安全目标而建立的，使用收集证据、核验事实的方法验证对方是否履行条约义务的具体措施，这些措施能够保证该国有理由相信其他国家将予以同等回报，而在行

---

① 参见《通过负责任行为准则、规则和原则减少空间威胁秘书长的报告》，第87页，联合国大会第76届会议，2021年7月13日，https://undocs.org/zh/A/76/77。
② 参见《通过负责任行为准则、规则和原则减少空间威胁秘书长的报告》，第28页，联合国大会第76届会议，2021年7月13日，https://undocs.org/zh/A/76/77。
③ 何奇松：《特朗普政府的外空军控政策分析》，《太平洋学报》2020年第28期。

为上保持自我约束。① 虽然对于如何构建外空核查机制尚存争议,但参照相关军控领域核查机制的构建,可以考虑包含以下要素。

第一,核查协议形式。核查协议有双边、多边之分,可以根据核查协议参与方的情况确定。

第二,核查条款形式。核查条款可在条约中加以规定,也可在附加议定书中规定。附加议定书可仅包含核查条款,也可将核查条款作为其中一部分加以规定。

第三,核查机构。纵观国际军控条约中的核查机制,大部分都涵盖一个核查机构,这有助于核查机制的顺利实施,减少缔约国之间的协调成本,明确责任和提高合作效率。核查机构应该规定组织架构、组织运行规则等。

第四,核查人员和工具。如果没有核查机构,相关方需要自行派遣核查人员和安排核查工具或装备。② 对于核查人员数量及专业技能、在他国境内的权利和义务、核查装备应符合的条件等,条约或者附加议定书需要做出相关规定。

第五,核查时间。时间要素需要包括通知核查机构(若有)、被质疑缔约国、可能受影响缔约国的时间;协商或者谈判后未能消除质疑,核查机构(若有)、提出质疑的缔约国、提供帮助的缔约国或者国际组织、可能受影响的缔约国启动核查程序的时间;核查专家组到达后开展核查工作的时间;核查持续时间;核查过程中、结束后提交核查报告的时间等。

第六,核查地点。应包括核查实施的地点,即提出核查请求缔约国要

---

① 此定义参照了唐永胜、徐弃郁著《寻求复杂的平衡——国际安全机制与主权国家的参与》一书中对于"国际安全机制的定义"。该书认为,"国际安全机制是关于特定国际安全领域,为达成某一共同的安全目标而建立的,容许国家相信其他国家将予以回报,而在它的行为上保持克制的那些原则、规则和标准"。唐永胜、徐弃郁:《寻求复杂的平衡——国际安全机制与主权国家的参与》,世界知识出版社,2004,第6页。

② 如利用在轨卫星或其他地基设施开展核查。

求核查项目存在的地点（可能还包括违约行为或者有证据证明可能影响的地点，包括本国、他国或公域），等等。

第七，核查程序。核查程序应当包括通知、核查前准备、入境、核查、离境、出具核查报告等方面，如核查方提出质疑，核查过程中陪同人员无法答复，核查后应当及时答复。

第八，核查范围。核查范围可以围绕研发、生产、运行、投入使用的设施来界定，还可能包括支撑主要设备运作的辅助设施，以及可能与主要设施、辅助设施相关的其他设施。

第九，核查方式。在国际通行的方式中，主要包括三个：国家技术手段（美俄间军控条约主要核查方式之一，被核查缔约国不得干扰，至于是否包含间谍手段尚存争议）、现场核查、合作核查（具备外空能力的国家毕竟只是少数，大部分国家处于初始阶段，因此有外空能力的国家与这些国家进行合作尤为重要）。

第十，核查手段。监测系统（例如：地面监测系统，空间态势感知）；入侵性较小的现场核查；入侵性较大的现场核查物体登记（例如：《登记公约》规定了登记制度；2021年《新削减战略武器条约》规定了对战略武器进行编码，以便进行核查）；进入、返回、再入监视；数据共享；事件通知和通报；等等。

第十一，核查频率。核查频率是数据交换、保证互信的重要一步。《新削减战略武器条约》中规定了现场核查的频率（1年18次）、召开双边磋商会议的频率（1年2次）、数据交换频率（1年2次）以及随机核查等内容。

第十二，核查的取消。如果存在不可抗力导致核查不能进行，核查能否取消以及核查取消需要遵循何种程序，都需要在文书中进行规定。

第十三，核查报告。核查报告是核查活动的最终总结，对于对方履约情况的检验说明，核查中如有问题，可在核查报告中写就，并要求对方做出情况说明，核查报告经双方签字确认后留存，以供日后查验。

第十四，争端解决机制。针对核查产生的争议问题，核查机制中需要规定解决机制。①

核查机制的建立需要根据领域特性、技术条件、国家安全利益等条件综合考虑，不能一蹴而就，上述要素应考虑外空安全态势的发展变化而做出调整。

（三）外空核查机制的趋势研判及建议

外空军控是维系外空安全稳定的必经之路，关键是要判断核查是否为外空军控的必备要素。关于是否应当建立外空核查机制以及在何种条件下建立何种核查机制，应当以是否有利于维护外空战略稳定、增强国家间互信和共同受益为最终衡量标准。"人类生产的一条可悲规律是：破坏总比创造容易。"② 由于外部环境存在不确定性，因此对于破坏性能力的追求成为一种选择，可以以此威慑他国，从而减轻本国恐惧忧患。根据伤害性力量理论，"伤害性力量（the power to hurt）——毁坏他人珍惜的事物，使其遭受伤痛和悲哀的纯粹非获得性、非生产性力量——是一种讨价还价得到的交易力量"，③ 这种交易力量可以带来政治、外交以及安全收益，例如核威慑、恐怖袭击等。外空力量强大的国家受上述利益驱使，可以对外空力量落后的国家施加有形或者无形伤害和威慑，从而谋求战略优势。

---

① 如：发现问题后，请求核查国家提交核查机构决策者确定解决方案，抑或提交利益攸关方协商方案，或者缔约国家磋商解决。当被质疑国家依靠现有国家力量无法解决，核查机构或者有能力国家和国家组织可以协作解决。多次协商或者谈判后，被质疑国家仍拒不消除质疑，被影响国家可以采取反措施维护国家安全。
② 托马斯·谢林：《军备及其影响》，毛瑞鹏译，上海人民出版社，2011，第2页。
③ 同上。

2021年8月20日，有报道称美国国防部高级官员约翰·海滕上将（Gen. John Hyten）正牵头推动一项现有太空武器的解密工作。虽然披露事项未知，"但是内部人士表示，披露的可能包括一种以削弱或摧毁目标卫星和/或航天器主动防御能力的演示。专家推测，演示中可能使用的武器包括用于致盲敌方侦察卫星的地面移动激光和某些军事卫星上的机载近距离触发无线电频率干扰器，以及一种高功率微波系统，可以摧毁机动保护卫星上携带的电子设备"。[①] 美国高级军事外空官员的演讲或采访中曾提及："过度保密正在损害（美国）向立法者、公众和盟国/伙伴国传达外国反外空威胁日益增长（信息）的能力，也正在削弱（美国）与工业界和外国伙伴合作以减轻这些威胁的能力。"[②] 此前，美方从未承认其已在外空部署武器。美官员上述表态，并不意味着美方希望通过增强外空透明度来推动建立大国间的互信措施，相反，其目的是增强其外空威慑力，继续谋求战略优势。同时，美方有可能由此占据"透明"的道义制高点，高调推进多边或双边的外空核查机制构建，从而给竞争对手施压。

国际社会应当审慎对待美可能提出的外空核查倡议。核查的动机，既可能源于在博弈双方力量发展趋于均衡条件下，为了避免陷入"囚徒困境"而萌生的"自我克制"共识，如美苏的核军控历史；也可能是在双方力量发展不均衡情况下，领先一方为避免另一方缩短与己方差距而采取的博弈策略，即通过己方领先的技术能力，包括核查能力，骚扰遏制对方的发展，外空领域有可能存在此种情况。与核、导、化学武器领域不同，人员核查方式很难满足外空核查需求，而借助天基等技术手段开展核查，其经济成

[①] Theresa Hitchens, *Exclusive: Pentagon Poised To Unveil, Demonstrate Classified Space Weapon, Space Symposium 2021*, August 20, 2021, https://breakingdefense.com/2021/08/pentagon-posed-to-unveil-classified-space-weapon/.

[②] Ibid.

本、技术门槛鲜有国家能够承担。此时如果构建外空核查机制，尤其是多边核查机制，有可能会成为个别外空力量领先国家的"独角戏"和沦为其合法充当"外空警察"的借口。

此外，外空核查本身就面临诸多挑战。美英等国共提的"负责任外空行为"倡议提到核查面临的实际困境，如空间物体具有两用性、外空行为性质难以界定、空间系统用于维护外空安全的目标难以确定。秘书长报告中还提到核查可能会干扰他国空间系统的运行。这也是外空军控呈现由"物控"向"行为控"[①]转变的重要原因之一，即外空中的"物"与核武器、导弹和化学武器相比，难以有效核查。同样，对于非持续性外空行为来说，传统核查手段也存在天然缺陷。各国目前提出的外空核查建议，本质上仍是着眼于外空透明度建设问题。例如，瑞典"强调透明度和建立信任措施的重要性"，[②] 提出加强国家间沟通的措施，"加强空间态势感知方面的合作，以及加强事件核查能力"。[③] 加拿大提出，"确认核查对国际和平与安全、包括对确保信任各方遵守规定具有重要意义，空间态势感知以及空间监测和跟踪将是核查的重要组成部分。有效核查可包括一些活动和机制，如数据交换、国家声明、发射和演练的预先通知以及协商机制"。[④]

关于外空核查机制的必要性和可行性，笔者认同中俄提出的观点。中俄认为"一项军控条约是否包含核查条款以及核查手段的选取，往往要从政治上的可接受性、技术上的可行性以及经济上的可承受性等几个方面综合考虑"，"技术方面，外空核查措施涉及监测、跟踪和定位等前沿技术，

---

① 王国语：《国际规则视角下的外空军控发展形势》，《世界知识》2020 年第 21 期。
② 参见联合国大会第 76 届会议文件 A/76/77，第 77 页，2021 年 7 月 13 日，https://undocs.org/zh/A/76/77。
③ 参见联合国大会第 76 届会议文件 A/76/77，第 77 页，2021 年 7 月 13 日，https://undocs.org/zh/A/76/77。
④ 参见联合国大会第 76 届会议文件 A/76/77，第 24 页，2021 年 7 月 13 日，https://undocs.org/zh/A/76/77。

现阶段尚不具备充分技术条件建立有效的国际核查机制"。① 此外，结合外空博弈现状，笔者认为建立若干双边外空核查机制的可行性大于多边机制。但即便是双边外空核查机制，除满足政治可接受、技术可行和经济可承受的条件之外，还须遵循互惠、对等、协商一致等原则。"国际体系的权力结构、利益分配和观念认知决定了国际政治行为体在国际安全秩序包括外空安全秩序中的行为选择。外空安全秩序可以说是国际安全秩序在外空领域的具体映射"。② 由于航天大国之间存在"信任洼地"，因此对于外空安全行为的误判将对国家安全战略产生难以忽视的影响。由此，外空核查机制的构建必须有利于谋求和维护外空战略稳定、增强各方互信、避免零和博弈，而不应成为加剧大国外空博弈的政治工具和"破坏性力量"。

---

① 参见中国外交部：《中国、俄罗斯代表团联合向裁军谈判会议提交的关于"防止外空军备竞赛的核查"的工作文件（CD/1781）》。
② 李杨：《外空安全概念的再探讨》，《国防科技工业》2020年第6期。

新时代太空安全问题研究

兰顺正

内容提要：随着太空技术的高速发展以及人类太空活动增多，太空力量在国家安全、经济发展、文化发展和长远生存发展等方面的重要性愈加凸显。而由于各方对太空的军事运用不断加强，导致太空军事化与太空武器化等太空安全问题日益严峻，同时恐怖主义等传统威胁向太空蔓延的趋势也值得警惕。

关 键 词：太空安全；太空军事化；太空恐怖主义

作者单位：中国指挥与控制学会

当前，人类太空活动急剧增多，主要大国对于太空的军事利用呈现高速发展势头，引发国际社会对于太空安全问题的广泛关注。2021 年 9 月 15 日，中共中央总书记、国家主席、中央军委主席习近平到驻陕西部队某基地视察调研时明确指出，太空资产是国家战略资产，要管好用好，更要保护好。① 随着大国关系进入新一轮战略博弈期，太空安全已经成为事关各国安全、发展利益的重要问题。

---

① 《习近平在视察驻陕西部队某基地时强调　聚焦备战打仗　加快创新发展　全面提升履行使命任务能力》，新华网，2021 年 9 月 16 日，http://www.news.cn/politics/leaders/2021-09/16/c_1127870078.htm。

一、太空安全的定义

太空又称航天空间或外层空间,目前一般将太空分为近地空间(100—150千米)、近宇宙空间(150—2000千米)、中宇宙空间(2000—50000千米)以及远宇宙空间(50000—930000千米)。从20世纪50年代开始,人类社会凭借航天技术的发展逐渐步入探索太空的新时代。近年来,太空所蕴含的巨大价值越发被世界各国所认识。太空与陆地、海洋、天空、网络一样,对人类政治、经济、社会、军事等领域发展有非同寻常的重要性,也成为国际竞争的战略制高点。

关于太空安全,目前国际上没有统一的定义。2014年,英国政府首次发布《国家空间安全政策》,将太空安全定义为"安全、可靠、可持续地获取空间能力,有充分的抗毁能力应对威胁与灾害",其实质包括两种空间安全,即空间生存安全与空间发展安全。2020年加拿大等国出版的《太空安全索引》将太空安全描述为"安全、可持续地进入和利用太空,并免受来自太空的威胁",这里的威胁主要是指由人造卫星解体产生的空间碎片。我国有学者将太空安全定义为:国家能够合理利用太空资源自由地进行太空活动,灵活应对各种可能的威胁和破坏,有效维护太空利益的一种良好状态。[①]

二、"一超多强"的太空新格局

冷战期间的太空秩序主要为美苏两个超级大国所塑造,两国发射到太

[①] 陈瑛、卫国宁、唐生勇、康志宇:《国际太空安全形势分析与发展建议》,《空天防御》2021年9月第4卷第3期。

空的所有卫星占全球总量的93%。冷战结束后，"一超多强"是太空新格局的重要特征。

美国依然在太空活动中独占鳌头，无论是从发射能力还是在轨卫星数量看，美国都位居第一。美国拥有的卫星数量超过其他国家总和。如果从卫星种类和功能上看，美国还拥有其他国家所不具备的能力。尽管美国试图限制太空技术的传播，但有越来越多的国家进入太空并拥有了自己的卫星和航天器。目前，除美国、俄罗斯等传统太空强国外，许多发展中国家也在大力发展太空产业，提升太空能力，积极参与国际合作，希望在激烈的太空竞争中占据一席之地。

目前，除欧洲航天局外，全球有11个国家拥有独立发射能力，还有15个国家和地区具有把物体发射到亚轨道的能力（能够把火箭发射到太空，但是达不到环绕地球轨道所需要的高度）。它们包括阿根廷、澳大利亚、巴西、加拿大、德国、印度尼西亚、意大利、波兰、西班牙、瑞士等。[①] 中国、俄罗斯、欧洲航天局等对美国追赶的势头明显，中国、俄罗斯和欧洲航天局已能研制除少数类型以外的大多数卫星，分别研发全球卫星导航系统，打破了美国在该领域的垄断局面。另外，日本、英国、印度等国发展增速也较快。根据美国忧思科学家联盟的统计，截至2021年1月1日，全球在轨卫星共计3372颗，相比2019年9月30日增加了1154颗，一年多时间里增长了50%。美国再次以1897颗的绝对优势位居第一，中国以412颗位居第二，俄罗斯以176颗位居第三。美国增加了890颗，增长接近88%；中国增加了89颗，增长27.6%，但绝对数量仅为美国的10%，俄罗斯增长12颗。[②]

---

① 何奇松：《国际太空新秩序与中国的责任》，《世界经济与政治》2016年第8期。
② 《美国智库曝光美在轨卫星详情 一年发射800颗剑指中国》，网易，2021年5月21日，https://www.163.com/dy/article/GAI7R87T05159GSR.html。

值得注意的是，私人太空公司在太空竞争中的地位开始凸显。据 2020 年 7 月摩根士丹利分析师估计，当时全球太空产业的价值约 3500 亿美元，并且还在迅速增长，到 2040 年将超过一万亿美元。① 知名度较大的私人太空公司包括美国埃隆·马斯克（Elon Musk）的太空探索技术公司（SpaceX），杰夫·贝索斯（Jeff Bezos）的蓝色起源（Blue Origin），英国理查德·布兰森（Richard Branson）的维珍银河（Virgin Galactic）和美国保罗·艾伦（Paul Allen）的平流层发射（Stratolaunch）等，它们已经成为私人公司参与太空竞争的全球领跑者。

其中，马斯克于 2002 年 6 月成立 SpaceX 公司，2008 年 12 月获得了美国航天局（NASA）价值 16 亿美元的商业补给服务合同。经过 10 多年的发展，SpaceX 公司通过其创立的低成本商业发射模式，在航天领域成为一颗闪耀的新星。一方面，该公司在火箭研制领域颇有建树，不仅承担了美国航天局多项太空运输任务，同时也研发出"猎鹰 9 号"可回收火箭；另一方面，马斯克还希望在火星上建立永久居住地，为此研发了"星船"。"星船"由一枚巨型助推火箭和一艘飞船组成，代号"超级重型"助推火箭直径 9 米、高 68 米，装有 37 台"猛禽"发动机，足以提供 7300 吨推力，直径 9 米、高 50 米的飞船作为"星船"的第二级，近地轨道运载能力达 150 吨，将执行长途运送大量货物和人员的任务。2021 年 5 月 5 日，SpaceX 公司一枚"星船"原型试验火箭成功完成一次短暂的亚轨道试飞。

其他私人太空企业发展也取得显著进展。2021 年 7 月 11 日，英国维珍银河公司的太空船二号完成首次满员亚轨道试飞，该公司创始人理查德·布兰森作为机组成员参与此次试飞。7 月 20 日，美国蓝色起源公司的创始

---

① 《摩根士丹利：若"星链"计划成功 SpaceX 估值或达 1750 亿美元》，新浪财经，2020 年 7 月 21 日，ttps://tech.sina.com.cn/roll/2020-07-21-doc-iivhuipn4175239.shtml。

人杰夫·贝索斯和其弟马克·贝索斯乘坐该公司研发的新谢泼德火箭成功进入了亚轨道。这两次试飞都堪称商业亚轨道旅行的里程碑。

三、太空军事化与太空武器化

当前，太空军事化与太空武器化是太空安全范畴中最为主要的两个问题。

（一）太空军事化趋势明显

太空军事化是指"通过运用太空资源增强传统军事力量的效率，或是为了军事目的使用太空资源，这些军事目的包括通信、电子侦察、空中照相侦察、气象监控、早期预警、导航等"。[①] 依此推论，只要太空运用于军事领域或军事力量进入太空，就可称为太空军事化。太空军事化早已开始，因为太空活动伊始就带有军事竞争的意味。太空军事化历史起源似可追溯到世界上第一颗洲际弹道导弹发射成功，即苏联的 P-7 洲际弹道导弹（北约代号SS-6"警棍"）。1957年8月21日，该导弹从位于哈萨克斯坦的拜科努尔航天发射场试射成功，飞行了6000千米，从这一刻开始人类正式拥有了外空打击手段或通过外空来进行武力投送的能力。此后，苏联、美国先后成功发射卫星（多与军事用途有关），由此太空军事化大幕逐渐拉开。

目前，太空军事化已经是不争的事实。根据统计，现在全球70%的航天器与军事用途相关。美国是太空军事化方面步子迈得最大、最快的国家，据美国科学家联盟（UCS）卫星数据库统计，截至2021年1月1日，美国

[①] 左清华、徐文康：《太空军事化趋势及应对策略》，《军工文化》2019年第7期。

在轨军用卫星共计212颗。① 美国不仅拥有数量最多的太空资源，还在军事冲突中运用太空军事能力。例如，第一次海湾战争被称为首次"太空战"，当时以美国为首的联军充分利用各类卫星，完全掌握了战争的主动权。在此后的科索沃战争、阿富汗战争、第二次伊拉克战争等军事行动中，美军事卫星都大显身手。

但美国对此并不满足，采取各种措施试图维护其太空霸权地位。美国总统特朗普执政后，在航天领域推动了一系列改革。2019年12月20日，特朗普在马里兰州安德鲁斯美军基地签署《2020财年国防授权法案》，标志着人类历史上第一支太空军（天军）的诞生。2020年11月，美太空军成立了一支"第9太空三角洲部队"，专门负责在太空实施监控，甚至在必要时发动太空攻击。2020年12月9日，美国副总统彭斯在佛罗里达州卡纳维拉尔角举行的航天会议上表示，美军位于佛罗里达州的两处基地将更名为"航天基地"，成为美国太空军的首批基地。同年12月18日，白宫庆祝美国太空军成立一周年的活动上，太空军被正式命名为"守护者"。2021年拜登总统执政以来，美国太空军依然有条不紊地发展，并向实战领域急速靠拢。2021年8月，美国太空军司令约翰·雷蒙德上将表示，太空军在实现成为世界首支完全数字化部队的愿景方面取得了进展，相关计划包括创建数字总部、建立数字熟练度和实现数字工程三部分，而空军在上述领域都取得了相应的进展。2021年12月1日，美国副总统、"国家太空委员会"主席哈里斯发布《美国太空优先事项框架》政策文件，确定两大类优先事项：（1）延续强大和负责任的美国航天事业，包括在太空探索和科学方面继续保持领先地位，利用天基能力监测气候变化，从日益扩大的太空、

---

① 《美国智库曝光美在轨卫星详情 一年发射800颗剑指中国》，网易，2021年5月21日，https://www.163.com/dy/article/GAI7R87T05159GSR.html。

反太空威胁中保护国家利益,保护天基关键基础设施,支持有助于发展商业航天领域的法规等;(2)可持续发展,包括与国际社会共同维护并加强以规则为基础的国际太空秩序,采取现有和新措施维护长期可持续性,继续发展民用太空交通管制能力,跟踪并缓解来自任何近地物体的威胁。虽然这份文件被一些媒体称为美国太空"新战略",但实际上主基调仍是突出战略竞争,强调其他国家对美的"太空威胁",主张维护美国太空领导地位。

美国的"示范效应"让其他国家纷纷效仿。2019年7月13日,法国正式宣布批准在法空军内部成立太空司令部,同年法制定了国防太空战略,决定在《军事计划法》生效期间(2019—2025年)投入近50亿欧元,其中36亿欧元用于改善提供光学监视及保障通信的军事卫星能力。2020年秋,法国空军改名为法国航空与太空军。2020年,日本成立了首个宇宙作战队,主要任务是监视陨石、人造卫星、太空垃圾等,今后将继续增加任务范围。2021年4月,英国建立了太空军司令部,并从英国陆海空三军和民间招募人员。该司令部将负责领导英国的太空作战、太空人力资源培养以及太空装备交付计划的实施,与英国国防部航天局和太空总署一起工作,为英国提供国家级联合太空能力。2021年7月13日,德国国防部在位于乌德姆市的德国空间态势感知中心宣布正式成立太空司令部。① 另外,澳大利亚等也声称正在筹建新的太空司令部。

与此同时,美国还在不断推进太空结盟。如美国正在"五眼联盟"基础上拓展与盟友在太空军事领域的合作,主要包括"施里弗""全球哨兵""太空旗帜"等太空军事演习,以及以北约、美印日澳等盟友网络为主要平

---

① 丁勇:《德"不甘落后"成立太空司令部》,来源:《中国国防报》,中国军网,2021年7月21日,http://www.81.cn/big5/bq/2021-07-21/content_10064867.htm。

台的天基情报监视侦察信息共享与合作等。2021年,北约峰会就"北约2030议程"达成共识,太空议题成为"集体防御"焦点。同时,美国还积极开展太空外交,利用商业卫星出口和遥感卫星数据服务,寻求与发展中国家在太空领域建立更紧密的利益关系,以获得发展中国家对其相关国际规则议案的支持,以主动塑造对自身有利的国际太空行为规则。

除国家外,各种民间行为体也开始参与太空军事化进程。如SpaceX公司的"星链"计划虽然是商业卫星星座计划,但是其军事应用潜力巨大。有分析认为,"星链"计划可以大幅增强美军宽带通信能力,实现全天候无缝监视侦察,甚至可以提供天基目标探测/打击能力。

总体来看,随着主要国家大力发展太空军事技术能力,未来太空军事化趋势将难以逆转。

(二)太空武器化问题评析

如果说太空军事化的概念已经不存在争议,国际社会对太空武器化的概念尚未达成共识。太空武器化与太空军事化相伴而生,但目前涉及太空的国际法律机制没有界定何谓太空武器。1985年,中国在裁军谈判会议上提出反对太空军备竞赛时,对太空武器做了界定,即"建立在太空(包括月球和其他星体上)的所有装置与设施,设计用来攻击、破坏空中、陆地、海洋上的物体"。[①] 1998年,联合国裁军研究所(United Nations Institute for Disarmament Research, UNIDIR)把太空武器界定为"放置在外层空间(包括月球和其他星体)上或者地球环境上的装置,用来摧毁、破坏或干扰其

---

① David Webb, "On the Definition of a Space Weapon (When is a Space Weapon Not a Space Weapon?) ," p. 10, http://praxis.leedsmet.ac.uk/praxis/documents/space_weapons.pdf.

他物体的正常功能",① 任何其他装置，具有被用于上述所界定的能力，也被视为太空武器。加拿大政府则认为"任何装置或一个系统的组成部分，通过质量或能量用来对其他任何物体施加物理伤害"应被视为太空武器。② 2008年，中国与俄罗斯联合在裁军谈判会议提出"防止在外空放置武器、对外空物体使用或威胁使用武力条约"（PPWT）③ 草案，并于2014年再次联合向裁军谈判会议提交更新的"防止在外空放置武器、对外空物体使用或威胁使用武力条约"草案。在草案中，中俄把"在太空的武器"界定为"位于外空、基于任何物理原理，经专门制造或改造，用来消灭、损害或干扰在外空、地球上或大气层物体的正常功能，以及用来消灭人口和对人类至关重要的生物圈组成部分或对其造成损害的任何装置"。以上外空武器定义分别涉及技术、功能、意图等方面，但国际社会尚未就此达成共识。

笔者认为，太空武器化应该定义为在太空部署武器常态化，太空武器则是指长期部署于太空，用以攻击太空、地面、海上、空中目标的武器系统。成为太空武器的前提，必须是长期部署于太空，不是在发挥作用时短暂经过太空或在太空停留，部署于大气层以内用以攻击太空目标的武器系统也不能划入太空武器范畴。若非如此界定，那么部署于地面，用于打击地面目标，但发射时主要轨迹经过太空的弹道导弹就可以称为太空武器；而部署于岸上用于攻击海面目标的岸舰导弹，以及部署于地面用于打击空中目标的地空导弹等就可以形容为海上武器或空中武器系统。目前人类还没有公开越过太空武器化的"红线"，但是未来一旦太空武器化成为现实，

---

① David Webb,"On the Definition of a Space Weapon (When is a Space Weapon Not a Space Weapon?)," p. 10, http://praxis.leedsmet.ac.uk/praxis/documents/space_weapons.pdf.
② Ibid.
③ 该草案在裁军谈判会议的编号为CD/1839，参见联合国中文网站https://undocs.org/zh/cd/1839，修正案编号为CD/1985，参见联合国中文网站https://undocs.org/zh/cd/1985。

将对全球安全产生重要影响。

首先,太空武器化会削弱太空军力处于弱势一方的核威慑能力。一方面,强势方在太空预警系统的有力情报支援下,针对弱势方核力量的陆基反导拦截系统效率将大为提高;另一方面,强势方如果拥有天基反导拦截系统,其居高临下的优势意味着发现、锁定并拦截敌方弹道导弹的速度快得多,不但可实现全球范围的拦截,还能够实施助推段拦截。相比于中段和末段拦截,助推段拦截有四点优势:一是识别度高,导弹在助推段飞行时具有清晰的尾焰标志与热量信号,便于拦截弹搜索和瞄准目标。二是成功率高,导弹在助推段飞行时不会释放诱饵,也缺少相应的突防和反制措施,如果拦截成功,来袭导弹本身的大多数反制措施都将没有施展的机会。三是清洁度高,可在对手领土附近摧毁目标,不必担心中段或末段拦截的残余弹体掉落或污染己方的国土。四是防护面积大,由于可以在来袭导弹的助推飞行阶段将其拦截,因此不同于末段拦截的"点防御"与中段拦截的"面防御",可防护更大国土面积,从而实现"全面防御"的战略目标。[①]

其次,太空武器化对太空资产安全构成威胁。太空武器化的表现之一,就是天基反卫星技术和能力的发展和使用,将对在轨运行航天器构成直接威胁。如一国在太空部署了反卫星武器,其他国家的卫星等太空资产将可能成为对方手中的"人质"。随着各国太空活动越来越频繁,这些"人质"的数量和重要性也会逐步增加。各国在国家发展和国际活动中不得不时刻考虑到太空资产的安全,如果没有相应的措施以应对,则将使相关国家在国际博弈中陷入被动。

---

① 罗曦:《美国导弹防御助推段拦截技术及其战略影响》,《中国国际战略评论2019(上)》,世界知识出版社,2019。

最后，太空武器化直接影响国土安全。天基常规对地打击武器对地实施打击，准备时间短，反应速度快，适应未来信息化条件下一体化联合作战的快速作战需求。同时，天基常规对地打击武器对地实施打击，隐蔽性好，突防能力强，作战范围广，能满足全球作战的需要。

由于太空武器化会引起未来"战争规则"的改变，如果不加以有效的管控，很可能破坏全球战略稳定，引发太空军备竞赛，危害国际和平与安全。长期以来，中国一贯致力于和平利用外空，反对外空武器化和军备竞赛，积极推动国际社会谈判达成有关法律文书，获得国际社会多数国家的支持和赞赏。

四、太空恐怖主义威胁不容忽视

恐怖主义，是指通过暴力、破坏、恐吓等手段，制造社会恐慌、危害公共安全、侵犯人身财产，或者胁迫国家机关、国际组织，以实现其政治、意识形态等目的的主张和行为。随着人类在太空活动越来越多，恐怖主义向太空蔓延的问题也值得国际社会关注。

2021年9月14日，英国航天总局局长、空军中将空军副元帅哈维·史密斯在伦敦举行的军警国防科技展（DSEI）上警告说，随着进入太空的机会增加，发生"太空恐怖主义"的可能性也随之提升，这与恐怖分子在"9·11"恐怖袭击中使用商用飞机的方式相似。①

初步来看，未来"太空恐怖主义"将会以在轨航天器、航天员或者航天服务为目标，以干扰、破坏乃至劫持为基本手段。过去，由于受到技术

---

① Nathan Strout, "Head of UK's Space Directorate Warns of Space Terrorism," *Defense News*, September 15, 2021, https://www.defensenews.com/digital-show-dailies/dsei/2021/09/14/head-of-uks-space-directorate-warns-of-space-terrorism/.

和成本等因素的制约,恐怖袭击的范畴很难脱离大气层。但科技发展的"双刃剑效应",将导致太空资产很难游离于恐怖威胁之外。就安全而言,在轨航天器存在"短板"。首先,在轨航天器虽然飞得高飞得快,但大多数轨道相对固定,通过天文观测可以掌握如轨道高度、轨道倾角、过顶时间等关键数据。其次,太空航天器天生脆弱,由于身处太空极端环境中,微小破损就可能带来致命伤害。虽然防御一方可以采取各种主动和被动防御措施,如提高卫星机动能力以躲避拦截和跟踪;加装短程武器或定向能武器之类的主动防御系统以阻止或摧毁其他靠近的太空装置;发展护航卫星;给卫星配置光闸、保护过滤装置和防干扰装置等。但这些举措能起到的作用有限,无法从根本上改变攻方的优势地位。

未来"太空恐袭"活动除攻击相关地面航天设施外,可能会有以下四种手段。

首先,采用各种地基反卫星技术攻击在轨航天器。当前,已经具备部分实战能力且扩散程度最大的地基反卫星技术是微波,因为该技术相对成本低、难度小,一些非国家行为体都可能具备这一技术。现实中一些非国家行为体用此类手段攻击卫星的事件已经出现过,如1998年3月14日,中国通信广播卫星公司使用的"亚太1号"卫星2A转发器,突然受到压制性不明外来信号的干扰,其强度为正常信号的10倍。干扰造成公司1000多个单双向数据VSAT小站的通信全部中断,另有1000多个受到不同程度的干扰阻断,致使国家地震预报卫星网中断,金融资讯网络和寻呼也受到影响。事后查明,此次攻击卫星事件乃是位于境外的法轮功非法组织所为。[①] 2004年9月15日,美国空军部长詹姆斯·罗氏(James Roche)表

---

① 《中国鑫诺卫星遭"法轮功"非法信号攻击纪实》,央视网,2002年7月8日,https://www.cctv.com/special/633/1/37205.html。

示，伊拉克叛乱组织在2003年企图用干扰器阻止盟军的全球定位系统精确制导弹药，但行动失败，这是敌对势力第一次试图利用太空阻止美军。2007年4月11日，美国《空间新闻》周刊披露，印度洋上空的一颗国际通信卫星信号被美国国务院列入恐怖组织黑名单的斯里兰卡泰米尔猛虎组织"劫持"或"窃占"，造成某一通道的卫星信号被强行占用。① 估计此类手段将成为"太空恐袭"的主要方式。

其次，采用共轨式反卫星技术实施袭击。共轨式反卫星技术是指将拦截平台送入目标卫星的轨道平面，然后对目标卫星进行破坏。② 目前主要的共轨式反卫星手段是使用歼击卫星，即将装有自毁装置的卫星发射升空后，指令其接近目标卫星并启动自毁装置，通过自爆产生的碎片来摧毁目标。过去，共轨式反卫星技术对于一般恐怖组织可望而不可即，但是目前采用这种手段的难度已降低。一方面，微型卫星技术开始普及。微型卫星即小于1000千克的卫星，相对于传统的大卫星来讲，现代微型卫星发射质量低、体积小、能耗低、机动性强、研制成本低、研发周期短、新技术含量高、发射与使用方式灵活。美太空军司令约翰·雷蒙德（John Raymond）就曾表示，微电子技术与先进推进技术将使微型航天器成为太空领域的变革者。另一方面，进入太空变得更加便捷，一些私人太空实体公司大大降低了进入太空的成本。以SpaceX公司为例，SpaceX官网公布的信息显示，"猎鹰重型"标准报价为9000万美元。与在此之前的最大型运载火箭"德尔塔Ⅳ型"相比，有效载荷提升两倍，成本仅为其1/3，从单位质量载荷成本来看，"猎鹰重型"单位发射成本为1141美元/千克，更是远低于"德尔塔Ⅳ型"的11660美元/千克。与近地轨道运载能力为22.8吨的"猎鹰9

---

① 晓春、崔志：《太空防御三部曲》，《航空知识》2007年第7期。
② 臧继辉：《简述"反卫星技术"》，《人民政协报》2021年6月24日，第007版。

号"运载火箭的发射报价 6200 万美元相比,运载能力提升 2.8 倍,报价仅提高 45%。① 以上两方面因素结合,意味着稍具实力的组织或个人,都可能通过自我研发或购买的方式拥有自己的微型卫星,并将其送入轨道成为"轨道杀手"。

再次,蓬勃发展的商业太空旅游也可能成为恐怖分子的目标。近年来,商业太空旅游不断发展。除 2021 年 7 月英国维珍银河公司和美国蓝色起源公司成功进行了商业载人亚轨道试飞外,9 月 15 日,SpaceX 公司的"猎鹰 9 号"火箭从肯尼迪航天中心发射了一艘龙飞船,执行了被称为"鼓舞四人组"(Inspiration 4)的全球首次"全平民"载人轨道飞行任务。② 随着未来有更多旅客进入太空,发生劫持飞船甚至"太空 9·11"事件并非天方夜谭。

最后,也不能排除恐怖分子采取"轨道封锁"的可能。众所周知,太空垃圾已经是人类航天活动的大敌。据保守估计,目前在地球近地轨道上漂浮着多达 70 万件太空垃圾碎片,总重量约为 4500 吨。③ 这些太空垃圾危害惊人,实验表明,直径 3.6 毫米的铝弹丸在 6.22 千米/秒左右的速度下就能击穿 50 毫米厚的铝蜂窝板,而空间碎片撞击卫星的平均速度可达 10 千米/秒。所以毫米级碎片不但对星外设备构成重大威胁,还对星内设备造成威胁,特别是一些对撞击敏感的电子设备、储能设备等。而毫米级以下的碎片即使不会对星内设备造成威胁,但对星外设备也能造成不同程度损伤,造成分系统甚至整体功能的失效。如果恐怖分子或极端组织通过发射自爆卫星的做法有意向轨道撒布大量的太空碎片,无疑会让太空的"交通"

---

① 《"钢铁侠"时代的商业航天》,《国际金融报》2018 年 2 月 11 日,搜狐网,https://www.sohu.com/a/222192581_632979。
② 张田勘:《普通人的太空之旅其实一点不普通》,《北京青年报》,新浪网,2021 年 9 月 20 日,https://finance.sina.com.cn/jjxw/2021-09-20/doc-iktzqtyt6990226.shtml。
③ 梁偲:《太空垃圾越来越多了,科学家怎么清理?》,《世界科学》2021 年第 7 期。

状况变得非常不堪。美国航空航天局科学家唐纳德·凯斯勒（Donald Kessler）在1978年发表的名为《人造卫星的碰撞频率：碎片带的产生》（Collision Frequency of Artificial Satellites: The Creation of a Debris Belt）的论文中提出，当近地轨道运转的物体密度达到一定程度时，将让这些物体在碰撞后产生碎片能够形成更多的新撞击，形成级联效应，这意味着近地轨道将被危险的太空垃圾所覆盖。由于失去能够安全运行的轨道，数百年内太空探索和人造卫星的运用将变得无法实施。[①] 虽然凯斯勒的理论还只是假设，可如果未来恐怖分子决定孤注一掷，那么其行为对于全球乃至全人类的负面影响都是不可估量的。

综上，随着各种非国家行为体与个人开始具备廉价进入太空的能力，太空恐怖主义有可能成为一个现实的威胁，对此，国际社会应早做准备，采取预防措施防止恐怖主义蔓延到太空。

[①] 王铮：《铮铮有声 | 什么是太空垃圾的"凯斯勒现象"？》，中国科学院国家空间科学中心，2018年5月31日，https://www.sohu.com/a/233584527_610722。

【网络安全与人工智能】

2021 年网络安全与军控:
  威胁形势、应对举措与中国行动

徐龙第

人工智能军事应用国际规范制定:
  进展、共识与分歧

朱启超　龙坤

致命性自主武器系统的军控进程

曹华阳　李响　况晓辉　赵刚

2021年网络安全与军控：
威胁形势、应对举措与中国行动

徐龙第

内容提要：2021年，全球网络威胁形势依然严峻，高危漏洞数量大幅增长，网络攻击泛滥，攻击范围广泛，勒索软件攻击激增。各国在网络空间的博弈加剧，纷纷采取各种应对措施，继续出台涉网政策和法律文件，并加强制度建设，加大资金投入，加强人才培养，在国际规则制定方面取得一定进展。网络空间军事化持续发展，数字化军队建设加快，网络工具/网络武器持续扩散，网络演习此起彼伏，新兴技术的军事应用持续推进。中国着力推进网络立法，完善治理体系，筑牢法律保障制度，切实维护在网络空间的发展、安全和治理利益，并积极开展网络外交，推动国际合作。

关 键 词：网络威胁；网络安全；网络立法；网络武器；军控
作者单位：中国国际问题研究院

2021年，全球网络威胁形势依然严峻，各国在网络空间的博弈日益加剧，纷纷采取各种应对措施，网络空间军事化持续发展，新兴技术的军事应用持续推进。中国大力推进网络立法，完善治理体系，积极开展网络外交，推动国际合作，构筑和平、安全、开放、合作、有序的网络空间国际环境。

一、全球网络威胁形势依然严峻

2021年，随着全球新冠肺炎疫情的持续蔓延和远程办公的逐渐日常化，更多的网络漏洞暴露出来并被恶意利用，软件供应链、工业互联网、移动设备面临的网络威胁也日益突出，全球网络安全形势严峻。

（一）高危漏洞数量大幅增长

根据中国安恒信息技术有限公司（简称"安恒信息"）发布的研究报告，2021年披露的在野零日漏洞数量达到58个。按影响产品划分，占比最大是浏览器漏洞，其次是操作系统漏洞，分别占比45%和29%。按漏洞类型划分，占比最多的是远程代码执行漏洞，其次是权限提升漏洞，分别占比57%和35%。① 美国虫群公司（Bugcrowd）在2022版"第一优先级报告"（Priority One Report）中称，其漏洞众测平台2021年向金融服务公司提交的P1级漏洞报告增加了185%，这些漏洞可导致提权（从未授权提升至管理员权限）或远程代码执行、财务失窃等；2021年提交的全部有效漏洞报告中24%涉及P1和P2级威胁。该公司创始人卡西·埃利斯（Casey Ellis）指出，民族国家黑客组织也变得更加肆无忌惮，不再那么关心潜踪匿迹问题，2021年频繁利用已知漏洞发起攻击。②

美国风险安全公司（Risk Based Security）发布的2021年漏洞报告称，

---

① 安恒信息：《2021年度高级威胁态势研究报告》，2022年1月20日，https://mp.weixin.qq.com/s/uHuRjcTgXx6pzez294UGxQ。

② P2级威胁就是影响软件安全及其所支持业务进程的漏洞。参见"Bugcrowd Reports 185% Increase in High-Risk Vulnerabilities within Financial Sector: 2022 Priority One Report Cites Increasing Need for Crowd sourced Security Due to Rapid Digital Transformation," January 18, 2022, https://www.prnewswire.com/news-releases/bugcrowd-reports-185-increase-in-high-risk-vulnerabilities-within-financial-sector-301461765.html。

2021年披露的漏洞达到创纪录的28695个,与2020年披露的23269个相比有了显著增加。其中,超过4100个漏洞是可远程利用的,但在这4100个漏洞中,由美国网络安全与基础设施安全局(CISA)维护的已知被利用漏洞目录(跟踪过去10年披露的问题)仅包含360个。① 这表明,尽管高危漏洞数量激增,但发现和处理漏洞的能力尚有不小差距。

(二)网络攻击泛滥,攻击范围广泛

2021年,网络攻击持续泛滥,攻击范围广泛,重大网络安全事件频发。美国柴庞软件技术有限公司研究团队(Check Point Research)发布的研究报告称,与2020年相比,2021年全球各企业承受的网络攻击压力骤增,每周遭遇的攻击尝试增加50%。其中,教育/研究部门遭遇的攻击尝试次数最多,每个机构平均每周遭遇1605次攻击尝试,其次是政府/军队和通信部门。

安恒信息的研究报告总结了高级持续威胁攻击(APT)、攻击团伙活动、重大攻击事件②、零日漏洞利用四个方面的情况。2021年发生了约201起高级持续威胁攻击事件,主要集中在南亚和中东,其次是东亚地区,东南亚地区的高级持续威胁攻击有所放缓。在受害者方面,韩国、美国遭到的攻击占比最高,比例分别为11.67%、10.55%。高级持续威胁攻击的范围扩大,出现了一些新的受害国,如阿富汗、哥伦比亚、格鲁吉亚、拉脱维亚等。在行业分布上,政府部门和国防部门仍是主要目标,攻击事件占

---

① *2021 Year End Report: Vulnerability QuickView*, February 14, 2022, https://pages.riskbasedsecurity.com/hubfs/Reports/2021/2021%20Year%20End%20Vulnerability%20QuickView%20Report.pdf; Eduard Kovacs, "Over 28,000 Vulnerabilities Disclosed in 2021," February 14, 2022, https://www.securityweek.com/over-28000-vulnerabilities-disclosed-2021-report.

② 比如太阳风(Solarwinds)软件供应链攻击事件、黑客入侵佛罗里达水厂系统投毒事件、DarkSide组织攻击美国输油管道运营商事件、REvil组织利用卡西亚(Kaseya)产品漏洞发起大规模供应链勒索攻击、Lazarus组织持续针对安全研究人员、Log4j漏洞事件。

比分别达到 15.52%、6.16%，其次是金融、航空以及医疗卫生行业。此外，间谍软件也在 2021 年引起高度关注，其中多家以色列网络公司被指控提供间谍软件，如尼夫—沙莱夫—暗利公司（NSO）、康迪鲁公司（Candiru）和赛特洛克斯公司（Cytrox）等。

（三）勒索软件攻击激增

勒索软件攻击是 2021 年网络安全和威胁形势最突出的特点。安恒信息的研究报告指出，勒索犯罪产业高速发展，2021 年发生约 2000 多起勒索软件攻击事件，其中孔蒂（Conti）、锁比特（LockBit）、蜂房（Hive）、黑物（BlackMatter）是比较活跃的勒索软件。5 月，勒索软件攻击关闭了美国最大的燃料管道，导致美东海岸的一些地区出现燃料短缺。在 5 月 7 日科洛尼尔公司（Colonial Pipeline）遭到攻击之后，又发生了类似的勒索软件攻击。美国工业网络安全服务供应商克拉罗蒂公司（Claroty）的报告显示，2021 年 80%的关键基础设施组织遭受了勒索软件攻击，而这些组织的安全预算自 2020 年以来有所增加。在遭受勒索软件攻击的 80%受访者中，47%的人表示其工控系统受到影响，超过 60%的人支付了赎金，其中一半以上的赎金都超过了 50 万美元。[①]

美国英万齐软件技术有限公司（Ivanti）的报告也表明，勒索软件是 2021 年增长最迅猛的网络攻击工具，这股势头会持续到 2022 年；勒索软件漏洞在短短一年内猛增 29%，通用漏洞披露（CVE）从 223 个增加到了 288 个；勒索软件攻击策划者持续紧盯零日漏洞，执行供应链攻击，搜索废旧产品中的漏洞，以提高勒索软件攻击得逞概率，并试图使勒索软件武器化，

---

① Claroty, *The Global State of Industrial Cybersecurity 2021: Resilience amid Disruption*, February 2022, https://claroty.com/wp-content/uploads/2022/02/Claroty_Report_State_of_Industrial_Cybersecurity_2021.pdf.

使用漏洞链摧毁整条供应链。①

二、大国应对和博弈

2021年，面对新的网络威胁形势，各国政府表现出一定的适应能力，能够根据新的威胁形势，及时出台政策，采取应对措施，维护自身的网络空间安全、发展和治理利益。与此同时，大国之间在网络空间的博弈更趋激烈，合作也呈现出集团化和"小圈子"的趋势，网络空间和平、安全和秩序面临的不确定性增大。

（一）继续出台政策和法律文件

2021年，各国继续出台涉网政策和法律文件，构建网络体系，维护网络安全。《全球网络安全政策法律发展年度报告（2021）》指出，"2021年，自本世纪初便开始的'立法爆炸'态势仍然在延续，作为另一个十年的开端，全球网络安全政策立法毫无悬念地迎来新一轮的迭代更新"，具有六大共性特点。② 这些政策和法律文件内容广泛，涵盖网络安全管理与建设、关键信息基础设施保护、供应链安全、网络攻击治理、数据安全与发展、个人信息保护、网络内容治理、新技术应用安全、网络犯罪防治，以

---

① Ivanti, *Ransomware Spotlight Year End 2021 Report*, https://www.ivanti.fr/lp/security/reports/ransomware-spotlight-year-end-2021-report; Louis Columbus, "Cybersecurity's Challenge for 2022 Is Defeating Weaponized Ransomware," January 26, 2022, https://venturebeat.com/2022/01/26/cybersecuritys-challenge-for-2022-is-defeating-weaponized-ransomware/；《武器化勒索软件：企业网络安全新挑战》，互联网安全内参，2022年2月8日，https://mp.weixin.qq.com/s/zK-LA4lhtO_zzjQBGi-HGA。

② 这六大特点是：（1）竞争博弈与制约反制并行不悖；（2）关键信息基础设施安全问题重者恒重；（3）数据跨境流动规则持续调整细化；（4）生物识别问题成为重要立法关切；（5）大型网络平台监管进一步收紧；（6）人工智能成为下一步战略高地。

及网络主权、安全与竞争博弈等领域。①

以美国为例,拜登政府上台后,在网络安全领域采取一系列举措。例如,拜登2月签署行政令,要求对供应链进行安全审查和风险评估,并在相关部门逐步得到落实;3月,白宫出台《临时国家安全战略纲要》,将网络安全置于重要位置;4月,拜登表示将努力加强关键基础设施保护;5月,国防部发布了主题为"创造数据优势"的备忘录,提出了要遵循的五条"国防部数据法令"(DoD Data Decrees);② 7月,美国提出要改进关键基础设施和工控系统安全;10月,通过《2021年中小学网络安全法案》。这些举措表明拜登政府致力于加强网络能力建设,特别是着力维护基础设施安全,而且不再仅强调进攻,而是更加重视防御,表现出攻防兼备的特点。科洛尼尔公司于5月7日遭遇勒索软件攻击后,美国通过了一系列打击勒索软件攻击的专门政策和法律文件,如《企业避免勒索软件备忘录》《关于如何防止勒索软件泄露数据的指南》《管道和液化天然气设施网络安全预备法案》《能源应急领导法案》《网络感知法案》《通过公私伙伴关系增强电网安全法案》《管道安全法案》等。

(二)采取多重技术和其他措施

各国采取多重技术和其他措施,以应对网络攻击。1月,美国国防部

---

① 公安部三所网络安全法律研究中心、360集团法务中心:《全球网络安全政策法律发展年度报告(2021)》,第V页。
② 这五条"法令"为:(1)最大化数据共享和数据使用权;所有国防部数据都是体系资源。(2)将数据资产以及通用接口规范发布到国防部联合数据目录中。(3)使用可从外部访问且机器可读的自动化数据接口;确保接口使用行业标准的、非专有的、最好是开源的技术、协议和有效负载。(4)摆脱硬件或软件依赖性,以不确定平台和环境的方式存储数据。(5)落实行业最佳实践,以实现静态、传输和使用中数据的安全认证、访问管理、加密、监视和保护。*Deputy Secretary of Defense Memorandum*, May 5, 2021, https://media.defense.gov/2021/May/10/2002638551/-1/-1/0/DEPUTY-SECRETARY-OF-DEFENSE-MEMORANDUM.PDF。

发布了网络安全成熟度模型认证（CMMC），旨在推动整个国防工业基地实施统一的网络安全标准，涉及供应链中的30多万家公司。英国克雷斯特网络安全公司（CREST）主席汤姆·布伦南（Tom Brennan）认为，网络安全成熟度模型认证可能是美国2021年最重要的政府网络安全计划。① 5月，拜登发布网络安全行政命令，制定"改善国家网络安全和保护联邦政府网络的新路线"，旨在强推零信任架构，也是对"太阳风"（Solar Winds）和微软电子邮件服务器（Microsoft Exchange）供应链攻击以及科洛尼尔公司勒索软件攻击事件的回应。同月，澳大利亚推出了关键基础设施提升计划（CI-UP），以识别和解决关键基础设施中的漏洞，通过评估现有安全计划和实施建议的风险缓解策略，帮助供应商提高网络安全成熟度。②

法国政府7月启动了新的预警系统，旨在发生网络攻击时为中小企业提供支持。英国国防部8月宣布完成首个漏洞赏金计划，通过与总部位于美国旧金山的"第一黑客"（Hacker One）安全平台合作，邀请道德黑客参加为期30天的挑战，以调查和识别其数字资产中需要修复的漏洞，允许他们直接访问其内部系统；该部还呼吁初创公司设计新一代安全硬件和软件，以帮助军方减少网络攻击面，为一份为期9个月的合同提供高达30万英镑的资金。美国英万齐软件技术有限公司在其报告中表示，在目前的288个勒索软件中，美国网络安全与基础设施安全局、联邦调查局、国家安全局等机构对其中66个发出多次警告，传达修复漏洞的紧迫性。美国网络安全与基础设施安全局还发布具有约束力的指令，强制公共部门修复一系列特定的漏洞，并附有严格的截止日期。私营部门和安全企业也采取各种措施，

---

① Michael Hill, "9 Notable Government Cybersecurity Initiatives of 2021," September 2, 2021, https://www.csoonline.com/article/3630632/9-notable-government-cybersecurity-initiatives-of-2021.html.
② "Critical Infrastructure Uplift Program (CI-UP)," ACSC, Australian Government, Canberra, https://www.cyber.gov.au/acsc/view-all-content/news/critical-infrastructure-uplift-program-ci.

比如谷歌在2021年的漏洞奖励中发放了近900万美元。①

2021年，各国继续加强涉网领域的制度建设、资金投入和人才培养。例如，4月，西班牙表示将在三年内投资超过4.5亿欧元，以加强西班牙网络安全部门，并宣布为14岁及以上的西班牙居民开设在线黑客学院，以培训和吸引人才。美国国防部长奥斯汀7月表示，美国将在研发人工智能上投入15亿美元，并大力促进人工智能技术的"负责任"使用。8月，拜登专门召集私营部门领导人会议，推动网络人才培养和网络技能培训，谷歌、微软、IBM等企业纷纷投入巨资，配合政府行动。② 美国国务院10月宣布计划设立网络空间和数字政策局，重点关注国际网络空间安全、国际数字政策、数字自由三个领域，将为推动美国外交现代化发挥一定作用。③

（三）加强网络空间竞争和合作

在大国竞争加剧背景下，各国在网络空间的互动关系也变得更趋复杂。战略上，美国将中国和俄罗斯视为网络空间的主要对手。2021年，美国遭遇多起网络攻击，如"太阳风"供应链攻击以及科洛尼尔公司、巴西肉食

---

① Jonathan Greig, "Google Says Nearly ＄9 Million Given Out in 2021 Vulnerability Rewards: Payouts Doubled for Android When Compared to 2020, with Researchers Receiving Almost ＄3 Million," ZDNET, February 12, 2022, https://www.zdnet.com/article/google-says-9-million-given-out-in-2021-vulnerability-rewards/.

② The White House, "FACT SHEET: Biden Administration and Private Sector Leaders Announce Ambitious Initiatives to Bolster the Nation's Cybersecurity," August 25, 2021, https://www.whitehouse.gov/briefing-room/statements-releases/2021/08/25/fact-sheet-biden-administration-and-private-sector-leaders-announce-ambitious-initiatives-to-bolster-the-nations-cybersecurity/.

③ The U.S. Department of State, "Department Press Briefing–October 25, 2021," October 25, 2021, https://www.state.gov/briefings/department-press-briefing-october-25-2021/; "Secretary Antony J. Blinken on the Modernization of American Diplomacy," October 27, 2021, https://www.state.gov/secretary-antony-j-blinken-on-the-modernization-of-american-diplomacy/. 2022年4月4日，美国国务院宣布该局正式运行。参见"Establishment of the Bureau of Cyberspace and Digital Policy," April 4, 2022, https://www.state.gov/establishment-of-the-bureau-of-cyberspace-and-digital-policy/。

品供应商JBS公司美国分部、管理软件开发商卡西亚公司（Kaseya）受到勒索软件攻击，美将上述攻击主要归咎于俄罗斯。① 美俄网络博弈的手段也比以往更加多样化。5月，由国家支持的网络间谍活动攻击俄罗斯燕基科斯公司（Yandex）和互联网公司"俄罗斯邮件"（Mail.ru）的云存储设施，致使俄罗斯政府遭遇史无前例的数据泄露；9月，俄罗斯高级持续威胁攻击组织被指使用了一个名为"小图拉"（Tiny Turla）的新后门，对美国、德国和阿富汗进行了一系列攻击。

拜登政府上台后，通过各种手段炒作所谓"中国网络威胁"。为维护美优势地位，拜登政府基本延续了特朗普时期的对华科技高压政策，实施"小院高墙"政策，不仅继续加强对信息和通信技术领域的强制性审查，而且强化技术出口管制，试图限制中国高科技产业发展。6月，拜登签署行政令，对中国实体的投资禁令从特朗普政府时期的48家扩大到59家。② 7月，美国商务部将23家中国实体列入出口管制"实体清单"，包括多家高科技企业。11月，美国商务部将12家中国实体和个人列入"实体清单"。③ 同月，美国联邦通信委员会（FCC）通过一项价值19亿美元的工作计划，鼓动美国通信运营商从其电信网络中拆除华为技术有限公司和中兴通讯股份有限公司（以下分别简称华为、中兴）等所谓"威胁美国国家安全"的中国公司设备，并由美政府为其报销相关费用。拜登签署《2021安全设备

---

① 许曼舒等：《数字空间的大国博弈笔谈》，《信息安全与通信保密》2021年第12期，第3页。

② The White House, "FACT SHEET: Executive Order Addressing the Threat from Securities Investments that Finance Certain Companies of the People's Republic of China," June 3, 2021, https://www.whitehouse.gov/briefing-room/statements-releases/2021/06/03/fact-sheet-executive-order-addressing-the-threat-from-securities-investments-that-finance-certain-companies-of-the-peoples-republic-of-china/.

③ U.S. Department of Commerce, "Commerce Lists Entities Involved in the Support of PRC Military Quantum Computing Applications, Pakistani Nuclear and Missile Proliferation, and Russia's Military," November 24, 2021, https://www.commerce.gov/news/press-releases/2021/11/commerce-lists-entities-involved-support-prc-military-quantum-computing.

法》,防止华为和中兴从美国监管机构获得新设备许可证,并要求美国联邦通信委员会不再审查或批准"对国家安全构成威胁"的相关设备的任何授权申请,极力阻挠中国高科技企业的正常发展与生产经营。①

同时,美国还加强了与盟国的网络合作。6月,在美欧峰会期间,双方正式启动了美国—欧盟贸易与技术委员会(TTC)。9月,该委员会首次会议在美国匹兹堡举行并发表联合声明称,该委员会的目标是协调解决关键全球技术、经济与贸易问题,基于"共同民主价值观"的政策,深化跨大西洋贸易与经济关系。其间,双方达成六项共同承诺,②并决定设立十个工作组。③同月,美日印澳举行四方会议,表示要在网络安全领域加强合作。11月,美国副总统哈里斯与法国总统马克龙会晤后,宣布美国决定支持《网络空间信任和安全巴黎倡议》。此外,美国还召集七国集团国家追究庇护网络罪犯的国家责任,支持北约网络政策进行七年来的首次更新,以及与全球30多个国家开展反勒索软件合作,以加快打击网络犯罪国际合作。④ 12月,美国专门就第三届布拉格5G安全会议发表了声明,以体现美

---

① 磨惟伟:《2021年我国网络安全主要风险与态势分析》,《中国信息安全》2021年第12期。
② 六项共同承诺如下:(1)建立投资审查制度,并建立相应的执法机制,以防范危害国家安全和公众秩序的风险;(2)在出口管制方面进行合作,以应对新兴技术在国防和安全领域的风险;(3)开发和实施符合民主价值观的人工智能系统;(4)建立平衡的全球半导体供应链伙伴关系;(5)在全球贸易方面进行密切合作,消除来自第三方国家非市场的、扭曲贸易的政策的影响;(6)加强与不同利益攸关方的合作。
③ 包括技术标准制定工作组、气候和清洁技术工作组、安全供应链工作组、通信技术和服务安全性及竞争力工作组、数据治理和技术平台工作组、滥用技术威胁安全和人权工作组、出口管制工作组、投资审查工作组、促进中小企业获得和使用数字工具工作组以及全球贸易挑战工作组。参见 U. S. -EU Trade and Technology Council Inaugural Joint Statement, USTR, September 29, 2021, https://ustr.gov/about-us/policy-offices/press-office/press-releases/2021/september/us-eu-trade-and-technology-council-inaugural-joint-statement。
④ The White House, "FACT SHEET: Vice President Harris Announces Initiatives on Space and Cybersecurity," November 10, 2021, https://www.whitehouse.gov/briefing-room/statements-releases/2021/11/10/fact-sheet-vice-president-harris-announces-initiatives-on-space-and-cybersecurity/.

国的支持和西方的团结。① 总体来看,大国在网络空间的竞争在加剧,竞争和合作同时发生,两面都在增加。

(四) 网络空间国际规则谈判取得新进展

2021年,联合国框架内的网络空间国际规则制定取得新进展。3月,联合国信息安全开放式工作组(OEWG)公布了关于网络安全讨论的最终实质性报告。这是自2015年联合国信息安全政府专家组(GGE)共识报告通过以来,首次在全球层面达成新的共识报告,为未来网络空间国际规则的制定和完善奠定了基础,具有重要里程碑意义。报告指出,在开放式工作组的整个进程中,各国一贯积极参与,极其细致地交换意见。这种交流的部分价值在于提出了各种不同的观点、新的想法和重要的建议。② 5月,联合国第六届信息安全政府专家组正式通过最终报告,重申各国应遵守《联合国宪章》,致力于维护网络空间和平,尊重各国网络主权,并就网络空间国家行为规范提出建议。③ 专家组在三个方面取得了重要共识:(1)首次明确提出了国际人道法;(2)强调确保供应链完整的重要性;(3)主张加强对关键基础设施的保护,尤其是医疗关键基础设施。对于各国存在严重分歧的两个问题,即主权是指导性原则还是具有约束力的规则,各国在网络空间是否必须遵守审慎原则,专家组没有做出明确解释。

---

① The White House, *Statement by NSC Spokesperson Emily Horne on U. S. Support for the Third Annual Prague 5G Security Conference*, December 2, 2021, https://www.whitehouse.gov/briefing-room/statements-releases/2021/12/02/statement-by-nsc-spokesperson-emily-horne-on-u-s-support-for-the-third-annual-prague-5g-security-conference/.

② UN, *Open-ended Working Group on Developments in the Field of Information and Telecommunications in the Context of International Security: Final Substantive Report*, A/AC.290/2021/CRP.2, March 10, 2021, https://www.un.org/disarmament/open-ended-working-group/.

③ UNDOCS, *Developments in the Field of Information and Telecommunications in the Context of International Security: Group of Governmental Experts on Advancing Responsible State Behaviour in Cyberspace in the Context of International Security*, A/76/135, July 14, 2021, https://www.undocs.org/zh/A/76/135.

时隔六年之后,政府专家组再次达成报告,表明国际社会关于网络空间的共识在增加,也表明大国博弈产生了一定的妥协和结果。尤其值得注意的是,该报告吸收了中国提出的《全球数据安全倡议》的一些主张,如促进全球信息技术产品供应链的开放、完整、安全与稳定,倡导各国制定全面、透明、客观、公正的供应链安全风险评估机制,建立全球统一规则和标准等。简言之,时隔六年,联合国框架内的信息安全进程相继取得积极成果,充分表明国际社会加强对话和合作、维护网络空间和平与安全、推动制定网络空间国际规则的共同愿望。11月,联大一委通过关于将开放式工作组作为2021—2025年网络安全审议机制的决议,不仅认可了上述两份最终报告,而且确定开放式工作组将成为联大一委2021—2025年开展网络安全工作的机制,从而结束了自2018年以来联合国框架内开放式工作组和政府专家组同时存在、相互竞争的"双轨制"进程。① 12月,第二届开放式工作组第一次实质性会议在纽约举行。②

此外,第75届联大还于5月通过了关于启动"联合国打击网络犯罪公约"谈判的决议,标志着联合国主导下首个网络空间国际公约谈判拉开帷幕。③ 联合国安理会6月首次召开主题为"维护网络空间的国际和平与安

---

① 美国和俄罗斯共同提出的"国际安全背景下信息和电信领域的发展,以及在使用信息和通信技术方面促进负责任的国家行为"决议(Developments in the Field of Information and Telecommunications in the Context of International Security, and Advancing Responsible State Behaviour in the Use of Information and Communications Technologies, A/C.1/76/L.13),2021年11月3日未经表决获得联合国大会第一委员会通过。参见 https://documents-dds-ny.un.org/doc/UNDOC/LTD/N21/281/02/PDF/N2128102.pdf?OpenElement。

② UNODA, "Open-ended Working Group on Security of and in the Use of Information and Communications Technologies," https://meetings.unoda.org/section/oewg-ict-2021_general-statements_14537_general-statements_16368/.

③ "Countering the Use of Information and Communications Technologies for Criminal Purposes," A/75/L.87/Rev.1, May 24, 2021, https://undocs.org/en/A/75/L.87/Rev.1;《〈联合国打击网络犯罪公约〉2022年开始谈判》,中国国际法前沿,2021年5月27日,https://mp.weixin.qq.com/s/O86I5da6tvfY_0IIB8VKVw。

全"的高级别公开辩论,旨在促进各国更好了解网络空间恶意活动带来的风险和影响。① 7月,俄罗斯向联合国打击网络犯罪公约特设政府间专家委员会提交了其草拟的"联合国打击为犯罪目的使用通信技术公约",这也是全球首份由主权国家拟定并提交的打击网络犯罪普遍性公约草案。② 10月,国际妇女争取和平与自由联盟等13个民间团体向联大一委提交《关于网络和平与人类安全的联合声明》。③ 总之,联合国框架内有关网络议题的讨论逐渐向前推进,与前几年颇为流行的"多利益攸关方"模式相比,政府间谈判的渠道逐渐占据上风,似乎在慢慢回归"正轨"。当然,这可能与大国竞争的回归有密切关系,其他利益攸关方的声音似乎有所减弱。

三、网络空间军事化持续发展

尽管国际社会对网络武器的界定尚无共识,网络军控也难言提上国际日程,但网络工具的军事价值却难以否认,各国建设军事网络力量的步伐也从未停止,这在2021年的网络空间军事化过程中得到了体现。

---

① "Cyber Security – Security Council, VTC Open Debate," UN, https://media.un.org/en/asset/k1e/k1egd92tkq.

② UNODC, *United Nations Convention on Countering the Use of Information and Communications Technologies for Criminal Purposes*, June 29, 2021, https://www.unodc.org/documents/Cybercrime/AdHoc Committee/Comments/RF_28_July_2021_-_E.pdf.

③ 声明向联合国全体会员国提出两条建议:(1)停止发展有害的网络能力、战略和理论,特别应当考虑到针对包括卫生和信息基础设施在内的关键基础设施,以及互联网公共核心的保护;(2)执行已商定的网络空间国家行为准则,同时就国际法(包括国际人道法和人权法)如何适用于网络空间的国家行为寻求共识。参见 *Joint Civil Society Statement on Cyber Peace and Human Security*, UN General Assembly First Committee on Disarmament and International Security, October 8, 2021, https://ict4peace.org/wp-content/uploads/2021/10/8Oct_cyberpeace-1.jpg.

（一）加快建设数字化军队

2021年，一些国家加快网络空间作战能力建设步伐，以期在未来战场上获取优势地位。5月，英国国防部发布《国防数据战略》，详细阐述英军未来的数字能力建设计划，以实现英军数字化转型愿景。8月，美国海岸警卫队更新《网络空间战略展望》，再次重申"将网络空间确立为海岸警卫队新作战域"的立场。10月，美国陆军发布《数字化转型战略》，旨在推动陆军数字化转型、创新与变革，建立一支多域作战部队，实现2028年数字化陆军的愿景；发布"统一网络"计划，试图建立统一的网络以实现多域作战，并为部队提供战场态势等目标任务。① 此外，北约6月批准了《综合网络防御政策》，旨在支持北约三项核心任务、整体威慑和防御态势，进一步增强联盟弹性。

一些国家还持续扩充网络作战部队的规模。例如，美国网络司令部表示，其工作重心将从反恐转向具有持续对抗性质的大国竞争，将进一步扩充、融合网络作战部队人员数量，提升新形势下的网络作战能力；美国海岸警卫队网络司令部和海军陆战队也先后于10月和11月组建网络攻击部队和网络防御部队。10月，英国国防大臣表示，英国将耗资50亿英镑建设国家网络部队（NCF）总部，由国防部和政府通信总部（GCHQ）共同运营，进一步加强英国网络防御能力。

（二）网络工具/网络武器持续扩散

对于何谓网络武器，国际社会尚无共识，甚至存在较大分歧。然而，

---

① 《2021年全球网络空间安全发展态势综述》，《战略前沿技术》2022年1月7日，https://www.sohu.com/a/515043782_120319119。

网络工具造成的现实影响显而易见,网络攻击的军事化应用频繁引起人们关注。2021年7月19日,英国广播公司报道,以色列尼夫—沙莱夫—暗利公司(NSO)向一些国家出售了一款名为"飞马"的手机间谍软件,可以侵入苹果和安卓系统,并截取手机中的各类内容信息。但是,该公司声明他们只把软件卖给有良好人权记录的军方、执法和情报部门,并表示其客户包括40多个国家的60家情报、军事和执法机构。有人认为,"飞马"软件只是"黑客帝国"的冰山一角。[①] 11月,以色列发布新规,要求本地安全厂商仅向37个国家出口监控和进攻性黑客工具,此前允许的出口对象国为102个。新清单所列基本都是欧洲国家和五眼联盟国家。该限制可能导致以色列损失100亿美元的监控市场。[②]

大西洋理事会对过去20年间参加国际军火展和监控技术大会(ISS World)的私营黑客武器军火商的调查表明,至少有224家疑似提供类似以色列尼夫—沙莱夫—暗利软件监控公司黑客工具的参展商参加了军火展或监控技术大会。这表明攻击性黑客工具和监控技术与传统军火商之间千丝万缕的联系。[③] 人们或许难以清晰界定网络工具和网络武器的边界,但网络工具/网络武器的扩散却是不争的事实。

(三)网络演习此起彼伏

网络演习是网络建军的重要内容和重要形式。2021年,全球网络安全

[①] 黄培昭:《涉及5万余电话号码!以色列间谍软件被曝监控多国政要与记者,多国反应不一》,《环球时报》2021年7月20日,https://world.huanqiu.com/article/440daD5jGFa; https://baike.sogou.com/v207792719.htm?fromTitle=飞马(以色列间谍软件)。

[②] Catalin Cimpanu, "Israel Restricts Cyberweapons Export List by Two-thirds, from 102 to 37 Countries," November 25, 2021, https://therecord.media/israel-restricts-cyberweapons-export-list-by-two-thirds-from-102-to-37-countries/;《以色列网络武器出口对象国从102个锐减到37个》,互联网安全内参,2021年11月26日,https://mp.weixin.qq.com/s/0cLijzr7Kp_S8I-zi2bCNQ。

[③] 《"飞马"只是冰山一角,59家黑客武器军火商名单曝光》,互联网安全内参,2021年12月10日,https://mp.weixin.qq.com/s/ESildjwq3K8UvRYdnxl0AQ。

演习此起彼伏，一些国家通过各种方式开展网络演习和训练，着力提升网络部队的战备能力。美军举行多次网络演习，1月，开展"红旗21-1"演习，模拟太空、网络空间作战，以电子战为重点进行联合全域作战训练；2月，陆军举行"网络探索2021"演习，首次与美国陆军的"陆军远征勇士实验"演习合办；4月，"全球闪电2021"演习在美国太空司令部联合作战中心结束，其间，进行了多科目演习，并专门测试了多域太空作战能力；6月和9月，美国陆军在"2021网络现代化实验"演习中取得多项新进展；10月，美陆军启动了为期六周的"会聚工程2021"作战演习。

2021年，欧盟也多次举行网络演习，旨在检验对大型网络事件的响应和防御能力。2月，18个欧洲国家的军事网络响应小组进行"实弹"演习，这是官方首次在欧盟范围内从纯军事角度考虑网络威胁；10月，欧盟网络与信息安全局（ENISA）与罗马尼亚国家网络安全理事会共同组织第三次"蓝色劳力士"（Blue OLEx）演习，检验欧盟网络危机联络组织网络（CyCLONe）的标准运营程序。[1] 北约也多次举行网络演习，重点检验相关国家保护重要服务和关键基础设施的能力，如4月的"锁定盾牌2021"演习和6月的"波罗的海行动"演习。这些演习集成了太空和网络空间，用于联合全域作战训练；创新了专项技术装备演习，发展联合作战概念和平台；加强了国际联盟演习，增强了网络空间作战协同性。[2]

（四）新兴技术的军事应用持续推进

为抢占在新兴技术领域的先机和优势，各国纷纷出台有关政策和战略，

---

[1] ENISA, "Blue OLEx 2021: Testing the Response to Large Cyber Incidents," October 12, 2021, https://www.enisa.europa.eu/news/blue-olex-2021-testing-the-response-to-large-cyber-incidents.

[2] 《透视全球2021网络安全演习》，信息安全与通信保密杂志社，https://mp.weixin.qq.com/s?__biz=MjM5MzMzNjU4MQ%3D%3D&mid=2709974551&idx=2&sn=782cd2dcdeb12866060d361b5d07973c&scene=45#wechat_redirect；互联网安全内参，2021年12月30日，https://mp.weixin.qq.com/s/Dx2GDzkpH--CFQYU1cVyWw。

着眼于新兴技术的军事应用。2021年1月5日，美国国防部公布《5G战略实施计划》，为其使用和推进5G网络提供了路线图。两周之后，时任总统特朗普签署《保护美国免受无人机系统风险的行政令》，要求各机构负责人审查、评估无人机系统的安全风险，并优先在现有无人机系统中移除"敌对国家"制造或参与制造的无人机。6月，美国国防部副部长表示，五角大楼已启动《国防部人工智能和数据加速计划》（ADA），力图快速推进"联合全域指挥控制"等概念。此外，北约在10月举行的国防部长会议上通过了首个《北约人工智能战略》，认为人工智能正在改变全球防务和安全环境。为保持技术优势，北约将在与人工智能有关的跨大西洋防御和安全事务上与盟国协作与合作。

各国还在网络空间尝试新技术、新手段、新理念的军事应用，试图抢占优势地位，进一步刺激了网络空间的军事化进程。例如，美国国防部将零信任实施列为2021年最高优先事项，发布《拥抱零信任安全模型》《国防部零信任参考架构》，加速零信任实施，促进网络安全转型。[①] 一些国家还加速5G技术的军事应用测试和部署，探索基于太空的5G安全网络，加强量子技术的国防应用研究。2020年12月，美国国防部联合人工智能中心（JAIC）推出"信风"（Trade Wind）采办业务模式，并于2021年第一季度

---

① 关于零信任的定义，有不同的表述：（1）朴素定义。零信任（Zero Trust, ZT）是一个安全概念，中心思想是企业不应自动信任内部或外部的任何人/事/物，应在授权前对任何试图接入企业系统的人/事/物进行验证。简言之，零信任的策略就是不相信任何人。除非网络明确知道接入者的身份，否则谁都无法进入。无论是IP地址，还是主机，在不知道用户身份或者不清楚授权途径的情况下，都无法进入系统。零信任的本质就是验证全部、保持统一的控制。参见 https://www.yufuid.com/article1.html。（2）技术定义。零信任既不是技术也不是产品，而是一种安全理念。美国国家标准技术研究院（NIST）在《零信任架构标准》中的定义为：零信任提供了一系列概念和思想，在假定网络环境已经被攻陷的前提下，当执行信息系统和服务中的每次访问请求时，降低其决策准确度的不确定性。零信任架构（ZTA）则是一种企业网络安全的规划，它基于零信任理念，围绕其组件关系、工作流规划与访问策略构建而成。据此，零信任理念有七个原则和五个假设。参见 https://baike.sogou.com/v190331207.htm?fromTitle=零信任安全&ch=frombaikevr。

投入使用。该平台旨在创建一个加速向军方提供人工智能能力的生态系统，使美军能够以更高效和有效的方式获取和采购最佳人工智能解决方案。①

四、中国维护网络安全的努力和行动

面临复杂多变的国际局势和网络威胁，中国着力推进网络立法，积极推动网络产业发展，大力开展网络外交，推动国际合作，构筑安全、稳定、有序的网络空间环境。

（一）推进网络立法，完善立法体系

2021年，中国持续推进网络立法，逐步完善网络法律体系。2021年6月和8月，全国人大常委会审议通过了《数据安全法》和《个人信息保护法》，并分别于9月1日和11月1日起正式施行。《数据安全法》旨在保障国家数据资源安全，促进国内数据开发利用和产业发展，保障组织和公民的数据权益，以及保障国际数据活动中的国家安全、主权和利益。《个人信息保护法》是我国首部根据宪法制定的专门规定个人信息保护的法律，为监管机构和司法机关提供了明确的执法抓手和依据，为企业和组织提供了落实个人信息保护责任的法律依据，明确了个人信息处理和利用的合规要求，为公民提供了个人信息权益保护的法律保障。上述法律对维护国家安全、网络安全、数据安全和个人信息权益具有里程碑意义。

11月，为配合《网络安全法》《数据安全法》《个人信息保护法》等法律中关于数据安全管理的规定，国家网信办发布了《网络数据安全管理

---

① 《美国防部利用"信风"平台加速人工智能军事应用》，互联网安全内参，2021年11月25日，https://mp.weixin.qq.com/s/JzruStyXimXVwi59PnJ-EQ；《美国防部联合人工智能中心管理举措分析》，国防科技要闻，2022年1月18日，https://www.sohu.com/a/517405241_635792。

条例（征求意见稿）》，建立了数据分类分级保护制度、数据跨境安全管理、互联网平台运营者监管、第三方机构评估等监管配套落地措施。此外，中国还颁布了一系列具体的涉网法律、规定和条例，覆盖领域广泛，将为维护国家网络空间的发展、安全和治理利益保驾护航。这些法律法规的出台，既是对当前网络和数据安全形势的回应，也是护航数字经济发展的重要举措，具有重要意义。

（二）开展网络外交，推动国际合作

中国积极推动数据安全国际合作。3月29日，中国与阿拉伯国家联盟签署并发表《中阿数据安全合作倡议》。阿拉伯国家成为全球首个与中国共同发表数据安全倡议的地区。在当前数字经济迅猛发展、数据和网络安全风险突出背景下，达成《中阿数据安全合作倡议》具有重要特殊意义，标志着双方数字领域战略互信和务实合作进入新阶段。倡议也为今后制定全球性数据安全协定提供了重要参照和基础性文本。

中国积极应对新兴技术带来的挑战，主动引领新兴技术领域的国际规则制定。12月13日，中国裁军事务大使李松在日内瓦召开的联合国《特定常规武器公约》第六次审议大会上提交了《中国关于规范人工智能军事应用的立场文件》。[①] 这是中国首次就规范人工智能军事应用问题提出倡议。立场文件聚焦人工智能军事应用涉及的研发、部署、使用等重要环节，并就如何在军事领域负责任地开发和利用人工智能技术提出解决思路。在世界和平与发展面临多元挑战的背景下，推动国际社会就如何规范人工智能军事应用寻求共识，构建有效治理机制，避免人工智能军事应用给人类

---

① 《中国关于规范人工智能军事应用的立场文件》，中华人民共和国外交部，2021年12月14日，https://www.fmprc.gov.cn/web/ziliao_674904/tytj_674911/zcwj_674915/202112/t20211214_10469511.shtml。

带来重大损害甚至灾难，彰显中国的大国责任担当。

中国还积极开展双多边网络外交活动。11月26日，中国、俄罗斯、印度外长以视频方式举行第十八次会晤，就进一步加强中俄印三方合作交换意见，并发表联合公报。在信息通信技术发展与安全方面，外长们强调信息通信技术在促进经济增长和发展方面发挥了重要作用，同时也认识到信息通信技术可能在犯罪活动和威胁中被滥用。外长们赞赏联合国设立相关开放性政府间专家特设委员会，以在联合国支持下并根据联合国大会第74/247决议商定关于打击将信息通信技术用于犯罪目的的全面国际公约。此外，中国还成功举行中欧网络工作组会议，推进上合组织国际信息安全合作计划，并申请加入《数字经济伙伴关系协定》。这些都是构筑良好网络空间国际环境的切实举措，将更好维护中国在网络空间的利益和形象。

五、前景展望

展望未来，鉴于信息通信技术的内在属性，网络漏洞会继续出现，网络安全和威胁形势将持续变化；各国的网络政策和战略也会与时俱进，因时因势而变；现有网络空间国际规则的有效性有限，局限性突出，规则的形成具有长期性；网络空间军事化趋势更趋明显。

（一）网络安全和威胁形势持续变化

由于互联网设计的内在缺陷和通信技术的内在属性，网络漏洞实际上广泛存在，新的漏洞将会不断出现，并被各类行为体加以利用。因此，网络安全形势和网络威胁形势也会一直处于变化之中。未来的全球网络安全形势，将会随着漏洞的发现和利用、网络攻防能力的变化而变化。无论是对新漏洞的挖掘和利用，还是各类行为体网络能力和技能的提升，均会造成网络安全形势的不断变化。

安恒信息的研究报告认为，2022年医学研究将持续成为威胁攻击者的目标，工业控制系统面临的威胁将持续增长，可能会出现更多的软件供应链攻击，雇用间谍软件服务将更加流行，垃圾邮件活动将更具针对性，勒索软件将继续主导威胁格局，针对移动设备的攻击或会增加。[①] 世界经济论坛在《2022年全球网络安全展望》中指出，人工智能、机器人技术、量子计算、物联网、云计算、区块链、远程工作和学习模型等前沿技术在推动数字世界发展的同时，也会带来潜在的网络风险和漏洞；量子计算可能会打破目前大多数企业、数字基础设施和计算机所依赖的加密技术；自动化和机器学习将在短期内带来网络安全领域最大的变革。[②]

（二）各国政策和战略将会因时因势调整

全球网络安全和威胁形势的持续变化，将导致各国根据形势变化适时调整政策，更新或出台新政策、战略和规划，以更好维护自身在网络空间的安全、发展和治理利益。面对新的网络安全和威胁形势，各国之间既有共同点，也有差异点。共同点是各国均将面临新的网络威胁，但由于受到的网络攻击类型不同，各国应对网络威胁的关注点会有所不同，比如，有的注重发展，有的注重安全，有的注重隐私，有的注重数字经济。因此，各国将会根据自己情况制定不同的战略和政策。这既是一个定势，也是一个趋势。

有报告认为，全球网络安全政策立法将呈现7大态势：（1）数字经济

---

① 安恒信息：《2021年度高级威胁态势研究报告》，2022年1月20日，https://mp.weixin.qq.com/s/uHuRjcTgXx6pzez294UGxQ。

② WEF, *Global Cybersecurity Outlook 2022*, January 2022, https://www.weforum.org/reports/global-cybersecurity-outlook-2022；张泉：《世界经济论坛最新报告〈2022年全球网络安全展望〉解读》，东软NetEye网络安全，2022年2月8日，https://mp.weixin.qq.com/s/9Qjv1NAbG_24v3OBH8bWXg。

时代背景下国际博弈态势加剧;(2)数据权属与合法使用问题将持续"测试"政策法律边界;(3)关键信息基础设施保护与重要数据治理持续强化;(4)"责任承担"成为算法治理破题之举;(5)数字素养与技能提高成为各国政策法律的重要关切;(6)新应用与既有技术的融合应用将考验现有法律的弹性;(7)量子计算、脑机接口等领域将进入法律规制视野。①

(三)国际规则的有效性、局限性和长期性

在网络空间国际规则制定方面,既要承认其有效性,也要看到其局限性。国际规则在规范国家和非国家行为体的行为方面,可以发挥一定的积极作用,有利于塑造各方的共同预期,有利于网络空间的和平、稳定和秩序。与此同时,网络空间的国际协定、条约或公约等达成后,亦有可能会遭到破坏和挑战。实际上,一些大国在破坏国际规则方面常常起着恶劣作用,特别是在网络空间采取一些咄咄逼人的进攻性举措,从而带头破坏了网络空间的国际规则,破坏了网络空间的和平、稳定、发展,破坏了国际社会的共有预期和共有信念。

此外,国际规范和国际法的形成通常需要一个非常漫长的过程,国际规范一般都有自己的生命周期,需要经历提出倡议、扩散/传播、社会化的过程,甚至会出现反复。② 对此,应有适当的心理预期。另一个趋势是可能会出现区域性或集团性的国际规则,特别是在新兴技术领域,包括5G和人工智能等方面。

---

① 公安部三所网络安全法律研究中心、360集团法务中心:《全球网络安全政策法律发展年度报告(2021)》,第V页。
② Joseph S. Nye, Jr., "The End of Cyber-Anarchy? How to Build a New Digital Order," *Foreign Affairs* 101, no. 1 (January/February 2022): 32-42.

(四）网络空间军事化仍会延续

尽管国际社会对网络武器的界定没有共识，但网络工具的军事用途和军事价值早已广为人知，而且各国在网络建军和建章立制方面都有较大投入。就此而言，网络空间的军事化仍会继续发展。有学者认为，网络演习将会呈现出以下发展趋势：一是规模越来越大，级别越来越高，范围越来越广；二是跨域、跨国、跨部门的一体化网络攻防演练模式日益成熟；三是网络空间作战向战术级延伸，推动"多域作战"理念实现智能化、实战化。[①]

[①] 《透视全球2021网络安全演习》，信息安全与通信保密杂志社，https://mp.weixin.qq.com/s?__biz=MjM5MzMzNjU4MQ%3D%3D&mid=2709974551&idx=2&sn=782cd2dcdeb12866060d361b5d07973c&scene=45#wechat_redirect；互联网安全内参，2021年12月30日，https://mp.weixin.qq.com/s/Dx2GDzkpH--CFQYU1cVyWw。

人工智能军事应用
国际规范制定：进展、共识与分歧

朱启超　龙　坤

内容提要：人工智能的新一轮快速发展和应用，给军事领域带来了深刻影响。一方面，主要国家加快推进人工智能的军事应用，智能化战争形态正加速到来；另一方面，国际上针对人工智能军事应用规范制定的讨论也越来越多，人工智能国际安全治理成为热点议题。分析来看，当前国际上围绕人工智能军事应用规范制定，在现有国际法原则总体适用、对自主武器系统保持必要人类控制、管控人工智能军事应用风险等问题上形成了基本共识。但是，在致命性自主武器系统的具体规制措施、人工智能军事应用的利弊影响、军事人工智能的未来前景等问题上仍存在显著分歧。尽管目前难以达成一项关于禁止致命性自主武器系统的国际条约，但各国已经越来越重视人工智能军事应用的技术、法律和道德风险。未来推动人工智能军事应用国际规范制定，需要大国引领和求同存异，在共识领域进一步推进相关机制完善落地，在分歧问题上积极磋商，构建人工智能时代的人类命运共同体。

关　键　词：人工智能；军事应用；国际规范；全球治理

作者单位：国防科技大学国防科技战略研究智库
　　　　　　国防科技大学文理学院

近年来,以人工智能为代表的颠覆性技术迅猛发展,并广泛应用于军事领域。一方面,人工智能军事应用给军事变革带来了重大机遇,有望全面改变未来战争形态,推进各国军队的智能化发展和军事实力的跃升;另一方面,人工智能军事应用也给国际安全带来了诸多挑战,深刻影响战略安全、治理规则、伦理道德,甚至可能危及全球战略稳定和引发人道主义危机。[1] 在此背景下,各国逐步认识到,在积极发展人工智能的同时,必须高度重视其可能带来的风险和挑战,加强前瞻性应对,及时制定统一有效的安全规则和国际规范。[2] 因而,针对人工智能军事应用的安全治理和国际规范制定逐渐成为全球热点议题。本文首先考察当前国际上围绕人工智能军事应用所出台的举措和观点,分析当前形成的基本共识,剖析主要分歧所在,为进一步推进人工智能国际安全治理和自主武器军控谈判提供参考。

一、人工智能军事应用规范制定主要进展

迄今为止,主要大国、多个国际组织和非国家行为体都陆续提出关于人工智能和自主武器相关的治理原则,在人工智能军事应用国际规范制定领域的主要进展可以梳理为以下三个方面。

(一)国家行为体

美国率先出台自主武器安全规范和军用人工智能伦理准则。早在2012年,美军就出台了《国防部指令3000.09:武器系统的自主性》,强调"自

---

[1] 关于人工智能对军事安全领域带来机遇和挑战的详细分析,参见文力浩、龙坤:《人工智能给军事安全领域带来的机遇和挑战》,《信息安全与通信保密》2021年第5期,第18—26页。
[2] 《中国关于规范人工智能军事应用的立场文件》,中华人民共和国外交部,2021年12月13日,http://infogate.fmprc.gov.cn/web/wjb_673085/zzjg_673183/jks_674633/jksxwlb_674635/202112/t20211214_10469511.shtml。

主和半自主武器系统的设计应允许指挥官和操作员对其进行适当的人为判断",以及"授权使用、指挥使用或操作自主和半自主武器系统的人必须严格地服从,并执行战争法、适用的条约、武器系统安全规则和适用的交战规则"。① 2018年8月,美正式组建人工智能国家安全委员会,旨在着眼于美国的竞争力和相关伦理问题,审查人工智能、机器学习等技术的进展情况,维护国家安全。2019年10月,美国国防创新委员会发布《人工智能准则:推动国防部以符合伦理的方式运用人工智能的建议》报告,提出了国防部运用人工智能的5项原则和12条建议。② 2020年2月24日,美国国防部正式采纳了这5项原则。③ 2021年3月,美国人工智能国家安全委员会发布了《人工智能国家安全委员会最终报告》,就美国如何在人工智能时代维护国家安全、保持全球领导地位,并在激烈的全球人工智能竞赛中取胜,提出了指导性建议。④ 5月26日,美国国防部副部长凯瑟琳·H.希克斯(Kathleen H. Hicks)签署备忘录,在已有5项原则基础上进一步提出了"负责任地使用人工智能"(RAI)6项原则。⑤ 11月5日,美国国防创新单

---

① *Department of Defense Directive 3000. 09: Autonomy in Weapon Systems*, U. S. Department of Defense, November 21, 2012, https://www.hsdl.org/?view&did=726163.

② 五项原则分别是"负责任"原则(responsible)、"公正"原则(equitable)、"可追溯"原则(traceable)、"可靠"原则(reliable)以及"可管控"原则(governable),参见 Defense Innovation Board, "AI Principles: Recommendations on the Ethical Use of Artificial Intelligence by the Department of Defense," October 2019, https://media.defense.gov/2019/Oct/31/2002204458/-1/-1/0/DIB_AI_PRINCIPLES_PRIMARY_DOCUMENT.PDF。

③ " DOD Adopts Ethical Principles for Artificial Intelligence, " US DOD, February 24, 2020, https://www.defense.gov/Newsroom/Releases/Release/Article/2091996/dod-adopts-ethical-principles-for-artificial-intelligence/.

④ *National Security Commission on Artificial Intelligence Final Report*, NSCAI, March 2021, https://www.nscai.gov/wp-content/uploads/2021/03/Full-Report-Digital-1.pdf.

⑤ 分别是负责任的人工智能治理、作战人员信任、人工智能产品和采办生命周期、需求验证、负责任的人工智能生态系统这6项原则。参见"Implementing Responsible Artificial Intelligence in the Department of Defense,"US DOD, May 2021, https://media.defense.gov/2021/May/27/2002730593/-1/-1/0/IMPLEMENTING-RESPONSIBLE-ARTIFICIAL-INTELLIGENCE-IN-THE-DEPARTMENT-OF-DEFENSE. PDF。

元也发布《负责任的人工智能准则》，旨在为第三方人员开发军用人工智能提供指导。①

中国高度重视人工智能军事应用的国际治理和规范制定，呼吁在人工智能领域推进践行人类命运共同体。2019年6月17日，中国政府发布了《新一代人工智能治理原则——发展负责任的人工智能》，提出了人工智能治理的基本框架和行动指南。2021年9月25日，中国国家新一代人工智能治理专业委员会发布《新一代人工智能伦理规范》，提出了增进人类福祉、促进公平公正、保护隐私安全、确保可控可信、强化责任担当、提升伦理素养共6项基本伦理原则和18项具体伦理要求。② 2021年12月，中国裁军大使李松在《特定常规武器公约》（CCW）第六次审议大会上提交《中国关于规范人工智能军事应用的立场文件》，就战略安全、军事政策、法律伦理、技术安全、研发操作、风险管控、规则制定、国际合作等8个领域提出中方建议，呼吁"各国政府、国际组织、技术企业、科研院校、民间机构和公民个人等各主体秉持共商共建共享的理念，协力共同促进人工智能安全治理"。③

除中美两个人工智能大国外，其他国家也积极参与到人工智能军事应用国际规范的制定进程中。例如，2019年10月，俄总统普京批准《2030

---

① "Defense Innovation Unit Publishes 'Responsible AI Guideline'," US DOD, November 18, 2021, https://www.defense.gov/News/News-Stories/Article/Article/2847598/defense-innovation-unit-publishes-responsible-ai-guidelines/；原文参见"About DIU's Responsible AI Initiative," DIU, https://www.diu.mil/responsible-ai-guidelines。

② 《发展负责任的人工智能：我国新一代人工智能治理原则发布》，中华人民共和国中央人民政府，2019年6月17日，http://www.gov.cn/xinwen/2019-06/17/content_5401006.htm；《〈新一代人工智能伦理规范〉发布》，中华人民共和国科技部，2021年9月25日，http://www.most.gov.cn/kjbgz/202109/t20210926_177063.html。

③ 《中国关于规范人工智能军事应用的立场文件》，中华人民共和国外交部，2021年12月13日，https://www.fmprc.gov.cn/wjb_673085/zzjg_673183/jks_674633/jksxwlb_674635/202112/t20211214_10469511.shtml?share_token=3E417B8F-B8C5-4CE1-9EE1-D2BBC147371C&tt_from=weixin&utm_source=weixin&utm_medium=toutiao_ios&utm_campaign=client_share&wxshare_count=1。

年前人工智能发展国家战略》，旨在保障俄人工智能快速发展，推进人工智能领域的科学研究，提高信息和计算资源可达性并完善该领域人才培养体系。[1] 2021年10月，在"人工智能伦理：信任的开端"国际论坛上，俄罗斯政府代表及俄罗斯主要公司和大学代表签署了俄罗斯第一份人工智能伦理准则，主要内容包括提高对人工智能应用的伦理意识、与人类交流中的人工智能识别和信息安全等。[2]

2020年11月，韩国政府科学技术信息通信部与情报通信政策研究院（KISDI）共同发布"国家人工智能伦理标准"，强调人工智能需以人为中心，在开发和运用人工智能的过程中，需要遵守维护人的尊严、社会公益和技术合乎目的这三大原则。[3] 这些伦理准则虽然没有直接提及军事应用部分，但也从宏观层面对人工智能发展各领域提出了指导和规范。

（二）国际和地区组织

联合国《特定常规武器公约》（CCW）机制引领自主武器议题军控磋商。当前，致命性自主武器系统（Lethal Autonomous Weapons Systems, LAWS）是人工智能军事应用规范制定最为核心的议题，而联合国《特定常规武器公约》机制则是迄今为止针对致命性自主武器系统议题的最专业治理机制。在2013年《特定常规武器公约》缔约国会议上，缔约国决定于2014年在《特定常规武器公约》设立专门讨论致命性自主武器系统的非正

---

[1] 《普京总统批准俄〈2030年前人工智能发展国家战略〉》，驻俄罗斯联邦经商参处，2019年10月15日，http://ru.mofcom.gov.cn/article/jmxw/201910/20191002904591.shtml。

[2] "ITMO Signs Russia's First AI Ethics Code," *ITMO News*, October 26, 2021, https://news.itmo.ru/en/startups_and_business/initiative/news/12195/. 原文参见 Кодекс этики в сфере ИИ, https://a-ai.ru/code-of-ethics/。

[3] "Korean Government Announces the National AI Ethics Standards," LAW OFFICE OF KIWON SUNG, November 2020, https://ko.lawofficesung.com/post/korean-government-announces-the-national-ai-ethics-standards-1.

式专家会议。此后，多国代表和全球公民社会代表围绕致命性自主武器系统议题在这一平台上召开了多次非正式和正式会议。① 这一机制经过数年磋商，达成最为重要的成果是 2019 年 9 月确立了关于致命性自主武器系统的 11 项指导原则（以下简称联合国《指导原则》）。②

联合国教科文组织（UNESCO）发布全球性人工智能伦理规范。2021 年 11 月 25 日，联合国教科文组织正式发布《人工智能伦理问题建议书》，该建议书由教科文组织会员国集体通过，是关于人工智能的首份全球性规范框架，提出了规范人工智能发展应遵循的原则以及在原则指导下人工智能应用的领域，旨在促进人工智能为人类、社会、环境以及生态系统服务，并预防其潜在风险。③ 这些原则主要包括相称性和无害性、安全和安保、公平和非歧视、可持续性、隐私权和数据保护、人类的监督和决定、透明度和可解释性、责任和问责、认识和素养、多利益攸关方与适应性治理和协作等。④

除联合国外，一些区域性政府间组织也发布了涉及人工智能伦理准则的重要文件。2019 年 4 月，欧盟委员会发布《可信人工智能伦理准则》，

---

① 关于具体的议题讨论，可参见徐能武、龙坤：《联合国 CCW 框架下军控论争的焦点与趋势》，《国际安全研究》2019 年第 2 期。

② UN CCW, *Guiding Principles Affirmed by the Group of GovernmentalExperts on Emerging Technologies in the Area of Lethal Autonomous Weapons System*, CCDCOE, September 2019, https://www.ccdcoe.org/uploads/2020/02/UN-191213_CCW-MSP-Final-report-Annex-III_Guiding-Principles-affirmed-by-GGE.pdf. 全报告可参见 UN CCW, "Meeting of the High Contracting Parties to the Convention on Prohibitions or Restrictions on the Use of Certain Conventional Weapons Which May Be Deemed to Be Excessively Injurious or to Have Indiscriminate Effects," UNDOCS, September 2019, https://undocs.org/CCW/MSP/2019/9。

③ "UNESCO member states adopt the first ever global agreement on the Ethics of Artificial Intelligence," UNESCO, November 25, 2021, https://en.unesco.org/news/unesco-member-states-adopt-first-ever-global-agreement-ethics-artificial-intelligence.

④ *Recommendation on the Ethics of Artificial Intelligence*, UNESCO, November 25, 2021, https://unesdoc.unesco.org/ark:/48223/pf0000380455.

提出了构建"可信赖人工智能"的指导原则和方法路径,要确保人工智能技术的使用安全可靠、合乎道德、降低风险、造福人类。① 2021年10月21日,北约国防部长峰会通过北约首项人工智能战略,概述了如何以受保护的、符合伦理道德的方式将人工智能应用于国防与安全,根据国际法和北约的价值观制定了负责任地使用人工智能技术的标准,承诺确保他们开发和考虑部署的人工智能应用程序在生命周期的各个阶段都符合合法性、责任和问责、可解释性和可追溯性、可靠性、可治理性、缓解偏见六项原则。②

(三)非政府组织和技术社群

在人工智能军事应用,尤其是致命性自主武器系统的国际规制领域,非政府组织和技术社群的积极性和活跃度非常高,并取得了一些引人注目的成果。

非政府组织和技术社群成为人工智能军事应用全球规范制定的"急先锋"。早在2014年,以诺贝尔和平奖获得者、南非前大主教德斯蒙德·图图为代表的70多名宗教领袖、代表和信仰组织共同签署了一项跨宗教宣言,呼吁各国推进在全球禁止完全自主武器。③ 2015年7月,由霍金、马斯克等超过1000名人工智能领域专家在第24届国际人工智能联合会议(IJCAI-15)签署联名信,联合警告人工智能军备竞赛的危险,并呼吁禁止

---

① The European Commission, *Ethics Guidelines For Trustworthy AI*, April 2019, https://digital-strategy.ec.europa.eu/en/library/ethics-guidelines-trustworthy-ai.

② "NATO releases first-ever strategy for Artificial Intelligence," NATO, October 21, 2021, https://www.nato.int/cps/en/natohq/news_187934.htm?selectedLocale=en; *National Strategy On Artificial Intelligence*, NITI Aayog, June 2018, https://niti.gov.in/national-strategy-artificial-intelligence.

③ "Religious Leaders Call for a Ban on Killer Robots," PAX, December 12, 2014, https://www.paxforpeace.nl/stay-informed/news/religious-leaders-call-for-a-ban-on-killer-robots.

使用自主武器，产生了很大的国际影响。① 2018年，非营利组织未来生命研究所（Future of Life Institute）发起了一场宣誓行动，来自36个国家的多达160个人工智能相关的公司、覆盖90个国家的2400名AI领域的知名科学家和企业家共同表示"绝不参与自主武器的开发"。② 此外，国际电气和电子工程师协会（IEEE）、谷歌公司等技术组织和私营企业也通过发起人工智能全球倡议或推出人工智能原则等方式发出了人工智能全球伦理规范的声音。③

一些智库在人工智能国际安全治理领域也做出了一些引人注目的研究和对话成果。譬如，美国新美国安全中心（CNAS）于2018年发布了《人工智能与国际安全》研究报告；④ 兰德公司于2020年发布了《不确定世界中人工智能军事应用的伦理问题》研究报告；⑤ 美国安全与新兴技术研究中心（CSET）于2021年8月发布《负责任和道德的军事人工智能》。⑥ 与

---

① "Ban Autonomous Weapons, Urge AI Experts including Hawking, Musk and Wozniak," Luke Westaway, July 27, 2015, https://www.cnet.com/news/ban-autonomous-weapons-urge-hundreds-of-experts-including-hawking-musk-and-wozniak/.

② "About the Lethal Autonomous Weapons Systems (LAWS) Pledge," Future of Life Institute, 2018, https://futureoflife.org/laws-pledge/.

③ "Ethically Aligned Design: A Vision for Prioritizing Human Well Being with Artificial Intelligence and Autonomous Systems," IEEE, December 2016, http://standards.ieee.org/news/2016/ethically_aligned_design.html; "Ethically Aligned Design: A Vision for Prioritizing Human Wellbeing with Artificial Intelligence and Autonomous Systems Version 2," IEEE, December 2017, https://standards.ieee.org/wp-content/uploads/import/documents/other/ead_brochure_v2.pdf; Artificial Intelligence at Google: Our Principles, Google, May 26, 2018, https://ai.google/principles.

④ Michael C. Horowitz, Gregory C. Allen, Edoardo Saravalle, Anthony Cho, Kara Frederick, and Paul Scharre, "Artificial Intelligence and International Security," Center for a New American Security, July 2018, https://s3.amazonaws.com/files.cnas.org/documents/CNAS-AI-and-International-Security-July-2018_Final.pdf?mtime=20180709122303.

⑤ Forrest E. Morgan, Benjamin Boudreaux, Andrew J. Lohn, Mark Ashby, Christian Curriden, Kelly Klima, Derek Grossman, "Military Applications of Artificial Intelligence Ethical Concerns in an Uncertain World," RAND Corporation, March 2020, https://www.rand.org/pubs/research_reports/RR3139-1.html.

⑥ Zoe Stanley-Lockman, "Responsible and Ethical Military AI," Center for Security and Emerging Technology, August 2021, https://cset.georgetown.edu/publication/responsible-and-ethical-military-ai/.

此同时，目前已经有来自不同国家的学者和专家就人工智能的军事用途进行二轨对话。例如，比较突出的有清华大学战略与安全研究中心（CISS）与美国布鲁金斯学会的"人工智能与国际安全项目"，截至2021年12月已经举办了五轮对话会，就人工智能军事应用关键术语定义等议题进行了深入研讨，取得了一定成果。[①]

二、人工智能军事应用国际规范制定的基本共识

综合上述人工智能军事应用的相关全球倡议来看，很多都涵盖了相同或相似的要素。本部分以联合国《特定常规武器公约》框架下通过的关于致命性自主武器系统问题的11条指导原则内容为主要参照，结合主要国家、组织的官方表态和主流专家学者倡议，梳理出当前国际社会围绕人工智能军事应用规范制定的主要共识如下。

（一）现有国际人道主义法完全适用于对自主武器的管控

联合国致命性自主武器系统问题政府专家组最新通过的11项《指导原则》中，第一条就是关于国际人道主义法适用问题，强调国际人道主义法完全适用于所有武器系统，包括致命性自主武器系统的开发和使用。第三条和第四条也进一步指出：可以采取各种形式并在武器生命周期的各个阶段实施的人机交互，应确保对基于致命性自主武器系统领域的新兴技术武器系统的潜在使用符合适用的国际法，特别是国际人道主义法。在确定人机交互的质量和程度时，应考虑一系列因素，包括作战环境，以及整个武

---

① 笔者作为项目组成员参与了其中的部分研讨对话。参见《CISS举办第五轮"中美人工智能与国际安全对话"》，清华大学战略与安全研究中心，2021年11月9日，http://ciss.tsinghua.edu.cn/info/yw/4185。

器系统的特点和能力；应确保根据适用的国际法在《特定常规武器公约》框架内对发展、部署和使用任何新武器系统进行问责，包括使这类系统在人类指挥和控制的责任链中运作；第八条进一步强调，致命性自主武器系统领域新技术的使用应考虑到须信守国际人道主义法和其他适用国际法律义务。①

欧盟指出，要确保在可能研发和使用致命性自主武器系统的情况下适用和遵守国际法，特别是国际人道主义法和人权法。国家将承担使用致命性自主武器系统的法律和政治责任，建立问责制，任何国家的军队所使用的武器系统都必须遵守现有的国际法，特别是国际人道主义法。② 中国认为，作为战争手段，致命性自主武器系统原则上应遵守1949年《日内瓦公约》和1977年的两项附加议定书中规定的国际人道主义规则，包括预防、区分和比例原则。③ 日本等国也强调，致命性自主武器系统的研发和使用应遵守国际法，特别是国际人道主义法，这在武装冲突中是必不可少的。它的使用应符合国际人道主义法所依据的各项原则，包括区分平民和战斗人员的原则、比例原则和预防措施的原则。

---

① UN CCW, *Guiding Principles Affirmed by the Group of Governmental Experts on Emerging Technologies in the Area of Lethal Autonomous Weapons System*, CCDCOE, September 2019, https://www.ccdcoe.org/uploads/2020/02/UN-191213_CCW-MSP-Final-report-Annex-III_Guiding-Principles-affirmed-by-GGE.pdf.

② UN CCW, *EU Statement on Lethal Autonomous Weapons Systems (LAWS) Group of Governmental Experts Convention on Certain Conventional Weapons*, EEAS, November 2017, https://eeas.europa.eu/delegations/un-geneva_en/49820/Convention%20on%20Certain%20Conventional%20Weapons%20-%20Group%20of%20Governmental%20Experts%20-%20Lethal%20Autonomous%20Weapons%20Systems.

③ UN CCW, "Group of Governmental Experts of the High Contracting Parties to the Convention on Prohibitions or Restrictions on the Use of Certain Conventional Weapons Which May Be Deemed to Be Excessively Injurious or to Have Indiscriminate Effects Position Paper Submitted by China," UNOG, 2018, https://www.unog.ch/80256EDD006B8954/(httpAssets)/E42AE83BDB3525D0C125826C0040B262/$file/CCW_GGE.1_2018_WP.7.pdf.

（二）保持对自主武器系统有意义的人类控制

保持对自主武器系统的有意义的人类控制（meaningful human control），即意味着攸关生死的决策权由人而非机器掌握，既是维护人类尊严的应有之义，也是确保现有法律条件下有效问责的必然要求。换言之，当前的所有法律都是以人为中心制定的，其问责的主体是人，对于无生命的机器进行问责是毫无意义且荒谬的。因此，强调有意义的人类控制是避免"问责空白"（accountability gap）的最为关键方法。这一点是几乎所有国家和全球业界主流的共识。联合国《指导原则》强调，人类仍须对武器系统的使用决定负有责任，因为不能把责任转嫁给机器，应当在武器系统的整个寿命周期里考虑到这一点。此外，《指导原则》第四条还特别强调，应确保根据适用的国际法在《特定常规武器公约》的框架内对发展、部署和使用任何新武器系统问责，包括使这类系统在人类指挥和控制的责任链中运作。[1]

一些国家和区域组织也专门就这一问题表达了自己的观点。例如，欧盟强调，在尖端新兴技术的治理领域，科学家、工业界、军事和政治决策者必须承担责任，确保其在国际社会已建立的法律框架内，包括致命性自主武器系统在内的所有武器系统都必须遵守国际法的规则、规范和原则。国际法完全适用于对致命性自主武器系统的管理，并需要存在适当的人类控制来确保遵守。如果出现事故，部署这类武器的国家和个人都需要承担

---

[1] UN CCW, *Guiding Principles affirmed by the Group of Governmental Experts on Emerging Technologies in the Area of Lethal Autonomous Weapons System*, CCDCOE, September 2019, https://www.ccdcoe.org/uploads/2020/02/UN-191213_CCW-MSP-Final-report-Annex-III_Guiding-Principles-affirmed-by-GGE.pdf.

责任。① 日本也表示，不会开发完全自主的致命性自主武器，但会开发有人类控制的自主武器系统。②

（三）注重管控人工智能军事应用的安全和道德风险

人工智能军事应用的安全风险目前在世界范围内引发了高度关注。既有对于军事作战方面的风险，也有对国际安全的风险。前者主要包括军事人工智能系统的可预测性和可靠性不足，容易遭受网络黑客攻击、数据欺骗和对抗性攻击，以及非预期事故的发生风险；后者主要包括人工智能对战略稳定的威胁（如自动核升级引发的核灾难），战争门槛降低，自主武器向恐怖主义分子等群体扩散，冲突自动升级等方面的风险。道德风险也是人工智能军事应用的重要维度，国际上对于人工智能军事应用不能侵害人权、人的尊严和违反人道主义原则方面有着基本共识。《指导原则》第九条特别强调，在拟定可能的政策措施时，不应使致命性自主武器系统领域的新技术人格化。③ 人工智能技术的军事应用一旦走向人格化，机器拥有自主射杀人类的权力，战争主体和法则就将被改写，对人的尊严就会构成根本威胁。

---

① UN CCW, *EU Statement on Lethal Autonomous Weapons Systems (LAWS) Group of Governmental Experts Convention on Certain Conventional Weapons*, Geneva, November 13-17, 2017, https://eeas.europa.eu/delegations/un-geneva_en/49820/Convention%20on%20Certain%20Conventional%20Weapons%20-%20Group%20of%20Governmental%20Experts%20-%20Lethal%20Autonomous%20Weapons%20Systems.

② UN CCW, "Possible Outcome of 2019 Group of Governmental Experts and Future Actions of International Community on Lethal Autonomous Weapons Systems Submitted by Japan," UNOG, March 2019, https://www.unog.ch/80256EDD006B8954/(httpAssets)/B0F30B3F69F5F2EEC12583C8003F3145/$file/CCW_+GGE+.1_+2019_+WP3+JAPAN.pdf.

③ UN CCW, *Guiding Principles affirmed by the Group of Governmental Experts on Emerging Technologies in the Area of Lethal Autonomous Weapons System*, CCDCOE, September 2019, https://www.ccdcoe.org/uploads/2020/02/UN-191213_CCW-MSP-Final-report-Annex-III_Guiding-Principles-affirmed-by-GGE.pdf.

因而，对人工智能军事应用的安全和道德风险管控也成为当前国际规范制定领域的一项重点共识。联合国《指导原则》第六条明确指出，在发展或取得基于致命性自主武器系统领域新技术的新武器系统时，应考虑到实体安保、适当的非实体保障（包括针对黑客攻击或数据欺骗等网络安全问题）、落入恐怖主义团体手中的风险和扩散的风险；第七条进一步指出，风险评估和减小风险的措施应成为任何武器系统新技术的设计、发展、测试和部署周期的组成部分。①

三、人工智能军事应用国际规范制定的主要分歧

尽管国际上围绕人工智能军事应用的部分问题已形成了基本共识，但这一领域的分歧仍然十分突出。具体而言，当前世界围绕人工智能军事应用规范制定的主要分歧有以下三点。

（一）致命性自主武器系统的具体规制措施

关于致命性自主武器系统的规制措施，目前世界范围内存在很大的分歧。一部分国家呼吁预防性禁止致命性自主武器系统的研发，另一些国家则认为，现在就禁止致命性自主武器系统为时尚早，且容易影响人工智能技术的发展进程。总体来看，当前围绕致命性自主武器系统的规制方案，主要呈现出三大阵营。以"不结盟运动"和非洲联盟为代表的广大发展中国家和非政府组织强烈要求限制乃至禁止致命性自主武器系统，主张就此

---

① UN CCW, *Guiding Principles Affirmed by the Group of Governmental Experts on Emerging Technologies in the Area of Lethal Autonomous Weapons System*, CCDCOE, September 2019, https://www.ccdcoe.org/uploads/2020/02/UN-191213_CCW-MSP-Final-report-Annex-III_Guiding-Principles-affirmed-by-GGE.pdf.

达成一项具有法律约束力的国际文书；以欧盟为代表的部分发达国家强调人工智能的军民两用性，主张达成一项不具有法律约束力的政治声明；俄罗斯和美国两个军事大国则强力阻碍致命性自主武器系统军控。尤其是美国，一再强调人工智能军事应用对于人道主义有显著的改善作用，坚决反对制定禁止致命性自主武器系统的国际条约，只希望通过一项不具有法律约束力的行为准则。[1]

关于是否需要制定除国际人道主义法之外的新国际法来规制致命性自主武器系统问题，国际社会也存在较大的歧见。美国等国家认为，现有的国际人道主义法，包括区分、比例和预防措施原则，已经为管制自主性武器系统提供了一个全面的框架，不需要额外的法律规制。红十字国际委员会（ICRC）等则强调，现有的规则并不能完全解决致命性自主武器系统所引发的人道、法律和道德关切，需要具有法律约束力的新规则来阐明国际人道主义法如何适用于致命性自主武器系统的规制。[2]

（二）人工智能军事应用的利弊之争

关于人工智能军事应用的积极和消极影响，目前国际社会存在针锋相对的两种观点。

支持人工智能广泛运用于自主武器系统等军事领域的观点表示，这些武器将增加战场的速度和效率，能够在不安全的环境保持通信，可以减少人类士兵的使用，提高定位精度，并可以作为一种有效的威慑手段。以美国为代表的一些国家认为，自主技术的使用在武装冲突中有拯救生命、减

---

[1] "Biden Administration Refuses to Ban Killer Robots," RT, December 3, 2021, https://www.rt.com/news/542156-killer-robots-treaty/.

[2] "Ethics and Autonomous Weapon Systems: An Ethical Basis for Human Control? International Committee of the Red Cross (ICRC)," ICRC, April 2018, https://www.icrc.org/en/document/ethics-and-autonomous-weapon-systems-ethical-basis-human-control.

少伤亡的潜力。例如，基于人工智能的智能地雷可以通过自毁机制减少对于战后平民的踩踏误伤，人工智能还可以通过自动化数据处理和分析，帮助指挥官提高对战场上平民和民事目标存在的感知能力，从而减少平民伤亡。基于此，美国认为，各国不应对这种新技术加以污蔑或草率禁止，而应鼓励这种创新。① 日本指出，基于人工智能的武器系统将通过改善瞄准攻击目标的准确性减少附带损伤和人类的错误。因此，应当禁止的是具有杀伤力的、完全自主的、缺失有意义的人类控制的武器系统，而非禁止所有人工智能军事应用。②

以红十字国际委员会（ICRC）和"禁止杀手机器人运动"为代表的观点则认为，人工智能军事应用的消极影响大于积极影响，如果放任其发展将带来更多的平民伤亡和人道主义灾难。③ 在军事领域，人工智能赋能的武器系统难以预测和不可靠，容易受到黑客攻击或数据欺骗，难以遵守国际人道主义法关于区分、比例和军事必要等原则的规范，从而增加了士兵和平民遭受伤亡的风险。④ 此外，致命性自主武器系统的研发和使用会显著降

---

① CCW, "Implementing International Humanitarian Law in the Use of Autonomy in Weapon Systems Submitted by the United States of America," UNOG, March 2019, https://www.unog.ch/80256EDD006B8954/(httpAssets)/518CBFEFDDE93C21C12583C8005FC9FA/$file/US+Working+Paper+on+Implementing+IHL+in+the+Use+of+Autonomy+in+Weapon+Systems.pdf.

② Japan, "Possible Outcome of 2019 Group of Governmental Experts and Future Actions of International Community on Lethal Autonomous Weapons Systems Submitted by Japan," UNOG, 2019, https://www.unog.ch/80256EDD006B8954/(httpAssets)/B0F30B3F69F5F2EEC12583C8003F3145/$file/CCW_+GGE+.1_+2019_+WP3+JAPAN.pdf.

③ "Recommendations on the Normative and Operational Framework for Autonomous Weapon Systems," The Campaign to Stop Killer Robots, June 2021, https://reachingcriticalwill.org/images/documents/Disarmament-fora/ccw/2021/gge/documents/CSKR.pdf; *Stop Killer Robots Statement at CCW GGE*, Reachingcriticalwill, February 12, 2021, https://reachingcriticalwill.org/images/documents/Disarmament-fora/ccw/2021/gge/statements/2Dec_SKR.pdf.

④ Ethics and Autonomous Weapon Systems: An Ethical Basis for Human Control? International Committee of the Red Cross (ICRC), ICRC, April 2018, https://www.icrc.org/en/document/ethics-and-autonomous-weapon-systems-ethical-basis-human-control.

低武力使用的门槛，引发军备竞赛和危机升级，甚至给全世界带来核灾难。因此，人工智能军事应用尤其是自主武器系统的潜在优势远远不及它们对国际法和安全构成的严重挑战。

（三）军用人工智能的未来前景是否可控

关于人工智能的未来发展前景，国际社会存在很大争议，即人工智能只是人的工具，还是会发展成为超越机器本身的具有自我意识的智能体。这一分歧在人工智能军事应用上体现得最为明显，因为军事领域最攸关人类的生存发展。综合分析，这些分歧的本质是如何看待人与机器的关系。有专家认为，机器不管怎么发展只不过是人类手中的工具，只是在复杂性和精密性上有所不同，因而在军事应用领域总体可控。例如，俄罗斯专家就认为，人类远未解决意识之谜，完全自主的武器系统在短期内不会出现。[①] 而持"智能体论"的专家则认为，人工智能可能作为一种崛起的"新物种"，最终脱离人类的控制，对人类发展构成威胁。这一关于人类未来发展的终极命题在军事人工智能系统上体现得尤其明显。就像《终结者》等科幻电影所预警的那样，"天网"作为一个以计算机为基础的人工智能防御系统，最初就是用于军事领域，后来自我意识逐渐得到觉醒，开始视全人类为威胁，诱发核弹攻击发动了将整个人类置于灭绝边缘的审判日。因此，在军事领域将人类生死决策权授予机器是十分危险的，可能诱发人道主义灾难乃至整个人类的覆亡，有必要对致命性自主武器系统进行管控。[②]

[①] CCW, "Potential Opportunities and Limitations of Military Uses of Lethal Autonomous Weapons Systems Submitted by the Russian Federation," UNOG, 2019, https://www.unog.ch/80256EDD006B8954/(httpAssets)/B7C992A51A9FC8BFC12583BB00637BB9/$file/CCW.GGE.1.2019.WP.1_R+E.pdf.

[②] 关于致命性自主武器系统问题的详细分析，可参见徐能武、龙坤：《联合国CCW框架下致命性自主武器系统军控辩争的焦点与趋势》，《国际安全研究》2019年第5期，第108—132页；龙坤、徐能武：《致命性自主武器系统军控：困境出路和参与策略》，《国际展望》2020年第2期，第78—102页。

在此背景下,"禁止杀手机器人运动"不无忧虑地指出,目前,包括美国、以色列、韩国、俄罗斯和英国在内的国家正在使用和开发一些人类控制越来越少的自主武器系统。随着各种可用的传感器和人工智能技术的进步,设计出无须任何有意义的人类控制就能瞄准和攻击的武器系统变得越来越容易。如果这一趋势持续下去,人类的主体价值将越来越受到机器的挑战。[①]

四、结语

人工智能军事应用是一个攸关各国国家安全、全球战略稳定乃至人类生存发展的重大问题,制定有效的国际规范是维护全球战略稳定和人类共同安全利益的必然要求。总体而言,当前围绕人工智能军事应用的国际规范制定,形成的主要共识体现在比较宽泛的基本原则层次,但在具体规制方案方面,迄今为止仍难以达成实质性的有效全球治理方案。

从历史来看,具有颠覆性潜力的技术必然走向军事领域,因而人工智能军事应用难以避免。尽管目前要达成一项关于禁止致命性自主武器系统的国际条约仍困难重重,但各国已经越来越意识到人工智能军事应用的安全、法律和道德风险。展望未来,要进一步推动人工智能军事应用的国际规范制定,需要求同存异,在共识领域进一步推进相关机制完善落地,在分歧问题上积极磋商。尤其是中美俄等大国在这一领域负有特殊责任,需要强化人工智能军事应用领域的战略安全对话,积极磋商相关建立信任措施,避免人工智能引发的人道主义灾难和冲突升级,推动构建人工智能时代的人类命运共同体,维护全球战略稳定和人类和平福祉。

---

① "Stop Killer Robots Statement at CCW GGE," February 12, 2021, https://reachingcriticalwill.org/images/documents/Disarmament-fora/ccw/2021/gge/statements/2Dec_SKR.pdf.

致命性自主武器系统的军控进程

曹华阳　李响　况晓辉　赵刚

内容提要：人工智能技术被认为具有显著的应用价值，各主要国家通过出台战略、设立机构、研发装备技术，大力推进人工智能技术发展与应用。2020—2021年，联合国《特定常规武器公约》框架下关于致命性自主武器系统军控问题的进展陷入低谷，主要国家推进致命性自主武器系统军控的意愿下降。虽然一些双边和多边官方和非官方平台积极推进线上、线下讨论，但形成有约束力的国际共识仍任重道远。各国应加强沟通，从术语编制入手凝聚共识，逐步深化交流，共同应对军事智能发展挑战，为构建人类命运共同体付出努力。

关键词：军事智能化；致命性自主武器系统；军控磋商

作者单位：军事科学院系统工程研究院

人工智能技术在经历了21世纪初十多年的快速发展后，其显著的应用价值逐渐得到各国重视。各主要国家在战略政策、装备技术等方面积极推进人工智能应用，甚至在军事领域，已有一些国家研制出了多型无人武器装备，具备一定的自主性与自动化能力。与此相对，作为致命性自主武器系统军控讨论的权威平台，联合国《特定常规武器公约》框架下的会议在近两年进展缓慢，没有能够对各国的军事智能发展起到规范和约束作用。

一、世界主要国家人工智能装备技术快速发展

随着人工智能技术在图像、语音识别等领域表现出达到甚至超过人类的能力，世界主要国家在发展人工智能技术方面展现出明显的热情，通过发布战略政策、加大研发投入，大力发展人工智能装备技术。这一趋势也引发各国在人工智能领域的竞争态势加剧，甚至出现了组建联盟的现象。

（一）主要国家大力发展人工智能装备技术

世界各主要国家将人工智能在内的新兴技术作为未来科技发展的重要方面和实现军事能力倍增的重要抓手，纷纷发布战略政策、提出愿景目标，指导相关产业发展。在装备技术方面，主要国家积极研发各型无人武器装备，并开展作战能力验证实验。

1. 战略政策层面

美国早在 2016 年就提出了以人工智能为关键支撑技术的第三次"抵消战略"，并发布了《国家人工智能研究与发展战略规划》。2021 年 1 月，美国成立国家人工智能倡议办公室，以确保美国未来几年在这一关键领域的领导地位。3 月，美国人工智能国家安全委员会（NSCAI）发布《最终报告》，为美国在人工智能时代赢得竞争提出战略。美国国防部先后出台《人工智能战略》、成立"联合人工智能中心"，将人工智能确立为保持军事优势的关键，寻求借助人工智能加快提升美军战力的途径和方法，确保美国在人工智能领域的技术优势。同时，美军各军种也制定了相应的军事智能

发展路线图，如《无人系统综合路线图（2017—2042）》①《机器人路线图》②《地面无人系统路线图》③《海军无人系统战略路线图》④《无人机系统路线图2005—2030》⑤等，提出了"分布式作战""蜂群"等一系列新型作战概念，探索有人与无人系统统一编组、无人装备平台的实战化应用，以及未来科技条件下的战争制胜模式，形成针对主要对手的新"代差"优势。

俄罗斯总统普京曾表示，"谁能成为人工智能领域的领导者，谁就可能主宰世界"。2015年12月，普京签署"成立国家机器人发展中心"总统令，将发展军用、特种和军民两用机器人系统作为优先发展方向。2021年11月，普京进一步提出俄罗斯军事发展的首要目标是使武装部队装备最先进的武器系统，并提出2033年前俄罗斯国家武器装备发展的三个优先事项，其中包括人工智能。俄罗斯先后出台了《2018—2025年国家武器发展纲要》《2025年先进军用机器人技术装备研发专项综合计划》⑥《2030年前人工智能国家发展战略》⑦等战略规划，明确提出人工智能、机器人技术是重点研发的新军事技术，无人作战系统在俄军武器装备中的比例在2025年将占到30%。为加快推进人工智能在军事领域的应用，俄罗斯组建人工

---

① *Unmanned Systems Integrated Roadmap FY2017 - 2042*, https://www.defensedaily.com/wp-content/uploads/post_attachment/206477.pdf.

② *A Roadmap for US Robotics From Internet to Robotics*, https://www.therobotreport.com/wp-content/uploads/2020/09/roadmap-2020.pdf.

③ *Unmanned Group Systems Roadmap*, https://ndiastorage.blob.core.usgovcloudapi.net/ndia/2011/MCSC/Thompson_UGSRoadmap.pdf.

④ *Department of the Navy Strategic Roadmap for Unmanned Systems(Short Version)*, https://www.hsdl.org/?view&did=811527.

⑤ *Unmanned Aircraft Systems Roadmap 2005-2030*, https://rosap.ntl.bts.gov/view/dot/18248.

⑥ 参见《俄罗斯坚定推进智能化军队转型》，中国军视网，2018年11月22日，https://www.js7tv.cn/news/201811_165000.html。

⑦ 参见《普京总统批准俄〈2030年前人工智能发展国家战略〉》，中华人民共和国商务部网站，2019年10月15日，http://ru.mofcom.gov.cn/article/jmxw/201910/20191002904591.shtml。

智能和大数据联盟、国家人工智能中心、隶属国防部的机器人技术科研实验中心和国家机器人技术发展中心,[1] 主要用于建设人工智能创新型基础设施,开展人工智能领域的理论和应用研究。

2021年3月,英国发布《综合评估报告》,明确要"成为科技超级大国,在人工智能等关键领域建立领先优势"。[2] 9月,英国发布《国家人工智能战略》,提出"使英国成为全球人工智能超级大国"的十年计划。[3] 在国防建设战略方面,2019年9月,英国国防部发布《国防科技框架》,对推动英国国防现代化及军事能力变革的重要技术进行了战略性评估,重点关注先进材料、人工智能等7类技术。2021年3月,英国国防部公布题为《竞争时代的国防》战略文件,表示在未来4年内投资66亿英镑用于国防研究和开发,[4] 重点关注人工智能、自主系统等新兴技术。5月,英国国防部发布《国防数据战略——构建数字主干,释放国防数据的力量》文件,详细阐述了英军未来的数字能力建设计划,包括以云技术为核心,采用人工智能等新兴科技,开发先进的数据系统,通过数据分析和人工智能辅助战场决策,大幅增强英军作战能力。该战略的发布使英国成为最先在军事领域提出数字能力建设战略的国家之一,是英军数字化建设的里程碑。

法国是欧洲较早注重发展人工智能的国家之一。2018年,法国先后发布了《赋予人工智能价值——推进国家和欧洲战略》《人工智能战略——让法国成为人工智能领域的主角》《人工智能研究国家战略——为人类服务

---

[1] 参见《军事智能化,外军关注啥》,新华网,2020年6月11日,http://www.xinhuanet.com/mil/2020-06/11/c_1210655983.htm。

[2] Integrated Review 2021: Summary, https://researchbriefings.files.parliament.uk/documents/CBP-9171/CBP-9171.pdf.

[3] National AI Strategy, https://www.gov.uk/government/publications/national-ai-strategy/national-ai-strategy-html-version.

[4] Defence in a Competitive Age, https://assets.publishing.service.gov.uk/government/uploads/system/uploads/attachment_data/file/974661/CP411_-Defence_Command_Plan.pdf.

的人工智能》等多份战略报告文件。① 2021 年,作为推进"人工智能国家战略"的新计划,法国计划在 5 年内投入 22 亿欧元用于加快人工智能发展。② 法国国防部配合国家战略,在国防部内新设多个与人工智能对应的机构,如国防创新局(Agence de Innovation de Defense,AID),以及下设的创新国防实验室(Innovation Defense Lab)、人工智能协调室(Cellule de Coordination de l'IA de Défense,CCIAD)。2019 年 9 月,法国国防部发布《人工智能的国防应用路线图》报告,③ 包括道德和法律框架、数据及硬件的基本需求、管理组织及重点工作、创新及研发战略、国际合作与出口战略等几个方面,作为总体国家战略的一部分,该报告构成了国防部在人工智能领域的战略规划。

日本向来重视人工智能和机器人技术的发展,在 2014 年发布的《防卫生产和技术基础战略》中,把智能科技作为"可能对军事战略和军力平衡产生重大影响的技术突破方向"。2016 年发布的《日本防卫省中长期技术展望》《未来无人装备的研发前景》强调将无人化、智能化作为未来防卫技术发展重点,试图借助智能科技实现军事能力的跨越发展。④ 2018 年的《防卫计划大纲》给出了对于人工智能等最尖端技术的重点投资建议。

2. 装备技术层面

自 2018 年颁布《国防战略》之后,美国国防部持续向人工智能、定向能和高超声速武器等先进技术领域进行投资。在美军确立的四个关键"先

---

① 参见《法国人工智能军事战略及日法合作可能性研究》,道达天际,2021 年 12 月 9 日,http://daodatianji.com/index.php?id=188。

② *France to Invest € 2.2b in AI by 2025* [R/OL],November 9, 2021, https://www.eetimes.eu/france-to-invest-e2-2b-in-ai-by-2025/.

③ 参见《法国国防部:人工智能的国防应用路线图》,搜狐网,2019 年 11 月 19 日,https://www.sohu.com/a/354728467_99924008。

④ 参见《科技发展如何影响 2050 年的战场》,搜狐网,2019 年 2 月 15 日,https://www.sohu.com/a/295033088_329822。

进赋能技术"中，就包括了人工智能、自主系统两个技术领域。① 美军从 2013—2022 财年人工智能技术科研预算逐年增加。2021 财年，美国国防预算在人工智能研发领域的投资总额为 8.41 亿美元，较 2020 财年的 7.8 亿美元增长约 8%。此外，美国 2021 财年总预算提案中的非国防人工智能研发预算也显著增加，如美国国家科学基金会的人工智能研发及跨学科研究机构支出超过 8.3 亿美元，比上一财年预算增加了 70% 以上。2022 财年，美国国防部人工智能预算 8.74 亿美元，相比 2021 财年继续增加 3.92%。② 美国国防部通过持续向人工智能技术领域加大投资，以加快人工智能技术向武器装备系统和无人作战体系的转化进程，提升战场态势感知、军事情报分析、远程精确打击、反导反卫等能力。2015 年，美国国防部高级研究计划局（DARPA）启动"小精灵"项目，目标是形成小型低成本无人机在反介入/区域拒止环境中执行各类作战任务的创新方案。2021 年 10 月，该项目已成功实现了无人机集群的空中投放和回收。③ 2017 年，美国国防部成立"算法战跨职能小组"，统一领导美军"算法战"相关概念及技术应用研究，加快国防部融入人工智能与机器学习技术的速度，将国防部海量数据快速转换为切实可用的情报，全面提高美军装备智能化程度和自主决策能力。2020 年 8 月，国防部高级研究计划局举办了由人类飞行员和人工智能参加的空战对抗比赛，结果人工智能取得了 5 比 0 的胜利。2021 年，国防部高级研究计划局、美国空军分别启动了"利用自主性对抗网络攻击

---

① *DOD Releases Fiscal Year 2021 Budget Proposal* [R/OL], February 10, 2020, https://www.defense.gov/News/Releases/Release/Article/2079489/dod-releases-fiscal-year-2021-budget-proposal/.

② *The Department Of Defense Releases The President's Fiscal Year 2022 Defense Budget* [R/OL], May 28, 2021, https://comptroller.defense.gov/Portals/45/Documents/defbudget/FY2022/FY2022_Press_Release.pdf.

③ *Gremlins Program Demonstrates Airborne Recovery* [R/OL], November 5, 2021, https://www.darpa.mil/news-events/2021-11-05.

系统""怪兽项目",将人工智能技术应用于网络攻防与认知电子战系统中。2022年2月美政府问责局(Government Accountability Office,GAO)公布的报告显示,目前美国国防部正在推进的人工智能项目超过685个,这些项目主要分布于改善目标识别能力、增强战场分析能力、提高无人系统自主性等方面,其中陆军的人工智能项目数量最多,达到232个,海军陆战队的项目也有33个。[①]

俄罗斯正聚焦侦察监视、指挥决策、火力打击、作战支援等多领域,展开智能化武器装备的研制和列装工作。俄军从2015年开始在各军区和舰队组建战斗机器人连,于2017年开始大量列装机器人,并加快制定无人作战力量参与城市战斗的战术方案。俄罗斯以天王星系列、平台-M和阿尔戈等型号为代表的地面无人战车发展迅猛,型号多、数量大,已具备快速机动、远程侦察、情报处理、排雷破障和火力打击等支援与作战能力。随着一系列先进军事技术综合集成的不断创新发展,俄军的战斗机器人正在向着体系化、智能化、模块化和通用化的方向发展,未来战场将形成无人与有人作战系统交互融合的新型作战体系。

早在2006年,英国就设计研发了一款称为黑骑士坦克的无人战车,可以配合"布雷德利"步战车开展野外机动作战。2018年4月16日,英国议会下属的人工智能特别委员会发布《英国人工智能发展的计划、能力与志向》报告,首次提出要在未来发展统一自主的高端人工智能武器。5月,国防部在首届英美国防创新委员会会议上,宣布成立新的人工智能中心,以加强双方在保持军事优势的重要领域合作。该中心隶属于国防科学技术实验室,主要开展自动驾驶、虚假新闻甄别、提升网络防护和辅助决策能

---

① *ARTIFICIAL INTELLIGENCE: Status of Developing and Acquiring Capabilities for Weapon Systems* [R/OL], February 2022, https://www.gao.gov/assets/gao-22-104765.pdf.

力的技术研究。11月,英国开展了一场名为"自主战士2018"的大规模作战机器人测试,致力于把无人机、无人驾驶汽车和战斗人员统一到军队中,以使英军成为未来数十年稳居世界一流的军队。值得注意的是,英国近些年在无人机蜂群领域发展迅猛,不仅在2020年早于美军成立了蜂群中队,还开展了若干演示验证试验。

法国自2018年发布多个人工智能战略规划以来,逐年增加国防预算,要求为法国人工智能武器发展的基础设施、技术突破提供资金支持,并专门增加了1亿欧元经费以用于未来武器系统的创新研发。① 法国未来武器研发中的重点主要在航空领域,试图打造配备装备先进的高分辨率传感器的认知航空系统,注重数据处理融合、辅助人类决策,在充分运用各种平台的基础上,强化不同主体间的数据、技术等资源的交换共享。例如,由法国牵头研制的神经元无人机,是一款察打一体无人作战平台。该机运用相关智能技术,具有自动捕获和自主识别目标能力,并且实现了自主编队飞行。2021年,法国国防采购局进行了"神经元"无人机与5架"阵风"战斗机以及1架预警机进行战术配合作战的测试。

日本向来重视人工智能和机器人技术的研发。日本防卫省近几年围绕陆上、水面水下和空中三大领域,展开了大量的人工智能应用研究。2019年,防卫省新设人工智能和网络安全推进室,统筹推进人工智能相关管理规划及网络安全事务。防卫省2019财年专门划拨101亿日元(约合6.4亿元人民币),用于支持包括人工智能技术在内的创新型技术的孵化研究以及成果转化。② 日本希望其无人装备的智能化水平,在2019—2023年能达到

---

① *France to Increase Investment in AI for Future Weapon Systems* [R/OL], March 17, 2018, https://www.defensenews.com/intel-geoint/2018/03/16/france-to-increase-investment-in-ai-for-future-weapon-systems/.

② 参见《警惕日突破"专守防卫"新动向》,人民网,2019年6月6日,http://military.people.com.cn/n1/2019/0606/c1011-31123712.html。

第四级（自动生成飞行轨迹、遵守交战规定），2024—2028 年达到第五级（自动躲避、空中加油），2029—2033 年达到第六级至第七级（敌机情况判断和应对、敌机位置推定、任务重新分配），2034 年后确保日本能在相关领域处于领先地位。

（二）人工智能领域竞争态势加剧

史蒂芬·霍金认为，"人工智能的成功有可能是人类文明史上最大的事件，也有可能是人类文明史的终结"。2015 年，全球上千名科教界人士公开发表联名信，要求禁止"杀人机器人"。科学界前沿对于人工智能技术的担忧也在另一个侧面宣示了人工智能所蕴含的巨大威力。各主要大国认识到这一领域的重要性，先后通过发布战略、建立同盟、对外遏制等手段抢占优势地位，人工智能领域竞争态势加剧。

美国是计算机技术和网络技术的发源地，也是此轮人工智能技术发展浪潮兴起的源头，整体上处于世界领先地位。为了保持其优势地位，遏制竞争对手发展，美国先后发布了《人工智能与国家安全（2019）》[1]《人工智能国家安全委员会最终报告》[2]《2021 年美国创新与竞争法》[3] 等战略政策，通过限制人才交流、限制知识产权交易、限制境外投资和出口管制等措施遏制竞争对手发展。

2020 年，七国集团成员与澳大利亚、印度、墨西哥、新西兰、韩国、新加坡、斯洛文尼亚开展合作，建立"人工智能全球合作伙伴组织"

---

[1] *National Security on Artificial Intelligence*, https://www.nscai.gov/wp-content/uploads/2021/01/NSCAI_Initial-Report-to-Congress_July-2019.pdf.

[2] *Final Report: National Security Commission on Artificial Intelligence*, https://www.nscai.gov/wp-content/uploads/2021/03/Full-Report-Digital-1.pdf.

[3] *S.1260-United States Innovation and Competition Act of 2021*, https://www.congress.gov/117/bills/s1260/BILLS-117s1260es.pdf.

（Global Partnership on Artificial Intelligence，GPAI），该机构将组织成员国开展人工智能研究与试验。法国作为发起国之一，声称该组织的成立将有利于集合"民主国家"优势资源，在人工智能领域开展竞争。2021年，比利时、丹麦、爱尔兰、以色列、瑞典以及捷克宣布加入人工智能全球合作伙伴组织，至此人工智能全球合作伙伴组织已拥有25个成员国。①

2021年9月，美国、英国、澳大利亚共同宣布建立三边安全伙伴关系（Australia-UK-US，AUKUS）。美英澳三边安全伙伴关系是在"五眼联盟""四边机制"基础上进一步打造的军事安全协定，主要在核潜艇、人工智能、网络、量子技术等方面开展合作，成为美西方国家借助高新军事科技进一步插手亚太事务、制造局部地区紧张态势的工具。

2021年，北约防长会议启动"北约创新基金"，将为北约关键军事技术、军民两用技术及颠覆性技术提供10亿欧元拨款，确立9个技术领域——人工智能、数据和计算、自主、量子技术、生物技术、高超声速技术、空间技术、先进材料和制造、能源与动力，每一个都将制定单独的战略，优先事项是人工智能和数据，涉及数据分析、图像识别与网络安全等领域。② 同时，北约宣布启动"国防创新加速器"项目，该项目旨在鼓励私营公司开发军民两用技术，设立单独的人工智能测试中心。此外，北约还将成立数据和人工智能审查委员会，确保人工智能算法模型和数据受控共享和安全使用。③

---

① *Global Partnership on AI Future of Work Survey Report 2021*，https://ifi.u-tokyo.ac.jp/en/wp-content/uploads/2022/03/policy_recommendation_tg_20220315e.pdf.

② *Emerging and Disruptive Technologies* [R/OL]，April 7, 2022，https://www.nato.int/cps/en/natohq/topics_184303.htm.

③ *NATO Ups the Ante on Disruptive Tech, Artificial Intelligence* [R/OL]，November 3, 2021，https://www.defensenews.com/digital-show-dailies/feindef/2021/11/03/nato-ups-the-ante-on-disruptive-tech-artificial-intelligence/.

二、致命性自主武器系统的军控进程

近两年,由于大国博弈及新冠肺炎疫情等原因,联合国《特定常规武器公约》框架下关于致命性自主武器系统的军控进程进展比较缓慢。同时,一些双边、多边平台和非政府平台积极参与致命性自主武器系统相关国际军控讨论,希望形成对己有利的舆论环境和规则草案,从而影响后续的军控讨论。

(一)联合国《特定常规武器公约》会议进展

自2014年起,联合国《特定常规武器公约》框架下启动关于致命性自主武器系统的专家组会议,深入探讨致命性自主武器涉及的技术、法律、伦理道德等一系列问题。经过数年努力,政府专家组于2019年取得阶段性成果,达成11条重要的指导性原则,具体如下。

(1)国际人道主义法继续完全适用于所有武器系统,包括致命性自主武器系统的可能开发和使用;

(2)人类仍须对武器系统的使用决定负有责任,不能把责任转嫁给机器。应在武器系统的整个寿命周期里考虑到这一点;

(3)可以采取各种形式并在武器生命周期的各个阶段实施的人机交互,应确保对基于致命性自主武器系统领域的新兴技术的武器系统的潜在使用符合适用的国际法,特别是国际人道法。在确定人机交互的质量和程度时,应考虑一系列因素,包括作战环境,以及整个武器系统的特点和能力;

(4)应确保根据适用的国际法在《特定常规武器公约》的框

架内对发展、部署和使用任何新武器系统问责,包括使这类系统在人类指挥和控制的责任链中运作;

(5)在研究、发展、取得或采用新的武器、作战手段或方法时,国家有义务按照国际法确定,该新武器、作战手段或方法的使用在某些或所有情况下是否为国际法所禁止;

(6)在发展或取得基于致命性自主武器系统领域新技术的新武器系统时,应考虑到实体安保、适当的非实体保障(包括针对黑客攻击或数据欺骗等网络安全问题)、落入恐怖主义团体手中的风险和扩散的风险;

(7)风险评估和减小风险的措施应成为任何武器系统新技术的设计、发展、测试和部署周期的组成部分;

(8)致命性自主武器系统领域新技术的使用应考虑到须信守国际人道法和其他适用国际法律义务;

(9)在拟定可能的政策措施时,不应使致命性自主武器系统领域的新技术人格化;

(10)在《特定常规武器公约》范围内讨论和采取任何可能的政策措施都不应阻碍智能自主技术的进步或和平利用;

(11)《特定常规武器公约》提供了适当的框架,可在公约的目标和宗旨的范围内处理致命性自主武器系统领域新技术的问题,力求在军事必要性和人道主义考虑之间取得平衡。[①]

受新冠肺炎疫情等多重因素影响,相关讨论进展缓慢。2020年,《特

[①] REPORT OF THE 2019 SESSION OF THE GROUP OF GOVERNMENTAL EXPERTS ON EMERGING TECHNOLOGIES IN THE AREA OF LETHAL AUTONOMOUS WEAPONS SYSTEMS, https://documents-dds-ny.un.org/doc/UNDOC/GEN/G19/285/68/doc/G1928568.DOC?OpenElement.

定常规武器公约》框架下的致命性自主武器系统专家组会议先是推迟，随后改为线上形式举行。2021年，专家组继续举行了3次会议，以小规模现场会议结合线上会议形式举行，研讨议题相比以往没有显著变化，会议讨论焦点问题如表1所示。可以看出，各国暂时搁置了较难回答的致命性自主武器系统范畴等关键问题，重点讨论了伦理道德、法律约束等宏观问题。

表1 《特定常规武器公约》框架下致命性自主武器系统会议概况（2020—2021年）

会议形式	日期	焦点问题
线上会议	2020年9月21—25日	国际人道法；国际安全挑战；技术问题；法律与伦理
线上会议	2021年8月3—13日	国际法对武器进行管制，国际人道法对致命性自主武器系统的适用性；人工智能在军事领域的应用；缔约国对11条指导原则的共识
线上会议	2021年9月24日、9月27日至10月1日	新兴技术发展引发的致命性自主武器系统对国际人道法形成的潜在挑战；在研发、使用致命性自主武器系统时的人机交互问题
线上会议	2021年12月2—8日	国际人道法对致命性自主武器系统的适用性；行为准则；政治宣言

资料来源：作者自制。

注：1. 2020年9月21—25日线上会议内容参见 *2020 Group of Governmental Experts (GGE) on Emerging Technologies in the Area of Lethal Autonomous Weapons Systems (LAWS)* [R/OL], September 21, 2020, https://indico.un.org/event/33085/。

2. 2021年8月3—13日线上会议内容参见 *2021 Group of Governmental Experts (GGE) on Emerging Technologies in the Area of Lethal Autonomous Weapons Systems (LAWS), First session* [R/OL], August 3, 2021, https://indico.un.org/event/35882/。

3. 2021年9月24日、9月27日至10月1日线上会议内容参见 *2021 Group of Governmental Experts (GGE) on Emerging Technologies in the Area of Lethal Autonomous Weapons Systems (LAWS), Second session* [R/OL], September 24, 2021, https://indico.un.org/event/35883/。

4. 2021年12月2—8日线上会议内容参见 *2021 Group of Governmental Experts*

(GGE) on Emerging Technologies in the Area of Lethal Autonomous Weapons Systems (LAWS), Third session[R/OL], December 2, 2021, https://indico.un.org/event/35599/。

目前来看，各主要国家参与致命性自主武器系统限制性条约谈判的意愿有所降低。一方面，当前大国博弈加剧、地区冲突频发、国际贸易争端加剧，在一定程度上影响了各国交流磋商的积极性；另一方面，主要国家智能无人武器装备研发和使用已取得明显进展，担心磋商进入实质内容讨论阶段会限制其装备技术发展运用。

2021年12月，《特定常规武器公约》第六次审议大会上原计划商议后续工作步骤，特别是授权成员国制定关于致命性自主武器系统的约束性条约。125个公约成员国当中，包括中国在内的大多数国家支持谈判一项关于禁用致命性自主武器系统的国际法律文书，但由于美国、俄罗斯、英国、印度、以色列等国的反对，会议未能就此达成一致，仅决定继续在2022年召开致命性自主武器系统政府专家组会议。[1]

（二）主要国家、区域组织和非政府组织平台提出各自主张

当前针对致命性自主武器系统的国际治理，主要国家、区域组织和非政府组织平台积极发声提出倡议。

一是一些主要国家开始自行制定相关规范性政策或主张，既为自身军事智能系统发展提供依据，也旨在国际交流中占据主动地位。

2019年10月，美国国防创新委员会发布《人工智能原则：国防部人工智能应用伦理的若干建议》，提出了在军事场景中设计、开发和应用人工智能技术的"负责、公平、可追踪、可靠、可控"原则。2020年2月，美

---

[1] 参见《如何限制"杀手机器人"？各国存分歧》，中国青年网，2021年12月23日，http://news.youth.cn/jsxw/202112/t20211223_13363263.htm。

国国防部正式采纳了这5项原则。① 2021年7月，在美国人工智能国家安全委员会举办的全球新兴技术峰会上，美国国防部长奥斯汀表示，人工智能军事应用有助于形成"综合威慑"、避免冲突，再次强调以上5项原则。

2021年4月，欧盟发布全球首部人工智能管制法律《人工智能法》②提案，提出了人工智能统一监管规则，旨在从国家法律层面限制人工智能技术发展带来的潜在风险和不良影响，让欧洲成为可信赖的全球人工智能中心。

2021年10月，俄罗斯人工智能联盟联合其他组织在莫斯科举行首届"人工智能伦理：信任的开始"国际论坛，签署了一份人工智能伦理规范。该规范由人工智能联盟与俄罗斯政府和经济发展部共同编写，将成为俄罗斯联邦人工智能计划和2017—2030年信息社会发展战略的一部分，文件内容包括加速人工智能发展、提高人工智能使用伦理意识、识别与人交流的人工智能和信息安全等主题。③

2021年5月，中国、埃及、肯尼亚、墨西哥、南非、阿联酋等常驻联合国代表团在纽约共同举办"新兴科技对国际和平与安全的影响"会议，中国常驻联合国代表张军大使主持会议，包括安理会成员在内的近40个国家代表与会发言，各方一致认为应支持奉行多边主义，充分利用联合国平台，加强对话交流，探讨新兴科技开发利用，推进新兴科技全球治理。此次会议亦是安理会首次讨论新兴科技问题。

---

① *DOD Adopts 5 Principles of Artificial Intelligence Ethics* [R/OL], February 25, 2020, https://www.defense.gov/News/News-Stories/Article/Article/2094085/dod-adopts-5-principles-of-artificial-intelligence-ethics/source/dod-adopts-5-principles-of-artificial-intelligence-ethics/.

② *LAYING DOWN HARMONISED RULES ON ARTIFICIAL INTELLIGENCE (ARTIFICIAL INTELLIGENCE ACT) AND AMENDING CERTAIN UNION LEGISLATIVE ACTS*, https://eur-lex.europa.eu/resource.html?uri=cellar:e0649735-a372-11eb-9585-01aa75ed71a1.0001.02/DOC_1&format=PDF.

③ 参见《俄罗斯签署首部人工智能道德规范》，国防科技信息网，2021年10月28日，http://www.dsti.net/Information/News/125211。

2021年12月，中国向联合国《特定常规武器公约》第六次审议大会提交《关于规范人工智能军事应用的立场文件》，就如何在军事领域负责任地开发和利用人工智能技术提出解决思路，包括8个方面的建议。

（1）战略安全上，各国尤其是大国应本着慎重负责的态度在军事领域研发和使用人工智能技术，不谋求绝对军事优势，防止加剧战略误判、破坏战略互信、引发冲突升级、损害全球战略平衡与稳定。

（2）军事政策上，各国在发展先进武器装备、提高正当国防能力的同时，应铭记人工智能的军事应用不应成为发动战争和追求霸权的工具，反对利用人工智能技术优势危害他国主权和领土安全的行为。

（3）法律伦理上，各国研发、部署和使用相关武器系统应遵循人类共同价值观，坚持以人为本，秉持"智能向善"的原则，遵守国家或地区伦理道德准则。各国应确保新武器及其作战手段符合国际人道主义法和其他适用的国际法，努力减少附带伤亡、降低人员财产损失，避免相关武器系统的误用恶用，以及由此引发的滥杀滥伤。

（4）技术安全上，各国应不断提升人工智能技术的安全性、可靠性和可控性，增强对人工智能技术的安全评估和管控能力，确保有关武器系统永远处于人类控制之下，保障人类可随时中止其运行。人工智能数据的安全必须得到保证，应限制人工智能数据的军事化使用。

（5）研发操作上，各国应加强对人工智能研发活动的自我约束，在综合考虑作战环境和武器特点的基础上，在武器全生命周期实施必要的人机交互。各国应始终坚持人类是最终责任主体，建立人工智能问责机制，对操作人员进行必要的培训。

（6）风险管控上，各国应加强对人工智能军事应用的监管，特别是实施分级、分类管理，避免使用可能产生严重消极后果的不成熟技术。各国应加强对人工智能潜在风险的研判，包括采取必要措施，降低人工智能军事应用的扩散风险。

（7）规则制定上，各国应坚持多边主义、开放包容的原则。为跟踪技术发展趋势，防范潜在安全风险，各国应开展政策对话，加强与国际组织、科技企业、技术社群、民间机构等各主体交流，增进理解与协作，致力于共同规范人工智能军事应用并建立普遍参与的国际机制，推动形成具有广泛共识的人工智能治理框架和标准规范。

（8）国际合作上，发达国家应帮助发展中国家提升治理水平，考虑到人工智能技术的军民两用性质，在加强监管和治理的同时，避免采取以意识形态划线、泛化国家安全概念的做法，消除人为制造的科技壁垒，确保各国充分享有技术发展与和平利用的权利。[1]

二是一些非政府组织和研究智库积极发声，提出规范人工智能军事应用的相关倡议。

2020年6月和11月，瑞典斯德哥尔摩国际和平研究所发表题为《人工

---

[1] 参见《中国关于规范人工智能军事应用的立场文件》，中华人民共和国外交部，2021年12月14日，http://infogate.fmprc.gov.cn/web/wjb_673085/zzjg_673183/jks_674633/jksxwlb_674635/202112/t20211214_10469511.shtml。

智能对战略稳定和核风险的影响》① 和《负责任的人工智能军事应用》② 报告，探讨了人工智能军事应用对战略稳定和核风险的影响以及欧盟如何在推动负责任人工智能军事应用最佳实践方面发挥作用，提出了增强透明度、加强对话合作、设立高级别专家组、积极参与全球治理进程等建议。

2021年8月，日内瓦人道主义对话中心（Humanitarian Dialogue，HD）发布了"人工智能军事系统行为准则"（Code of Conduct on Artificial Intelligence in Military Systems）草案。该准则草案共45条，包括普遍原则、设计与开发、部署和使用、使用后评估与问责、信息分享、建立信任与国际合作等内容。③

2021年1月，新美国安全中心（Center for a New American Security，CNAS）发布《人工智能与国际稳定性——风险与建立信任措施》报告，分析了人工智能军事应用对国际稳定带来的威胁，概述了一系列建立信任措施，如推动建立军事人工智能系统开发和应用的国家规范、开展二轨交流、建立各国军方间的直接对话机制、达成国家间关于人工智能的协议等，旨在降低因国家间的军事竞争带来的各种风险。④

2021年4月，新美国安全中心发布了美国国防部前副部长罗伯特·沃克撰写的《具有自主功能的武器系统作战使用的原则》报告，提出使用自主武器系统必须由负责任的人类指挥和控制链来进行指导和监督等7项原

---

① *THE IMPACT OF ARTIFICIAL INTELLIGENCE ON STRATEGIC STABILITY AND NUCLEAR RISK*, https://www.sipri.org/sites/default/files/2020-04/impact_of_ai_on_strategic_stability_and_nuclear_risk_vol_iii_topychkanov_1.pdf.

② *RESPONSIBLE MILITARY USE OF ARTIFICIAL INTELLIGENCE*, https://www.sipri.org/sites/default/files/2020-11/responsible_military_use_of_artificial_intelligence.pdf.

③ *Code of Conduct on Artificial Intelligence in Military Systems*, Center for Humanitarian Dialogue, https://www.hdcentre.org/wp-content/uploads/2021/08/AI-Code-of-Conduct.pdf.

④ Michael Horowitz and Paul Scharre, "AI and International Stability: Risks and Confidence-Building Measures," Center for a New American Security, January 12, 2021, https://www.cnas.org/publications/reports/ai-and-international-stability-risks-and-confidence-building-measures.

则，建议美国应通过获取过程、训练、教育、演习将这些原则制度化。①

综合来看，上述建议涉及规范人工智能军事应用的行为准则、建立信任措施、风险管控等不同领域，对联合国框架下致命性自主武器系统军控进程形成了有益的补充。

三、结语

当前全球经济复苏乏力、疫情蔓延席卷全球、主要国家双边关系处于历史低位、局部冲突甚至国家间战争风险上升。在此背景下，致命性自主武器系统军控问题讨论迟滞不前，可能成为世界军事智能发展进程中的潜在隐患。各国应尊重联合国《特定常规武器公约》框架平台的权威性，站在构建人类命运共同体高度，加强沟通交流，深化理解互信，凝聚共识，求同存异，以务实态度逐步推进相关军控问题的讨论。当前，可考虑借鉴传统核军控领域编制术语的经验，由各国学术机构共同编制军事智能相关术语列表，为国际社会准确理解各方意图、增进沟通交流奠定基础。

---

① Robert O. Work, "Principles for the Combat Employment of Weapon Systems with Autonomous Functionalities," Center for a New American Security, April 28, 2021, https://www.cnas.org/publications/reports/proposed-dod-principles-for-the-combat-employment-of-weapon-systems-with-autonomous-functionalities.

【生物安全与军控】

2021年国际生物安全形势综述

蒋丽勇　舒东　刘术

2021年国际生物安全形势综述

蒋丽勇　舒东　刘术

内容提要：2021年，国际生物安全形势起伏跌宕，新冠肺炎疫情对人类社会的影响溢出公共卫生领域，生物武器研究和生物恐怖主义借助和平应用的外衣暗流涌动，以神经科学和合成生物学为代表的现代生物技术两用性凸显，生物安全成为推动国际格局深刻演变的重要力量，生物军控成为大国战略竞争的重要手段。美俄分别发布国家战略和应对计划，强化应对生物安全事件的能力。多国积极参与《禁止生物武器公约》专家组和缔约国会议，世界卫生组织成功举办第74届世界卫生大会。新冠肺炎疫情生动刻画了生物安全"全球联动"的特征，让各国充分认识到"人类命运共同体"和"人类卫生健康共同体"的真正含义，迫使各国在不断强化国家生物风险防控的同时，积极寻求多方合作，共同推进全球生物安全治理。

关　键　词：生物安全；新冠肺炎疫情；全球治理
作者单位：中国军控与裁军协会生物安全项目组

2021年，国际生物安全领域呈现合作与对抗并存的局面。一方面，国际生物安全形势依然严峻，各国不断强化国家生物防御能力，积极寻求多方合作，全球生物安全治理曲线前行；另一方面，随着国际战略格局的深度调整，生物安全军控议题成为大国战略竞争的重要手段之一。

一、国际生物安全形势依然严峻

2021年,国际生物安全威胁复杂多样。新冠肺炎疫情继续蔓延全球,生物武器威胁暗流涌动,现代生物技术两用性凸显,生物安全事件隐匿难溯、效应久远,国际生物安全形势依旧严峻。

(一)传染病疫情

根据世界卫生组织(WHO)官网数据,2021年全球新冠肺炎周确诊病例数呈波浪形变化,4月、8月、12月,新冠肺炎确诊病例处于高位。截至2021年12月31日,全球累计新冠肺炎确诊病例超过2.8亿例。2021年12月22—27日,全球确诊病例10066905例,较前一周增加4225084例,增幅为72.32%。[①]

新冠肺炎疫情持续蔓延,直接威胁全人类生命健康,并溢出公共卫生和生物安全领域,引发人类社会经济生产、科学文化生产功能的失衡失序,演变为全球性的经济危机、社会危机、政治危机。同时,新冠肺炎疫情也对全球安全格局产生深刻影响,主要大国围绕新冠肺炎疫情的博弈和政治对抗加剧,全球生物安全治理困境重重,新冠肺炎疫情还有可能成为催生恐怖主义的重要因素。

(二)生物武器与生物恐怖

美国在海外布局的生物安全实验室仍是各方重大关切。近年来,包括

---

① WHO, "Coronavirus Disease (COVID-19) Pandemic," January 5, 2022, https://www.who.int/emergencies/diseases/novel-coronavirus-2019.

俄罗斯外交部长在内的多名政府官员对美国海外生物实验室，尤其是在俄罗斯周边国家部署的生物实验室表示关切。根据俄罗斯塔斯社新闻，俄对美国生物实验室在俄周边不受控制的扩张表示关注，因为其行为和目的值得怀疑。① 根据美国2021年向《禁止生物武器公约》（以下简称《公约》）缔约国大会提交的材料，美在世界各地建立了336个生物实验室，涵盖非洲、东欧、中亚、东南亚和中东等多个国家和地区，② 这些生物实验室研究活动不透明，给全球生物安全蒙上了阴影。

（三）两用生物技术风险

这两种生物技术，一是神经武器，二是合成生物学。

1. 神经武器

美国特种作战司令部研究员约瑟夫·德弗兰科（Joseph DeFranco）及国防大学高级研究员黛安·迪尤利斯（Diane DiEuliis）等学者认为，全球冲突呈现出"不对称"趋势，"灰色地带"扩大，通过神经认知科技操纵人类思想和行为的能力引发关注。神经科学技术持续发展，在"战争、情报和国家安全"领域的应用价值日益凸显。一方面，神经科学技术可增强盟友或破坏敌方的认知、情感和行为能力，产生破坏性或颠覆性影响；另一方面，人类基因组测序、基因编辑、微纳米等现代技术可与神经科学相辅相成，为神经武器的研发和应用创造条件，甚至可能改变现有微生物构造，刻意规避《禁止生物武器公约》等国际生物军控规则，制造出新的生

---

① "Медведчук: американские лаборатории на Украине де-факто являются военными базами США," ТАСС, January 5, 2022. https://tass.ru/mezhdunarodnaya-panorama/8395713?msclkid=1846fd3dbbd011ec8219ecab1a605973&utm_source=bing.com&utm_medium=organic&utm_campaign=bing.com&utm_referrer=bing.com.

② United States of America, "Article X Cooperation and Laboratory Support: The Example of the Biological Threat Reduction Program," Official Documents System of the United Nations, January 5, 2022, https://documents-dds-ny.un.org/doc/UNDOC/GEN/G21/342/19/PDF/G2134219.pdf?OpenElement.

物武器。随着神经科学的快速发展,非国家行为体和一些不受管制的国家千方百计地寻求和提升神经科学技术能力,以实现新的权力平衡,相关风险和威胁不容忽视。①

2. 合成生物学

合成生物学是一种以工程化设计理念为指导,借助现代技术对生物体进行有目的设计、改造甚至重构的多学科交叉新技术。② 近年来,基因测序、基因编辑及基因合成等创新生物技术推动了合成生物学快速发展,可能带来新威胁。一是可能导致某些国家生态失衡。基因编辑技术可用于族群基因改造,将基因驱动技术用于细菌和昆虫等快速繁殖的动物,有可能消灭整个物种,使生态系统崩溃。二是可能被用以制造致命病毒。2018 年,加拿大阿尔伯塔大学研究人员通过邮购 DNA 片段,制造了活马痘病毒;也有团队从冷冻肺组织中合成了 1918 年西班牙流感病毒。三是可能带来意外恶果。澳大利亚科学家试图将鼠痘病毒作为载体引入一种不孕不育基因,结果制造和释放了一种致命病毒。根据加德纳技术成熟度曲线(Gartner Hype Cycle),自 2018 年以来,生物黑客已成为自主生物科研(DIY)的主流趋势,网络信息的普及和生物实验材料价格的大幅下跌,促使民间生物学研究遍地开花,这可能会刺激恶意行为体的不良科研作为,增加了意外风险的可能性。四是存在监管漏洞。包括《禁止生物武器公约》在内的生物安全监管机制往往强调研究结果,忽略过程的合理合法性。美国政府根据生物剂的两用性,制定了管制清单,但其更新速度往往滞后于各类新型

---

① Joseph DeFranco, Diane DiEuliis, James Giordano, *Redefining Neuroweapons Emerging Capabilities in Neuroscience and Neurotechnology* (National Defense University Press, February 17), https://ndupress.ndu.edu/Portals/68/Documents/prism/prism_8-3/prism_8-3_DeFranco-DiEuliis-Giordano_48-63.pdf.

② 章文明:《合成生物学及其研究进展》,《生物学杂志》2020 年第 37 卷第 5 期,第 1—9 页。

病原体的出现速度。①

二、国际生物安全多边进程取得进展

生物安全风险日益严峻，如何有效防范和应对生物安全问题成为各国共同关切。以《公约》为核心的国际多边进程在全球生物安全治理中取得了一定进展。

（一）《禁止生物武器公约》

因新冠肺炎疫情，原定于2020年举行的《公约》专家组会、缔约国会议在多方推动下，最终于2021年顺利召开，履约支持机构也在相关国际事务中持续发挥组织和协调作用。

1. 政府专家组会议

2021年9月，《公约》政府专家组会议在日内瓦召开。会议共召开5场专题会议，重点研讨与《公约》第十条国际合作与援助，第七条援助请求和响应、科技审议、完善建立信任措施方法以及加强国家履约等议题。②中国裁军大使李松在强化《公约》机制专题会议上发表讲话，明确指出重启《公约》核查议定书谈判势在必行。李松指出，《公约》作为全球生物安全治理的重要支柱，对促进国际和平、安全与发展发挥着不可替代的作用，推动《公约》得到全面、平衡、有效执行，符合广大缔约国和国际社会共同利益。核查机制是确保遵约、建立互信最有效的手段。中国关于重

---

① Michael Knutzen, "Synthetic Bioweapons Are Coming," US Navy Institute, June 8, 2021, https://www.usni.org/magazines/proceedings/2021/june/synthetic-bioweapons-are-coming.
② WBC ISU, "Biological Weapons Convention-Meetings of Experts," United Nations, September 30, 2021, https://meetings.unoda.org/meeting/bwc-mx-2020/.

启核查议定书谈判的主张得到了广泛响应，不结盟集团代表作共同发言，敦促美国同意重启议定书谈判，俄罗斯、巴西、巴基斯坦、古巴、印度等国纷纷强调加强《公约》履约核查机制的重要性和紧迫性。

2. 缔约国会议

2021年11月22—25日，《公约》缔约国会议在日内瓦召开。会议包含12项议程，涉及议事规则、政府专家组会议报告、《公约》普遍性、履约支持机构年度工作报告、预算和财务以及《公约》第九次审议会议（简称九审会）筹备等问题。106个缔约国参加会议，乍得、吉布提、以色列和纳米比亚以观察员身份参会，世界卫生组织、禁止化学武器组织、联合国裁军研究所、国际刑警组织等多个国际组织代表参加了会议。会议主要围绕国际合作与援助、生物科技发展、国家履约、援助应对与准备、加强公约机制等五项议题展开讨论。①

56个缔约国在一般性辩论阶段发言。美国负责军备控制和国际安全的副国务卿邦妮·詹金斯（Bonnie Jenkins）在发言中表示，《公约》是防范大规模杀伤性武器威胁的主要国际安全协定之一，但近20年来在加强履约方面取得的进步有限。她提出通过构建科技审议机制、深化生物安全和生物安保合作、扩大履约支持机构设置和增加人员配备、建立履约核查专家组等措施来打破政治僵局，但只字未提核查议定书谈判事宜。② 可以预见，美国仍将是未来恢复《公约》核查议定书谈判的最大障碍。

3.《公约》履约支持机构

《公约》履约支持机构继续从多方面推进国际生物军控进程。

---

① WBC ISU, "Biological Weapons Convention-Meeting of States Parties," United Nations, November 30, 2021, https://meetings.unoda.org/meeting/bwc-msp-2020/.

② U.S. MISSION GENEVA, "Remarks to the 2021 Biological Weapons Convention Meeting of States Parties," The United States Government, November 30, 2021, https://geneva.usmission.gov/2021/11/22/remarks-to-the-2021-biological-weapons-convention-meeting-of-states-parties/.

一是举办多场网络研讨会。2021年5—6月，履约支持机构分别针对《公约》相关的国际合作与援助、科技审议、国家履约等议题举行多场研讨会，涉及议题包括跨区域合作和援助、非洲能力建设、全球青年生物安全网络、科学家行为准则、科技审查机制、建立信任措施及国家履约联络点等。2021年5月4日、12日及6月2日，在法国资助下，履约支持机构与联合国裁军研究所共同举办数据库构建问题网络研讨会，讨论了数据库构建的优势、目的、功能及数据库研发和维护等相关问题。①

二是关注《公约》相关事务中的女性力量。2021年5月30日，国际性别平等捍卫者裁军事务推进小组（International Gender Champions Disarmament Impact Group）和履约支持机构共同组织多方研讨，旨在促进女性参与《公约》相关工作。据统计，在2019年缔约国会议中，仅有20%代表团由女性任团长，22%国家陈述由女性完成，女性在《公约》相关会议中占比仅为三分之一左右。该小组认为，女性在为人处事中更容易产生情感共鸣，更善于安抚患者的心理。提升女性在《公约》相关事务中的参与度，有望引导各方以更柔性的手段处理现有分歧。

三是积极敦促缔约国提交建立信任措施材料。截至2021年7月6日，履约支持机构收到76个缔约国提交的建立信任措施材料，高于2020年同期数量。②

---

① UNODA, "Programmes Financed From Voluntary Contributions 2020 – 2021," United Nations, January 31, 2022, https://www.un.org/disarmament/programmes-financed-from-voluntary-contributions-2020-2021/.

② James Revill, John Borrie, Emma Saunders, Richard Lennane, "Preparing for Success at the Ninth Biological and Toxin Weapons Convention Review Conference: A Guide to the Issues," *ACADEMIA*, October 31, 2021, https://www.academia.edu/47880813/PREPARING_FOR_SUCCESS_AT_THE_NINTH_BIOLOGICAL_AND_TOXIN_WEAPONS_CONVENTION_REVIEW_CONFERENCE_A_GUIDE_TO_THE_ISSUES.

（二）世界卫生组织

2021年5月24—31日，第74届世界卫生大会以视频方式顺利举行。会议决定，将制定防范疾病大流行全球协议提上日程。2021年11月29日至12月1日，世界卫生大会第二届特别会议以线上线下相结合的混合模式召开。来自世卫成员及非政府组织共600余名代表参会。世卫组织总干事谭德塞在呼吁各方携手应对疾病大流行，共同改善全球公共卫生治理体系，构筑大流行病防范和应对法律保障。会议通过决议，决定建立政府间谈判机构，负责疾病大流行防范应对国际文书的起草和磋商工作。①

（三）《生物多样性公约》

2021年10月11—15日，《生物多样性公约》缔约方大会第十五次第一阶段会议在昆明顺利召开。10月13日，会议正式通过《昆明宣言——生态文明：共建地球生命共同体》（下称《昆明宣言》）。《昆明宣言》由中国起草，本着开放、透明、包容的态度，各缔约方积极贡献智慧，提出了许多建设性意见和建议，使宣言内容更加充实和完善，体现了各国共同采取行动，遏制和扭转生物多样性丧失趋势的强烈意愿。《昆明宣言》呼吁各方采取行动，共建地球生命共同体。该《昆明宣言》承诺，确保制定、通过和实施一个有效的"2020年后全球生物多样性框架"，扭转当前生物多样性丧失趋势并确保最迟在2030年使生物多样性走上恢复之路，进而全面实现"人与自然和谐共生"的2050年愿景；加快并加强制订、更新生物

---

① WHO, "World Health Assembly Agrees to Launch Process to Develop Historic Global Accord on Pandemic Prevention, Preparedness and Response," December 1, 2021, https://www.who.int/news/item/01-12-2021-world-health-assembly-agrees-to-launch-process-to-develop-historic-global-accord-on-pandemic-prevention-preparedness-and-response.

多样性保护战略与行动计划，优化和建立有效的保护地体系，积极完善全球环境法律框架，增加为发展中国家提供实施"2020年后全球生物多样性框架"所需的资金、技术和能力建设支持，进一步加强与现有多边环境协定的合作与协调行动，推动陆地、淡水和海洋生物多样性的保护和恢复。

值得关注的是，《昆明宣言》第二部分提出了17项具体承诺，"2020年后全球生物多样性框架"谈判也会将上述承诺纳入考虑之中。2021年7月，《生物多样性公约》秘书处发布了"2020年后全球生物多样性框架"的第一份正式草案，该框架提出了21项目标、10个里程碑。《生物多样性公约》和《卡塔赫纳生物安全议定书》及《名古屋议定书》等议定书构成了全球生物多样性多边进程的基石，《昆明宣言》也将在全球生物多样性保护事务中发挥重要作用。①

（四）联合国秘书长调查机制

在《公约》核查议定书谈判因美国独家阻挡屡屡受挫情况下，联合国秘书长调查指称使用生化武器机制受到多方关注。1987年12月，第42届联合国大会通过第42/37C（1987）号决议，请秘书长"在有关会员国提供的合格专家的协助下，进一步拟订技术性准则及其他可以使用的程序，以期及时和有效地调查这类关于可能使用细菌（生物）毒素武器的情况"，"编制合格专家名单和实验室名单，专家应能在接到通知不久后即可进行这类调查，实验室应有能力化验所禁止使用的毒剂"。根据1989年联合国大会第A/44/561号文件，拟订技术准则和程序，以指导秘书长对指称使用化学、细菌（生物）或毒素武器的情况进行及时有效的调查，同时提请联合

---

① The Secretariat of the Convention on Biodiversity, "UN Biodiversity Conference (COP 15)," UN Environment Programme, December 31, 2021, https://www.unep.org/events/conference/un-biodiversity-conference-cop-15.

国秘书长，在其指定的专家顾问协助下，充分考虑会员国提议，定期审查相关准则和程序。①

由联合国成员国提供的专家名册、实验室名单、指称使用生化武器调查指南和程序，是联合国秘书长调查机制执行任务的关键要素。截至2021年10月，共有注册合格专家495名，其中63名来自非洲，109名来自亚太地区，91名来自东欧，36名来自拉丁美洲和加勒比地区，196名来自西欧及其他地区。专家顾问40名，1名来自非洲、2名来自亚太地区、6名来自东欧、3名来自拉丁美洲和加勒比地区、28名来自西欧及其他地区。83所分析实验室，其中7所来自非洲、18所来自亚太地区、13所来自东欧地区、1所来自拉丁美洲和加勒比地区、44所来自西欧及其他地区。②

上述人员和机构由59个联合国成员国提名，涵盖全球各个地区。一旦联合国秘书长指称使用生化武器调查机制被启动，联合国秘书长将从专家名册中遴选出一个任务小组。按照相关国家的请求，针对使用生化武器的指控搜集数据信息，开展调查工作。

在目前《公约》缔约国无法就重启核查议定书谈判达成一致的情况下，美国等部分西方国家将秘书长调查机制视为指称使用生物武器调查的最佳选择，积极推动秘书长调查机制专家遴选机制优化及技术准则和事件处理程序更新。联合国裁军事务办公室将继续在非洲、亚洲、拉丁美洲和加勒比地区开展相关外联活动，开设在线学习平台，为注册专家、顾问和实验室代表举办培训活动，欧盟、日本、加拿大、西班牙等国积极为上述活动

---

① A. R. Fooks, L. K. Holmstrom, "United Nations Secretary-General's Mechanism," Rev. Sci. Tech. Off. Int. Epiz., 2017, 36 (2), pp. 629-637, http://boutique.oie.int/extrait/21fooks629637.pdf#:~:text=The%20%EE%80%80United%20Nations%20Secretary-General%E2%80%99s%20Mechanism%EE%80%81%20%28UNSGM%29%20was%20developed, UNSGM%20mandate%20has%20been%20fully%20established%20and%20endorsed.

② UNDOA, The Secretary-General's Mechanism, January 31, 2022, https://front.un-arm.org/wp-content/uploads/2022/01/UNSGM-Newsletter-Issue-3-Jan-2022.pdf.

提供资助。

（五）《科学家生物安全行为准则天津指南》

2015年，中国向《禁止生物武器公约》缔约国大会提交了关于制定生物科学家行为准则范本的工作文件。2016年，中国在《公约》第八次审议会议上，与巴基斯坦联合提交由中国天津大学起草的"生物科学家行为准则（范本）"。此后，中国积极推动制定科学家生物安全行为准则，推动《公约》缔约国和包括科学界在内的所有利益攸关方本着包容、务实、科学、合作精神，围绕相关问题进行深入讨论，不断凝聚政治共识，不断完善自愿行为准则范本的文本。

在2016年中国和巴基斯坦提交的工作文件与相关讨论基础上，中国天津大学生物安全战略研究中心、美国约翰斯·霍普金斯大学（Johns Hopkins University）健康安全中心、国际科学院组织（InterAcademy Parternership）秘书处开展合作，深入探讨生物安全行为准则指南，以供各国政府及科研机构参考、补充和改善各自的行为准则。上述三个机构同跨越四大洲的科学界、企业界代表一道，召开两次会议，于2021年7月达成了《科学家生物安全行为准则天津指南》（下称《天津指南》）。2021年7月8日，国际科学院组织发表声明，正式核可《天津指南》。[①]

2021年8月23日，中国向《禁止生物武器公约》会议提交工作文件，详细介绍了《天津指南》发展过程及主要内容，指出《天津指南》涵盖了负责任生物科研的主要方面，提出了坚守道德基准、遵守法律规范、倡导

---

① "The Tianjin Biosecurity Guidelines for Codes of Conduct for Scientists Are a Set of 10 Guiding Principles and Standards of Conduct Designed to Underpin Biosecurity Governance at National and Institutional Levels," IAP, January 31, 2022, https://www.interacademies.org/news/iap-endorses-tianjin-biosecurity-guidelines?msclkid=39f4f330bbbf11eca48e1d86dc8b289b.

科研诚信、尊重研究对象、加强风险管理、参与教育培训、传播研究成果、促进公众参与、强化科研监管、促进国际合作十大准则，致力于防止生物科技被滥用或误用，建议2022年《禁止生物武器公约》第九次审议大会采取以下行动：（1）核可《天津指南》，鼓励所有利益攸关方自愿将《天津指南》的内容纳入其相关实践、章程和法规中，并通过各自适当的方式积极予以推介。（2）授权后续会间会进程讨论《天津指南》推介工作的信息、经验及有益实践，向《禁止生物武器公约》第十次审议大会报告讨论及推介的成果。[①]《天津指南》是中国推进全球生物安全治理的重要倡议，有助于实现《禁止生物武器公约》宗旨和目标，进一步提高全球生物安全治理水平。

三、美俄推进生物安全机制建设

2021年，美俄两国在响应国际生物安全多边进程的同时，通过发布国家战略和传染病大流行应对计划、成立生物安全机构等方式，强化自身及伙伴国家的生物安全防御能力建设。

（一）美国持续推进"全球卫生安全议程"

2021年10月，美国政府发布"全球卫生安全议程"（GHSA）2020年度工作报告，总结了2020年相关项目开展情况和成果，介绍了美国在全球卫生安全能力建设中的做法和经验，肯定了国防部在推动美国卫生外交进程中所发挥的积极作用，指出"全球卫生安全议程"仍是美在卫生安全领

---

① 《关于〈科学家生物安全行为准则天津指南〉的工作文件》，2021年9月22日，中华人民共和国外交部，https://www.mfa.gov.cn/web/wjb_673085/zzjg_673183/jks_674633/fywj_674643/202109/t2021 0922_9584953.shtml。

域开展全球合作的最佳模式。2020年，美国政府为"全球卫生安全议程"相关项目资助超过4.8亿美元，与40多个国家，包括19个"全球卫生安全议程"成员国建立合作关系，全球70多个国家、国际组织、非政府组织和私营实体机构参与"全球卫生安全议程"相关合作项目，主要活动涉及3个方面。一是协助伙伴国家应对新冠肺炎疫情，二是实践和推广"共同健康"的做法，三是协助多国有效控制埃博拉疫情蔓延。美国将继续与伙伴国家合作，继续加强《国际卫生条例》及相关监督和评估工具的具体落实，践行政府机构协同参与的跨部门合作机制，以预防、侦测和响应未来的流行病和大流行病，大胆、果断、公平地实施创新措施，构建一个更安全、更有保障的世界。[①]

2021年新冠肺炎疫情持续蔓延，进一步完善卫生防控体系，提高传染病应对能力，仍将是"全球卫生安全议程"未来关注的重点。作为2020年"全球卫生安全议程"主席国，泰国呼吁制定量化标准，以实现"全球卫生安全议程2024"目标，在微生物耐药、人畜共患疾病、生物安全与生物安保、免疫接种、国家实验室建设等多个技术领域提高卫生安全能力。

（二）美国发布《应对和防范新冠肺炎国家战略》

2021年1月21日，美国总统拜登签发《应对和防范新冠肺炎国家战略》（以下简称《战略》）。该战略阐释了美国政府要达成的七个目标，为美国应对公共卫生危机提供了路线图，同时附带十二项行政命令。美国政府在疫情快速蔓延之际发布国家战略，旨在加强新冠病毒检测、加快疫苗研发及疫苗接种进程、为各州提供资金和行动指导，在有效遏制疫情蔓延

---

① The White House, "Progress and Impact of U. S. Government Investments in the Global Health Security Agenda," December 31, 2021, https://www.whitehouse.gov/wp-content/uploads/2021/10/Global-Health-Security-Agenda-Annual-Report.pdf.

的同时，重获美国民众支持，具体措施包括以下七个方面。一是通过建立新冠肺炎疫情应急响应框架、定期发布疫情报告和数据分析，提高信息透明度来恢复美国民众对政府的信任。二是通过公平分配疫苗、严格监控疫苗有效性和安全性来持续推进全民疫苗接种工作。三是及时更新公共卫生指南、加强病毒检测能力和完善新冠肺炎医疗救治产品研发计划等措施，有效控制新冠肺炎的进一步传播。四是加强紧急援助，实施《国防生产法》，解决供应短缺问题。五是发布严格安全指南、扩大公共卫生应急响应队伍，放开学校、商业和旅行限制。六是有效利用大数据，加强对高风险人群的识别和防护，跟踪资源分配，正确处理美国民众因种族、地理位置以及性取向等因素在新冠肺炎疫情应对中遭遇的不公平现象。七是重建美国与世界卫生组织之间的关系，加强生物威胁防御能力，恢复美国在全球卫生安全治理领域的领导地位。①

（三）美国发布国家传染病大流行应对计划

2021年9月2日，美国白宫网站发布题为《美国流行病应对准备：革新我们的能力》报告。该报告是美国政府检视新冠肺炎疫情应对措施及美国政府生物防御和流行病应对准备能力的过渡性报告，重点介绍了五个关键目标。一是从疫苗、治疗和诊断方法研发的角度，保障和提升国家医疗准备和防御能力。二是构建和完善传染病早期预警系统，提高实时监测能力，强化态势感知能力。三是提高公共卫生紧急事件的响应能力，完善美国的公共卫生系统，更新公共卫生基础设施，以有效预防、响应和控制生物威胁。四是研发个人防护装备、保持库存和供应链稳定、预防灾难性生

---

① The White House, "American Pandemic Preparedness: Transforming Our Capabilities," December 31, 2021, https://www.whitehouse.gov/wp-content/uploads/2021/09/American-Pandemic-Preparedness-Transforming-Our-Capabilities-Final-For-Web.pdf.

物事件、提高管理效能，增强生物安全防御核心能力建设。五是强化职业纪律和道德教育，倡导兢兢业业的敬业态度和严于律己的责任意识，建立强大、统一的任务规划机构，确保美国流行病应对准备能力项目的可问责性。

美国政府拟投资 653 亿美元，用以强化其流行病应对准备能力，其中疫苗和医疗措施研发经费分别为 242 亿美元、118 亿美元，二者总费用占比超过 55%，投资期为 7—10 年。上述经费将划拨至美国卫生与公众服务部，由其负责经费管理，监管项目的执行并问责。科技发展是美国提升传染病大流行应对准备能力的重要支撑。未来，美国将动员政府机构，整合分散于各部门的卫生事务处置力量，完成报告目标。下一步美国政府还将制定和发布《生物防御和流行病应对准备能力战略》。

（四）俄罗斯颁布实施《俄罗斯联邦生物安全法》

2020 年 12 月 30 日，俄罗斯总统普京签署总统令，正式批准并颁布《俄罗斯联邦生物安全法》。该法案正式文件共 36 页 17 条，根据第 17 条规定，该法将于正式颁布之日起生效，主要内容涉及 4 个方面。一是维护生物安全的基本原则与主要活动。法案第 3 条和第 4 条分别明确了维护生物安全的基本原则与主要活动。二是各级国家权力机关、个人和组织的职责、权利和义务。法案第 5、第 6、第 7 条分别规定了俄联邦各级国家权力机关、个人和组织机构在生物安全领域的职责、权利与义务。三是生物威胁判定与维护生物安全的主要措施。法案第 8—15 条是关于生物威胁判定与维护生物安全的主要措施，也是法案的核心内容。四是其他方面。法案第 1 条界定了 20 个主要术语。第 2 条规定了维护生物安全的法律基础，主要是俄罗斯宪法、各领域签署的国际条约以及联邦法律文件等。第 16 条规定违反生物安全领域法律应承担法律责任。第 17 条规定该法自公布之日即 2020

年 12 月 30 日起生效。①

（五）俄罗斯成立应对新发传染病机构

2020 年 10 月 12 日，俄罗斯总统普京签署总统令，批准在俄联邦安全会议建立新发传染病国家防护系统工作跨部门委员会，旨在更好应对新发传染病对国家、社会及公民造成的安全威胁。该委员会设主席 1 名，副主席 2 名。由总统直接担任主席，副主席由联邦安全会议副主席提名并需经过俄总统批准，负责主持委员会各项工作。委员会成员主要由俄联邦政府有关单位的负责人组成，根据联邦安全会议所属机关领导人提名，由安全会议副主席批准。下设有 8 个跨部门委员会，分别负责社会、经济、军事、生态、信息等相关领域安全问题。

根据俄总统普京同时签发的《建立新发传染病国家防护系统工作跨部门委员会工作条例》，该委员会的职能和任务包括：（1）评估与传染病传播相关，且对个人、社会和国家利益造成危害的国内和国外威胁，研究以前未出现过的新发传染病发病机制；（2）系统监督传染病传播，在利用遗传信息和科学研究成果的基础上，系统分析和评估俄罗斯联邦公民的群体免疫力；（3）评估新发传染病防护系统，包括评估保证疫苗、药品和相关疾病治疗方法有效性和安全性的措施，提出完善这些措施的建议；（4）为预防、诊断和治疗相关疾病，研制新的抗病毒和抗微生物药品、诊断系统和技术设备，组织实施综合科学研究，制订工艺方案和基础设施方案；（5）就防止传染病传播的战略、解决公民健康问题的措施、相关工作财政预算编制、协调各机构之间的工作等方面向联邦安全会议提出意见和建议；（6）就

---

① "Путин подписал закон о биобезопасности в России," ТАСС, August 4, 2021, https://tass.ru/obschestvo/10384869?utm_source=cn.bing.com&utm_medium=referral&utm_campaign=cn.bing.com&utm_referrer=cn.bing.com.

联邦安全会议制定的防止传染病传播措施,分析相关机构执行后的效果;(7)参与制定和落实与防止传染病传播相关的战略规划文件;(8)按规定程序审议俄罗斯联邦国家规划草案中该委员会职权范围内的相关问题,评估落实国家规划的效果;(9)审议与防止传染病传播相关的法律规范文件草案;(10)根据联邦安全会议的委托,对联邦行政机关和各联邦主体行政机关与防止传染病传播有关的决定草案进行鉴定。该委员会按计划开展工作,每季度至少举行1次委员会会议。①

四、结语

新冠肺炎疫情持续蔓延,促使国际社会重新思考生物安全对国家安全和人类发展的重大影响。生物科技的迅速发展,国际生物安全威胁压力倍增,全球生物安全治理面临新挑战。特别是部分国家在不断增强国家生物防御能力的同时,通过利益集团扩大自身在全球生物安全治理领域的影响力,民族主义观念趋盛,这在一定程度上削弱了全球生物安全治理能效,导致国际生物安全形势更加复杂。

疫情当下,全球命运休戚与共。各国应充分认识到构建人类命运共同体和人类卫生健康共同体的重要意义。只有追求共同安全、合作安全,充分肯定和重视国际规则和国际规范,才能实现人类卫生健康良性循环,这也是推动《禁止生物武器公约》等生物军控多边机制取得进展的必要条件。预计未来围绕国际生物军控的斗争仍将激烈,2022年4月,举行的《禁止

---

① Президент России, "Указ Президента РФ №620 от 12 октября 2020 года," President, August 4, 2021, http://prezident.org/articles/ukaz-prezidenta-rf-620-ot-12-oktjabrja-2020-goda-12-10-2020.html.

生物武器公约》第九次审议大会是推进国际生物军控进程的重要契机,各国应加强合作,推动国际共识,构建公平、公正、普惠的全球生物安全治理机制。

【常规与综合】

美国经济制裁体系的运行机制、对华制裁现状及未来动向

富景筠　张高胜

新兴战略力量对战略稳定的冲击及应对探析

郭晓兵　张明

美国经济制裁体系的运行机制、对华制裁现状及未来动向

富景筠　张高胜

内容提要：经济制裁已经成为美国应对大国竞争、影响他国行为和应对危机的重要手段。美国目前已经形成较为完整的制裁决策、立法和实施体系。本文在梳理美国经济制裁体系运行机制及逻辑的基础上，研究其新特点和影响，重点分析拜登政府对华制裁新趋势及下步走向，为积极应对美国制裁提供参考和借鉴。

关 键 词：经济制裁体系；国家安全；制裁特点及趋势
作者单位：中国社会科学院美国研究所军备控制与不扩散研究中心
中国国际问题研究院

经济制裁作为蓄意的、由政府发起的、断绝或威胁断绝惯常贸易和金融关系的行为，[1] 是一种介于和平谈判和使用武力中间、[2] 改变国际关系的重要工具。[3] 对比传统武装冲突手段，经济制裁具有烈度较低、成本较小、针对性强、效果显著等优势，已经成为实现维护美国国家安全、外交政策

---

[1] 加利·克莱德·霍夫鲍尔等：《反思经济制裁》，杜涛译，上海人民出版社，2019，第3页。
[2] Richard W. Parker, "The Problem with Scorecards: How (and How Not) to Measure the Cost-effectiveness of Economic Sanctions," *Michigan Journal of International Law*, 2000, pp. 235-236.
[3] 孟刚：《制裁和反洗钱合规风险应对》，中国金融出版社，2021，第79页。

或经济目标的重要手段。一战后，美国对经济制裁手段的重视程度不断提高。1919年，时任美国总统伍德罗·威尔逊在美国参议院外交关系委员会的演讲中将国际制裁描述为"和平的、无声的致命性补救措施"。① 二战结束到1990年，美国成为世界上实施经济制裁手段最多的主权国家。② 运用制裁手段来实现政策目标是冷战期间美国战略决策的重要内容之一。冷战结束后，美国频繁使用经济制裁，不断更新经济制裁手段，且单边主义色彩日趋强烈。特朗普政府时期，美国更是以频繁、严厉的全方位制裁作为落实"极限施压"政策的主要手段。③ 拜登政府上台后，为应对大国竞争、影响他国行为和应对危机，继续运用制裁手段胁迫他国改变行为。

美国目前已经形成较为完整的制裁决策、立法和实施体系。总统和国会均可以发起制裁，政府相关部门在实施制裁中相互配合，针对被制裁对象特点利用各类制裁手段以实现制裁目标。本文在梳理美国经济制裁体系运行机制及逻辑的基础上，分析其新特点和影响，着重分析拜登政府时期对华制裁新趋势及下一步走向，为积极应对美国制裁提供参考和借鉴。

一、美国经济制裁的决策体系和执行机制

作为全球最主要的经济制裁发起国，美国建立了一套相对完整的对外制裁体系，并不断进行修改完善。

（一）美国经济制裁决策体系

在三权分立的政治体制中，同一国家内部会出现不同的实施对外经济

---

① Hamilton Foley, *Woodrow Wilson's Case for the League of Nations, Compiled With Approval by Hamilton Foley* (Princeton, NJ: Princeton University Press, 1923), p. 71.
② 孟刚：《制裁和反洗钱合规风险应对》，中国金融出版社，2021，第79页。
③ 吴金淮：《美国防扩散政策的新特点》，《世界知识》2020年第9期，第73页。

制裁决策的主体，以美国最为典型。美国对外制裁决策由总统和国会负责。① 总统以行政令方式发起制裁，国会就相关议题制定法案。总统与国会在发起制裁上彼此制衡，利益集团将影响总统和国会的制裁决策。②

1. 美国总统、国会及二者相互制衡

美国总统在对外经济制裁决策中居于核心地位，享有广泛的权威，主要体现在以下三个方面：一是总统可以根据相关法律以"总统行政令"的方式禁止与外国国家、团体及个人的部分或全部贸易和经济往来。这些法律包括《1917年对敌贸易法》(TWEA)、《1945年联合国参与法》(UNPA)、《1976年国家紧急状态法》(NEA)、《1977年国际紧急经济权力法》(IEEPA)等。当总统认为国际局势或特定事件对美国国家安全、外交政策和经济利益构成威胁时，可不经国会授权针对特定国家、组织及个人发起制裁。二是总统在制裁方案的选择上具有最终决定权，即总统的外交团队决定是否发起以及如何实施制裁。三是国会通过的制裁法案在参众两院一致通过后最终经总统签署同意后成为法律。总统可根据国家安全利益需要暂停或终止立法的实施。③

美国国会对制裁政策的干预主要通过制定与经济制裁有关法律的方式来实现。国会的立法地位使其在美国对外制裁决策中占据重要地位。国会通过立法、附加条款等方式实施制裁。第一，在制裁法案经两院通过后交由总统签署时，如若总统不否决，或者否决但经两院2/3议员重新通过后，该法案正式成为法律。制裁法案一旦成为法律，就很难被改变或者取消。

---

① 叶文辉：《美国金融制裁运作机制及对我国的启示》，《华北金融》2015年第6期，第20页。
② Ashrakat Elshehawy, Nikolay Marinov, Federico Nanni, and Jordan Tama, "Binding Hands or Granting Discretion: Congress, the President, and the Design of Economic Sanctions," *Social Science Research Network*, October 2020, https://papers.ssrn.com/sol3/papers.cfm?abstract_id=3708586.
③ 李峥：《美国经济制裁的历史沿革及战略目的与手段》，《国际研究参考》2014年第8期，第13页。

国会通过立法程序推动有关制裁的法律化,对特定国家实施长期制裁或将已有的制裁长期化。① 近年来最典型的专门制裁法案是 2017 年 7 月 25 日,美国众议院以 419 票赞成、3 票反对的表决结果通过《以制裁反击美国敌人法案》(Countering America's Adversaries Through Sanction Act,CAATSA),决定对伊朗、俄罗斯、朝鲜实施新一轮制裁。第二,国会通过在重要例行法案中加入附加条款的方式实施制裁。相关法案一旦通过,其效力等同于专门的制裁法案。以《国防授权法案》(NDAA)为例,国会在该法案中加入针对特定国家的条款,实际上扩大了美国的制裁范围。作为美国制裁在实施层面的重要补充,《国防授权法案》为美国每年的制裁提供依据。②

总统与国会争夺制裁的主动权和决策权。国会制约总统在制裁上的自由裁量权,总统动用否决权来限制国会的立法活动。国会倾向于强硬支持制裁,总统则会权衡利害、灵活处理。对于国会通过的制裁法律,总统决定是否、何时以及以何种程度来实施和执行。国会则尽可能限制总统的自由裁量权,扩大自己在制裁决策中的权力。③

2. 美国国内政治因素

对外制裁已成为美国总统和国会追求各自利益的政策工具。美国频繁的竞选活动会影响总统的对外制裁行为。当某些敏感问题成为重要政治议题时,考虑到竞选的政治利益,总统可能会被迫做出强硬姿态并发起制裁。同样,当涉及国会议员是否支持对外制裁时,竞选因素同样凸显。为寻求连任,候选人需要迎合选区内选民的政治诉求。国会议员的被选举基础不

---

① Jordan Tama, "Forcing the President's Hand: How the US Congress Shapes Foreign Policy through Sanctions Legislation," *Foreign Policy Analysis* 16, no. 3 (July 2020): 397-416.
② 徐以升、马鑫:《美国金融制裁的法律、执行、手段与特征》,《国际经济评论》2015 年第 1 期,第 140 页。
③ 刘建伟:《美国金融制裁运作机制及其启示》,《国际展望》2015 年第 2 期,第 118 页。

是外交政策，而是地方问题。而总统则更注重外交关系，而不是地方事务。① 当经济制裁给部分国会议员带来政治收益、给总统制造麻烦时，即使国家经济利益受损，部分国会议员也会鼓动国会发起制裁。

由于经济制裁对一国国内利益具有再分配效应，美国经济制裁决策受到国内利益集团政治和党派之争的影响。党派斗争是美国政治运行的重要特点。国会对总统的压力一定程度上体现出党派斗争。制裁同时也反映出美国国内利益集团的诉求。制裁导致利益集团受益或受损决定其支持还是反对制裁，而利益集团的游说能力则决定它们的诉求能否得到满足。总体来看，利益集团包括商业利益集团和社会利益集团。商业利益集团包括企业界、农业集团、零售业和金融机构等。社会利益集团包括人权组织、劳动组织和政治保守势力等。不同利益集团对制裁的利益诉求是不同的，甚至会出现分歧和冲突。例如，人权组织和美国商会往往会对政府和国会进行不同的游说和施压。

3. 州和地方政府

冷战结束后，美国对外政策的一个重要趋势是州和地方政府频繁参与到外交活动之中，一个重要表现是它们可以单独发起对外制裁。②

美国州和地方政府发起制裁的形式主要有两种。一是选择性购买法，即禁止州和地方公共机构与在被制裁国从事经营活动的企业签订合同。二是选择性投资法，即禁止州和地方公共机构将公共基金投资于上述企业，命令州和地方退休基金从上述公司股票中撤资。越来越多的州和地方政府行使外交权，其结果可能是与联邦政府的外交权相抵触，由此导致美国对

---

① 宋国友：《冷战后美对华经济制裁中的美国国内因素》，《国际经济评论》2003年第1期，第54—55页。
② 杜涛：《美国州和地方镇政府对外经济制裁及其对美国联邦宪法和国际法的挑战》，《武大国际法评论》第11卷，第66页。

外制裁决策出现混乱。但与此同时，美国宪法也赋予了总统和国会处理对外事务、制定对外贸易相关规定的权利，同时联邦法优先于与之冲突的州法和地方法。①

（二）美国经济制裁执行机制

在国会立法或总统颁布行政令后，美国行政机构负责监督、管理和落实制裁内容。行政机构的多个部门共同参与制裁执行，在执行制裁中相互配合和协商。美国对外制裁的管理和运作由国务院、财政部及其下属机构海外资产管制办公室（Office of Foreign Assets Control，OFAC）、司法部、商务部、国防部、联邦调查局和金融机构等共同完成。财政部、司法部和商务部有权对违反美国制裁规定的企业和个人进行调查，国防部和情报界为它们的调查提供情报支持。

1. 美国财政部对经济制裁的执行

财政部是美国实施经济制裁的主要部门，负责甄别制裁目标，协助获取相关情报，并对美国本土金融机构进行调查和监控。财政部下属的海外资产管制办公室是美国制裁的核心执行部门之一，负责管理和执行所有基于美国国家安全和对外政策的经济和贸易制裁，其具体制裁目标包括国家政府、恐怖分子、国际毒贩，以及涉及大规模杀伤性武器扩散和危及美国国家安全、外交政策和经济运行的组织和个人。② 经特别立法授权，海外资产管制办公室可搜集被制裁对象的海外资产信息，冻结其在美资产和账户，监控其账户与美国本土金融机构的资金往来，对违反制裁的个人或实体处

---

① 加利·克莱德·霍夫鲍尔等：《反思经济制裁》，杜涛译，上海人民出版社，2019，第164页。
② 吴金淮：《美国制裁清单体系及影响研究》，载李驰江主编《2021国际军备控制与裁军》，世界知识出版社，2021，第209页。

以罚款。海外资产管制办公室实施和监督制裁的主要措施是拟定并调整"特别指定国民名单"(Specially Designated Nationals List, SDN List)。被列入"特别指定国民名单"的外国个人或实体所持有的资产将被冻结或没收,金融交易被切断,而且受美国法律管辖的有关各方将不得与该名单中的个人或实体交易。①

2. 美国国务院对经济制裁的执行

美国国务院与总统的外交团队沟通协调,寻找发起制裁的国内相关法律支撑以及可以动用的资源。国务院为制裁设计外交说辞,宣传和阐释美国的制裁立法和规则,向被制裁国传递战略意图。国务院下属的国际安全与防扩散局(Bureau of International Security and Nonproliferation, ISN)专门负责美国的防扩散制裁政策,并负责发布和更新防扩散制裁清单(Nonproliferation Sanctions List)。② 出于防止大规模杀伤性武器及其运载工具扩散的目的,国际安全与防扩散局对从事扩散活动的外国政府、实体及个人实施制裁,旨在加强防扩散体系建设、打击恐怖主义与塑造安全环境,其制裁对象多为恐怖主义组织及恐怖分子等非国家行为体,同时从事扩散活动或为扩散活动提供便利的实体和个人也会遭到制裁。

3. 其他机构对经济制裁的执行

美国商务部工业与安全局(BIS)负责处理涉及有关国家安全及高科技相关制裁事宜。工业与安全局根据《出口管制条例》决定美国产品是否需要取得商务部的出口许可。工业与安全局制定和管辖实体清单(Entity List)、未经核实清单(Unverified List, UVL)以及被拒绝清单(Denied

---

① 郑联盛:《美国金融制裁:框架、清单、模式与影响》,《国际经济评论》2020年第3期,第130页。

② U.S. Department of State, *Nonproliferation Sanctions*, https://www.state.gov/key-topics-bureau-of-international-security-and-nonproliferation/nonproliferation-sanctions/.

Persons List，DPL)。违反《出口管制条例》规定的外国实体将被工业和安全局制裁。制裁手段包括修改、终止、撤回贸易许可，拒绝贸易特权，扣押承载船只、车辆、飞机及没收货物等。

美国还依托全球支付清算系统来切断制裁对象使用美元的渠道。美元清算系统主要有纽约清算所银行同业支付系统（Clearing House Interbank Payment System，CHIPS）、自动清算中心（Automatic Clearing House，ACH）等。美国利用自身在国际金融体系中的影响力，要求国际金融组织机构停止对被制裁国提供美元结算和其他服务。此外，美国司法部负责处理与经济制裁相关的刑事案件，国土安全部负责实施与旅行禁令相关的制裁措施。

二、美国经济制裁新趋势及面临的挑战

随着国际国内形势不断变化，为保护和强化制裁对维护国家安全利益的有效性、应对所面临的挑战，美国不断强化经济制裁形式，更新手段。

（一）美国经济制裁新趋势

近年来，美国对外制裁单边主义倾向严重，呈现如下新趋势。

第一，经济制裁覆盖范围广，规模创历史新高。根据2021年10月美国财政部发布的《制裁评估报告》，从2000年到2021年，财政部会同国防部针对伊朗核扩散、贩毒组织、恐怖主义组织等实施了制裁，生效制裁措施从912项增长到9421项。[①]

第二，经济制裁范围不断扩大。从2000年到2021年，海外资产管制

---

① U.S. Department of the Treasury, *Need for Continued Multilateral Approach, Structured Policy Framework, and Enhanced Cost Mitigation*, October 18, 2021, https://home.treasury.gov/news/press-releases/jy0413.

办公室制裁项目则从 69 个增长到 176 个。① 美国不断创设新项目，推进新立法，例如 2018 年 9 月，美总统特朗普签署第 13848 号行政令，创设外来势力干涉美国选举的制裁项目，授权财政部将所谓干涉美国选举的个人和实体纳入受制裁名单。

第三，经济制裁手段精准化。为减少国际质疑，美国经济制裁更强调对制裁对象进行定向打击。美国在以所谓"俄罗斯入侵乌克兰"为由对俄实施制裁时，制裁对象更具针对性，为人道主义、医疗救助等豁免实施留有一定空间。

（二）美国经济制裁面临的挑战

经济制裁手段因其特性而被美国广泛利用以实现其特定政策目标。一是制裁具有灵活特征，在操作过程中可以根据需要随时调整或者中止和取消制裁。二是手段丰富，适用范围广，不仅被用于应对军事冲突、政治危机和恐怖主义，也可以被用来解决经贸争端和摩擦、人道主义等议题。三是制裁对象既可以是敌国和竞争对手，也可以是盟友和伙伴国。四是制裁具有非暴力特征，其实施后果是可控的。②

然而，制裁是一把"双刃剑"，往往会令制裁国和被制裁国的利益同时受损。同时，制裁的后果还会影响到与制裁国和被制裁国相关的第三方。因此，美国的单边制裁行动可能会引发被制裁国和第三方的反制行动。

以俄罗斯为例，2021 年 4 月，普京根据 2018 年《俄罗斯反制裁法》

---

① U. S. Department of the Treasury, *Need for Continued Multilateral Approach, Structured Policy Framework, and Enhanced Cost Mitigation*, October 18, 2021, https://home.treasury.gov/news/press-releases/jy0413.

② 李峥：《美国经济制裁的历史沿革及战略目的与手段》，《国际研究参考》2014 年第 8 期，第 11 页。

签署了反制外国不友好行为的法令。该总统令规定，对于针对俄罗斯、俄罗斯公民和俄罗斯法人实施不友好行为的国家（"敌对国家"）的外交使团和领事机构、国家机关和机构代表处，禁止其与俄公民签订劳动合同、劳务协议以及其他与劳动有关的民事合作。① 尽管欧盟与美国在将俄罗斯定位为"战略挑战"上达成共识，但欧洲的战略利益与美国不完全一致，使得美国对俄罗斯制裁的有效性受到影响。

美国经济制裁的政治动机也促使欧洲寻求构建与美国主导的金融体系脱钩的替代性支付体系。继英法德2019年1月牵头建立"贸易往来支持工具"（INSTEX）机制后，有9个欧盟国家宣布加入。欧洲建立"贸易往来支持工具"机制的初衷是寻求建立与伊朗正常贸易的独立交易机制。② 2020年3月，"贸易往来支持工具"机制为伊朗购买药品完成了首笔交易。如果"贸易往来支持工具"机制成为欧洲未来贸易体系的基石，欧洲将成功削弱美国对伊朗以及其他被制裁国施加单边制裁的影响。

三、拜登政府对华经济制裁现状

拜登政府继承了特朗普政府视中国为主要战略竞争者的基本认知，以国家安全、防扩散、人权等为由在贸易、金融、投资和技术等领域对华实施经济制裁。

（一）贸易领域

拜登政府关于供应链安全的核心政策是美国需要具有弹性、多样化和

---

① Kremlin, *Executive Order on Measures (Countermeasures) in Response to Unfriendly Actions of Foreign States,* April 21, 2021, http://en.kremlin.ru/events/president/news/65437.

② Henry Farrel and Abraham L. Newman, "Weaponized Interdependence: How Global Economic Networks Shape State Coercion," *International Security* 44, no. 1 (2019): 78-79.

安全的供应链。它要求对美国供应链进行全面审查，识别风险，解决漏洞，改变美国关键产品供应链对中国的进口依赖。2021年2月，拜登正式签署供应链行政令，启动为期100天的供应链安全审查。审查对象包括半导体芯片、电动汽车电池、稀土和药品等四种关键产品，同时对国防、公共卫生和生物制剂、信息和通信技术、能源、运输、农产品和食品生产等6大领域的供应链进行为期一年的单独审查。①

2021年6月，拜登政府发布了供应链百日审查报告，污蔑中国在上述领域采取的措施"有很多不符合全球公认的公平贸易惯例"。美国将因此采取包括成立"供应链贸易行动小组"的一系列行动。这个由美国贸易代表办公室领导的"供应链贸易行动小组"，将找出所谓造成美国供应链"空心化"的具体违规行为，然后通过关税或其他贸易补救措施解决。②

（二）金融领域

拜登政府限制、打压中企在美国资本市场活动的政策工具，主要源自特朗普总统离任前签署生效的《外国公司问责法案》。该法不仅要求外国公司遵守美国审计规定，还要求外国公司允许美国公众公司会计监督委员会（PCAOB）审查海外公共会计师事务所，并披露是否由外国政府拥有或控制。同时，外国公司的海外公共会计师事务所还需提交报告，公开公司与外国政府的投资关系等信息。如果不能连续三年满足审计要求，该上市公

---

① 柯静：《美国拜登政府对外经济政策目标、路径及制约因素》，《太平洋学报》2021年第10期，第17—18页。

② The White House, *Building Resilient Supply Chains, Revitalizing American Manufacturing, and Fostering Broad-based Growth: 100-Day Reviews under Executive Order 14017*, June 2021, pp. 6-18, https://www.whitehouse.gov/wp-content/uploads/2021/06/100-day-supply-chain-review-report.pdf.

司的股票将在美国股市停止交易。①

（三）投资领域

特朗普以所谓"国家安全"为由强化了对外资的安全审查。2018年8月，特朗普签署经国会两院通过的《外国投资风险审查现代化法案》（FIRRMA）。该法扩大了外国投资委员会的审查范围并修改了审查程序，包括关键技术、关键基础设施以及敏感个人信息。10月，美国财政部发布《针对审查涉及外国人士和关键技术的若干交易的试点规定》，划定27个试点行业并强制企业提交审查申请。决定该委员会是否审核通过某项投资有3个因素：（1）是否涉及美国国防生产能力；（2）是否涉及向特定国家销售、转售军事技术；（3）是否影响美国在国家安全领域的技术领先地位。

2020年1月，美国财政部代表美国外国投资委员会正式发布《外国投资风险审查现代化法案》实施细则。该条例扩大了外国投资委员会的审查范围，包括关键技术、关键基础设施以及敏感个人信息。2020年11月，时任总统特朗普签发《应对投资"中共军工企业"证券的威胁》（Addressing the Threat from Securities Investments that Finance Communist Chinese Military Companies）的第13959号行政命令，禁止美国向中国相关涉军企业进行股票投资。该行政令规定，自2021年1月11日起，美国投资公司、养老基金等投资者均不允许交易中国上述企业相关证券；在此之前购买中国企业相关证券的投资者须在2021年1月11日前撤回。以中国三大通信企业为例，纽约证券交易所宣布要中国电信、中国移动、中国联通等三大电信运

---

① Bob Pisani, "SEC Finalizes Rule that Allows It to Delist Foreign Stocks for Failure to Meet Audit Requirements," *CNBC*, December 2, 2021, https://www.cnbc.com/2021/12/02/sec-issues-final-regs-that-allow-it-to-delist-foreign-companies-that-dont-comply-with-audit-rules.html.

营商公司股票退市。①

2021年6月，现任总统拜登签发《应对为中国特定公司提供资金的证券投资所带来的威胁》（Addressing the Threat from Securities Investments that Finance Certain Companies of the People's Republic of China）的第14032号行政令。该行政令在2021年1月澄清禁令适用范围的基础上，进一步调整了中国涉军企业的名称、认定标准、认定主体和具体清单。新的认定标准突出国防和监控技术领域，聚焦对长期经济和军事实力具有重要意义的技术公司，据此增删清单名录，并继续加大制裁力度。②

（四）科技领域

拜登政府明确将科技竞争置于中美战略竞争的核心地位，推动美国对华科技竞争进入全面深化的新阶段。拜登政府一方面加大对科技、教育和基础设施等的投入，另一方面采取更为全面和系统的手段对中国进行防御。2021年4月，参议院外交关系委员会表决通过《美国创新与竞争法案》，提出将动员美国一切力量应对中国"挑战"，尤其是中国的"高科技野心"。该法编列2500亿美元预算，拟在未来5年内扩大美国在高科技行业的投资。③

美国财政部牵头的外国投资委员会及其"国家安全审查小组"不断扩充，并与国防部、中央情报局等机构深化协调，以更加精准的方式打压中

---

① 李之光：《美国全面金融制裁的新特点及中国应对策略》，《对外经贸实务》2021年第6期，第12—15页。

② *Executive Order 14032 of June 2021: Addressing the Threat from Securities Investments That Finance Certain Companies of the People's Republic of China*, Federal Register, Vol. 86, No. 107, June 7, 2021, https://home.treasury.gov/system/files/126/14032.pdf.

③ The Congress, *S. 1260-United States Innovation and Competition Act of 2021*, April 2021, https://www.congress.gov/bill/117th-congress/senate-bill/1260?s=1&r=1.

国科技企业和投资。拜登政府把外国投资委员会的审查范围扩展到小型交易,更加关注涉及对美国关键技术的风险投资。外国投资委员会下设的新部门"国家安全小组",专门负责处理对美国国家安全构成威胁的投资行为。①

2021年1月,美国国防部将小米公司、芯片制造商高云公司、半导体加工机器制造商中微公司等10家中国高科技公司列入制裁清单,试图以行业制裁形式遏制中国高技术产业发展。拜登政府延续了特朗普政府以"国家安全"为由制裁中国科技企业和相关机构的做法,并不断扩大"实体清单"。4月,美国商务部宣布把7家中国超级计算机公司列入出口管制"实体清单"。② 6月,拜登颁发新的行政令,禁止美国人在中国境内外投资与中国军方有关联的59家中国公司。③

四、美对华经济制裁未来趋势

总体来看,拜登政府对中国采取了更加强硬的经济制裁政策,同时还调整了具体做法,突出人权领域制裁议题,试图通过调动现有制裁工具及挖掘潜在制裁工具,集结盟友和伙伴国在共同关切领域对中国施压,以达到遏制中国的制裁目标。中国企业和个人未来仍面临较高的受美国制裁

---

① James K. Jackson, "The Committee on Foreign Investment in the United States (CFIUS)," Congressional Research Service, February 26, 2020, https://crsreports.congress.gov/product/pdf/RL/RL33388.

② "Commerce Adds Seven Chinese Supercomputing Entities to Entity List for Their Support to China's Military Modernization, and Other Destabilizing Efforts," U.S. Department of Commerce, April 2021, https://www.commerce.gov/news/press-releases/2021/04/commerce-adds-seven-chinese-supercomputing-entities-entity-list-their.

③ Thomas Franck, "Biden Prohibits U.S. Investment in 59 Chinese Companies Allegedly Tied to Military, Surveillance," *CNBC*, June 2021, https://www.cnbc.com/2021/06/03/biden-prohibits-us-investment-in-59-chinese-companies.html.

风险。

(一) 涉军企业的制裁风险

从近年来被美国制裁的上百家中国企业来看，美国对华制裁的着眼点已从防扩散转移到大国竞争，制裁领域呈现出新变化，特别是美高度关注军事技术和高新技术领域。美国政府认为，中国近年来实施的"军民融合"发展战略打破了国防工业和民用部门的壁垒，致使中国的政府机构、国家的军事现代化战略与高科技企业之间缺乏明显的界限。美国担心其军事技术和高新技术在向中国科技公司等民用部门转移后，会通过军民融合战略，转移至中国的军事部门用以提升中国的军事实力和竞争力。[①] 因此，美仍将试图通过扩大中国军工企业清单等措施，打压中国相关企业发展。

(二) 以人权为由的制裁风险

近年来，美国多次以人权为由，粗暴干涉中国内政。自 2019 年以来，美国政府以《全球马格尼茨基人权问责法》为借口，将近百个与新疆和香港问题有关的中国实体和个人列入特别指定国民清单、实体清单等制裁清单。其中不仅包括中国政府机构及高级官员，还包括人工智能（包括人脸识别等）、安防监控、生物科技、公共安全系统服务等领域的高科技公司。

美国民主党政府一贯重视人权问题。拜登曾宣称人权问题是美国推动建立国际反华联盟的关键因素，可以提升美国的"道义领导力"，能够帮助美国在与中国的竞争中打造所谓"优势地位"。因此，美国很有可能以参与监控等活动为由，对相关中国企业进行制裁，将其列入"特别制定国民清

---

① 吴金淮、马瑞婕：《探析美国对华制裁新动向》，载李驰江主编《2020 国际军备控制与裁军》，世界知识出版社，2020，第 193 页。

单"或"实体清单",这将给中国企业的正常运作带来负面影响。

五、结语

可以预见,未来美国仍会将经济制裁作为维护其全球霸权、遏制中国的重要"工具"。下一步,随着美国中期选举临近,拜登政府将面临严峻的"期中考"。面临国内政治压力,拜登政府将继续利用制裁这一政策工具,对中国发起新一轮施压行动。因此,面对美国经济制裁带来的风险,中国在积极"走出去"的同时,应充分做好风险防范,采取措施坚定维护自身利益,抵制美国的单边经济制裁。同时,加强国际合作,共同推进全球经济和安全治理体系改革,以构建人类命运共同体为契机,共同维护全球发展与安全。

新兴战略力量对战略稳定的冲击及应对探析

郭晓兵　张明

内容提要：新兴战略力量的发展和应用使全球战略稳定变得更加复杂。跨域作战与威慑降低了冲突门槛，增加了常规冲突向核冲突升级的风险。常规远程精确打击力量、导弹防御威胁核武库的生存能力和突防能力，威胁军备竞赛稳定。新兴战略力量扩散增加了影响战略稳定的变量。为有效应对新兴战略力量带来的挑战，国际社会应加强相关对话，强化危机预防和管理，加快国际规则构建，推进新兴技术领域的务实合作。

关 键 词：新兴战略力量；战略稳定；国际规则
作者单位：中国现代国际关系研究院军控研究中心
中国现代国际关系研究院国际交流部

当前，新兴技术不仅深刻改变着社会生产和生活，而且在军事领域迅速应用，形成不同于核武器的新兴战略力量，冲击着全球战略稳定。近年，相关国际讨论不断升温，各种分析层出不穷，或强调新兴战略力量的负面作用，或注重新兴战略力量的正面价值，或剖析具体新兴战略力量发展态势，视角与看法不尽相同。本文尝试通观新兴战略力量对以核武器为中心的战略稳定的影响，并探讨可能的军控选项。

一

对于何为新兴战略力量，或曰非核战略力量，各方见仁见智。一些官方或准官方文献隐约表明了各国政府部门对新兴战略力量的看法。2002年美国《核态势评估报告》将旧的陆海空核"三位一体"发展为由战略防御、战略进攻和国防工业基础设施组成的新"三位一体"，其中战略防御以及非核战略进攻手段均应算作新兴战略力量。① 2018年《美国核态势评估报告》提出，美国核武器不仅用以对付核攻击，还要准备对付重大的非核攻击，如对美国及其盟国的人口或基础设施的攻击，对美国及其盟国的核力量及其指挥、控制或预警系统的攻击。这俨然已将天、网攻击视为战略攻击，将天、网武器视作与核武器相提并论的新兴战略力量。中国外交部军控司主编的《当代中国战略安全与军控外交》将"战略武器"界定为"具有打破大国间军力平衡、决定大国生死存亡和影响全球格局能力的武器系统，也就是核武器以及在当前形势下可以对核力量造成毁灭性影响的网络、外空、反导、基因武器以及先进常规武器等"。② 按照该定义，对核武器具有毁灭性影响的武器系统可称为新兴战略力量或者非核战略力量。学术界也试图给出自己的定义或范围。英国国际战略研究所的军控专家法比安·霍夫曼（Fabian Hoffmann）将"非核战略武器"界定为"先进常规武器的一种，可以（1）可信地威胁敌方核力量的生存能力，或（2）危及敌方领土上的高价值政治和社会经济目标，威胁到国家联通性及其正常运行

---

① 2002年《核态势评估报告》将新三位一体描述为"非核与核进攻能力、主动与被动防御系统和反应性强的国防基础能力"，*Excerpts of Classified Nuclear Posture Review, Submitted to Congress on December 31, 2001*, January 8, 2002, https://uploads.fas.org/media/Excerpts-of-Classified-Nuclear-Posture-Review.pdf。

② 王群主编《当代中国战略安全与军控外交》，世界知识出版社，2018，第10页。

能力"。① 美国前助理国防部长帮办布拉德·罗伯茨（Brad Roberts）认为有 5 种技术对战略稳定影响较大，即导弹防御、常规快速全球打击能力、网络、太空和人工智能。② 而英国皇家三军研究所和美国蒙特雷詹姆斯·马丁不扩散研究中心在其联合研究中认为，导弹防御和远程精确打击攸关战略稳定。③ 综合各方看法，太空、网络、导弹防御、高超声速、人工智能 5 类技术近 20 年来军事应用进展显著，与核力量稳定的关系尤为紧密，最值得加以关注。

（一）太空战场化、武器化趋势日益明显

尽管人类进入太空之初，便已开启太空军事化进程，但太空战场化、武器化却是近年出现的新走势。越来越多的国家将太空视作军事对抗疆域，建设太空军蔚然成风。美国和北约宣称太空是新的作战疆域。2019 年，美国成立太空发展局、太空司令部、太空军三大机构。法国、日本、英国、印度、德国等国也纷纷效法，建立自己的太空军或太空司令部。与此前的军事航天重在导弹防御和天基支持保障不同，当前各国纷纷成立的太空军把太空本身视为争夺疆域，发展太空攻防作战手段，既包括导弹防御，也包括卫星攻防，乃至天基对地攻击能力。美国太空发展局筹划构建由数百颗卫星组成的太空国防架构，直接与导弹相连，能发现并摧毁高超声速导

---

① Fabian Hoffmann, "Strategic Non-Nuclear Weapons and Strategic Stability-Promoting Trust Through Technical Understanding," *European Journal of International Security* 6, no. 3 (August 2021): 257–277.

② Brad Roberts, *Emerging and Disruptive Technologies, Multi-domain Complexity, and Strategic Stability: A Review and Assessment of the Literature*, European Leadership Network, February 2021, https://www.europeanleadershipnetwork.org/report/emerging-and-disruptive-technologies-multi-domain-complexity-and-strategic-stability-a-review-and-assessment-of-the-literature/.

③ Joshua H. Pollack, Cristina Varriale and Tom Plant, "The Changing Role of Allied Conventional Precision-strike Capabilities in Nuclear Decision Making," *Nonproliferation Review* 27, no. 1–3 (February–June 2020).

弹等运动目标。法国表示将使用纳米卫星和反卫星激光武器回击对手。日本计划在 21 世纪 20 年代中期发射干扰卫星。印度、俄罗斯进行反卫星武器试验。天基设施与核战略稳定密切相关，天核跨域升级风险始终存在。

（二）网络军事化方兴未艾

进入 21 世纪以来，网军建设提上各国日程。根据联合国裁军研究所 2021 年的统计，1/4 的联合国成员国拥有国际网络行动能力。另据美国智库对外关系委员会统计，2005 年以来已有 33 个国家使用国际网络行动推进其战略利益。① 由于网络能力两用性突出，对各国网络总体实力的量化评估对于了解其军事潜力具有一定参考价值。2021 年 6 月，英国国际战略研究所（IISS）推出报告《网络实力与国家权力：净评估》，依据战略与学说、治理与指挥和控制、核心网络情报能力、网络赋权和依赖度、网络安全与韧性、网络空间全球领导地位、网络进攻能力等 7 个能力标准，将全球 15 个国家分为三个梯队：美国独占鳌头为第一梯队；中国、俄罗斯、澳大利亚、加拿大、英国、法国和以色列等 7 国被列为第二梯队；印度、伊朗、朝鲜、印度尼西亚、日本、马来西亚和越南等 7 个国家位列第三梯队。② 就军事能力而言，美国起步最早，2010 年就成立网络司令部，2018 年将其升格为统一作战司令部，目前拥有 133 个进攻、支援和防御网络小组，对外网络攻击行动已涉及核导领域。例如，美国和以色列协同对伊朗离心机实施的"震网"病毒攻击，以及疑似对朝鲜导弹系统发动的"发射左侧"或曰"主动抑制发射"袭击。这势必刺激其他国家采取类似措施。

---

① Andraz Kastelic, *International Cyber Operations: National Doctrines and Capabilities*, UNIDIR, May 27, 2021, p. 1, https://unidir.org/cyberdoctrines.
② International Institute for Strategic Studies, *Cyber Capabilities and National Power: A Net Assessment*, June 28, 2021, https://www.iiss.org/blogs/research-paper/2021/06/cyber-capabilities-national-power.

（三）导弹防御技术逐步成熟

导弹防御虽源于冷战期间，但技术真正成熟却是最近20年的事情。美国导弹防御能力独领风骚，已部署一系列全球联网的陆基、海基和天基传感器，大量的陆基和海基反导拦截器，以及全球指挥、控制和战斗管理网络。美导弹防御体系以美本土为核心，覆盖东亚、欧洲、中东，足以防御近程、中程、中远程和部分洲际弹道导弹。美国还试图发展天基导弹防御系统，以破解高超声速武器防御难题。美国虽声明其导弹防御系统无意拦截中俄的洲际弹道导弹，但是明确宣示要防御中俄的战区导弹，无论是核导弹还是常规导弹。① 俄罗斯也拥有比较强大的导弹防御能力。《俄罗斯军事学说》将其作为主要任务，拟于2025年完成分层弹道导弹防御系统部署，届时将具备近程和远程导弹拦截能力。② 但与美国相比，俄罗斯导弹防御系统以首都防御为主，规模较小，部署仅限于本土。以色列、日本、韩国、澳大利亚、印度等国也在积极发展导弹防御能力，均与美国有密切合作。

（四）高超声速武器发展迅猛

高超声速导弹速度快、射程远、轨道难测，是重要突防工具。俄罗斯、美国、中国发展较快，印度、法国、德国、日本、朝鲜也在研发高超声速武器技术。2021年12月，俄罗斯首次齐射多枚"锆石"高超声速巡航导弹。普京称这是"加强国家安全的重要一步"。此外，俄军还透露正在研制

---

① Office of the Secretary of Defense, *2019 Missile Defense Review*, p. xi, https://www.defense.gov/Portals/1/Interactive/2018/11-2019-Missile-Defense-Review/The%202019%20MDR_Executive%20Summary.pdf.

② 陈兢、高雁翎、赵飞：《国外弹道导弹防御发展态势》，《战术导弹技术》2020年第4期。

X-95新型远程高超声速导弹，未来计划配备在战略轰炸机上。这是继"匕首""锆石""先锋"等高超声速导弹之后，俄罗斯首次曝光的最新型高超声速导弹。美国在研发多款高超声速武器，但尚未列装。2021年4月、7月和10月，美国高超声速武器试验遭遇三次失败，均与其火箭助推系统故障有关。美国国会研究局认为，中、俄高超声速导弹携带核弹头，而美高超声速武器携带常规弹头，精度要求更高，技术挑战更大。[①] 普京也认为，美国"在高超声速武器研发方面其实稍稍领先"。[②] 2022年2月8日，美国白宫更新《关键和新兴技术清单》，增加了高超声速能力等5个新的技术领域。此外，印度曾于2019年6月和2020年9月成功测试超燃冲压发动机。德国曾于2012年成功测试实验性高超声速滑翔飞行器。朝鲜自2021年9月以来多次进行高超声速导弹试验。

（五）智能化军事革命蓄势待发

美国科学家联合会在研究了各类新兴颠覆性技术之后，得出结论认为"人工智能及其相关技术可能对未来20年的战略稳定产生最大影响"。[③] 它将增强对核力量的侦察能力，加深核决策对人工智能的依赖程度，甚至会把核武器使用的决定权交到机器手里。例如，美国的B-21"突袭者"战略轰炸机计划"选择性地载人"，这意味着它可能是有人驾驶的飞机，但也可

[①] Kelley M. Sayler, "Hypersonic Weapons: Background and Issues for Congress," CRS Reports, October 19, 2021, p. 18, https://crsreports.congress.gov/product/pdf/R/R45811.

[②] "Russia Aware of US Achievements on Hypersonic Weapons Despite No 'Fuss' about It — Putin," TASS, November 30, 2021, https://tass.com/defense/1368789.

[③] Christopher A. Bidwell, JD & Bruce W. MacDonald, *Emerging Disruptive Technologies and Their Potential Threat to Strategic Stability and National Security*, FAS, September 2018, p. 7, https://uploads.fas.org/media/FAS-Emerging-Technologies-Report.pdf.

能成为携带核武器的无人战略轰炸机。① 就总体实力而言，中、美、欧的人工智能发展领先全球。美国智库数据创新中心评估了美国、中国、欧盟的人工智能进展与实力，美国44.6分，中国32分，欧盟23.3分。② 值得注意的是，俄总统普京曾表示，"谁能成为人工智能领域的领导者，谁就将主宰世界"。③ 俄罗斯的人工智能产业发展虽有局限，但军事应用非常积极，正积极开发"人工神经网络"信息处理系统、人工智能控制的综合防空系统和自主机器人平台。

二

关于战略稳定的定义，各方有不同理解。广义上，它可以指国际形势总体稳定。例如2016年中俄联合声明提出，战略稳定是指国际关系和平、安全和稳定的状态，包括政治和军事两个主要方面。④ 狭义上，它指战略核力量的稳定，包括避免核冲突的危机稳定与日常的军备竞赛稳定。⑤ 冷战后，随着主体多极化、手段多元化，战略稳定从核战略稳定扩展到了核战

---

① Dave Majumdar, "USAF Leader Confirms Manned Decision for New Bomber," FlightGlobal, April 23, 2013, https://www.flightglobal.com/news/articles/usaf-leader-confirms-manned-decision-for-new-bomber-385037.

② Daniel Castro Michael McLaughlin, *Who Is Winning the AI Race: China, the EU, or the United States? — 2021 Update*, ITIF, January 25, 2021, https://itif.org/publications/2021/01/25/who-winning-ai-race-china-eu-or-united-states-2021-update.

③ James Vincent, "Putin says the nation that leads in AI 'will be the ruler of the world'," The Verge, September 4, 2017, https://www.theverge.com/2017/9/4/16251226/russia-ai-putin-rule-the-world.

④ 《中华人民共和国主席和俄罗斯联邦总统关于加强全球战略稳定的联合声明》，中华人民共和国外交部，2016年6月25日，https://www.mfa.gov.cn/ce/cemr//chn/zgyw/t1375312.htm。

⑤ 关于战略稳定的概念辨析，可参见 Christopher A. Bidwell, JD & Bruce W. MacDonald, *Emerging Disruptive Technologies and Their Potential Threat to Strategic Stability and National Security*, Federation of American Scientists, September 2018, p.9, https://uploads.fas.org/media/FAS-Emerging-Technologies-Report.pdf；鹿音：《战略稳定：理论与实践问题研究》，时事出版社，2021。

略稳定和非核战略稳定。核武器因为其独有的超杀能力，仍然是战略稳定中的"绝对武器"，但新兴战略力量使战略稳定变得更加复杂。这主要体现在以下三个方面。

（一）降低冲突门槛，增加核武使用场景，削弱危机稳定性

随着新兴战略力量的发展，战略力量应用理论也有了新的发展。从跨域威慑到一体化威慑，美国在这方面先行一步。其核心就是要打破作战域之间的界限，发挥整体合力，谋求绝对优势。其中，核与新兴战略力量之间的界限被刻意突破。美威胁以核武器报复天、网攻击，扩展了核武器使用范围，降低了核武器使用门槛。相应地，俄罗斯的核威慑政策也提出，如果敌人攻击俄重要国家或军事设施，以致影响俄核反应能力，那么俄就将动用核武器予以反击。[①] 这意味着在大国对抗中新兴战略力量冲突升级为核冲突的风险显著上升。

与核武器相比，新兴战略力量冲突的门槛明显较低。一是攻防界限模糊。例如，在网络领域，网络防御行动在对手看来，可能颇具攻击性。而美国采取"持续作战"和"向前防御"原则，进一步模糊了攻防界线。二是规则不清。新兴技术领域的规则建设不够完善，对于可能引发冲突的行为缺乏有效规范。例如，在太空中的抵近机动有可能增加太空中的误判和误解，以及导致航天器之间发生碰撞，而此类行为并无明确规则。在国家关系紧张时，它就可能演化为危机事件。三是误判风险增大。针对核武器指挥控制系统的网络攻击，使得受攻击者难以判断入侵者是故意还是事故，导致其采取先发制人的核打击手段。人工智能虽能提高情报收集和分析效

---

① *2020 Basic Principles of State Policy of the Russian Federation on Nuclear Deterrence*, The Ministry of Foreign Affairs of the Russian Federation, June 8, 2020, https://archive.mid.ru/en/web/guest/foreign_policy/international_safety/disarmament/-/asset_publisher/rp0fiUBmANaH/content/id/4152094.

率,但也增加了核指挥控制系统的脆弱性。四是决策压力加大。人工智能的速度优势可能压缩外交调解空间,减少危机管理时间。①

(二)威胁核武器生存能力和突防能力,影响军备竞赛稳定

新兴战略力量可能产生让强者越强的"马太效应",刺激相对弱势的一方发展核或非核的战略力量以求自保。拥有较强一体化威慑能力的国家可以使用常规远程精确打击能力威胁对手核武库。"全天候情报、监控和侦察"能力的发展使陆基核力量,包括路基机动导弹生存能力下降。美国已经认真考虑过这种选项。例如,奥巴马总统2016年曾询问能否用常规力量摧毁朝鲜核力量。② 随着新兴战略力量不断成熟,不排除未来美国考虑使用类似手段对付其他核武器国家。另外,水下传感器与人工智能的发展未来还可能使最为隐蔽的战略核潜艇无所遁形。一国核武库在遭受先进常规武器第一次打击之后,残余的有限核武器还要遭到日益成熟的导弹防御系统的拦截。在这种情况下,为维护其核威慑力的可靠、有效,纠正被打破的战略平衡,处于弱势的一方将被迫扩大核武库规模、升级核武器及其运载工具质量。

(三)加剧战略武器扩散,增加影响战略稳定的变量

首先,新兴战略力量多具军民两用性,网络、人工智能等技术往往是商业研发领先于军事研发,这增加了对其实施有效管制的难度。其次,如果越来越多的国家和非国家行为体掌握战略攻击能力,将给战略稳定带来

---

① 关于新兴战略力量对中美战略稳定的影响,可参看 Patricia M. Kim (eds.), *Enhancing US-China Strategic Stability in an Era of Strategic Competition, US and Chinese Perspectives*, Untied States Institute of Peace, April 2021, https://www.usip.org/publications/2021/04/enhancing-us-china-strategic-stability-era-strategic-competition。

② Bob Woodward, *Fear: Trump in the White House* (New York: Simon & Schuster, 2019), pp. 94-95.

复杂的第三方因素。例如，在网络领域，第三方可通过多种方式制造或操纵危机和冲突。在导弹攻防方面，得到导弹防御保护的美国盟国有了"绝对安全"幻象，处理危机时态度会更加强硬，而且干涉意愿增强，从而更容易使危机升级。某些无核武器国家拥有了高超声速武器等远程精确打击能力，可能先发攻击对手核武库。① 比如，日本认为朝鲜导弹发展可能使其导弹防御系统失效，因此筹划发展攻击对手基地的能力。② 这可能挑起核冲突，并进而把美国拖进来，从而使所谓"尾巴摇狗"的现象更加突出。

三

与新兴战略力量日益增强的影响力相比，现有国际管控机制和规则建设严重滞后。就太空而言，相关条约基本达成于20世纪60—70年代，对和平利用太空只有原则性规定，无法有效应对太空武器化、战场化等新动向。就网络而言，除了网络犯罪公约外，并无专门的涉及网络的安全条约。就人工智能而言，相关国际治理讨论很热烈，但尚未形成正式的国际法。就导弹防御和高超声速武器而言，美俄《反导条约》作废使导弹防御系统的部署失去束缚，而可能涵盖高超声速武器控制的新一轮美俄核裁军谈判至今尚未启动。为减少风险，促进稳定，国际社会似可考虑采取以下举措，循序渐进，推进关于新兴战略武器的对话接触、危机管理、规则制定与合作交流。

---

① 英国皇家三军研究所和美国蒙特雷詹姆斯·马丁不扩散研究中心联合研究了美国盟国和伙伴国获取常规精确打击能力对战略稳定的影响。参见 Joshua H. Pollack, Cristina Varriale, and Tom Plant, "The Changing Role of Allied Conventional Precision-strike Capabilities in Nuclear Decision Making," *Nonproliferation Review* 27, no. 1-3 (February-June 2020)。

② "Japan explores defense options for emerging North Korean threats," Nikkei, October 11, 2021, https://asia.nikkei.com/Spotlight/N-Korea-at-crossroads/Japan-explores-defense-options-for-emerging-North-Korean-threats.

（一）加强关于新兴战略力量的战略安全对话，加深理解，增进互信

在核武器未被全面禁止和彻底销毁之前，大国之间有相互脆弱性的战略稳定比严重失衡的不稳定要好。五核国联合声明、中俄联合声明、美俄联合声明都对此做出了确认。但核武器国家对于新兴战略武器对全球战略稳定的影响缺乏充分的对话和交流。鉴于此，可在双多边层面开展多种形式的对话。在双边层面，主要大国之间应恢复或加强太空安全、网络安全等新兴领域的1轨和1.5轨对话。相关对话应该让来自军民商各界的政策专家和科学家们一道就相关政策、安全的联系进行全面讨论。同时，应加强跨领域的安全对话，因为新兴领域之间相互交叉，而且与核战略稳定又有复杂联系。在多边层面，核武器国家可在五核国框架内开展战略安全对话，并将新兴战略武器作为重要对话内容，交流政策，了解关切，界定基本概念，探讨作用机理，研究控制办法。

（二）强化危机预防和管理，严防跨域升级

新兴战略武器是影响战略稳定的重要变量，但最终决定战与和的是人类，而不是武器。因此，预防新兴战略武器引发冲突，乃至核冲突，首先，需要预防冲突和对抗的发生。在以联合国为核心的国际体系中，主权国家避免冲突和对抗的最好办法就是遵守和平共处五项原则，尊重彼此核心利益，避免在领土、主权、内政等问题上颐指气使、耀武扬威。唯有如此，才能弥患于未萌，防止危机的出现。其次，则要强化危机管控，慎用跨域威慑，防止新兴领域的冲突向核领域蔓延。美国应修正以核武器报复天、网攻击的政策，申明核武器唯一目的是威慑或报复核攻击。最后，各方应就可能导致危机的各种场景进行研讨，构建必要的信息沟通机制，对新兴

领域可能出现的危机进行有效管理。

（三）强化国际规则建设，防止军事冲突向新兴技术领域蔓延

在国际规则制定过程中，应遵循以下原则。首先，尊重联合国主导地位，防止"小集团"私定规则。在大国博弈加剧背景下，美国倾向于拉拢盟国，私自在新兴领域制定规则，然后将其强加于国际社会。例如，在太空领域，美国拉拢盟国签署"阿尔忒弥斯协议"，组建所谓标准化月球探测的国家联盟，其他有重要利益关切的国家却被排斥在该过程之外。其实，联合国作为世界上最具代表性的国际组织，是讨论、制定和完善新兴技术领域相关国际规则最合适的平台，其作用应该得到尊重和加强。例如，在太空问题上，应充分利用联大、外空委和日内瓦裁军谈判会议三大平台，完善太空军控与和平利用太空的国际立法。在网络问题上，坚持以联合国为中心的网络空间多边治理进程，推动信息安全开放式工作组继续发挥积极作用。

其次，军控议题优先，防止新兴技术领域沦为军事冲突新疆域。新兴技术发展带来各种问题，既关乎发展，也关乎安全，都需要加以规范。但在各类问题中，须有轻重缓急，以安全与发展而言，安全先于发展，没有安全，则发展难存。以安全而言，又可分为运行安全和军事安全，军事安全之紧迫又先于日常运行中存在的运行安全问题。因此，国际社会应优先讨论禁止太空武器化问题，并着力在网络领域贯彻禁止使用武力、和平解决争端等基本原则。

最后，因域施策，灵活推进各领域规则构建。鉴于各类新兴战略武器特色鲜明，国际社会需要针对其具体情况，分别采取签订条约、确立规范、接触对话、互信建设等不同措施，应对其给战略稳定带来的挑战。在太空领域，宜以中俄"防止在外空放置武器、对外空物体使用或威胁使用武力

条约"（PPWT）草案为基础，尽快启动相关谈判。在网络领域，应尽快制定负责任的国家行为准则。针对某些跨域问题，可考虑通过双边安排达成谅解。例如，核武器国家可讨论不对核武器指挥、控制和通信系统进行网络入侵的可能性。至于高超声速武器和导弹防御，因为与核武器攻防直接相关，可考虑纳入双边核裁军进程加以综合考量。当然，在因域施策的同时，还应注重统筹协调，超越领域局限，丰富和完善政策和规则工具箱。

（四）促进和平合作，以深化相互依赖制约冲突对抗意愿

新兴领域军民两用特色突出。鉴于相关军事与安全合作极为敏感，难度较大，大国可以在敏感度较低、拥有共同利益的议题上开展合作。例如，在深空探测、太空救援、打击网络犯罪等方面深化合作。尽管这些议题与战略稳定并不直接相关，但合作可以增进新兴技术领域研究和决策团体之间的互信，有利于增加国家之间的利益捆绑，从而减少冲突风险。2021年底，联合国大会通过中国提出的"在国际安全领域促进和平利用国际合作"决议，呼吁平衡推进履行防扩散义务与维护各国在先进技术、材料及设备领域开展和平利用国际合作的合法权益。这反映了国际社会反对科技封锁，呼唤科技合作，共谋发展繁荣的强烈意愿，客观上有利于维护全球战略稳定，减少对抗冲突风险。

【附件】

2021年中国军控与裁军文件摘编

2021 年中国军控与裁军文件摘编

一、领导人讲话及声明

坚定信心 共克时艰 共建更加美好的世界——习近平在第七十六届联合国大会一般性辩论上的讲话（2021 年 9 月 21 日）

坚持多边主义，谋求共同安全——王毅国务委员兼外长在日内瓦裁军谈判会议上的视频讲话（2021 年 6 月 11 日）

王毅在中国军控与裁军协会成立 20 周年纪念大会暨中国恢复联合国合法席位 50 周年军控工作座谈会上发表视频讲话（2021 年 9 月 15 日）

王毅：美英澳核潜艇合作给本地区带来五重危害（2021 年 9 月 29 日）

中俄两国外长关于加强《禁止生物武器公约》的联合声明（2021 年 10 月 7 日）

中阿数据安全合作倡议（2021 年 3 月 29 日）

二、第 76 届联大发言及立场文件

戴兵大使在安理会叙利亚化武问题视频公开会上的发言（2021 年 1 月 5 日）

耿爽大使在安理会叙利亚化武问题视频公开会上的发言（2021 年 2 月 3 日）

耿爽大使在安理会叙利亚化武问题视频公开会上的发言（2021 年 3 月 4 日）

耿爽大使在安理会审议 1540 委员会工作视频公开会上的发言（2021 年 3 月 30 日）

耿爽大使在安理会叙利亚化武问题视频公开会上的发言（2021 年 4 月 6 日）

张军大使在安理会地雷行动部长级视频公开辩论会上的发言（2021 年 4 月 8 日）

中国根据联大第 75/36（2020）号决议提交的文件（2021 年 4 月 30 日）

张军大使在安理会叙利亚化武问题视频公开会上的发言（2021年5月6日）

抓住机遇，应对挑战，推动新兴科技更好造福人类发展——张军大使在"新兴科技对国际和平与安全的影响"阿里亚模式会议上的发言（2021年5月17日）

张军大使在安理会网络安全问题公开会上的发言（2021年6月29日）

耿爽大使在安理会伊朗核问题公开会上的发言（2021年6月30日）

耿爽大使在安理会叙利亚化学武器问题公开会上的发言（2021年9月2日）

耿爽大使在第十二届促进《全面禁止核试验条约》生效大会上的发言（2021年9月24日）

张军大使在安理会《全面禁止核试验条约》问题公开会上的发言（2021年9月27日）

耿爽大使在纪念和推进"国际彻底消除核武器日"联大高级别全会上的发言（2021年9月28日）

耿爽大使在安理会叙利亚化武问题公开会上的发言（2021年10月4日）

耿爽大使在第76届联大一委一般性辩论上的发言（2021年10月5日）

耿爽大使在安理会轻小武器问题公开会上的发言（2021年10月6日）

中国代表团在第76届联大一委关于其他裁军措施等综合专题发言（2021年10月18日）

中国代表团在第76届联大一委关于生化武器问题的专题发言（2021年10月22日）

中国代表团在第76届联大一委关于信息安全问题的专题发言（2021年10月22日）

中国代表团在第76届联大一委关于核裁军问题的专题发言（2021年10月22日）

中国代表团在第76届联大一委关于裁军机制问题的专题发言（2021年10月22日）

中国代表团在第76届联大一委关于常规武器问题的专题发言（2021年10

月 22 日）

中国代表团在第 76 届联大一委关于外空问题的专题发言（2021 年 10 月 22 日）

耿爽大使在第 76 届联大一委关于外空决议草案的发言（2021 年 11 月 1 日）

耿爽大使在联大一委和平利用决议投票前的发言（2021 年 11 月 3 日）

第 76 届联大一委通过"在国际安全领域促进和平利用国际合作"决议（2021 年 11 月 4 日）

张军大使在安理会"轻小武器非法贩运对和平安全的影响"公开会上的发言（2021 年 11 月 23 日）

中国代表团在第 76 届联大"国际原子能机构的报告"议题下的发言（2021 年 11 月 29 日）

中国代表团团长耿爽在第二届建立中东无核及其他大规模杀伤性武器区会议上的发言（2021 年 11 月 30 日）

耿爽大使在安理会伊核问题公开会上的发言（2021 年 12 月 14 日）

戴兵大使在安理会表决轻小武器决议草案后的解释性发言（2021 年 12 月 22 日）

三、热点军控问题

中国裁军大使李松在 2021 年裁谈会首次全会上的发言（2021 年 1 月 19 日）

中国裁军大使李松在裁谈会 2 月 4 日全会上的发言（2021 年 2 月 4 日）

外交部副部长马朝旭在中阿数据安全视频会议上的主旨发言（2021 年 3 月 30 日）

中国常驻禁化武组织代表谈践大使出席第 97 届执行理事会一般性辩论发言（2021 年 7 月 7 日）

外交部军控司司长傅聪就新冠病毒溯源相关问题举行媒体吹风会（2021 年 8 月 25 日）

中国向《武器贸易条约》第七届缔约国大会提交的书面发言（2021 年 8 月 30 日）

关于《科学家生物安全行为准则天津指南》的工作文件（2021年9月3日）

《禁止生物武器公约》核查议定书谈判势在必行——中国裁军大使李松在《禁止生物武器公约》强化公约机制专题会议上的发言（2021年9月8日）

中国理事、国家原子能机构主任张克俭在国际原子能机构九月理事会上的发言（2021年9月13日）

王群大使在国际原子能机构九月理事会上关于《禁止核武器条约》问题的发言（2021年9月16日）

王群大使：美国和英国协助澳大利亚发展核动力潜艇是赤裸裸的核扩散行径（2021年9月16日）

王群大使：尽早启动落实涉朝决议可逆条款是打破朝核问题僵局的有效途径（2021年9月24日）

李松大使在日内瓦外空安全研讨会上的主旨发言（2021年9月28日）

李松大使评美英澳核潜艇合作：纸包不住火（2021年10月13日）

李松大使在《禁止生物武器公约》缔约国会议一般性辩论的发言（2021年11月22日）

王群大使：国际原子能机构决定新增"美英澳核潜艇合作"议题反映了国际社会的严重关切和解决决心（2021年11月24日）

中国国家原子能机构副主任董保同在国际原子能机构11月理事会上关于技术援助与合作委员会报告议题的发言（2021年11月25日）

中国代表团在国际原子能机构十一月理事会上关于美国核潜艇南海碰撞事故问题的发言（2021年11月26日）

王群大使在国际原子能机构理事会上关于美英澳三国核潜艇合作及相关防扩散问题的发言（2021年11月26日）

王群大使就美英澳核潜艇合作及相关问题接受中外主流媒体采访（2021年11月26日）

王群大使出席中俄大使联合记者招待会开场发言（2021年11月26日）

中国代表团团长谈践大使在《禁止化学武器公约》第26次缔约国大会一

般性辩论中的发言（2021年11月30日）

五核国对话与合作机制第十次年度正式会议在法国巴黎举行（2021年12月4日）

李松大使在联合国《特定常规武器公约》六审会一般性辩论中的发言（2021年12月13日）

在人工智能领域推动构建人类命运共同体——裁军大使李松就中国提出规范人工智能军事应用问题立场文件接受媒体采访（2021年12月13日）

中国关于规范人工智能军事应用的立场文件（2021年12月13日）

关于中华人民共和国履行《不扩散核武器条约》情况的国家报告（2021年12月28日）

关于和平利用核能问题中国代表团提交的工作文件（2021年12月28日）

关于核不扩散问题中国代表团提交的工作文件（2021年12月28日）

关于核裁军问题中国代表团提交的工作文件（2021年12月28日）

关于无核安保问题中国代表团提交的工作文件（2021年12月28日）

关于无核武器区和中东核问题中国代表团提交的工作文件（2021年12月28日）

关于美英澳核潜艇合作问题中国代表团提交的工作文件（2021年12月28日）

四、其他军控与裁军问题

谈践大使率团出席《禁止化学武器公约》第25届缔约国大会二期会（2021年4月20日）

戴怀成公参在国际原子能机构六月理事会上关于叙利亚核问题的发言（2021年6月11日）

戴怀成公参在国际原子能机构六月理事会上关于朝鲜半岛核问题的发言（2021年6月11日）

戴怀成公参在国际原子能机构六月理事会上关于对伊朗保障监督问题的发言（2021年6月11日）

戴怀成公参在国际原子能机构六月理事会上关于伊朗核问题全面协议执行的发言（2021年6月11日）

李森公参在国际原子能机构六月理事会上就福岛核污染水处置问题发言（2021年6月11日）

中国代表团戴怀成公参就《全面禁核试条约》组织筹委会相关工作阐述中方立场（2021年6月24日）

中国代表团在联合国外空委第64届会议上的发言（2021年8月26日）

李森公参在国际原子能机构九月理事会上关于日本福岛核污染水处置问题的发言（2021年9月13日）

李森公参在国际原子能机构九月理事会上关于伊朗核问题全面协议执行的发言（2021年9月16日）

李森公参在国际原子能机构九月理事会上关于朝鲜半岛核问题的发言（2021年9月16日）

李森公参在国际原子能机构九月理事会上关于叙利亚核问题的发言（2021年9月16日）

李森公参在国际原子能机构九月理事会上关于中东地区保障监督问题的发言（2021年9月16日）

李森公参在国际原子能机构九月理事会上关于对伊朗保障监督问题的发言（2021年9月16日）

中国代表团戴怀成公参就《全面禁核试条约》组织筹委会相关工作阐述中方立场（2021年11月12日）

中国代表团在国际原子能机构十一月理事会上关于日本福岛核污染水处置问题的发言（2021年11月26日）

戴怀成公参在国际原子能机构十一月理事会上关于伊朗核问题的发言（2021年11月26日）

戴怀成公参在国际原子能机构十一月理事会上关于朝鲜半岛核问题的发言（2021年11月26日）

戴怀成公参在国际原子能机构十一月理事会上关于对伊朗保障监督问题的发言（2021年11月26日）

五、王群大使就美伊恢复履行伊核全面协议问题的系列讲话

王群大使就美伊恢复履行伊核全面协议等问题接受中外媒体采访（2021年4月6日）

王群大使：中方支持联委会启动两个进程　尽早实现美伊恢复履约（2021年4月6日）

王群大使：美国解除单边制裁的承诺应立即付诸行动（2021年4月9日）

王群大使：各方应排除一切干扰加紧推动谈判取得实质进展（2021年4月15日）

王群大使：各方应继续聚焦并立即谈判制裁解除的具体安排条文（2021年4月17日）

王群大使：全面彻底干净解除所有相关制裁是谈判取得成效的关键（2021年4月20日）

王群大使：美伊恢复履约顺序问题首先是个是非观问题（2021年4月27日）

王群大使：各方应切实增强谈判紧迫感　及早提出完整的一揽子方案（2021年5月7日）

王群大使：应加倍努力推进美伊恢复履约谈判进程（2021年5月19日）

王群大使：希望各方拿出政治决断，一揽子解决问题（2021年5月25日）

王群大使：伊朗的合理关切理应得到妥善解决（2021年6月2日）

王群大使：希望美方全面、干净、彻底解除制裁（2021年6月12日）

王群大使：伊核各方应聚焦现有案文努力扩大共识（2021年12月3日）

王群大使：期待各方将此轮谈判重要共识早日转化为最终协议（2021年12月17日）

王群大使：努力扩大共识、妥善处理分歧，共同推动谈判取得新的突破（2021年12月27日）

一、领导人讲话及声明

坚定信心 共克时艰 共建更加美好的世界

——习近平在第七十六届联合国大会一般性辩论上的讲话

(2021年9月21日)

主席先生,

2021年对中国人民是一个极其特殊的年份。今年是中国共产党成立100周年。今年也是中华人民共和国恢复在联合国合法席位50周年,中国将隆重纪念这一历史性事件。我们将继续积极推动中国同联合国合作迈向新台阶,为联合国崇高事业不断作出新的更大贡献。

主席先生!

一年前,各国领导人共同出席了联合国成立75周年系列峰会,发表了政治宣言,承诺合作抗击疫情,携手应对挑战,坚持多边主义,加强联合国作用,构建今世后代的共同未来。

一年来,世界百年未有之大变局和新冠肺炎疫情全球大流行交织影响。各国人民对和平发展的期盼更加殷切,对公平正义的呼声更加强烈,对合作共赢的追求更加坚定。

当前,疫情仍在全球肆虐,人类社会已被深刻改变。世界进入新的动荡变革期。每一个负责任的政治家都必须以信心、勇气、担当,回答时代课题,作出历史抉择。

第一,我们必须战胜疫情,赢得这场事关人类前途命运的重大斗争。一部世界文明史也是同瘟疫斗争的历史，人类总是在不断战胜挑战中实现更大发展和进步。这次疫情虽然来势凶猛，我们终将战而胜之。

我们要坚持人民至上、生命至上，呵护每个人的生命、价值、尊严。要弘扬科学精神、秉持科学态度、遵循科学规律，统筹常态化精准防控和应急处置，统筹疫情防控和经济社会发展。要加强国际联防联控，最大限度降低疫情跨境传播风险。

疫苗是战胜疫情的利器。我多次强调，要把疫苗作为全球公共产品，确保发展中国家的可及性和可负担性，当务之急是要在全球范围内公平合理分配疫苗。中国将努力全年对外提供20亿剂疫苗，在向"新冠疫苗实施计划"捐赠1亿美元基础上，年内再向发展中国家无偿捐赠1亿剂疫苗。中国将继续支持和参与全球科学溯源，坚决反对任何形式的政治操弄。

第二，我们必须复苏经济，推动实现更加强劲、绿色、健康的全球发展。发展是实现人民幸福的关键。面对疫情带来的严重冲击，我们要共同推动全球发展迈向平衡协调包容新阶段。在此，我愿提出全球发展倡议：

——坚持发展优先。将发展置于全球宏观政策框架的突出位置，加强主要经济体政策协调，保持连续性、稳定性、可持续性，构建更加平等均衡的全球发展伙伴关系，推动多边发展合作进程协同增效，加快落实联合国2030年可持续发展议程。

——坚持以人民为中心。在发展中保障和改善民生，保护和促进人权，做到发展为了人民、发展依靠人民、发展成果由人民共享，不断增强民众的幸福感、获得感、安全感，实现人的全面发展。

——坚持普惠包容。关注发展中国家特殊需求，通过缓债、发展援助等方式支持发展中国家尤其是困难特别大的脆弱国家，着力解决国家间和各国内部发展不平衡、不充分问题。

——坚持创新驱动。抓住新一轮科技革命和产业变革的历史性机遇，加速科技成果向现实生产力转化，打造开放、公平、公正、非歧视的科技发展环境，挖掘疫后经济增长新动能，携手实现跨越发展。

——坚持人与自然和谐共生。完善全球环境治理，积极应对气候变化，构建人与自然生命共同体。加快绿色低碳转型，实现绿色复苏发展。中国将力争2030年前实现碳达峰、2060年前实现碳中和，这需要付出艰苦努力，但我们会全力以赴。中国将大力支持发展中国家能源绿色低碳发展，不再新建境外煤电项目。

——坚持行动导向。加大发展资源投入，重点推进减贫、粮食安全、抗疫和疫苗、发展筹资、气候变化和绿色发展、工业化、数字经济、互联互通等领域合作，加快落实联合国2030年可持续发展议程，构建全球发展命运共同体。中国已宣布未来3年内再提供30亿美元国际援助，用于支持发展中国家抗疫和恢复经济社会发展。

第三，我们必须加强团结，践行相互尊重、合作共赢的国际关系理念。一个和平发展的世界应该承载不同形态的文明，必须兼容走向现代化的多样道路。民主不是哪个国家的专利，而是各国人民的权利。近期国际形势的发展再次证明，外部军事干涉和所谓的民主改造贻害无穷。我们要大力弘扬和平、发展、公平、正义、民主、自由的全人类共同价值，摒弃小圈子和零和博弈。

国与国难免存在分歧和矛盾，但要在平等和相互尊重基础上开展对话合作。一国的成功并不意味着另一国必然失败，这个世界完全容得下各国共同成长和进步。我们要坚持对话而不对抗、包容而不排他，构建相互尊重、公平正义、合作共赢的新型国际关系，扩大利益汇合点，画出最大同心圆。

中华民族传承和追求的是和平和睦和谐理念。我们过去没有，今后也不会侵略、欺负他人，不会称王称霸。中国始终是世界和平的建设者、全球发展的贡献者、国际秩序的维护者、公共产品的提供者，将继续以中国的新发展为世界提供新机遇。

第四，我们必须完善全球治理，践行真正的多边主义。世界只有一个体系，就是以联合国为核心的国际体系。只有一个秩序，就是以国际法为基础的国际秩序。只有一套规则，就是以联合国宪章宗旨和原则为基础的国际关系基本准则。

联合国应该高举真正的多边主义旗帜，成为各国共同维护普遍安全、共同分享发展成果、共同掌握世界命运的核心平台。要致力于稳定国际秩序，提升广大发展中国家在国际事务中的代表性和发言权，在推动国际关系民主化和法治化方面走在前列。要平衡推进安全、发展、人权三大领域工作，制定共同议程，聚焦突出问题，重在采取行动，把各方对多边主义的承诺落到实处。

主席先生！

世界又站在历史的十字路口。我坚信，人类和平发展进步的潮流不可阻挡。让我们坚定信心，携手应对全球性威胁和挑战，推动构建人类命运共同体，共同建设更加美好的世界！

坚持多边主义，谋求共同安全

——王毅国务委员兼外长在日内瓦裁军谈判会议上的视频讲话

（2021年6月11日）

尊敬的艾赫特大使，瓦罗瓦娅秘书长，

各位代表，女士们、先生们，

日内瓦裁谈会承载了人类铸剑为犁、和平发展的共同期盼，在国际军控与裁军的历史进程中发挥了重要作用，也为维护国际和平与安全作出了历史性贡献。值此百年变局和世纪疫情之际，裁谈会应当直面当前国际安全形势出现的深刻复杂变化，发出坚定维护全球战略稳定，坚定促进国际军控进程，坚定捍卫多边主义的明确信息。

主席先生，

今年1月，中国国家主席习近平在世界经济论坛"达沃斯议程"对话会上旗帜鲜明地提出，"让多边主义火炬照亮人类前行之路"。多边主义是人间正道，各国应当坚定地在这条路上走下去，奉行共同、综合、合作、可持续的新安全观，努力推进国际军控、裁军与防扩散进程。

我们要坚持合作共赢，以合作谋和平、以合作促安全，坚决抵制冷战思维和零和博弈，致力于实现共同安全。

我们要坚守公平正义，加强以联合国为核心的多边裁军机制的权威性和有效性，摒弃例外主义和双重标准，致力于实现普遍安全。

我们要坚持综合治理，既要着力应对当前突出的安全挑战，又要综合施策，消弭潜在安全威胁，致力于实现持久安全。

主席先生，

今年是中华人民共和国恢复联合国合法席位50周年。50年来，中国全面参与联合国事务，为世界和平与发展作出重要贡献。中国数千年积累的历史智慧是"国霸必衰"，而不是"国强必霸"。中国坚定走和平发展道路，坚持独立自主和平外交政策，始终不渝奉行防御性国防政策。中国的核政策在所有核武器国家中最具稳定性、连续性和可预见性。中国自拥有核武器第一天起，就明确主张在世界范围内最终全面禁止和彻底销毁核武器，明确承诺在任何时候和任何情况下都不首先使用核武器。中国长期奉行无条件不对无核武器国家和无核武器区使用或威胁使用核武器的政策。中国从不回避本国承担的国际裁军和军控义务，始终把自身的核力量维持在国家安全需要的最低水平，从来不与任何国家比规模、比数量。

主席先生，

不断推进国际军控、裁军与防扩散进程，是维护世界和平与安全的重要手段，也是坚持和促进多边主义的具体体现。对于如何推进这一进程，中方提出以下几点看法：

第一，共同维护全球战略稳定。

核裁军应当始终遵循公平合理、逐步削减、向下平衡原则，两个最大的核武器国家应以可核查、不可逆和有法律约束力的方式，进一步大幅削减各自核武库，从而为多边核裁军进程创造条件。

安理会五常应当共同确认"核战争打不赢也打不得"这一重要原则，在减少战略风险等方面加强合作，并就更广泛战略安全议题深化战略对话、增进战略互信。

中国提出五核国缔结"互不首先使用核武器条约"的倡议和条约草案已经有20多年，我们将继续坚持并推动这一倡议。裁谈会应当立即启动"对无核武器国家安全保证"国际法律文书谈判，并尽早取得实质性进展。

中方反对个别国家发展和部署影响战略稳定的地区和全球反导系统，反对在别国周边地区部署陆基中程导弹。

第二，遵守国际军控条约。

《不扩散核武器条约》机制具有不可替代的特殊重要意义，缔约国应平衡推进条约核裁军、核不扩散、和平利用核能三大目标，并使其在新的历史时期焕发出新的活力，为维护世界和平与安全、服务全球可持续发展发挥更大的作用。

各方应支持《全面禁核试条约》核查机制建设和运行，并且为推动条约早日生效继续努力。所有核武器国家都应当恪守暂停核试的承诺。裁谈会应当继续致力于为"禁止生产核武器用裂变材料条约"的谈判做好准备，围绕确保条约实现核裁军、防扩散双重目标开展实质性工作。

中国呼吁有关国家切实履行《禁止化学武器公约》义务，尽快完成库存化武、遗弃化武的销毁。中国愿以加入《武器贸易条约》为契机，更加深入地参与防止常规武器非法转让国际努力，支持非洲国家提出的"消弭枪声"倡议。

第三，谈判解决防扩散问题。

伊朗核问题全面协议是经安理会决议核可的重要多边外交成果，是国际核不扩散体系和中东地区和平稳定的关键支柱。美方的单边霸凌行径是伊朗核问题的根源，率先解除对伊朗的制裁是重返全面协议的正确逻辑。鉴于美伊恢复履约的谈判已经进入冲刺阶段，当事方应尽快作出政治决断，加大外交努力，推动全面协议重返正轨。中方倡议建立海湾地区安全多边对话平台，逐步打造共同、综合、合作、可持续的中东安全架构。中方支持建立中东无大规模杀伤性武器区，并愿为此作出积极努力。

无论地区和国际形势如何变化，中方都始终坚持维护朝鲜半岛和平稳定，坚持通过对话和协商解决问题，主张按照"双轨并进"思路和分阶段、同步走原则，推动实现半岛完全无核化和建立半岛永久和平机制两大目标。中方愿继续与各方一道，为推动半岛问题政治解决进程，实现半岛长治久安作出不懈努力。

第四，完善全球新兴领域安全治理。

防止外空武器化及外空军备竞赛的紧迫性日益上升。中方呼吁裁谈会尽早启动旨在防止外空军备竞赛的条约谈判，欢迎各方就中国与俄罗斯共同提出的条约草案提出建设性意见。

一个开放、合作、和平、安全的网络空间，对各国和世界都具有重要意义。中方提出的《全球数据安全倡议》，旨在聚焦各方的共同关切，为维护全球数据和网络安全提出建设性解决方案。不久前，中方同阿拉伯国家联盟发表《中阿数据安全合作倡议》，体现了双方维护网络和数据安全的共同呼声。中方愿以倡议为基础同各方携手打造全球数字治理规则。

人工智能在军事领域的广泛应用，引发了安全、法律、人道、伦理等诸多关切。中方愿与各方共同探讨"致命性自主武器系统"问题的全球性解决之道。

新兴技术是"双刃剑"。我们既要最大限度地防止其武器化，又要避免对和平利用及国际合作造成妨碍，尤其要反对个别国家借国家安全之名行科技封锁之实。联合国应在此方面发挥核心作用。中方正酝酿就此向今年联大提交决议草案，推动联合国开启包容、透明、公正的国际进程，以更加平衡的方式处理防扩散与和平利用之间的关系。

新冠肺炎疫情凸显全球生物安全治理面临的新挑战，各国应通过更为紧密的国际合作共筑安全屏障。中方支持《禁止生物武器公约》建立核查机制，敦促美国放弃独家阻挡公约核查议定书谈判的立场。中方一贯倡导负责任的生物科研，中外科学家近期达成了"科学家生物安全行为准则天津指南"，我们鼓励所有利益攸关方自愿采用，并共同推进相关国际讨论进程。中方支持哈萨克斯坦总统托卡耶夫提出的建立国际生物安全机构的倡议，支持俄罗斯提出的《打击生化恐怖主义国际公约》倡议。

主席先生，

联合国肩负着维护国际和平与安全的重要使命。中方高度赞赏联合国秘书长古特雷斯提出的"裁军议程"，并将继续为推动这一议程的落实做出努力。

裁谈会作为唯一全球性多边裁军谈判机构，应与时俱进、守正创新。成员国之间应加强协调，充分照顾彼此正当关切，尽快制定全面平衡的工作计划，早日开展实质性工作。作为裁谈会大家庭负责任一员，中国愿与各方一道，坚定不移地推进军控、裁军与防扩散进程，为构建一个持久和平、普遍安全的世界作出中国新的贡献。

谢谢主席先生。

王毅在中国军控与裁军协会成立20周年纪念大会暨中国恢复联合国合法席位50周年军控工作座谈会上发表视频讲话

（2021年9月15日）

2021年9月15日，国务委员兼外长王毅在中国军控与裁军协会成立20周年纪念大会暨我恢复联合国合法席位50周年军控工作座谈会上发表视频讲话。

王毅祝贺中国军控与裁军协会成立20周年，表示协会成立20年来，努力推动中国特色军控外交理论与实践创新，持之以恒开展民间军控外交，积极宣介中国军控政策、理念和倡议，助力我国防扩散出口管制体系和能力建设，为服务国家总体外交和经济社会发展发挥了重要作用。

王毅表示，中国恢复在联合国合法席位后，全面参与多边军控事务。在党中央坚强领导下，中国军控外交不断走深走实，有效维护了自身合法权益，为世界和平与稳定作出了积极贡献。

我们坚持和平发展，用进步理念推进国际军控进程。习近平总书记在核安全峰会上首倡"理性、协调、并进"的核安全观，在联合国深入阐述"构建人类命运共同体"重要理念和"共同、综合、合作、可持续"的全球安全观，为国际安全合作指明方向。

我们坚持多边主义，维护和发展国际军控条约体系。中国迄今已经加入20多个国际军控条约及机制，全面履行各项条约义务，坚定维护多边军控条约的权威性和有效性。

我们坚持外交优先，积极推动防扩散热点政治解决。中方推动安理会就印巴核试验问题通过第1172号决议，倡导开启朝鲜半岛核问题六方会谈，为达成和维护伊核问题全面协议作出重要贡献，并建设性介入解决叙利亚化武问题。

我们坚持担当作为，为国际安全治理贡献中国方案。中国首倡核裁军"两超率先"原则，提出构建"和平、安全、开放、合作、有序"的"网络空间命运共同体"，发起《全球数据安全倡议》，与俄罗斯共同提出"外空军控条约"草案，推动达成《科学家生物安全行为准则天津指南》。

我们坚持正确义利观，积极推进人道主义军控事业。中国认真执行《特定常规武器公约》，加入《武器贸易条约》，支持"消弭非洲枪声"等国际倡议，积极开展人道主义扫雷援助。

王毅强调，站在新的历史起点上，我们要深入学习贯彻习近平总书记在庆祝中国共产党成立100周年大会上的重要讲话精神，努力探索一条具有中国特色、体现大国担当的军控外交之路，为维护中国国家安全与发展利益、促进世界和平发展作出不懈努力。

一是继续为国际和平安全作出中国贡献。坚持共同安全、综合安全、合作安全和可持续安全，以对话弥合分歧、以谈判化解争端。积极参与新兴领域安全治理、研提中国倡议，坚持平等参与、民主协商，推动构建公正合理的国际军控和防扩散体系。

二是维护和促进全球战略稳定。更加深入地研究集体安全的理论基础和制度安排，与世界重要力量加强战略安全对话，努力构建稳定的大国战略安全关系，携手建设有效应对新型安全挑战的集体合作机制。

三是加强和完善国际军控与裁军体系。与国际社会一道，使《不扩散核武器条约》发挥新的历史作用，积极支持《全面禁止核试验条约》核查机制建设和运行，推动《禁止生物武器公约》建立核查机制，更加深入地参与防止常规武器非法转让国际努力。

四是深入贯彻总体国家安全观，坚决反对任何侵犯我国领土完整、主权独立的行为，坚决反对任何损害我国正当战略安全利益的举动，坚定捍卫我国的正当安全和发展利益。

五是构建中国特色大国军控理论体系。发挥自身优势,为维护全球战略安全提出中国倡议、贡献中国智慧。努力构建独具中国特色、凝聚各国共识、符合历史潮流的军控理论体系,为推动各国共同走和平发展道路营造有利环境,为开展中国特色大国外交发挥独特作用。

纪念大会暨座谈会由外交部、中国军控与裁军协会共同举办。国内相关单位、专家学者、协会理事等约200人以现场出席或视频连线方式与会。

王毅：美英澳核潜艇合作给本地区带来五重危害

（2021年9月29日）

2021年9月29日，国务委员兼外长王毅分别同马来西亚、文莱外长通电话。三国外长就美国与英国、澳大利亚结成三方安全伙伴关系（AUKUS）并计划开展核潜艇合作交换看法，对此表示严重关切。王毅表示，美英澳三边安全伙伴关系此举有可能给本地区带来五重危害。

一是制造核扩散风险。根据《不扩散核武器条约》，无核国家只能在监督保障条件下和平利用核能。核潜艇则是军用，且使用的燃料属于高浓缩铀，是可以直接制造核武器的核原料，而国际原子能机构又无法对核潜艇进行有效和即时的监督。美国对其他国家开发铀浓缩技术予以单边制裁，却对澳大利亚网开一面，这必将带来核技术及核原料扩散风险，冲击国际核不扩散体系。

二是诱发新一轮军备竞赛。核潜艇是战略安全力量，具备运载核武器的能力。澳大利亚此举将打破区域战略平衡，使其签署《南太平洋无核区条约》时所做的承诺变成一纸空文，对地区国家构成现实威胁，不排除导致其他国家效仿行事，开展新一轮军备竞赛，甚至跨越核门槛。

三是损害地区繁荣稳定。在中国和东盟等地区国家多年共同努力下，本地区已成为世界上最具活力、增长最快的地区，这一局面来之不易，弥足珍惜。但美英澳三边安全伙伴关系执意制造地区紧张局势，给本地区的和平稳定与发展蒙上了阴影。

四是破坏东南亚无核区建设。《东南亚无核武器区条约》反映了东南亚各国人民的共同意志，理应得到其他国家的理解和尊重。中国在五核国中最早宣布支持《东南亚无核武器区条约》，也最早宣布愿签署条约议定书。美英以各种借口向本地区转移军事核技术，提供高浓铀核原料，与东盟国家构建无核区的努力背道而驰。

五是引致冷战思维回潮。美英澳三边安全伙伴关系与"四边机制"一脉相承，都服从和服务于美国主导的"印太战略"，试图在本地区另搞一套、另起炉灶，旨在挑动地区阵营对立，进行地缘零和博弈，这是逆时代潮流而动，是冷战思维死灰复燃，应当引起本地区各国以及国际社会警惕和抵制。

中俄两国外长
关于加强《禁止生物武器公约》的联合声明

(2021年10月7日)

中华人民共和国和俄罗斯联邦（以下称"双方"）重申《禁止生物武器公约》（以下简称《公约》）是国际和平与安全至关重要的支柱，决心维护《公约》的权威性和有效性。自1975年生效至今，《公约》的目标始终是完全消除生物武器。

双方重申《公约》应得到完全遵守和进一步加强，包括达成包含有效核查机制、具有法律约束力的议定书，并通过定期协商与合作解决与《公约》执行相关的任何问题。

双方强调《公约》的职能，包括与联合国安理会有关的职能，不应被其他机制所替代。双方呼吁《公约》缔约国制定相关执行标准、技术指南及程序，以完善调查使用生物武器事件的机制。

双方关切地注意到，尽管存在压倒性的共识，过去20年里《公约》缔约国始终未能重启核查议定书多边谈判。正是由于2001年美国不顾各方共识并单方面退出，导致谈判进程中止。在军民两用科技快速发展的背景下，美国此举导致生物武器风险不断上升。

在此背景下，双方强调美国及其盟友在境外开展的生物军事化活动（美国在境外部署超过200个生物实验室，相关活动缺乏透明度），引起国际社会对其遵约的严重关切与质疑。上述活动对中俄的国家安全造成严重风险，也损害了相关地区的安全。

双方进一步注意到，美国及其盟友在其境内开展的生物军事化活动同样引发了严重的遵约关切。

鉴于美国及其盟友并未提供任何有意义的信息以减轻国际社会的关切，双方敦促美国及其盟友以公开、透明、负责任的态度，对其境内外生物军事化活动作出澄清，同时支持重启《公约》核查议定书谈判，以确保美国及其盟友遵守《公约》规定。

在此方面，双方注意到强化《公约》建立信任措施机制的重要性，包括在缔约国提交的宣布材料中增加境外生物军事化活动的信息。这将有助于填补机制空白，并增进缔约国间的信任。

双方呼吁缔约国共同努力，在安全和有法律约束力基础上加强《公约》，欢迎各方提出的倡议，也支持完善《公约》执行的相关中间措施。可通过部署机动性生物医学团队，在发生使用生物武器事件时提供援助、开展调查，并应对各种来源的流行病。该倡议将集体安全与和平合作的原则结合起来，是在国际层面完善《公约》执行的新路径。

双方强调，缔约国需更关注科技的快速发展，提高对军民两用研究风险的认识，并促进最新的生物技术得到充分的和平利用。在此方面，双方支持设立《公约》科学咨询委员会，以分析相关科技发展并向缔约国提出建议。

在明年举行的《公约》审议大会上，双方将考虑任何能够加强《公约》并以非歧视性方式促进其执行的倡议。呼吁缔约国采取建设性做法，确保审议大会所做决定有助于加强《公约》。

中阿数据安全合作倡议

(2021 年 3 月 29 日)

2021 年 3 月 29 日，中华人民共和国外交部与阿拉伯国家联盟秘书处共同主持召开中阿数据安全视频会议。双方及阿盟成员国负责网络和数字事务官员出席对话。阿方欢迎中方提出《全球数据安全倡议》，支持秉持多边主义、兼顾安全发展、坚守公平正义的原则，共同应对数据安全风险挑战。双方一致认为：

信息技术革命日新月异，数字经济蓬勃发展，深刻改变着人类生产生活方式，对各国经济社会发展、全球治理体系、人类文明进程影响深远。

作为数字技术的关键要素，全球数据爆发增长，海量集聚，成为实现创新发展、重塑人们生活的重要力量，事关各国安全与经济社会发展。

在全球分工合作日益密切的背景下，确保信息技术产品和服务的供应安全对于提升用户信心、保护数据安全、促进数字经济发展至关重要。

呼吁各国秉持发展和安全并重的原则，平衡处理技术进步、经济发展与保护国家安全和社会公共利益的关系。

重申各国应致力于维护开放、公正、非歧视性的营商环境，推动实现互利共赢、共同发展。与此同时，各国有责任和权利保护涉及本国国家安全、公共安全、经济安全和社会稳定的重要数据及个人信息安全。

欢迎政府、国际组织、信息技术企业、技术社群、民间机构和公民个人等各主体秉持共商共建共享理念，齐心协力促进数据安全。

强调各方应在相互尊重基础上，加强沟通交流，深化对话与合作，共同构建和平、安全、开放、合作、有序的网络空间命运共同体。

为此，双方倡议：

——各国应以事实为依据全面客观看待数据安全问题，积极维护全球信息技术产品和服务的供应开放、安全、稳定。

——各国反对利用信息技术破坏他国关键基础设施或窃取重要数据，以及利用其从事危害他国国家安全和社会公共利益的行为。

——各国承诺采取措施防范、制止利用网络侵害个人信息的行为，反对滥用信息技术非法采集他国公民个人信息。

——各国应要求企业严格遵守所在国法律。各国应尊重他国主权、司法管辖权和对数据的安全管理权，未经他国法律允许不得直接向企业或个人调取位于他国的数据。

——各国如因打击犯罪等执法需要跨境调取数据，应通过司法协助渠道或其他相关多双边协议解决。国家间缔结跨境调取数据双边协议，不得侵犯第三国司法主权和数据安全。

——信息技术产品和服务供应企业不得利用其产品和服务非法获取用户数据、控制或操纵用户系统和设备。

——信息技术企业不得利用用户对产品依赖性谋取不正当利益，强迫用户升级系统或更新换代。产品供应方承诺及时向合作伙伴及用户告知产品的安全缺陷或漏洞，并提出补救措施。

双方呼吁各国支持并通过双边或地区协议等形式确认上述承诺，呼吁国际社会在普遍参与的基础上就此达成国际协议。欢迎全球信息技术企业支持本倡议。

二、第76届联大发言及立场文件

戴兵大使在安理会叙利亚化武问题视频公开会上的发言

(2021年1月5日)

主席先生,

在2021年安理会第一场公开会上,我愿再次欢迎印度、爱尔兰、肯尼亚、墨西哥、挪威五个新成员的加入。我们期待安理会全体成员在2021年开启团结合作的新篇章,共同履行好《联合国宪章》所赋予的重要职责。我也要借此机会祝贺突尼斯担任安理会本月轮值主席,中方将全力支持突尼斯代表团的工作。

主席先生,

我感谢中满泉女士关于叙利亚化武问题的通报。在化武问题上,中方的立场是一贯的。我们反对任何国家、组织或个人在任何情况下、出于任何目的使用化武。对于指称使用化武情况,应该以事实为依据,以《禁化武公约》为准绳,进行公正、客观的调查和处理。

中方注意到叙利亚方面多次表达愿同技秘处开展合作的积极意愿,双方经协商已就3项初始宣布未决问题结案。叙方的建设性态度和双方沟通成果值得肯定,希望双方继续推动其他未决事项取得积极进展。叙利亚常驻代表曾多次致函安理会主席,提交恐怖组织计划伪造化武袭击事件的详细信息,这些信息应得到重视。中方希望在月度报告和安理会的通报中跟踪上述信息的处理情况。

我想指出，叙利亚是联合国会员国，叙利亚政府是合法政府，不是所谓的"政权"。这是对一个联合国会员国基本的尊重。

化武问题事关重大，追责问题必须回归《禁化武公约》框架，有关调查必须尊重事实、尊重科学。中方反对在缺乏确凿证据、报告疑点重重的情况下仓促采取行动。希望禁化武组织的报告体现证据链的完整和闭合，否则就会引发对禁化武组织客观性、中立性和权威性的质疑，在报告充满争议、各方分歧严重的情况下不宜强行采取行动。技秘处应鼓励各方对报告疑点进行充分讨论，以科学分析服人，以事实真相服人，从而真正落实好安理会第2118号决议，维护禁化武组织的权威。

当前禁化武组织的工作面临挑战，各方处于严重分裂和对立。上个月，阿里亚斯总干事表示他同会员国保持着密切沟通，我们希望总干事和技秘处加大努力，推动缔约国回归协商一致做决定的传统，避免强推表决。今后，我们也期待在安理会公开会上听到阿里亚斯总干事作通报，并回答各位成员提出的问题。

谢谢主席先生。

耿爽大使在安理会叙利亚化武问题视频公开会上的发言

（2021年2月3日）

主席女士，

我感谢中满泉女士的通报。

叙利亚化武问题每月审议一次，体现出安理会对这个问题的重视，然而禁化武组织的月度报告却往往没有太多新意。例如本月报告提及，叙利亚政府同禁化武组织举行了第23轮技术性磋商，对3项未决事项结案，这些内容在以往报告中已经出现多次了。

与此同时，一些安理会成员曾表达关注、提出疑问的问题没有在报告中得到体现。例如，一些安理会成员多次表示，希望了解技秘处如何处理叙利亚政府提供的恐怖组织炮制化武事件的信息，进展如何？有关安理会成员和独立专家曾就事实调查组和调查鉴定组的报告内容提出技术性质疑，技秘处又该如何回应？禁化武组织的月度报告应该反映这些内容，这既是安理会成员的要求，也是国际社会的期待。

我要借此机会重申，中方一贯坚决反对任何国家、组织或个人在任何情况下、出于任何目的使用化武。禁化武组织对指称使用化武事件的调查和追责，应严格在《禁化武公约》框架内进行，坚持独立、公正、客观等原则，尊重事实，尊重科学。希望安理会成员也能对这些原则形成共识，这是大家深入讨论、增进互信的基础。

令人遗憾的是，在安理会以往审议中，有些安理会成员对于指称使用化武事件的技术细节、调查报告中证据链是否完整和闭合不感兴趣，却从有罪推定出发，热衷于讨论追责的手段和措施，显得有些迫不及待。安理会的讨论必须以科学分析服人,以事实真相服人,不能在缺乏确凿证据、各方分歧严重的情况下仓促行事。

中方注意到叙方多次表达愿同技秘处开展合作,肯定叙方的建设性态度,鼓励双方继续通过对话沟通解决未决事项。我们也希望禁化武组织技秘处努力推动各方弥合分歧,减少对立,回归缔约国协商一致做决定的良好传统,维护禁化武组织的权威性和有效性。

谢谢主席女士。

耿爽大使在安理会叙利亚化武问题视频公开会上的发言

（2021年3月4日）

主席先生，

我感谢中满泉女士的通报。

中方一贯反对任何国家、组织或个人在任何情况下、出于任何目的使用化武。希望禁化武组织坚持独立、公正、客观等原则，严格在《禁化武公约》框架内对指称使用化武事件进行调查和追责。今天，我愿强调四点：

一、解决叙利亚化武问题，必须坚持实事求是。对指称使用化武事件的调查要尊重科学，规范操作。信息来源是否可靠、证据链是否完整、分析过程是否严密，都会影响报告的可信度和权威性。缔约国有权对调查报告提出质疑。禁化武组织技秘处应拿出过硬的证据，以理服人。

二、解决叙利亚化武问题，必须杜绝双重标准。技秘处对于各方提供的有关指称使用化武事件的情报和信息，不能选择性地加以采用。叙利亚政府多次提供恐怖组织、武装团体炮制化武事件的信息，希望技秘处予以重视，在月度报告中予以反映。

三、解决叙利亚化武问题，必须排除政治动机。过去几年，一些国家多次推动禁化武组织在缺乏确凿证据、报告疑点重重、各方分歧严重的情况下采取行动。强行通过的决定往往充满争议、难以落实，不仅损害缔约国之间互信，而且客观上成为解决叙利亚化武问题的障碍。

四、解决叙利亚化武问题，必须依靠对话合作。过去一段时间，叙利亚政府积极配合禁化武组织的工作，双方保持良好沟通合作，原则同意将有关合作协议延期6个月。2月7日至25日，双方举行第24轮技术性磋商。国际社会应肯定叙利亚政府的建设性姿态,鼓励禁化武组织同叙利亚政府继续对话协商,通过合作解决未决问题。

谢谢主席。

耿爽大使
在安理会审议 1540 委员会工作视频公开会上的发言

(2021 年 3 月 30 日)

主席先生，

中方欢迎 1540 委员会主席富恩特大使向安理会通报委员会工作，祝贺他担任这一重要职务。

去年以来，委员会积极调整工作模式，努力降低新冠肺炎疫情影响，在促进第 1540 号决议执行、推进全面审议进程、更新各国执行决议情况等方面开展大量工作，取得积极成果。中方对委员会主席、专家小组和秘书处所做努力表示赞赏，希望各方继续本着建设性态度加强沟通合作，推动委员会今年工作顺利开展。

主席先生，

大规模杀伤性武器及其运载工具的扩散，事关国际和平与安全，是国际社会面临的共同挑战。2004 年通过的第 1540 号决议，是安理会第一个专门的防扩散决议，是国际防扩散体系的重要组成部分。17 年来，国际防扩散共识不断加深，防扩散体系日趋完善，防扩散合作稳步推进。同时，非国家行为体扩散风险日趋上升，新冠肺炎疫情造成的经济社会影响干扰国际防扩散努力，国际防扩散形势依然严峻。针对当前国际安全形势特别是防扩散领域新动向，着眼第 1540 号决议全面审议及推进国际防扩散进程，中方愿强调以下几点：

第一，坚持通过多边主义实现防扩散目标。防扩散问题是全球性挑战，解决防扩散问题离不开多边合作，离不开联合国引领。各方应秉持共同、综合、合作和可持续的全球安全观，照顾各国合理关切，消除扩散动因，寻求共同安全。要强化以联合国为核心的集体安全机制，维护安理会权威，坚持以政治外交手段，通过对话协商解决防扩散问题。

第二，巩固和完善国际防扩散体系。国际社会应进一步增强《不扩散核武器条约》《禁止生物武器公约》《禁止化学武器公约》的普遍性，确保其得到全面、有效、平衡执行，并以《不扩散核武器条约》十审会、《禁止生物武器公约》九审会和第1540号决议全面审议为契机，加强相关条约和机制。

第三，重视新兴科技带来的扩散风险。人工智能、3D打印、基因编辑、合成生物学等新兴科技有可能被用于大规模杀伤性武器及其运载工具的扩散。各国应加强政府监管，开展国际合作，切实防止非国家行为体滥用这些新兴科技从事扩散活动。与此同时，实现防扩散目标也不应以损害科技进步为代价。

第四，通过全面审议加强第1540号决议执行。委员会应通过全面审议公正评判各国执行决议情况，客观评估不断变化的扩散风险；应充分尊重各国主权，支持各国根据自身国际义务与具体国情，制定执行决议的优先目标和领域；应开展更具针对性的国际合作，支持发展中国家加强防扩散能力建设；应确保全面审议工作的公开、透明、包容，保证各国特别是发展中国家的参与度和发言权。

主席先生，

中国坚决反对大规模杀伤性武器及其运载工具的扩散，一贯严格履行防扩散国际义务，以实际行动为加强国家、地区和国际层面的防扩散努力作出贡献。《中华人民共和国出口管制法》去年12月正式施行，实现了中国防扩散出口管制模式从行政管理到法制管理的转变，充分彰显了中国加强防扩散出口管制的意志和决心。

中国首创国家联络点培训先河，已三次同委员会合办亚太地区国家联络点培训班，愿继续在加强亚太地区国家决议执行能力建设方面发挥作用，并积极参加防扩散立法、执法、外联等领域的国际交流与合作。中方将继续与各方一道，促进第1540号决议的有效执行，推进决议全面审议，为加强防扩散全球治理作出积极贡献。

谢谢主席。

耿爽大使在安理会叙利亚化武问题视频公开会上的发言

(2021年4月6日)

主席先生，

我感谢中满泉女士的通报。

中方一贯反对任何国家、组织或个人在任何情况下、出于任何目的使用化学武器。希望禁化武组织坚持独立、客观、公正等原则，严格在《禁化武公约》框架内对指称使用化武事件进行调查和处理。

在叙利亚化武问题上，各方对事实调查组、调查鉴定组发布的一系列报告仍有不同看法。技秘处应对有关质疑给出专业、科学、令人信服的回应，确保调查结果经得起时间和事实的考验。调查鉴定组的工作方法和程序应严格遵循《公约》有关规定，确保证据链的完整和闭合。中方反对在疑点重重的情况下匆忙下结论。各缔约国和国际社会应对技秘处的工作加强监督。

中方赞赏叙利亚政府积极配合技秘处的工作，鼓励双方继续通过沟通合作解决未决问题。2月7日至25日，叙政府同申报评估组举行了第24轮技术性磋商。在叙方帮助下，申报评估组访问了3处叙方申报的化武相关设施，并开展2次面询。3月9日，叙方照会技秘处就有关未决事项提供了进一步信息。这些互动值得肯定。技秘处应客观、公正处理叙化武初始申报问题，同叙方加强协调，避免双重标准和政治化操作。

主席先生，

当前，国际社会对叙境内指称使用化学武器事件的调查仍存在严重分歧，禁化武组织同叙政府合作解决相关申报问题的工作仍在继续。在此情况下，强行推动缔约国大会仓促采取行动，将进一步加剧缔约国分裂，进一步将禁化武组织工作政治化，进一步损害禁化武国际体系的权威性和有效性，损害国际社会共同利益，中方对此深表关切。有关叙境内指称使用化武事件的调查和处理必须重回《公约》框架。希望禁化武组织回归协商一致做决定的传统。这是全体缔约国的共同责任，也符合各方共同利益。

谢谢主席先生。

张军大使在安理会地雷行动部长级视频公开辩论会上的发言

(2021年4月8日)

主席先生，

首先，请允许我热烈祝贺您担任越南外长并主持今天的会议。我也赞赏越南担任安理会主席所做工作。中方感谢古特雷斯秘书长的通报。我也认真听取了杨紫琼女士、托斯卡诺大使和阮蒂林女士的发言。

当前，国际安全形势复杂严峻，大国地缘竞争加剧，地区冲突与热点问题此起彼伏，恐怖主义不断蔓延。常规武器滥用引发的人道主义问题更加突出。其中，地雷、战争遗留爆炸物和简易爆炸装置威胁人员安全，阻碍人道发展活动，影响当地民众正常生活，对冲突地区实现持久和平与发展形成障碍。

多年来，国际社会高度重视常规武器军控问题，联合国秘书长古特雷斯在新裁军议程中谓之为"拯救生命的裁军"。国际社会在地雷问题上持续采取行动，取得良好成效，部分国家和地区雷患困扰有所缓解。与此同时，地雷导致的人员伤亡依然居高不下，近两年来有上万人丧生或致残。目前全球仍有近30个国家面临地雷威胁，叙利亚、阿富汗、伊拉克、马里、也门等国尤为严重。在南苏丹、马里、西撒哈拉等维和任务区，联合国维和人员和人道工作者也面临地雷等爆炸物安全风险。国际社会要继续加大努力。我愿强调以下几点：

第一，全力保障平民安全。这是国际地雷行动的重中之重。要坚持会员国主导原则，由当事国承担地雷行动的主要责任。国际社会应积极帮助当事国普及地雷知识，提升扫雷技术，管控爆炸物供应链，加强综合扫雷能力，全方位降低地雷对平民的安全风险。有关各方必须尽其所能记录其放置的地雷，在敌对行动结束后应及时移除或采取其他措施保护平民免受伤害。同时，加强国际合作与援助，积极帮助雷患国增强自身能力建设，实现地雷行动可持续发展。在他国遗留战争遗留爆炸物的国家应切实担负起历史责任，为清除和销毁工作提供必要支持。

中方积极致力于国际人道主义扫雷援助与合作。中国政府已通过捐款、援助器材、举办培训项目、实地指导等方式，向40余国提供了总额超过1亿元人民币的人道主义扫雷援助，培训1000余名专业扫雷技术人员。2015年9月，中国国家主席习近平在联合国维和峰会上宣布，中国将在今后5年开展10个扫雷援助项目。此后，中国共计开展了24个扫雷援助项目，总金额累计超过5500万元人民币，提前超额兑现了上述承诺。去年，中方向柬埔寨、老挝援助了价值950万元人民币的探扫雷器材和人道主义物资。

第二，积极发挥联合国作用。古特雷斯秘书长表示，没有地雷行动的和平不是彻底的和平。地雷行动已经成为联合国和平行动的重要组成部分。会员国和秘书处要提升维和行动扫雷装备水平，提供扫雷培训，提高维和行动帮助驻在国开展地雷行动的能力。这也有助于减少地雷对维和人员和人道工作者的威胁。

要高度重视简易爆炸装置的处置问题。中国积极派专家参与联合国《国际地雷行动标准》的审查修订工作，并作为联合国简易爆炸装置处置标准工作组共同主席，同各国专家一道研究制定简易爆炸装置处置标准，为各国提供了有益借鉴。此外，中方重视解决非国家行为体滥用简易爆炸装置引发的人道主义关切，支持在《特定常规武器公约》框架下就此研究制定合理可行的解决办法。

要发挥维和行动在扫雷方面的作用。中国维和人员自2006年派驻黎巴嫩任务区以来，迄今累计发现、排除各种地雷及爆炸物1万余枚，取得扫雷"零伤亡、零事故"和"数量最多、速度最快"的优异成绩。我们也高度重视维和人员安全问题，已为多国维和人员提供扫雷和安保培训。

第三，坚持平衡处理的原则。尊重各国安全环境、军事力量的差异性，既要妥善解决人道主义关切，也要充分考虑各国的正当军事安全需要。中国是《特定常规武器公约》经修订的《地雷议定书》的缔约国，严格遵守议定书对地雷的生产和使用等方面的限制，并每年向议定书缔约国大会递交国家履约报告。中方认同《渥太华禁雷公约》的宗旨，支持实现全面禁雷的最终目标，并与公约缔约国就此保持着良好的沟通与合作。

主席先生，

作为曾经的受害国，中方对地雷、战争遗留爆炸物及简易爆炸装置造成的人道主义关切感同身受。我们将继续严格履行相关国际义务，为深受其害的发展中国家和民众提供力所能及的帮助，同国际社会一道为解决地雷等常规武器滥用引发的安全和人道主义风险发挥建设性作用。

谢谢主席先生。

中国根据联大第 75/36（2020）号决议提交的文件

（2021 年 4 月 30 日）

引　言

外空与人类安全和福祉密切相关，人类在外空的命运共同体特征突出。随着外空开发和探索活动增加、空间科技进步及其广泛应用，外空活动在促进人类社会发展繁荣的同时，带来的安全挑战和风险也在增加。特别是，外空武器化和军备竞赛风险日益上升，成为外空安全面临的最大威胁。

防止外空军备竞赛，是维护外空安全、确保外空和平和可持续利用的前提，也是当前国际社会面临的现实而紧迫的问题。现有外空相关国际法律文书不足以适应新挑战，谈判达成外空军控条约的重要性和迫切性凸显，应作为国际议程中的优先任务和根本目标。关于"负责任外空行为"的讨论应服务于防止外空军备竞赛这一根本目标，不应避重就轻，混淆不同议程，更不应沦为个别国家甩锅卸责的工具。所有相关讨论均应坚持多边主义，避免政治化、歧视性和排他性。

外空安全事关全人类共同安全，维护外空安全是各国共同责任。拥有最大空间能力的国家，在防止外空军备竞赛，确保外空用于和平目的方面负有特殊责任。中国认为，外空应成为国际合作共赢的新疆域，而非大国竞争的新战场。维护外空安全应作出五方面努力：

一是践行人类命运共同体理念，树立共同、综合、合作、可持续的全球安全观，这是确保外空安全的思想根基。

二是切实防止外空武器化和军备竞赛，这是维护外空安全的根本前提。当务之急是尽早达成具有法律约束力的外空军控条约。联合国应再次就此成立

"防止外空军备竞赛"政府专家组或开放式工作组,"负责任外空行为"可作为其中一项议题。

三是外空透明和建立信任措施具有一定积极作用,可作为具有法律约束力的外空军控措施的有益补充,但不能取代外空军控条约谈判。

四是应平衡处理外空安全与和平和可持续利用外空的关系。尊重并确保各国平等享有和平利用外空权利,促进和加强外空领域国际交流与合作。

五是联合国应在外空国际治理中发挥主平台作用,确保外空国际规则制定进程的广泛参与性、公正性和包容性。联合国不同平台应充分尊重各自职责分工,保持协调与合作。

一、关于对外空安全形势的评估

总体而言,外空安全包含两个层面问题(即 safety 和 security):一是外空武器化和军备竞赛问题,包括将外空界定为'作战疆域',不断发展外空军事能力,组建外空军和外空司令部,加速部署武器装备,开展外空军事演习等,战略误判、擦枪走火甚至冲突的风险不断增加。这是外空安全面临的根本性威胁。二是和平利用外空过程中产生的安全风险,包括空间轨道拥挤、碰撞风险、空间碎片等问题。这是外空活动发展过程中各国共同面临的一般性风险。这两个层面的安全问题不在同一层次,二者的解决路径也应有所区别,应避免混淆、以偏概全、主次不分。如果不能防止外空军备竞赛、确保外空的和平性质,任何安全都无从谈起。

当前,外空武器化和军备竞赛问题更加现实而紧迫。这一问题的根源在于,个别国家固守冷战思维,单方面谋取外空军事和战略优势,乃至控制外空的企图、计划和行动不断增加。主要体现在三方面:

一是外空战场化势头上升。美国公开将外空界定为新的"作战疆域",组建独立的外空军和外空司令部,加速构建外空作战体系,全面推进外空作战准备。英国成立新的外空司令部,计划创建具有外空作战能力的部队,并加大对空间武器、定向能武器等研发投入。北约首次将外空界定为"行动疆域",强化成员国外空军事协作能力。上述做法加剧外空扩军备战趋势,加大了外空沦为类似陆海空战场的风险,极大增加了外空安全的不确定性。

二是外空安全脆弱性上升。反卫星武器、反导系统及远程快速精确打击武器等能力发展,挑战传统战略平衡与稳定。美国是进行反卫星试验最早、次数最多、造成空间碎片最多的国家。2019年1月,美国在《导弹防御评估报告》中强调外空在导弹防御中的重要地位,计划发展外空导弹监测网,研发新型天基传感器,在外空部署反导拦截器。近来美国外空试验不断升级,包括X-37B空天飞机试验、利用"任务延长飞行器一号"MEV-1"复活"位于"墓地轨道"的国际通信卫星901,部署可干扰甚至中断对手卫星通信的升级版"反卫星系统"等。这些技术手段均具备进攻性军事用途,对他国外空资产安全构成重大威胁。

三是外空对抗和冲突风险上升。战略上,"竞争""对手""威胁"等词汇已成为美国《国家太空政策》、英国《国防、外交和发展综合报告》等一系列报告中的高频词。行动上,美国等在空间对别国卫星进行频繁抵近侦察和绕飞等高危险行动,开展攻防对抗技术试验,干扰别国正常外空活动,威胁别国外空资产安全,加剧外空对抗紧张气氛,增加军事误判和冲突风险。

二、关于"负责任外空行为"

外空安全问题有其复杂特性。对外空行为进行"负责任"和"不负责任"的二元化区分,未免过于简单化,且具有主观色彩,易沦为政治工具。尽管如此,中方愿本着建设性态度,与各方就"负责任外空行为"进行探讨和交流,争取各方增进理解,扩大共识,为切实推进防止外空军备竞赛国际进程做出贡献。

(一)"负责任外空行为"应遵循以下原则

一是维护共同和普遍安全。各国应秉持构建人类命运共同体理念,树立共同、综合、合作、可持续的全球安全观,共担维护外空安全的责任,通过合作应对外空安全各方面威胁,寻求实现共同和普遍安全。大国应摒弃在外空追求绝对优势、绝对自由、绝对安全的单边主义思维,改变独霸外空的战略和政策,纠正将单个国家或集团的安全凌驾于他国安全之上的错误做法。要坚守不在外空发生冲突甚至战争的底线。各方应加强对话,增进理解和互信,避免对抗和误判。拥有最大空间能力的国家,在此方面负有特殊责任。

二是尊重和维护现有国际法基本准则。各国应确保本国外空行为符合国际法和国际关系基本准则,这是负责任的最基本表现。应切实遵循《联合国宪章》宗旨和原则,遵守《外空条约》《营救协定》《责任公约》《登记公约》,善意履行国际法义务。

三是坚持防止外空军备竞赛的根本目标。防止外空武器化和军备竞赛,是维护外空安全的根本前提。当务之急是尽早谈判达成具有法律约束力的外空军控国际条约。联合国应再次成立"防止外空军备竞赛"政府专家组或开放式工作组,"负责任外空行为"可作为其中一项议题。在裁谈会达成工作计划并正式启动谈判前,可以考虑成立技术专家组,深入讨论未来外空军控法律文书定义、范围、核查等技术性问题。外空透明和建立信任措施具有一定积极作用,但不能取代外空军控条约谈判。

四是平衡处理外空安全与和平利用外空的关系。尊重并确保各国平等享有和平利用外空权利,特别是关注发展中国家和新兴航天国家利益,促进各国出于和平目的的国际交流、技术援助与合作,提升外空科技发展红利的普惠性,推动和平利用外空事业更好促进各国经济发展和社会进步。摒弃意识形态偏见、双重标准和单边制裁等做法,消除政治隔阂和技术壁垒,避免滥用"安全威胁"等借口,妨碍他国和平利用外空活动。

五是坚持多边主义和综合协调应对。应支持联合国在外空国际治理中发挥主平台作用,确保外空国际规则制定进程的广泛参与性、公正性和包容性,最大限度凝聚国际共识,避免将少数国家意志强加于人。联合国框架内各相关机构工作各有分工和侧重,应加强协调合作,也要避免过度交叉重叠。裁军谈判会议应在防止外空军备竞赛方面发挥主要作用,联合国大会、联大一委和四委、联合国和平利用外空委员会、裁军审议委员会等多边平台可根据各自职权,充分发挥作用,协助推进有关讨论。

(二)就具体行为而言,中方倡导各方共同采取以下举措

一是积极支持谈判外空军控条约。各国应支持以具有法律约束力的方式,防止在外空放置武器、不在任何地方对外空物体使用或威胁使用武力。是否具有加入这一谈判的政治意愿,是衡量一国外空行为是否负责任的"试金石"。

二是停止外空对抗和干扰行为。例如,停止毫无节制地研发和部署反导系统,特别是不在外空部署反导拦截器;停止通过卫星抵近和天基技术试验干扰他国航天器的行为。

三是自愿采取透明和建立信任措施。各国应通过适当、可行的透明和建立信任措施,增进互信、减少误判,为谈判制定外空军控国际法律文书提供有益补充。这些措施可包括但不限于:承诺不首先在外空部署武器;加强外空安全对话,就国家外空战略、政策和意图开展交流,增信释疑;就减缓空间碎片、空间物体避碰、航天发射通报、航天设施互访等开展互利合作,并探讨达成双边或多边安排。

四是确保外空长期可持续和平利用。在开展外空活动中,尽力采取必要技术性措施,执行好空间碎片减缓国际规则。在联合国外空委等框架内,在各方广泛参与和充分讨论基础上,继续就外空活动长期可持续性、空间碎片减缓等进行深入讨论,并寻求达成共识。同时,充分考虑发展中国家的正当权益和特殊需求。

三、中国维护外空安全的政策和实践

中国一贯主张和平利用外空,反对外空武器化和军备竞赛,反对将武装冲突延伸至外空。中国主张,对外空的探索和利用应服务于促进世界各国的经济、科学和文化的发展,造福全人类。为此,中方做出了以下积极努力:

第一,积极推动谈判达成外空军控条约。中国与俄罗斯等国一道,于2008年向裁谈会提交了"防止在外空放置武器、对外空物体使用或威胁使用武力条约"(PPWT)草案,并于2014年提交更新案文,为未来外空军控条约谈判提

供了基础。自 2007 年以来，中国在联大一委连续多年参加共提"防止外空军备竞赛""防止外空军备竞赛进一步切实措施""不首先在外空部署武器"决议。在中国与俄罗斯等国共同推动下，联合国成立了"防止外空军备竞赛问题"政府专家组，分别于 2018 年 8 月和 2019 年 3 月举行两期会，并于 2019 年 1 月举行公开磋商。尽管专家组因美国独家阻挡未能通过实质性报告，但各方就外空军控国际法律文书要素进行了空前深入、实质的讨论，为下步推进外空军控进程奠定了基础。

第二，高度重视外空透明与建立信任措施问题。中国是联大"外空透明与建立信任措施"决议的主提国之一，积极参与了联合国"透明与建立信任措施"政府专家组工作并提出了许多建设性建议，支持各方在自愿基础上积极研究和落实专家组 2013 年达成的工作报告。中国于 2000 年、2006 年、2011 年、2016 年四次发布《中国的航天》白皮书，于 2019 年发布《新时代的中国国防》白皮书，其中充分阐明了中国的外空政策和活动计划。中国严格按照《登记公约》要求，登记发射进入外空的物体信息。中国政府颁布了《民用航天发射项目许可证管理暂行办法》等部门文件，强化发射许可审批及对商业航天活动的监管。对于许多重大航天发射活动，中方均通过媒体进行公布，或与有关国家或国际组织进行沟通协调。

第三，积极参与和平利用外空国际合作。中国积极参加联合国和平利用外空委员会及其小组委员会工作，为达成外空活动长期可持续性序言和 21 条准则做出了重要建设性贡献。中国还积极参与机构间空间碎片协调委员会、国际小行星警报网络（IWAN）、航天任务计划咨询组（SMPAG）等多边机制下合作，并与有关国家就空间碎片、卫星碰撞预警等问题开展经常性沟通交流。中国政府与国际接轨，出台了《空间碎片减缓要求》等标准。中国主动在运载火箭末级普遍采取钝化措施，使得中国产生空间碎片总数实现零增长；主动开展寿命末期航天器的离轨操作，使其尽快陨落或进入"墓地轨道"，最大限度地保护轨道资源。

第四，积极开展国际空间交流与合作。中国与 40 余国及国际组织签署 130

余项空间合作协议或谅解备忘录，为 10 余个国家提供卫星发射服务，并努力推动北斗导航系统的国际应用。中国积极开展航天发射场参访活动，曾多次接待各国政府官员和航天专家赴华观摩发射。中国还在联合国、亚太空间合作组织、金砖国家合作等框架下积极开展空间合作。中国与联合国合作，围绕中国空间站面向世界各国发布空间应用合作项目，第一批已遴选确定来自 17 个国家的 9 个项目参加中国空间站科学实验，后续还将启动第二批合作项目发布和遴选工作。

四、结语

外空战打不得，也打不赢。核军备竞赛的历史教训不能在外空重演。各国在外空存在广泛的共同利益，外空理应成为国际合作共赢的新疆域，而非竞争对抗的新战场。中国愿继续与各方共同努力，在外空领域践行人类命运共同体理念，从维护全人类共同安全的高度，积极探寻应对外空安全威胁的务实、有效途径和办法，为维护外空和平、安全与可持续性做出积极贡献。

中国要求秘书长先生在根据 2020 年 12 月 7 日通过的联大 75/36 号决议第 5、6 段起草实质性报告时，考虑中方立场，并将本文件作为报告附件。

张军大使在安理会叙利亚化武问题视频公开会上的发言

(2021年5月6日)

我感谢中满泉女士的通报。中方对阿里亚斯总干事无法出席今天的公开会感到遗憾。我愿谈以下几点看法：

第一，尊重科学和事实，维护禁化武组织的技术属性。对于指称使用化武事件进行调查和处理，必须严格遵循《禁化武公约》的要求，坚持独立、中立和公正，做到程序合规、证据可靠、结论可信，避免引发质疑。调查鉴定组的成立超出公约授权，工作方法缺乏透明，具体程序没有达到公约规定的标准，发布的报告难以还原事实真相，引发很多质疑。希望技秘处在尊重科学、尊重事实基础上，对有关国家的质疑进行回应，确保调查结论的客观、真实与公正。

第二，加强对话协商，回归缔约国协商一致做决定的传统。在叙利亚化武问题上，有些国家一再强行推动表决，导致各方在分歧的路上越走越远。如果凡事都靠投票做决定，禁化武组织权威性必将受到更大质疑，有关决定也难以有效执行。越是重大问题，缔约国越是要通过对话协商弥合分歧。中方呼吁各方回归协商一致传统，共同改进禁化武组织工作氛围，维护公约权威性和有效性。

第三，尊重缔约国权利，避免禁化武组织工作政治化。叙方多次表达愿同技秘处开展合作，建设性态度值得肯定。国际社会应鼓励双方继续通过技术磋商解决未决事项。在第25届缔约国大会上，一些国家强行推动通过决定，暂停叙利亚的投票权、被选举权等权利。中方对决定草案投了反对票，安理会很多成员都不支持该决定，这很能说明问题。禁化武组织不能被用作打压发展中国家合法政府的地缘政治工具。

最后,我重申,中方一贯坚决反对任何国家、组织或个人在任何情况下、出于任何目的使用化武,希望我们的世界早日脱离一切化学武器。我们敦促化学武器拥有国尽早销毁一切化学武器。

谢谢!

抓住机遇，应对挑战，推动新兴科技更好造福人类发展

——张军大使在"新兴科技对国际和平与安全的影响"
阿里亚模式会议上的发言

(2021 年 5 月 17 日)

当前，以数字技术、人工智能、生物技术、材料技术为代表的新兴科技迅猛发展，正在催生新一轮科技革命，为人类发展进步注入强大动力。大数据、人工智能技术日趋成熟，被广泛用于环境监测、气候变化等领域。在抗击新冠肺炎疫情中，新兴技术在追踪疫情传播、预测演变趋势、远程治疗等方面也发挥了至关重要作用。基因工程等生物技术以及纳米等材料技术的发展应用，也为解决农业、交通、运输等领域的挑战提供新的解决方案，为推动各国实现创新发展、落实 2030 年可持续发展议程带来新的希望。

同时，新兴科技既是机遇，也是挑战。全球化使世界各国成为休戚与共的命运共同体。随着新兴技术发展，处在这个命运共同体之中的我们比以往任何时候都更加强大，同时也面临着更加严峻的挑战。纵观全球，新兴科技的发展仍然很不平衡，科技和数字鸿沟有扩大之势。全球科技治理面临赤字，国际合作环境亟须改善。信息和数据安全存在隐患，各国安全面临突出风险。全球统筹协调存在缺失，合作应对挑战的意识和机制有待加强。如何更好地开发、利用、治理新兴科技，既更好造福世界人民，又有效管控风险，是摆在我们面前的重大课题，值得国际社会深入思考。

——我们要推动创新发展，全面提高各国科技发展和应用能力，缩小数字鸿沟。科技进步是人类发展进步的重要支撑力量。实现世界的共同发展，必须让各国都充分参与到全球科技发展的进程中来，确保各国特别是发展中国家公

正、平等地享受科技进步带来的机遇。我们要高度重视新兴科技发展不平衡问题，把发展中国家更好地纳入全球发展的智能化、网络化、数字化框架，培育新的动能，提高支撑能力，开辟发展空间。要加强各国能力建设，通过新兴科技运用提升各国抗击疫情、应对气候变化、维护粮食安全、能源安全和数据安全的能力。

——我们要营造良好环境，鼓励良性竞争，防止科技垄断。在各国命运相互依存的全球化时代，各国不可能在相互隔绝中实现发展，科技进步不应该也不可能被人为割裂。各国应坚持开放发展，坚持在发展中解决好面临的各种挑战，反对单边主义、保护主义和科技霸权主义。要推动国际自由贸易，确保科技资源在全球的正常流动，维护全球科技价值链、产业链、供应链的有序发展。要维护国际公平正义，推动平等互利合作，避免科技封锁和壁垒。

——我们要加强全球治理，更好规范新兴科技开发利用。科学技术的每一次重大突破，都会打破旧规则、旧秩序，带来全球治理模式的重构。科技进步日新月异，全球治理的步伐也必须紧紧跟上。要充分看到新兴科技带来的机遇和挑战，加强制定相关国际文书来填补规则和规范方面的空白，为抓住机遇、用好机遇开辟更大空间，有效防范和化解风险。要秉持共商、共建、共享的系统治理思路，践行多边主义，鼓励多利益攸关方积极参与，开展广泛对话交流，共同制定新兴科技国际治理框架和规则。中方去年提出了《全球数据安全倡议》，我们欢迎各方积极响应、共同参与。

——我们要认清新兴科技的潜在风险挑战，更好维护国际和平与安全。要确保科技创新在法治轨道和公认的国际准则基础上运行，坚持由人类主导、为人类服务。要高度重视新兴科技在武装冲突中的使用问题，防止因此降低冲突门槛，加剧地区紧张局势。要坚决防止新兴科技被恐怖组织和恐怖分子滥用，以及传播虚假信息和仇恨言论，避免其成为违法犯罪行为的新途径、新手段、新工具。同时要加强联合国特别是维和行动对新兴科技的运用，增强信息分析、提前预警和有效行动的技术支持能力，提高联合国行动的效率，降低维和行动与维和人员安全风险。这也是中方担任5月安理会轮值主席期间的工作重点之一。中方已推动成立联合国维和人员安全之友小组,将于本月就维和人员安全问题举行专门讨论。

——我们要加强统筹协调,切实发挥联合国的核心作用。要坚定维护多边主义,维护以联合国为核心的国际体系,以国际法为基础的国际秩序。联合国应加大对新兴科技问题的重视,从和平、发展、安全等领域入手,深入研究并探索建立民主透明、包容普惠的国际合作与治理框架。联合国各机构应就如何利用好新兴科技机遇、应对风险挑战提出有针对性的政策建议,加强协调,形成强大合力。安理会应更加关注新兴科技对维和、反恐和防扩散等议题的影响。要加强维和行动的科技装备,提高维和行动能力,保护维和人员安全。

新兴科技正在成为全球发展的新引擎,国际合作的新领域,全球治理的新课题。让我们携手合作,扩大共识,协调行动,为共同推动新兴科技造福人类作出应有贡献。

张军大使在安理会网络安全问题公开会上的发言

（2021年6月29日）

主席女士，

我感谢中满泉副秘书长所作通报。

当今世界，新一轮科技革命和产业变革方兴未艾，数字和网络技术发展迅速，极大改变了人类生产生活方式，促进了各国经济社会发展。与此同时，网络监听、网络攻击、网络犯罪和网络恐怖主义成为全球公害，网络空间军事化、政治化、泛安全化和意识形态化愈演愈烈。各国在网络世界既享有共同机遇、拥有共同利益，也面临共同挑战、承担共同责任，正日益成为休戚与共的命运共同体。

主席女士，

中国国家主席习近平指出，各国虽然国情不同、互联网发展阶段不同、面临的现实挑战不同，但推动数字经济发展的愿望相同、应对网络安全挑战的利益相同、加强网络空间治理的需求相同。中方始终主张国际社会应携手合作，共同保障网络安全，维护国际和平。

——应以维护和平促安全，防止网络空间成为新的战场。国际社会应遵守《联合国宪章》宗旨和原则，特别是主权平等、禁止使用武力、不干涉内政、和平解决争端等原则。应尊重各国自主选择网络发展道路、网络管理模式、平等参与网络空间治理的权利，不从事危害他国安全的网络活动。应审慎对待武装冲突法等适用于网络空间问题，防范网络空间军备竞赛。

——应以交流合作促安全，营造网络空间良好环境。维护网络安全是全球性课题，没有哪个国家能够置身事外、独力应对。网络空间霸权主义、单边主义、保护主义只会加剧紧张对抗，毒化合作氛围，应当受到国际社会共同抵制和反对。各国应携手努力，深化在技术研发、规则制定、信息共享等方面的交流合作，共同遏制信息技术滥用。应共同反对网络监听和网络攻击，打击网络恐怖主义和网络犯罪，提升网络安全保障能力。应为企业提供开放、公平、非歧视的营商环境，保障全球信息通信产业链供应链开放、稳定、安全，推动全球经济健康发展，反对以各种理由人为干扰企业正常经营行为。

——应以加强治理促安全，推进网络空间公平正义。各国应践行真正的多边主义，在联合国框架下建立各方平等参与、开放包容、可持续的网络安全治理进程，制定各国普遍接受的网络空间国际规则，反对搞小圈子和集团政治。中方高度赞赏联合国网络安全问题开放式工作组和政府专家组顺利达成报告，期待新一届开放式工作组为维护网络安全作出新贡献，愿与各方一道推动在联合国框架下制订打击网络犯罪国际公约。应本着共商、共建、共享精神，充分发挥政府、互联网企业、技术社群、民间机构、公民个人等多利益攸关方作用。

——应以普惠发展促安全，实现网络空间共同繁荣。当前世界经济发展艰难乏力，数字和网络技术可以成为各国疫后复苏与恢复经济社会发展的重要引擎。各国应采取更加积极、包容、协调、普惠的政策，促进信息通信技术在全球范围内均衡发展，大力发展数字经济等新模式新业态，反对搞科技霸权。应加强数字基础设施建设和互联互通，打破信息壁垒，弥合数字鸿沟，帮助发展中国家提高数字化、网络化、智能化水平，落实2030年可持续发展议程。应加大对发展中国家的网络安全合作与援助，提升其网络安全事件预警防范和应急响应能力。

主席女士，

中国高度重视网络安全和信息化建设，致力于建设数字经济、数字社会、数字政府，以数字化转型整体驱动生产方式、生活方式和治理方式变革。中国将在《网络安全法》《数据安全法》基础上，继续健全国家网络安全法律法规和制度标准。

中方去年提出《全球数据安全倡议》，聚焦关键基础设施和个人信息保护、企业境外数据存储和调取、供应链安全等重大问题，为维护全球数据和网络安全提出建设性解决方案。不久前，中方同阿拉伯国家联盟发表《中阿数据安全合作倡议》，体现了双方维护网络和数据安全的共同呼声。我们欢迎各方积极响应，共同参与，携手打造全球数字治理规则。中方还积极推进"数字丝绸之路"建设，同各国共同构建面向未来的智能化互联互通新格局。

网络空间承载人类梦想，关乎民众福祉与和平安全。中方愿同世界各国一道，把握信息革命机遇，培育创新发展新动能，开创数字合作新局面，打造网络安全新格局，构建网络空间命运共同体，携手创造人类更加美好的未来。

谢谢主席女士。

耿爽大使在安理会伊朗核问题公开会上的发言

（2021年6月30日）

主席先生，

我感谢迪卡洛副秘书长、欧盟驻联合国代表团团长斯科格大使和爱尔兰常驻代表内森大使所作通报。

伊朗核问题全面协议是各方经过艰苦努力、通过协商谈判达成的外交成果，是多边主义的成功实践，是维护国际核不扩散体系和中东和平稳定的重要保障。美国不顾国际社会反对，执意单方面退出全面协议，并持续对伊朗极限施压是当前伊核问题困局的根源。解铃还须系铃人。美国作为始作俑者，理应无条件率先重返全面协议，伊朗则应在此基础上亦全面恢复履约。这是推动伊核协议重回正轨、实现地区局势降温的正确途径。

今年以来，有关各方积极落实去年12月伊核外长会共识，推动美伊尽快恢复履约。目前，在维也纳举行的相关谈判已取得重要进展，但距离达成共识仍有差距。希望各方增强紧迫意识，早做政治决断，显示灵活态度，坚持相向而行，同时保持克制，避免可能导致局面复杂化的言行，争取尽早就恢复履约达成共识。这里我要特别指出，美方一再表示愿意重返伊核全面协议，一直宣称"多边主义回来了"。既然如此，美方应为推动早日达成共识作出更大努力，展现更多诚意。美方最终能否同伊朗及其他有关各方达成恢复履约协议将是检验美是否真正践行多边主义的一块试金石。

主席先生，

美方退出伊核协议，导致美伊严重缺乏互信，这是当前美伊恢复履约谈判的严重障碍。出于对美可能再次毁约的担忧，伊方要求美国现政府就不再单方面退出全面协议提供保证。这一要求完全可以理解，应该得到回应。希望各方展现积极姿态，拿出政治智慧，找到解决办法。

作为国际社会一员，伊朗有和平利用外空的权利。各方对伊导弹和空间计划的性质有不同理解。如有必要，各方可建立新的平台或在其他合适场合就此开展讨论，但应避免在恢复履约谈判中纠缠此事，使问题复杂化，阻碍谈判进程。

单边制裁损害各国互利合作，有违国际公平正义，是对国际法的肆意践踏，也是对国际关系的严重破坏。国际社会一再呼吁美方解除对伊制裁，秘书长在报告中也多次强调这一点。希望美方对此予以重视并在谈判中积极响应。中方坚决反对美方施加的所有不合法的单边制裁，不论是美对伊的不合法制裁，还是针对包括中方在内的第三方实体和个人的"长臂管辖"，都应当立即解除。这有助于保障伊方享有正当经济红利，为各方恢复同伊开展正常经贸合作创造条件，为谈判达成恢复履约协议铺平道路。

主席先生，

伊核问题牵动中东局势，维护全面协议有助于维护地区安全稳定，符合包括海湾地区国家在内的各方利益。同时，地区安全问题不应与全面协议直接挂钩。中方已倡议在维护全面协议基础上，搭建海湾地区多边对话平台，鼓励地区国家通过对话协商就地区安全问题达成新共识。中国国务委员兼外交部长王毅在今年3月出访中东期间，提出了实现中东安全稳定的五点倡议，包括倡导相互尊重、坚持公平正义、实现核不扩散、共建集体安全、加快发展合作等，体现了中方促进地区和平的诚意和作为安理会常任理事国的担当。

主席先生，

维护伊核问题全面协议就是维护多边主义，就是维护国际公平正义，就是维护联合国安理会权威。中方始终以建设性态度参与恢复履约谈判，为推动各方凝聚共识、化解分歧发挥重要作用。中方将继续为推动早日达成恢复履约协议、推进伊核问题政治解决、维护国际核不扩散体系、促进中东地区和平稳定发挥建设性作用。

谢谢主席。

耿爽大使在安理会叙利亚化学武器问题公开会上的发言

（2021年9月2日）

主席女士，

首先我祝贺印度担任8月安理会轮值主席取得积极成果，我也要祝贺爱尔兰换任9月轮值主席，相信在你的主持下，本月安理会工作一定能够取得成功。中国代表团将给予你和你的同事充分合作。

我感谢联合国裁军事务高级代表中满泉女士所作通报。欢迎叙利亚、土耳其和伊朗代表参加今天的会议。

安理会每月审议一次叙利亚化学武器问题，中方已多次全面清晰地表明立场，强调叙化武调查工作应以事实为依据，以科学为准绳，以客观公正的方式展开。今天我不展开讲，只强调两点：

第一，解决叙利亚化武问题，必须坚持对话合作。中方注意到禁化武组织散发的最新月度报告，我们鼓励技秘处与叙利亚方面加强对话，共同解决叙方初始申报等未决问题。希望双方早日就第二十五轮技术性磋商的会期达成共识，稳步推进叙利亚外长与总干事面对面会谈筹备工作，对接好技秘处视察叙利亚科学研究中心的具体安排，就叙利亚一处已申报的化武设施遇袭问题保持沟通。国际社会应为双方对话合作创造有利条件，尊重叙利亚合理关切，避免政治施压。

第二，解决叙利亚化武问题，必须回归《禁化武公约》框架。各缔约国应维护《公约》的权威性和完整性，对于指称使用化武事件，应严格依照《公约》以及相关核查附件的规定，秉持客观、公正、专业的原则开展调查和处理。基于上述立场，中方坚持认为调查鉴定组的成立超出《公约》授权，对其工作方法、程序及人员构成始终存在关切。中方敦促各缔约国遵循多边主义原则，加强对话协商，减少政治对抗，共同为禁化武组织恢复正常工作创造有利条件，营造良好氛围。

谢谢主席女士。

耿爽大使在第十二届促进《全面禁止核试验条约》生效大会上的发言

(2021年9月24日)

主席先生，

首先，请允许我代表中国代表团，祝贺意大利和南非当选本届大会共同主席，并对上届大会共同主席阿尔及利亚和德国表示感谢。我还要欢迎《全面禁止核试验条约》组织筹委会临时技秘处新任执秘弗洛伊德上任履新，赞赏并感谢前任执秘泽博为推进条约生效所做贡献。

主席先生，

今年是《全面禁止核试验条约》达成25周年。25年来，在各方共同努力下，条约普遍性不断提高，履约筹备工作持续进展，禁止核试验成为国际共识。条约为遏制核军备竞赛、维护全球战略稳定发挥了重要作用，已成为国际核裁军与核不扩散体系的关键支柱。

随着国际安全形势复杂深刻演变，推动《全面禁止核试验条约》生效显得更为紧迫重要，国际社会应继续为此做出努力。中方主张：

第一，践行多边主义，通过对话协商弥合分歧、解决争端，消除核武器存在和扩散的根源，为条约生效营造良好的政治氛围。

第二，摒弃冷战思维，反对谋求绝对军事优势，维护全球战略稳定，为条约生效创造必要的安全环境。

第三，反对毁约退群，坚定维护国际军控条约体系的完整性、权威性、有效性，为条约生效筑就坚实的制度保障。

第四，强化国际共识，继续推广全面禁止和彻底销毁核武器主张，推动禁核试理念进一步深入人心,为条约生效注入强劲的政治动力。

第五,推进筹备工作,全面平衡开展国际数据中心、国际监测系统和现场视察机制建设,为条约生效提供必要的技术支持。

主席先生,

中国是最早签署《全面禁止核试验条约》的国家之一,自1996年以来,始终坚定维护条约宗旨目标,恪守"暂停试"承诺。中国积极支持国际监测系统建设,境内已建成10个台站和1个核素实验室。中国是条约组织筹委会第二大会费缴纳国,始终按时足额缴纳会费,并在自愿捐款、设备研发等方面与临时技秘处开展了良好合作。

从拥有核武器的第一天起,中国就积极倡导全面禁止和彻底销毁核武器,郑重声明在任何时候和任何情况下都不首先使用核武器,承诺无条件不对无核武器国家和无核武器地区使用或威胁使用核武器,并一直将核力量维持在国家安全所需的最低水平。我愿重申,中国不会成为《全面禁止核试验条约》生效的阻碍,将继续为促进条约生效贡献力量,为早日实现全面禁止和彻底销毁核武器的崇高目标不懈努力。

谢谢主席先生。

张军大使在安理会
《全面禁止核试验条约》问题公开会上的发言

(2021年9月27日)

主席先生,

我欢迎你主持今天的会议,感谢中满泉副秘书长、弗洛伊德执秘和万亚嘉(Wanyaga)女士所作通报。

《全面禁止核试验条约》是人类迈向建立无核武器世界目标的重要里程碑。条约达成25年来,为遏制核军备竞赛、降低核战争风险、维护国际和平与安全作出重要贡献,已成为国际核裁军与核不扩散体系的关键支柱。

当前国际战略安全稳定环境充满变化与挑战,条约的重要作用更加凸显。古特雷斯秘书长在"我们的共同议程"中呼吁就降低战略风险等问题制定新的和平议程、采取新的行动,促进条约早日生效应成为众多努力之一。中方愿就此提出以下主张:

第一,坚定维护多边主义,营造条约生效的良好安全环境。各国应践行真正的多边主义,坚守合作共赢与公平正义,反对冷战思维与零和博弈,致力于实现共同安全、普遍安全和持久安全,消除核武器存在、扩散及试验的根源。

第二,支持条约宗旨目标,巩固条约生效的强劲政治势头。国际社会应继续倡导全面禁止和彻底销毁核武器主张,推动禁核试理念进一步深入人心。核武器国家应恪守暂停核试验承诺,切实降低核武器在国家安全政策中的作用,承诺不首先使用核武器。

第三,维护国际军控体系,加强条约生效的坚实制度保障。各国应共同维护以国际法为基础的国际秩序,强化以联合国为核心的多边裁军机制,遵守并履行国际义务和承诺,摒弃双重标准和歧视性作法,维护国际军控条约体系的完整性、权威性、有效性。

第四,推进履约筹备工作,夯实条约生效的可靠能力基础。国际社会应继续以全面、平衡方式,推进国际数据中心、国际监测系统和现场视察机制建设,帮助发展中国家加强能力建设,着眼条约生效后核查机制运行做好技术储备。

主席先生,

《全面禁止核试验条约》(CTBT)和《不扩散核武器条约》(NPT)都是国际核裁军与核不扩散体系的重要支柱。在推动《全面禁止核试验条约》早日生效的同时,国际社会也要切实维护《不扩散核武器条约》的权威性普遍性和有效性。各国均应展现负责任态度。中方反对对《不扩散核武器条约》采用实用主义或双重标准的做法。个别核武器国家不能一方面高喊致力于维护国际核不扩散体系,另一方面却协助无核武器国家建造核潜艇。这不仅加剧军备竞赛,损害国际核不扩散体系,破坏国际和地区安全稳定,也与《不扩散核武器条约》精神背道而驰。我们希望有关国家倾听国际社会呼声,忠实履行国际核不扩散义务,多做有利于维护地区和平稳定的事。

主席先生,

中国是最早签署《全面禁止核试验条约》的国家之一,也是核试验次数最少的核武器国家。自1996年宣布暂停核试验以来,中国政府始终恪守"暂停试"承诺,从未动摇过对条约的政治支持。中国以自身方式,为推动条约生效进程推动条约履约筹备、促进条约国际合作等作出了应有贡献。我愿重申,中国不会成为《全面禁止核试验条约》生效的阻碍。

无论国际风云如何变幻,中国都将坚定致力于维护多边主义,维护国际和平安全,维护国际核裁军与核不扩散体系。中方将继续同各方一道,不断巩固禁核试国际共识,为促进条约生效贡献力量,为早日实现全面禁止和彻底销毁核武器的崇高目标不懈努力。

谢谢主席先生。

耿爽大使在纪念和推进
"国际彻底消除核武器日"联大高级别全会上的发言

（2021年9月28日）

主席先生，

中国支持建立无核武器世界，支持不结盟运动推进核裁军议程，支持联大举行会议纪念和推进"国际彻底消除核武器日"。

提到彻底消除核武器，人们会想到冷战时期美苏之间数万枚相互瞄准的核弹头，想到冷战时期有关国家在南太平洋进行的数百次核试验，想到冷战时期世界曾数次走到核战争的边缘。

今年是冷战结束30周年。30年过去了，核武器仍然存在，核战争威胁仍未消除，建立无核武器世界仍然任重道远，这一切归根到底是由于某些人心中的冷战阴云仍未散去。要想彻底消除核武器，首先要彻底消除冷战思维。冷战思维不除，世界就不可能真正实现核裁军，也不可能真正享有和平与安宁。

近年来，个别国家坚持冷战思维，追求绝对军事优势，奉行进攻性核政策，逃避核裁军责任，热衷组建封闭排他的"小圈子"，执意挑起冲突对抗。就在最近，个别国家公然宣布开展具有严重核扩散风险的核潜艇合作。这种做法加剧地区紧张，刺激军备竞赛，损害国际核不扩散努力，与彻底消除核武器的目标和地区国家谋求和平与发展的意愿背道而驰。

一周前，有国家在这个大厅里说，无意寻求新冷战，无意制造分裂。希望这一在全世界面前公开做出的表态能够落到实处。希望有关国家能够摒弃陈旧的冷战零和思维和狭隘的地缘政治观念，为维护全球战略平衡与稳定，为维护地区和平与安全作出实实在在的努力。

主席先生，

从拥有核武器的第一天起，中国就倡导全面禁止和彻底销毁核武器，宣布在任何时候和任何情况下不首先使用核武器，承诺无条件不对无核武器国家和无核武器区使用或威胁使用核武器。中国从不与任何国家比规模、比数量，也不与任何国家进行核军备竞赛。我们从不回避自身应承担的国际裁军和军控义务，始终把核力量维持在国家安全需要的最低水平。

今年是中国恢复联合国合法席位50周年。50年来，中国全面深入参与联合国裁军事务，为维护世界和平、促进国际安全作出积极贡献。中方将继续践行真正的多边主义，同国际社会一道，为推进核裁军进程，早日实现无核武器世界的目标不懈努力。

谢谢主席。

耿爽大使在安理会叙利亚化武问题公开会上的发言

(2021年10月4日)

主席先生，

我感谢中满泉女士的通报。

在今年9月联大一般性辩论中，叙利亚外长米格德达表示，叙方坚决反对任何人在任何情况下使用化学武器，愿同禁化武组织保持合作，解决未决问题。中方赞赏叙方上述表态。

中方始终认为，对话合作是解决叙化武问题的正确方式，过度施压只能适得其反。叙利亚政府和技术秘书处对不少问题存在不同解释。双方应尊重科学事实，坚持客观公正，继续充分讨论，努力相向而行，争取早日共同解决未决问题。叙利亚政府同技术秘书处、联合国项目办之间的三方协议顺利延期，为解决未决问题创造了良好条件。叙利亚政府同技术秘书处继续就申报评估组第二十五轮磋商保持沟通。本轮磋商因签证问题遇到困难，希望双方本着建设性态度予以解决。

我愿强调，成立调查鉴定组超出《禁化武公约》范畴，违背了禁化武组织协商一致的传统，包括中方在内的很多国家都表示关切。调查鉴定组工作方法和程序也没有达到公约及其核查附件的要求，引发很多质疑。希望技秘处坚持技术属性，秉持公正、客观、独立的精神做好本职工作，推动使用化武追责问题回归公约框架。

最后，我要重申，中方一贯坚决反对任何国家、组织或个人在任何情况下、出于任何目的使用化武，希望我们的世界早日摆脱一切化学武器。我们敦促化学武器拥有国尽早销毁所有化学武器。

谢谢主席先生。

耿爽大使在第 76 届联大一委一般性辩论上的发言

（2021 年 10 月 5 日）

主席先生，

首先，我谨代表中国代表团祝贺阁下当选本届联大一委主席。中国代表团愿与你及各国代表团通力合作，共同推动本次大会取得圆满成功。

主席先生，

国际军控与裁军关乎世界和平与稳定。二战的惨痛经历催生了以联合国为核心的多边军控与裁军体系。70 多年来，这一体系为消除战略武器威胁、促进全球战略稳定、维护国际和平安全作出积极贡献。当前，百年变局与世纪疫情交织叠加，国际安全形势深刻演变，全球战略平衡与稳定遭遇挑战，多边军控与裁军体系处于十字路口，国际社会面临何去何从的重要抉择。

第一，是重拾冷战思维，制造分裂对抗，还是弘扬多边主义，维护战略稳定？

今年是冷战结束 30 周年。30 年过去了，冷战阴云仍未散去，冷战思维仍大行其道。美国大肆制造"假想敌"，奉行进攻性核政策，扩大核威慑范围，降低核武使用门槛，斥资数万亿美元升级核武库，严重威胁全球战略稳定。

美国单方面退出《反导条约》及《中导条约》，以应对中俄威胁为借口，推进全球反导系统建设，谋求在亚太和欧洲部署陆基中导，破坏大国战略互信，威胁地区安全，阻碍多边军控进程。

美国违背不搞新冷战政策宣示，与英国、澳大利亚开展核潜艇合作，在武器级核原料转让上"开口子"，在执行《不扩散核武器条约》上"钻空子"，拉帮结派组建"小圈子"，刺激军备竞赛，加剧地区紧张，损害国际核不扩散努力。

多边主义是避免分裂对抗、促进团结合作的有力武器和最佳途径。面对种种威胁挑战，国际社会特别是主要大国应顺应时代潮流，摒弃陈旧的冷战零和思维和狭隘的地缘政治观念，坚持多边主义，致力于军控体系，为维护全球战略稳定发挥积极作用。美国应切实承担核裁军特殊优先责任，进一步大幅实质削减核武库，应放弃发展部署全球导弹防御系统，停止在亚太和欧洲部署陆基中导。美英澳应改变核潜艇合作计划，忠实履行国际核不扩散义务，多做有利于地区和平稳定的事。

第二，是奉行实用主义，破坏多边规则，还是履行责任义务，推进裁军议程？

二战后建立起来的军控国际规则日益受到双重标准和例外主义的侵蚀，对多边规则"合则用，不合则弃"的实用主义态度更是表现得十分突出。

美国作为唯一拥有库存化学武器的国家，消极履行自身义务，不断推迟化武销毁时间。美国作为生物军事化活动最多的国家，置国际呼声于不顾，独家反对《禁止生物武器公约》核查议定书谈判。美国作为外空军事实力最强的国家，长期抵制外空军控进程，导致国际社会相关努力停滞不前。

日本一直以唯一核武受害国自居，大谈如何防止核威胁，却不顾国内外质疑和反对，单方面决定以排海方式处置福岛核电站事故核污染水，危害周边国家人民切身利益，威胁全球海洋生态环境和各国人民健康。

履行条约义务、遵守多边规则是各国负责任言行的应有之义，大国尤其应发挥表率作用。美国应尽快完成库存化武销毁工作，停止阻挠生物武器核查议定书谈判，澄清境内外生物军事化活动，积极参与外空军控进程，与国际社会一道推动早日谈判达成外空军控法律文书。日本应倾听国际社会呼声，撤销将核污染水排海的错误决定，加强与利益攸关方及国际机构协调合作，以公开透明和负责任的方式妥善解决国际社会关切。

第三，是推行地缘战略，打压异己国家，还是坚持客观公正，寻求政治解决？

地区防扩散热点问题是各方矛盾的集合与碰撞，解决起来很难一蹴而就。如果掺杂地缘政治私利、受到霸权行径干扰，只会变得更加复杂难解。当前伊核危机的根源在于全面协议遭到破坏，单边制裁和"长臂管辖"大行其道。朝鲜半岛核问题仍陷僵局，关键是有关各方的合理关切没有得到平衡有效解决。叙利亚化武追责问题进展缓慢，主要是因为"有罪推定"作法导致禁化武组织工作处于严重分裂对立。

政治解决是地区防扩散热点问题的唯一出路。各方应秉持客观、公正立场，通过对话谈判化解矛盾，处理分歧，建立互信，寻求共识。化解伊核危机当务之急，是尽快恢复履约谈判，首先解除单边制裁和"长臂管辖"措施，在此基础上伊方恢复履行核领域承诺。打破当前朝核问题僵局的可行之道，是有关各方停止包括军演在内的可能导致半岛局势紧张升级的行动，尽快启动安理会涉朝决议可逆条款，对涉朝人道民生领域规定作出必要调整，为重启对话创造有益氛围。对叙化武事件调查应避免政治化，本着客观、中立、科学的态度，得出经得起历史和事实检验的结论。

第四，是滥用自身优势，谋求技术垄断，还是鼓励开放包容，共同制定规则？

纵观人类历史，科技进步既推动了经济社会发展，也催生了先进致命武器。以防扩散之名推行"小圈子"出口管制机制，以国家安全之名实施科技封锁，不但限制和平利用国际合作，引发国家间紧张，而且加深科技鸿沟，阻碍发展中国家享有科技发展红利。

当前数据安全风险挑战突出，但个别国家却把这一问题政治化，搞双重标准，甚至不惜造谣抹黑，以莫须有罪名打压他国企业。人工智能是增进人类社会福祉的重要动力，个别国家却企图将其打造成谋求军事优势、武力威胁他国的工具。

应对新兴科技发展给国际安全带来的挑战，防止出现新的军备竞赛，是多边军控进程肩负的重要使命。各国要通过开放包容的对话进程，在普遍参与基础上，共同制定新兴科技国际治理规则，避免科技封锁与壁垒，防止科技分裂与对抗。联合国应加大对新兴科技问题重视，发挥核心协调作用，推动各方凝聚共识，形成合力。

主席先生，

国际社会对上述四大问题如何审视，作何选择，事关多边军控与裁军体系未来、国际战略安全格局走向、全球战略稳定态势前景。我们希望国际社会从人类命运共同体理念出发，以负责任的态度作出明智选择。

主席先生，

今年是中国恢复联合国合法席位50周年。50年来，中国秉持共同、综合、合作、可持续的全球安全观，始终致力于维护和发展国际军控与裁军体系，迄已加入20多个国际军控条约及机制，并全面履行条约义务。中国坚持政治外交手段解决争端，为妥善解决伊核、朝核等问题作出不懈努力。中国提出一系列重要倡议，为推动网络、外空、生物等新兴领域全球治理贡献中国方案。中国提出的《全球数据安全倡议》以及同阿盟发表的《中阿数据安全合作倡议》，为制定数据安全国际规则提供了蓝本。中国积极向发展中国家提供扫雷援助，深入参与打击轻小武器非法贩运国际努力，以实际行动践行"拯救生命而裁军"理念。

中国坚定奉行自卫防御核战略和不首先使用核武器政策，始终把自身核力量维持在国家安全需要最低水平。中国从不与任何国家比规模、比数量，也不与任何国家进行核军备竞赛。中国愿在五核国等多边机制及双边框架下，与各方就维护全球战略稳定加强对话与合作。《不扩散核武器条约》是国际核裁军与核不扩散体系的基石，中国呼吁各方平衡推进条约三大支柱，建设性处理矛盾和分歧，推动条约第十次审议大会取得务实成果。

中国今年将向联大一委提交"在国际安全领域促进和平利用国际合作"决议草案，推动联合国开启包容、透明、公正的国际进程，以更平衡方式处理防扩散与和平利用之间的关系，希望各国积极支持、共同参与。

无论国际形势如何变幻，中国将始终坚定走和平发展道路，坚决捍卫以国际法为基础的国际秩序，积极推进多边军控进程，做世界和平的建设者、全球发展的贡献者、国际秩序的维护者、公共产品的提供者，为推动构建人类命运共同体作出新的贡献。

谢谢主席。

耿爽大使在安理会轻小武器问题公开会上的发言

(2021年10月6日)

主席先生,

我感谢中满泉女士所作通报,我也认真听取了阿卜杜拉哈迪尔先生和洛克海德先生的发言。

轻小武器的非法流动、过度累积和随意滥用加剧武装冲突,阻碍可持续发展,助长恐怖主义和跨国有组织犯罪,威胁国际和平与发展。与此同时,轻小武器非法流动还增加和平行动履职难度,加剧和平行动任务区安全风险,威胁联合国派驻人员人身安全。针对上述问题,我愿谈以下几点看法:

一、当事国应承担首要责任。各国应根据自身国情,建立和完善法律法规,提升武器弹药监管水平,加强边境管控力度,全力避免轻小武器流入非法渠道,切实肩负起境内轻小武器流动的管控责任。各国要严格执行安理会武器禁运决议,不向受安理会武器禁运的国家转让或出售武器,切实履行国际义务。

二、联合国应发挥积极作用。预防冲突与维护和平是联合国重要职责。和平行动应严格按照授权履职,在尊重当事国主权、充分听取当事国意愿的基础上,向当事国提供能力建设支持,帮助其加强轻小武器管控。中方重视秘书长就轻小武器问题提交的报告,支持秘书长和联合国有关机构继续为此做出努力,希望《轻小武器行动纲领》和《识别与追查文书》得到全面有效落实。

三、新技术应得到充分利用。新材料和新技术使轻小武器的制造、设计和流动更加便利,追查与监管更加困难。和平行动应借助新技术手段,密切关注轻小武器在任务区的流动状况,切实加强维和特派团风险预警和应急反应能力，努力保障维和人员安全，把轻小武器非法流动带来的风险降到最低。

四、促发展应提上议事日程。发展是解决一切问题的总钥匙。国际社会应帮助当事国解决贫困落后，促进经济发展，维持社会稳定，实现2030年可持续发展议程，消除轻小武器问题产生的动因。中国国家主席习近平在第76届联大一般性辩论中提出全球发展倡议，助力各国疫后复苏进程，推动全球实现更加强劲、绿色、健康发展，开辟更为广阔的国际发展合作空间。我们欢迎各国加入这一倡议。

主席先生，

中方一贯高度重视轻小武器非法流动问题，对轻小武器出口采取慎重、负责态度。中国于2020年7月正式加入《武器贸易条约》并已提交初始国家报告，体现出积极参与全球武器贸易治理、维护国际和平与安全的负责任态度。

中方同其他发展中国家积极开展打击轻小武器非法流动国际合作，在力所能及范围内对外提供援助，包括在中国—联合国和平与发展基金下设立中非和平安全合作基金，用于支持"消弭非洲枪声"倡议。

打击轻小武器非法流动，建设一个持久和平、普遍安全、远离枪支暴力的世界是各国人民共同梦想。中方愿与国际社会一道，统筹兼顾，综合施策，共同打击轻小武器非法流动，为确保和平行动顺利开展、维护国际和平与安全作出不懈努力。

谢谢主席。

中国代表团在第 76 届联大一委关于其他裁军措施等综合专题发言

(2021 年 10 月 18 日)

主席先生，

中方将提交其他裁军措施及国际安全、裁军机制议题的书面发言，在此愿强调以下三点：

第一，应切实保障各国享有和平利用的权利，促进普遍安全和共同发展。当今世界正经历新一轮科技革命，新兴技术迅猛发展。如何更好地平衡处理可持续发展与安全、防扩散与和平利用的关系，确保所有国家都能充分享有和平利用科技的合法权利，增进全人类福祉，是国际社会面临的共同课题。中方支持联合国就此发挥核心作用，开展包容、透明讨论，充分听取各国特别是发展中国家意见，探讨符合国际社会共同利益的解决方案。

在此背景下，中方向本届联大一委提交了"在国际安全领域促进和平利用国际合作"决议草案，重申国际防扩散共识，强调维护各国和平利用权利的重要性，敦促各方在不影响各自防扩散义务前提下，采取切实措施促进和平利用国际合作。中方相信，决议将有助于更加全面、平衡地执行《不扩散核武器条约》《禁止生物武器公约》《禁止化学武器公约》，有助于促进不同领域的和平利用与国际合作，也有助于核供应国集团、导弹及其技术控制制度、澳大利亚集团、瓦森纳安排等机制成员加强同其他国家对话。中方已就上述决议同各方深入沟通，充分听取意见，希望更多国家积极支持并共提这份决议。

第二，应共同推进网络空间全球治理和国际规则制定，维护网络空间和平与安全。当前网络安全风险挑战进一步突出，个别国家推行威慑进攻理念，将军事同盟和意识形态分歧引入网络空间,以安全为借口打压他国领先企业,人为割裂全球供应链,严重阻碍全球数字合作与发展。

国际社会应坚定维护网络空间和平与安全,反对网络空间军备竞赛,让各国平等享有数字发展机遇。当务之急是制定各方普遍接受的网络空间国际规则。中方一贯倡导网络空间对话合作,提出《全球数据安全倡议》并同阿盟发表《中阿数据安全合作倡议》,建设性参与联合国信息安全开放式工作组和政府专家组进程,愿同各方一道推动新一届开放式工作组持续取得进展,打造符合大多数国家意愿和利益的数字治理新秩序。

第三,应维护联大一委、裁谈会、裁审会等多边裁军机制权威,推动其发挥重要作用。当前国际安全形势发生复杂深刻变化,多边裁军进程遭受新冠病毒和"政治病毒"双重冲击。国际社会必须坚定捍卫真正的多边主义,摒弃政治歧见,加强政治互信。同时要创新工作思路和工作方法,为多边裁军机制注入新活力。

今年6月,中国国务委员兼外长王毅在裁谈会发表视频讲话,呼吁各国合力维护全球战略稳定,切实遵守国际军控条约,推动政治外交解决防扩散问题,完善新兴领域安全治理。这为打破当前裁谈会僵局、促进国际军控与防扩散进程提出了新的思路和方向。中方将从明年1月起担任裁谈会轮值主席,愿加强与各方沟通协调,积极引导裁谈会讨论,推动有关工作取得新进展。

谢谢主席。

中国代表团
在第76届联大一委关于生化武器问题的专题发言

(2021年10月22日)

主席先生,

当前形势下,加强《禁止生物武器公约》和《禁止化学武器公约》对维护国际和平与安全、促进经济和社会发展的重要性更加突出。我们应践行真正的多边主义,积极开展对话与合作,共同捍卫两个公约的宗旨和目标,维护其权威性和有效性。

主席先生,

生物安全没有国界,人类命运紧密相连。我们呼吁国际社会加强团结合作,共同推动明年召开的《禁止生物武器公约》第九次审议大会取得实质成果。结合去年以来形势发展和不久前举行的公约系列专题会议,中方有几点主张:

一是重启核查议定书谈判。建立《公约》核查机制是确保遵约、建立互信的最有效手段。各方对此既有明确的政治共识,也有坚实的谈判基础。我们呼吁各方就重启核查议定书谈判涉及的技术问题开展先期讨论,主张审议大会就此作出决定。我们再次敦促美方认真考虑国际社会的立场和关切,改变独家反对的立场。

二是解决遵约关切。美国是世界上生物军事化活动最多的国家,同时也是唯一反对核查的国家,这使我们不得不怀疑美方履约的诚意。我们再次呼吁美方对其生物军事化活动,包括境内的生物军事基地、境外的大量实验室作出澄清,并接受国际核查,以建立国际社会对美方履约的信心。在建立核查机制之前,应通过公约建立信任措施机制,宣布境外生物军事化活动的情况,以缓解国际社会的疑虑。

三是加强科技发展审议。倡导负责任的生物科研,对于降低生物安全风险、促进生物科学造福人类具有重要意义。我们呼吁所有利益攸关方自愿采纳《科学家生物安全行为准则天津指南》,并共同推动审议大会核可。在前不久举行的专题会议上,各方就《天津指南》展开热烈互动。我们对所参与、支持相关多边进程的国家,以及为达成《天津指南》作出重要贡献的科学机构、专家学者表示赞赏。我们也支持各方继续开展讨论,以便审议大会就建立《禁止生物武器公约》科技审议机构作出决定。

四是促进国际合作。疫情背景下促进生物科技和平利用的重要性、紧迫性更加突出,发展中国家对于个别国家实施歧视性管制的关切也更加突出。中方始终和广大发展中国家站在一起。我们将提交"在国际安全领域促进和平利用国际合作"决议草案,推动平衡处理防扩散与和平利用的关系,保障发展中国家在生物等领域和平利用的权利,使《不扩散核武器条约》《禁止化学武器公约》《禁止生物武器公约》等国际条约得到更加全面、平衡的执行。希望各方积极支持。

此外,关于"使用生化武器事件联合国秘书长调查机制",该机制的成立有独特历史背景,一些国家对机制的授权、启动门槛调查的客观性和公正性等一直存有关切。我们相信,联合国秘书长会秉持客观公正态度妥善处理相关问题,中方将继续支持并深入参与机制能力测试等活动。与此同时,我们也支持结合形势发展变化,对该机制的运作规则等开展进一步的研究和讨论。

主席先生,

日前中俄两国外长发表《关于加强<禁止生物武器公约>的联合声明》,该声明已作为联大文件散发。这是中俄首次就这一问题发表联合声明,表明了两国维护全球生物安全、捍卫多边主义的坚定决心和负责任态度。我们将继续与国际社会一道,致力于加强《禁止生物武器公约》机制。

主席先生,

销毁库存化武、遗弃化武是《禁止化学武器公约》的核心目标和宗旨。作为世界上唯一拥有库存化武的国家，美国应切实履行义务，尽快完成库存化武销毁。日本应切实承担化武遗弃国责任，加大投入稳步推进日遗化武销毁进程，中方愿就后续工作同日方以及禁化武组织保持沟通。

禁化武组织在推动实现"无化武世界"、促进化工领域国际合作方面发挥着不可或缺的重要作用。中方对禁化武组织的运作因政治对抗和分歧而受到影响表示关切。我们再次呼吁有关国家停止政治操弄，回归协商一致传统，共同改进禁化武组织工作氛围，维护禁化武公约的权威性和有效性。

中方一贯坚决反对任何国家、任何人在任何情况下使用化学武器，对指称使用化武事件，应严格按照《禁止化学武器公约》规定，秉持公正、客观、专业原则，通过对话与合作查明事件真相。

对话合作是解决叙利亚化武问题的唯一正确途径。今年4月第25次缔约国大会上，一些国家再次强推表决叙化武问题决定，通过的票数不足缔约国半数，说明一味施压难以获得支持，更无助于解决问题。我们希望禁化武组织技秘处按照公约授权，发挥积极作用。我们也鼓励叙政府同技秘处保持合作，推动有关未决事项取得积极进展。

中方希望"执行《禁止化学武器公约》"决议草案能够坚持平衡、全面原则，在广泛吸收各方意见基础上凝聚共识。希望中方的立场和关切在草案中得到妥善反映。

谢谢主席先生。

中国代表团
在第 76 届联大一委关于信息安全问题的专题发言

(2021 年 10 月 22 日)

主席先生，

当前，新冠肺炎疫情推升数字化、网络化发展大势，数字经济已成各国复苏新引擎，数据成为促进创新发展的新动力，人类社会加速迈入数字文明新时代。与此同时，网络安全风险挑战有增无减。网络攻击、网络犯罪和网络恐怖主义突出，关键信息基础设施存在较大风险隐患。一些国家将网络空间作为新的战场，推行威慑进攻理念，将军事同盟引入网络空间，危害国际和平与安全。个别国家以安全为借口打压他国领先企业，大搞"集团政治"，引入意识形态分歧，制造分裂并人为割裂全球供应链，严重干扰和阻碍全球数字合作与发展。

面对上述挑战，各国应增进互信，携手合作，共同推进网络空间全球治理和国际规则制定，维护网络空间的和平、安全与繁荣。

第一，要坚定维护和平。数字技术与现实世界深度融合，网络战打不赢也打不得。各方应切实遵守《联合国宪章》宗旨和原则，特别是主权平等、不干涉内政、不使用或威胁使用武力、和平解决争端等原则，始终维护网络空间和平属性，坚决反对网络空间军备竞赛，致力于通过对话与合作解决网络安全威胁。

第二，要坚守公平正义。各国无论国家大小、发展先后或持何政治立场，都应平等享有数字机遇。刻意搞双重标准，甚至不惜造谣抹黑，引入意识形态分歧，人为割裂全球产业链、供应链和价值链，不仅违背经济发展的客观规律，不符合全球化的时代潮流，最终也将阻碍自身发展。

第三，要平衡安全与发展。网络安全与经济发展互为基础、相互促进。要把握发展这把解决安全问题的总钥匙，致力于弥合数字鸿沟，切实解决发展不平衡问题。同时，各国应致力于为信息通信技术的应用营造公平、公正、非歧视的环境，防止泛化滥用安全问题，甚至以此为由遏制他国正当的经济和科技发展。

第四，要构建国际规则。制定各方普遍接受的网络空间国际规则，是维护网络空间长治久安的关键。联合国理应发挥主导作用。今年联合国信息安全开放式工作组和政府专家组成功达成报告，凸显国际社会对这一问题的共同期待。我们要携手推动新一届开放式工作组持续取得进展，打造符合大多数国家意愿和利益的数字治理新秩序。

主席先生，

中方积极倡导网络空间对话与合作。我们建设性参与联合国框架下网络安全进程，积极推动上海合作组织、金砖国家、东盟地区论坛网络安全合作，并与各国广泛开展网络事务对话交流。我们提出《全球数据安全倡议》并同阿盟发表《中阿数据安全合作倡议》，为维护全球数据和供应链安全、推动数字发展与合作提出了建设性解决方案。中方愿与各方一道，共同探讨网络安全新威胁新挑战的应对之策，为维护全球网络空间的繁荣与稳定，构建网络空间命运共同体做出不懈努力。

谢谢主席先生。

中国代表团
在第76届联大一委关于核裁军问题的专题发言

(2021年10月22日)

主席先生,

当前全球战略安全形势严峻复杂,国际核裁军体系面临空前挑战。美国渲染大国竞争,强化军事同盟体系,斥巨资升级三位一体核武库,发展并部署低当量核武器,寻求在远离本土的亚太和欧洲部署陆基中导,还不断发展和部署全球反导系统,计划在外空部署导弹拦截器,谋求攻防兼备的绝对军事优势。这些消极动向严重威胁地区安全,损害全球战略平衡与稳定,严重阻碍国际核裁军进程。

在当前形势下,国际社会应共同推动国际核裁军进程,维护全球战略稳定,共同构建普遍安全的人类命运共同体。

第一,要坚持核裁军国际共识。核裁军应遵循"维护全球战略稳定"和"各国安全不受减损"等基本原则,采取公正合理、逐步削减、向下平衡的核裁军步骤。美、俄作为拥有最大核武库的国家,应该按照国际共识,切实履行核裁军特殊、优先责任,继续以可核查、不可逆和有法律约束力的方式,进一步大幅、实质削减核武器,为最终实现全面彻底核裁军创造条件。美国应以负责任的态度进行核态势审议,停止制造大国对立和对抗,纠正谋求压倒性军事优势的错误做法,放弃发展或部署全球导弹防御系统,不寻求在亚太及欧洲部署中导,为防止核军备竞赛、维护战略稳定做出应有的贡献。

第二,要维护国际核裁军与核不扩散体系。国际社会应以《不扩散核武器条约》第十次审议大会为契机,平衡推进核裁军、防扩散与和平利用核能三大支柱,恪守往届审议大会达成的核裁军共识,推进地区核热点问题的政治外交解决,促进和平利用核能国际合作。支持《全面禁止核试验条约》核查机制建设,推动条约早日生效,并在条约生效前恪守暂停试承诺。推动裁谈会在达成全面平衡工作计划基础上,按照"香农报告"所载授权谈判一项"禁产条约"。维护联大一委、裁谈会等多边军控机制权威性和有效性,抵制可能损害其权威的"小集团""小圈子"。

第三,要降低核武器在国家安全政策中的作用。核武器国家应重申"核战争打不赢也打不得"理念,放弃以首先使用核武器为基础的核威慑政策,缔结"互不首先使用核武器"的多边条约。无条件向所有无核武器国家提供消极和积极安全保证,并就此谈判缔结国际法律文书。同时,重申不将核武器瞄准任何国家,增进战略互信。有关核武器国家应废除核保护伞及核共享的政策和做法,将部署在国外的核武器全部撤回本国。

第四,要协调应对影响战略稳定的新因素。随着外空、网络、人工智能等新科技军事化运用日益发展,国际社会要深入研究其对全球战略稳定带来的复杂影响,推动加强规则制定,同时也要避免对和平利用及国际合作造成不必要的妨碍,保障广大发展中国家合理合法享有科技发展红利。

主席先生,

核裁军与核不扩散相辅相成。美国、英国、澳大利亚三国决定开展核潜艇合作,公然违反《不扩散核武器条约》精神。三国合作直接涉及向澳这一无核武器国家转让武器级高浓铀,国际原子能机构现行保障监督体系无法有效核查澳是否将高浓铀转用于核武器,三国此举造成直接核扩散风险。美英此举也再次暴露其在核出口问题上一贯奉行的"双重标准",将刺激其他国家效仿,给地区核热点问题的政治外交解决带来新的复杂因素,对国际核不扩散体系造成持久伤害。国际社会应敦促三国改弦更张,停止这一不负责任的行为。

美国核潜艇10月初在南海海域发生碰撞事故,中方对此次事件表示严重关切。美方时隔5天才发表一份语焉不详的简短声明,声明没有讲清此次事故是否发生核泄漏,是否造成核安全问题。这种做法缺乏透明度,极易引发误解误判，中国及南海周边国家不得不质疑事件真相和美方意图。美方应认真对待各方关切，采取负责任态度，尽快对此次事故作出详尽说明。

主席先生，

中国坚持走和平发展道路，奉行自卫防御的核战略。中国积极倡导全面禁止和彻底销毁核武器，明确承诺在任何时候和任何情况下都不首先使用核武器、无条件不对无核武器国家和无核武器地区使用或威胁使用核武器。中国是核武器国家中唯一作出并始终恪守上述承诺的国家。中国从未在国外部署核武器，也从不参加任何形式的核军备竞赛，始终将核力量维持在国家安全需要的最低水平。上述举措本身就是对国际和平与安全的重要贡献。

中国积极推动五核国合作进程。中国积极推动五核国发表防止核战争的联合声明，重申"核战争打不赢也打不得"理念。中国牵头完成制订新版五核国核术语表，协调五核国与东盟就《东南亚无核武器区条约》议定书签署问题重启对话。中方正与其他四核国积极对话，推动核政策与核战略、减少战略风险、"禁产条约"、和平利用核能等议题的讨论，争取向《不扩散核武器条约》十审会提交可视成果。随着国际安全形势更加复杂，中方主张五核国就事关战略稳定的所有重大问题持续开展对话合作。

中国始终以实际行动支持国际核裁军进程。中国积极参与《不扩散核武器条约》审议进程，将向十审会提交更新版的国家履约报告。中国支持《全面禁止核试验条约》的宗旨和目标，恪守"暂停试"承诺，致力于推动条约早日生效。中国作为条约第二大会费国，积极支持国际监测系统建设，境内已建成10个台站和1个核素实验室，5座台站通过核证验收并启动实时数据传输，为履约筹备做出积极贡献。中国认为充分有效的核裁军核查措施是最终全面禁止和彻底销毁核武器的重要技术保障，将继续积极参与联合国核裁军核查专家组工作。

最后我愿重申，中国愿同国际社会一道，为实现全面禁止和彻底销毁核武器的崇高目标作出不懈努力。

谢谢主席先生。

中国代表团
在第76届联大一委关于裁军机制问题的专题发言

(2021年10月22日)

主席先生，

自第一届裁军特别联大以来，联大一委、裁谈会、裁审会等多边裁军机制在维护国际安全、推动军控与裁军进程方面，发挥着不可替代的作用。当前，国际安全形势发生复杂深刻变化，新挑战、新问题不断涌现，新冠病毒和"政治病毒"冲击多边裁军进程。个别国家极力谋求绝对安全优势和霸权地位，对多边裁军机制采取实用主义态度。一些国家刻意绕开裁谈会等多边机制，另起炉灶推动有关条约谈判。在此形势下，传统多边裁军机制权威性面临严峻挑战，有效性受到削弱。

中方认为，以联合国为核心的这些多边裁军机制，其议题虽不相同，授权也有差别，但都是联合国成员国坚持多边主义的体现，是平等讨论国际安全问题、推动国际军控进程、开展全球安全治理的重要平台。在当前复杂的国际安全形势下，这些机制的作用必须得到加强。中方主张：

第一，应捍卫多边主义，切实维护裁军机制的权威性。《禁止化学武器公约》《全面禁止核试验条约》等重要军控条约的达成，充分证明多边裁军机制的有效性和可行性。当前，一些机制工作陷入僵局，其根本原因是各方围绕军控与裁军优先议题存在分歧，不能归咎于机制本身及其议事规则。绕过联合国、通过排他性小集团推动有关进程更是不负责任的行为。各方应坚决摒弃利己主义、例外主义，弘扬和践行真正的多边主义，在平等、合作、共赢的基础上开展对话协商，为多边裁军机制注入活力，推动国际军控与裁军进程取得新进展。

第二，应增进团结，坚决反对多边裁军机制政治化。裁谈会等多边裁军机制是促进共同安全的平台，不是政治对抗的场所。一段时间以来，一些国家在裁军平台肆意散布"政治病毒"，频频干涉他国内政、指责抹黑其他国家。这不仅严重干扰了机制本身的工作，还严重恶化各国间互信与合作氛围，造成机制成员间的分裂，我们对此应予坚决反对。各方应进一步加强协调，在相互尊重的基础上，通过平等协商弥合分歧，凝聚共识，以合作谋和平、以合作促安全，打造风清气正的多边裁军环境，共同应对当前突出的风险与挑战。

第三，应开拓创新，推动多边裁军机制与时俱进。当前，传统与非传统安全问题相互交织，新兴科技及其军事应用深刻改变全球力量对比和战略稳定格局，新冠肺炎疫情凸显生物安全的重要性，军控的内涵与外延正不断拓展。在此形势下，多边裁军机制既要积极就传统议题开展工作，同时也要与时俱进，在充分讨论和协调基础上，积极就新安全议题开展工作，妥善应对各类新威胁、新挑战。

中方愿与各方一道，继续坚定致力于多边主义，积极支持并参与多边裁军机制工作，为维护多边裁军机制、不断推进国际军控和裁军进程而不懈努力。

谢谢主席先生。

中国代表团
在第76届联大一委关于常规武器问题的专题发言

（2021年10月22日）

主席先生，

当前，常规武器非法转让和转用风险有增无减。特别是，美国为了一己私利，放宽本国武器贸易出口管制政策，撤销签署《武器贸易条约》。同时，持续通过向非国家行为体售武等手段，露骨干涉别国内政，严重冲击国际社会规范常规武器贸易的多边努力，破坏国际和地区和平与稳定。

联合国秘书长古特雷斯在裁军议程中将常规武器军控谓之为"拯救生命的裁军"，反映了在多边主义框架下进一步加强常规武器军控的重要意义，也体现了国际社会对常规武器非法转让和滥用的反思和警惕。

主席先生，

中国一贯高度重视常规武器问题，全面参与相关国际军控进程。作为一项重要具体行动，中国于去年7月正式加入《武器贸易条约》并于日前正式提交了初始国家报告。这是中国积极参与全球武器贸易治理、维护国际和地区和平的重要举措，进一步体现了中方支持多边主义、推动构建人类命运共同体的决心和诚意。

中国忠实履行联合国轻小武器《行动纲领》和《识别与追查国际文书》各项义务，支持面向发展中国家开展国际合作与援助。中国国家主席习近平2018年在中非合作论坛北京峰会上明确支持落实"消弭非洲枪声"倡议。为落实上述承诺，中方于2018年至2019年通过中国—联合国和平与发展基金提供了约140万美元。

作为《特定常规武器公约》及其五个附加议定书的完全成员国，中方一贯支持公约各项工作，建设性参与地雷、简易爆炸装置、战争遗留爆炸物及"致命性自主武器系统"的相关讨论，致力于国际人道主义扫雷援助与合作。迄今为止，中国政府已通过捐款、援助器材、举办培训项目、实地指导等方式，向40余国提供了总额超过1亿人民币的人道主义扫雷援助，培训1000余名专业扫雷技术人员。今年，中国向东盟区域扫雷行动中心捐赠了20万美元，用于合办相关地区会议。中国还将继续向柬埔寨和老挝提供一批人道主义物资，帮助东盟国家加强扫雷能力建设。

主席先生，

常规武器问题涉及面广，成因复杂，处理起来并非易事。为全面彻底解决有关问题引发的地区动荡和人道主义关切，中方主张：

一是坚持多边主义。大国应重信守诺，在武器出口上采取负责任的态度，停止干涉他国内政，停止武器贸易作为政治工具。各国应积极支持联合国在常规武器军控领域的主渠道作用，推动和鼓励更多国家参与常规军控进程，不断提升相关条约的普遍性和有效性。

二是坚持标本兼治。各国应通过政治、外交手段解决争端，建立信任并慎用武力，为根本解决常规武器问题创造条件。同时，应切实履行国际义务，不断加强能力建设和国际合作。

三是加强资源整合。应强化联合国框架内常规武器军控机制间的互动协同。加强《武器贸易条约》与联合国"常规武器登记册"、轻小武器《行动纲领》等机制交流，做到相互补充，相互促进，争取形成合力。

四是深化国际合作。各国应加强政策、执法等领域的信息交流和经验分享，构建全球、区域和次区域的协同机制。发达国家应根据发展中国家的现实困难和需要，在机制建设、资金捐助、技术转让、人员培训等领域加大援助力度。

主席先生，

解决常规武器引发的各方面问题绝非一日之功，需要国际社会合作应对。

中方愿同各方保持交流合作，携手推动常规武器军控领域各项工作取得新进展，为解决常规武器滥用引发的人道主义问题、维护国际和地区的和平与稳定进一步做出积极贡献。

谢谢主席先生。

中国代表团
在第 76 届联大一委关于外空问题的专题发言

(2021 年 10 月 22 日)

主席先生，

当前外空安全形势日趋复杂严峻，外空武器化和军备竞赛风险日益上升，成为当前外空安全面临的最大和最根本威胁。特别是，美国近年来大力推行"主导外空"战略，公然将外空界定为新的"作战疆域"，成立外空军和外空司令部，加速开展外空武器试验和军事演习，不断推进外空武器化。受此影响，英国、法国、德国等多个北约成员宣布成立外空军和外空司令部，加快外空军事能力建设，并深化外空军事合作。这些举动严重威胁外空安全，并给全球战略稳定带来严重消极影响。在此背景下，"星球大战"日益成为现实，防止外空军备竞赛刻不容缓。

主席先生，

和平利用外空、防止军备竞赛是国际社会普遍共识。40 年来，联大每年以压倒性多数通过决议重申这一原则，并要求裁谈会就此谈判达成国际法律文书。在中国与俄罗斯共同推动下，联合国成立"防止外空军备竞赛"政府专家组，就相关国际法律文书要素开展了深入、实质性讨论。中、俄提出的"防止在外空放置武器、对外空物体使用或威胁使用武力条约"草案正在得到越来越多国家支持。令人遗憾的是，美国出于一己私利，不愿接受任何国际约束，长期消极抵制外空军控进程，导致国际社会谈判防止外空军备竞赛法律文书的努力停滞不前。

一些国家正在积极推动讨论制定"负责任外空行为准则"。中方认为，各国维护外空安全、和平利用外空的迫切需求与超级大国在谋求外空军事战略优势之间的矛盾,才是国际社会在外空领域所面临的最重要和最紧迫的问题。"准则"把外空安全与和平利用两个维度纠缠在一起,混淆了外空军备竞赛带来的安全风险以及在和平利用外空中可能产生的安保问题,试图通过宽泛、模糊且具有强烈主观色彩的方式规范外空行为,可能给个别国家"甩锅卸责"提供借口,导致外空领域多边军控的"失焦"。

主席先生,

联合国全体成员国有必要全面客观评估外空安全形势,切实重视防止外空武器化和军备竞赛问题,严防外空沦为新的战场。为此,中方愿提出以下建议:

一是拥有最强空间能力的国家,要真正负起特殊责任,摒弃在外空追求绝对优势、绝对自由、绝对安全的单边主义思维,纠正将个别国家或集团的安全凌驾于他国安全之上的不负责做法。

二是裁谈会应立即启动外空军控条约谈判,并加强与裁审会、联合国政府专家组、开放式工作组等机构的联系。中俄共同提出的"防止在外空放置武器、对外空物体使用或威胁使用武力条约"(PPWT)草案为有关讨论提供了良好基础,欢迎各方提出建设性意见。在谈判启动之前,可考虑成立技术专家组,深入讨论未来外空军控法律文书定义、范围、核查等技术性问题,为下步启动谈判奠定基础。

三是各国应坚定支持联合国在外空国际治理中发挥主导作用,聚焦防止外空军备竞赛的主题,确保外空国际规则制定进程的广泛参与性、公正性和包容性。

四是各国应加强沟通对话,不断弥合分歧,扩大共识,寻求适当、可行的透明和建立信任措施,为谈判制定外空军控国际法律文书提供补充。

中方愿继续与各方共同努力,积极在外空领域践行构建人类命运共同体理念,为维护外空持久和平与共同安全做出贡献。

谢谢主席先生。

耿爽大使在第76届联大一委关于外空决议草案的发言

（2021年11月1日）

主席先生，

联大一委即将对外空领域的决议草案采取行动。中国共提了 L.50 和 L.53 号决议草案，支持其协商一致通过。令人遗憾的是，有国家再次要求对上述决议草案和有关段落进行表决。

L.50 和 L.53 号决议草案的第5序言段包含"人类命运共同体"表述，这一表述已连续3年被要求分段表决。在座的很多同事都清楚记得，在过去两年的表决中"人类命运共同体"理念均获得多数支持，得以写入决议。在这种情况下，个别国家今年仍执迷不悟，不思悔改，刻意破坏团结、挑起对抗，让人感到极为失望。不久前，有国家在这个大厅里声称各国命运与共，无意寻求新冷战，无意制造分裂。那为什么又要在一委挑战"人类命运共同体"这一受到广泛欢迎和普遍赞誉的理念呢？难道仅仅因为这是中国提出的倡议吗？

外空是全球公域，事关各国民众利益。"人类命运共同体"理念强调各国利益紧密相连、人类命运休戚与共。这与和平利用外空、不首先在外空放置武器、防止外空军备竞赛等国际共识完全契合，充分反映了各国共同维护外空安全的美好愿望。这一理念写入外空决议完全正当合理。

中方呼吁各国代表团对 L.50 号"不首先在外空放置武器"决议草案第5序言段和 L.53 号"防止外空军备竞赛的进一步切实措施"决议草案第5序言段均投赞成票。我们相信，在多数国家的支持下，"人类命运共同体"理念将再次写入一委决议，个别国家的阻拦图谋将再次遭到挫败。

中国有句俗话叫"事不过三"。我们希望个别国家明白这个道理，明年不要再制造对立、自讨没趣了。更为关键的是,要早日摒弃冷战零和思维和意识形态偏见,致力于真正的多边主义,维护会员国团结,同各方一道推进一委工作,推进裁军进程。

主席先生,

L.50号决议草案第9和第11序言段提到外空条约草案以及不首先在外空放置武器政治声明。这是对外空军控进程实实在在的贡献,理应得到支持。

L.53号决议草案第7执行段请秘书长征求会员国意见并提交报告。这是推动多边裁军进程的常规作法,也是会员国反映自身立场、维护自身利益的重要途径,理应得到捍卫。

中方呼吁广大会员国对上述段落和两份决议草案全案均投赞成票。

谢谢主席。

耿爽大使在联大一委和平利用决议投票前的发言

(2021年11月3日)

主席先生，

当今世界正经历新一轮科技革命，新兴技术迅猛发展。为更加平衡地处理发展与安全、防扩散与和平利用的关系，确保各国充分享有和平利用的合法权利，中国代表团向今年联大一委提交了"在国际安全领域促进和平利用国际合作"（L.55）决议草案。

——中方决议旨在促进和平利用国际合作。面对科技浪潮，各国享有的和平利用权利应得到尊重和保护。决议敦促各方在不影响防扩散义务的前提下，更加全面、平衡地执行多边军控条约，采取切实措施促进和平利用国际合作。

——中方决议旨在推动出口管制机制公正履职。现有出口管制机制设立的初衷是好的，但却时常被滥用，对正常的经贸与科技合作造成干扰和限制，不少发展中国家深受其苦。决议呼吁国际社会共同努力，改变这一现状。

——中方决议旨在推动联合国发挥核心作用。联合国是最具权威性和代表性的多边机构。决议请秘书长就和平利用问题征求会员国意见，推动联合国启动包容透明进程，协调国际社会探讨符合各方利益的解决方案。

主席先生，

有人说，中方决议会削弱国际社会对防扩散的共识。这种说法不对。防扩散与和平利用如同硬币之两面，缺一不可。中方决议开宗明义，重申大规模杀伤性武器及其运载工具的扩散对国际和平与安全构成威胁，重申各方不得滥用和平利用权利从事扩散活动。

有人说，中方决议是否定现有出口管制机制。这种说法也不对。现有出管制机制的宗旨都包括促进和平利用，这与中方决议精神完全一致。中方希望完善改进现有出口管制机制，推动机制加强与机制外成员特别是发展中国家的交流。

有人说，中方决议没有充分吸收各方意见。这种说法更不对。中方一直秉持开放、透明、包容态度，就决议草案与各方保持沟通，组织长达3个小时的全体会员国磋商，多次与不结盟运动成员国、观点相近国家交换看法，并且通过双边渠道一对一深入听取有关国家意见。只要是与中方决议精神相符的修改意见，中方都积极考虑和吸纳。

我要特别指出，个别国家要求对决议进行分段表决的做法不具建设性。决议第二、第三执行段要求秘书长征求会员国意见并向联大提交报告。这是推动多边讨论进程的普遍做法，也是会员国反映自身立场的重要途径，理应得到支持。

主席先生，

科技进步是经济社会发展的关键动力。各国在应对防扩散风险的同时，也享有和平利用的权利。中方决议捍卫这一权利，呼吁革除不合理限制。我们希望各国代表团对L.55号决议及其第二、第三执行段均投赞成票。我们相信，决议的通过有助于完善出口管制机制，巩固多边裁军进程，维护和平利用权利，更好实现各国的普遍安全与共同发展。

谢谢主席。

第 76 届联大一委通过
"在国际安全领域促进和平利用国际合作"决议

（2021 年 11 月 4 日）

2021 年 11 月 3 日，第 76 届联大裁军与国际安全委员会表决通过了中国主提的"在国际安全领域促进和平利用国际合作"决议，阿尔及利亚、白俄罗斯、布隆迪、柬埔寨、喀麦隆、乍得、刚果（布）、古巴、多米尼克、赤道几内亚、厄立特里亚、埃塞俄比亚、冈比亚、几内亚、几内亚比绍、哈萨克斯坦、基里巴斯、老挝、尼加拉瓜、巴基斯坦、俄罗斯、索马里、叙利亚、瓦努阿图、委内瑞拉、津巴布韦共 26 国参与共提。全文如下：

大会，

回顾《不扩散核武器条约》《禁止生物武器公约》《禁止化学武器公约》以及安理会相关决议，

重申联合国全体会员国必须履行军备控制和裁军与防止所有大规模杀伤性武器扩散的义务，

重申核武器、化学武器和生物武器及其运载工具的扩散对国际和平与安全构成威胁，

重申支持旨在消除或防止核生化武器扩散的各项多边条约，以及这些条约的所有缔约国全面履行条约以促进国际稳定的重要性，

铭记科技进步对全球安全的潜在影响，

认识到根据有关国际义务在最大可能范围内参加以和平利用为目的进行设备、材料及科学技术情报交流是所有国家不可剥夺的权利，

还重申防止大规模杀伤性武器扩散不得妨碍为和平目的在材料、设备和技

术方面进行的国际合作，同时不得滥用和平利用的权利从事扩散活动，

铭记为和平目的在材料、设备和技术方面进行的国际合作对促进成员国经济和社会发展的重要性，特别是对促进发展中国家的发展的重要作用，

认识到有必要继续开展用于和平目的的技术交流，包括根据相关国际义务开展这种交流，

同时认识到技术对于实现可持续发展具有关键作用，

关切地注意到向发展中国家出口用于和平目的的材料、设备和技术仍然遭到过度限制，

强调经由多边协商达成普遍、全面、非歧视性的协定是解决扩散关切的最佳手段，

同时强调防扩散管制机制应透明且对所有国家开放，并应保证不对发展中国家为和平目的获取材料、设备和技术以保持可持续发展施加限制，

进一步强调促进和平利用国际合作的重要性，

1. 敦促各方在不影响其所承担的防扩散国际义务的前提下，采取切实举措促进为和平目的在材料、设备和技术方面进行的国际合作，特别是避免采取与其承担的国际义务不符的限制性措施；

2. 请秘书长就"在国际安全领域促进和平利用国际合作"各方面问题征求成员国意见和建议，包括用于和平目的向发展中国家出口材料、设备和技术遭到的过度限制措施、平衡防扩散与和平利用的可能举措及未来前进方向；

3. 还请秘书长就此向第七十七届联合国大会提交报告，并将所有意见和建议作为报告附件，供全体会员国进一步讨论；

4. 决定将"在国际安全领域促进和平利用国际合作"列入第七十七届联合国大会临时议程。

张军大使在安理会
"轻小武器非法贩运对和平安全的影响"公开会上的发言

（2021年11月23日）

主席先生，

我欢迎埃布拉德外长主持今天的会议，感谢盖斯先生、德沃托女士的通报。

古特雷斯秘书长在裁军议程中将常规武器军控称为"拯救生命的裁军"，联合国2030年可持续发展议程将减少轻小武器非法流动作为一项重要目标。这表明，轻小武器问题事关和平与发展，打击轻小武器非法贩运对保障各国经济发展和社会进步意义重大，在多边框架下加强常规武器军控迫在眉睫。

多年来，安理会为解决轻小武器问题作出不懈努力，先后通过第2117号、2220号决议，并在审议地区热点问题时统筹考虑轻小武器带来的影响。与此同时，轻小武器非法贩运现象依然严重，与武装冲突、恐怖主义、跨国有组织犯罪等问题相互交织，加重冲突地区人民苦难，给国际和平与安全带来严峻挑战。要解决这一问题，国际社会应围绕以下方面开展努力：

加强当事国能力建设，实现轻小武器全周期管理。当事国应承担打击轻小武器的首要责任，建立完善法律法规，提升管控力度。安理会要为当事国和平和解努力以及战后重建提供政治支持，帮助其在推进解武、复员、重返社会计划以及安全部门改革过程中，有效应对轻小武器扩散风险。部署在各任务区的和平行动，应在严格按照授权履职、尊重当事国主权基础上，积极向当事国提供能力建设方面的支持和协助。

助力地区国家实现疫后复苏，消除冲突和暴力根源。轻小武器问题产生的根源很大程度上在于贫困和发展不足。要格外关注战乱地区和冲突后国家在新冠肺炎疫情冲击下的经济发展和民生问题，重点支持和帮助有关国家消除长期存在的贫困和落后。要帮助发展中国家加强基础设施建设，加快工业化和现代化进程，实现经济和社会可持续发展，维护地区持久和平。中国提出的"全球发展倡议"旨在凝聚全球发展合力，契合各国特别是发展中国家的发展需要。中方欢迎各方加入这一倡议，加快落实 2030 年可持续发展议程，实现各国共同发展。

严格执行安理会武器禁运，切断轻小武器非法流动链。各国要严格执行安理会武器禁运决议及各制裁委有关武器禁运规定，不向受安理会武器禁运的国家转让或出售武器。同时，有关决议应被正确解读和准确执行，不得以执行禁运为由干涉当事国内政，侵犯当事国主权。中方一贯主张，制裁只是手段，不是目的。安理会武器禁运的初衷是帮助当事国恢复国家稳定和社会正常秩序，不应对当事国加强自身安全能力建设造成阻碍。安理会应结合形势发展和各国现实需求，有针对性地调整武器禁运措施，帮助当事国政府切实提升自身安全能力。

加强多双边务实合作，充分发挥联合国主渠道作用。区域、次区域国家应积极开展信息交流与经验分享，加强边境出口管控，提升监管和执法水平。要支持联合国在打击轻小武器非法贩运方面继续发挥引领作用，推动《轻小武器行动纲领》《识别与追查国际文书》《枪支议定书》《武器贸易条约》等全面有效落实，助力国际合作与援助走深走实。联合国框架下常规武器军控机制间应加强互动协同，相互补充，相互促进，争取形成更大合力。

主席先生，

中国政府一贯反对轻小武器非法贩运，对轻小武器出口采取审慎、负责态度。中国自 2020 年 7 月加入《武器贸易条约》以来，积极参与全球武器贸易治理。同时，中方在联合国、上海合作组织、中国—联合国和平与发展基金等框架下同其他发展中国家开展打击轻小武器非法贩运国际合作。中方还专门设立中非和平安全合作基金，用于支持"消弭非洲枪声"倡议，以及中非开展和平安全与维和维稳合作。

打击轻小武器非法贩运问题绝非一日之功，建立一个远离枪支暴力的世界任重道远。中方愿与国际社会一道，为共同打击轻小武器非法贩运、维护国际和地区和平与稳定做出不懈努力。

谢谢主席。

中国代表团在
第76届联大"国际原子能机构的报告"议题下的发言

(2021年11月29日)

主席先生,

中国代表团欢迎国际原子能机构总干事格罗西就机构工作所作的报告。

过去一年来,机构按照《规约》赋予的职责,致力于促进全球核能和平利用、维护核不扩散体系、增进核安全,并积极协助成员国利用核及核衍生技术应对新冠肺炎疫情,取得积极成效。机构相关工作有助于落实"联合国2030可持续发展目标",助力各国实现绿色复苏发展,中方对此表示赞赏。

当前,全球核能事业稳步发展,核能及核技术应用对保障能源安全、应对气候变化和促进经济社会发展都具有重要意义,也为抗击新冠肺炎疫情、促进复工复产、解决民生挑战提供了有力支持。同时,国际核不扩散与核安全领域挑战依然严峻,核恐怖主义威胁不容忽视,和平利用核能领域政治化趋势不断突出。明年《不扩散核武器条约》将迎来第十次审议大会,加强机构上述领域工作,也是《条约》在新时代维护和平、服务发展的应有之义。中方希望机构重点做好以下工作:

一是大力推动核能的和平利用。机构应坚持普惠包容原则,继续为成员国特别是发展中国家开发利用核能和扩大核技术应用提供有力支持和援助,并不断促进全球核安全与核安保水平,积极引领相关国际合作。日本福岛核事故是人类历史上发生的最严重核事故之一,其核污染水处置问题事关全球海洋生态环境和各国人民健康。日方应认真回应周边邻国与国际社会呼声,在同利益攸关国家及有关国际机构协商并达成一致前不得擅自将福岛核污染水排海。机构应秉持客观、公正、科学原则，对福岛核污染水处置进行事前、事中、事后评估与监督核查，确保核污染水处置绝对安全。

二是加强机构保障监督体系建设。机构应在确保客观公正前提下，继续推动全面保障监督协定和附加议定书的普遍适用，持续提升保障监督的有效性和效率。同时，机构应严格按照授权妥善处理保障监督相关问题。美国、英国、澳大利亚三国计划开展核潜艇合作违反《不扩散核武器条约》的目的和宗旨，构成严重核扩散风险。机构现行保障监督体系无法对美、英拟向澳转让的核潜艇动力堆及相关核材料实施有效保障监督。这一问题事关《条约》的完整性和有效性，涉及机构所有成员国利益，应由机构所有成员国共同讨论。为此，中方已建议机构成立所有成员国均可参加的特别委员会，专题讨论对无核武器国家核潜艇动力堆及其相关核材料实施保障监督所涉及的政治、法律和技术问题，并向机构理事会和大会提交建议报告。在上述建议报告获得通过之前，机构秘书处不应与三国谈判针对三国核动力潜艇合作的保障监督安排。

三是推动热点核问题的政治外交解决。机构应继续秉持客观公正立场，按照授权履行监督核查职责，为政治外交解决朝鲜半岛核、伊朗核等地区热点核问题发挥应有作用。中方赞赏机构根据安理会第2231号决议规定对伊朗执行伊核全面协议实施监督核查，支持机构与伊方通过对话合作解决相关分歧。

主席先生，

中国高度重视并积极支持机构及总干事在推动和平利用核能领域发挥关键作用。我们坚定支持各国、特别是发展中国家不可剥夺的和平利用核能的权利。中方在联大一委提出"在国际安全领域促进和平利用国际合作"的决议，重申国际社会防扩散共识，强调维护各国特别是发展中国家和平利用权利。中方始终遵循"理性、协调、并进"的核安全观，积极推进核能安全高效发展。我们坚定支持机构履行保障监督职能，建设性参与热点核问题的政治外交解决，维护国际核不扩散体系。中方愿与机构继续深化合作，为促进世界核能发展及和平利用作出新的贡献。

谢谢主席。

中国代表团团长耿爽在第二届
建立中东无核及其他大规模杀伤性武器区会议上的发言

（2021年11月30日）

主席先生，

中国代表团欢迎第二届建立中东无核及其他大规模杀伤性武器区会议召开，祝贺你当选本次会议主席。相信在你的带领和推动下，会议能够实现预期目标。

主席先生，

当今世界正经历复杂深刻变化。国际安全领域不确定不稳定因素不断增多，新威胁新挑战交织涌现，全球和地区安全治理亟待加强。个别国家执迷于霸权主义、冷战思维与零和博弈，热衷于地缘政治博弈，打造排他性"小圈子""小集团"，人为制造分裂，肆意挑动对抗，以"多边主义"之名行单边霸凌之实。这些消极因素破坏国际和平稳定，毒化国际安全环境，也严重影响消除大规模杀伤性武器的全球努力。

中东不稳，天下难安。在中东地区建立无核及其他大规模杀伤性武器区，有助于遏止大规模杀伤性武器扩散，缓解中东紧张局势，促进地区及世界的和平与安全。多年来，地区国家为建立中东无核及其他大规模杀伤性武器区作出不懈努力，反映了地区人民追求和平、安全和稳定的夙愿。2019年11月，建立中东无核及其他大规模杀伤性武器区首次国际会议成功召开并发表政治宣言，开启了建立中东无核及其他大规模杀伤性武器区的国际讨论进程。中方希望本届会议能够在首届会议基础上，进一步深入交流，增进互信，凝聚共识，扩大合作，为早日实现中东无核及其他大规模杀伤性武器区的目标注入新的动力，也为明年1月《不扩散核武器条约》十审会成功举行营造有利氛围。

主席先生，

中国坚定支持建立中东无核及其他大规模杀伤性武器区，呼吁国际社会从巩固核不扩散体系和维护地区长远利益出发，积极回应阿拉伯国家的正当合理诉求，切实按照联合国大会、《不扩散核武器条约》审议大会有关文件要求，持之以恒加以推动。今年3月，中国国务委员兼外长王毅提出实现中东安全稳定的五点倡议，即倡导相互尊重，坚持公平正义，实现核不扩散，共建集体安全，加快发展合作。他特别强调，国际社会应支持地区国家建立中东无核及其他大规模杀伤性武器区的努力。对于如何推进这一目标，中方愿分享以下看法。

一、地区国家要加强对话协商。中方一贯认为，各国应秉持共同、综合、合作、可持续的安全观，通过对话协商解决争端，通过开展合作应对挑战，推动建设持久和平、普遍安全的世界。中方支持地区国家本着务实和建设性精神，加大外交努力，通过对话协商找到建立中东无核及其他大规模杀伤性武器区的解决方案。地区国家应就区域安全问题开展对话，缓和紧张关系，管控矛盾分歧，消除误解敌意，不断积累互信。中方提出"海湾地区多边对话平台"倡议，目的是通过集体协商管控矛盾分歧，缓和紧张局势，推动形成维护地区和平稳定的新共识。中方愿就这一倡议与有关各方保持沟通。

二、域外国家要提供建设性帮助。域外国家应该帮助地区国家共享安全，对地区国家建设无核及其他大规模杀伤性武器区的努力给予坚定支持，为地区恢复和平安宁注入"正能量"，而不是在地区制造对立、煽动对抗。中方对美国拒绝出席此次会议感到遗憾，呼吁所有核武器国家切实承担起应尽责任，积极参与建立中东无核及其他大规模杀伤性武器区会议进程。同时，中方鼓励已建成无核武器区的国家加大同中东地区交流，分享有益经验和做法。

三、有关各方要维护国际军控法律文书权威。国际社会应切实遵守和落实1995年《不扩散核武器条约》审议大会关于中东问题的决议，维护《不扩散核武器条约》《禁止化学武器公约》《禁止生物武器公约》的普遍性、权威性和有效性，为建立中东无核及其他大规模杀伤性武器区奠定基础。所有尚未加入上述条约的国家均应尽快加入并严格遵守条约义务。以色列应尽快以无核武器国家身份加入《不扩散核武器条约》，并将所有核设施置于国际原子能机构保障监督之下。同时，国际社会应坚决反对核不扩散领域的"双重标准"做法。美国、英国、澳大利亚开展核潜艇合作违反《不扩散核武器条约》目标与宗旨，构成严重核扩散风险，对地区核热点问题的政治外交解决产生负面影响，也损害地区国家建立中东无核及其他大规模杀伤性武器区的努力。我们呼吁上述国家立即撤销这一错误决定。

主席先生，

中方一贯支持无核武器国家根据本地区实际情况，在自行协商、自愿协议基础上建立无核武器区。中国签署和批准了所有开放供签署的无核武器区条约议定书，并严格履行相关义务。中国是唯一明确承诺无条件不对无核武器国家和无核武器区使用或威胁使用核武器的国家。多年来，中方还积极呼吁所有核武器国家都承诺无条件不对无核武器国家和无核武器区使用或威胁使用核武器，并尽早就此缔结国际法律文书。

建立中东无核及其他大规模杀伤性武器区，有助于加强国际防扩散体系，促进地区和平与安全。中方将继续支持并积极参与相关国际努力，为早日实现这一目标作出贡献。

谢谢主席先生。

耿爽大使在安理会伊核问题公开会上的发言

（2021年12月14日）

主席先生，

我感谢迪卡洛副秘书长、欧盟驻联合国代表团团长斯科格大使和爱尔兰常驻代表内森大使所作通报，欢迎伊朗和德国代表出席今天的会议。

伊核问题全面协议历时十年达成，业经安理会核可，是多边外交重要成果，是国际核不扩散体系和中东地区和平稳定的关键支柱。三年前，美国执意退出全面协议，导致伊核问题形势急转直下，危机延宕至今。今年4月以来，各方在维也纳开展恢复履约谈判，取得重要进展，为美伊恢复履约带来新的机遇。

国际社会高度关注伊核问题复谈进程，普遍希望谈判能取得积极成果，为当前充满不确定性和不稳定性的世界注入一些正能量，带来一些新希望。有关各方要坚定信心，抓住机遇，互谅互让，相向而行，推动谈判沿正确轨道前进，直至最终实现恢复履约这一目标。中方愿就此分享以下看法：

一、早日作出政治决断。对话和谈判是解决伊核问题的唯一正确途径。各方要继续坚持政治外交解决大方向，充分体现诚意，尊重彼此正当权益和合理关切，恢复全面协议权利和义务的平衡，确保原原本本回归协议。各方要妥善处理谈判基础问题，争取实现早期收获，维护谈判进程。在未决问题上应寻求并扩大共识，淡化政治分歧，发挥外交智慧，采取灵活态度，探讨创造性解决方案，敢于迈出关键步伐，推动谈判早日取得成果。

二、解除非法单边制裁。美国单方面退出伊核协议，持续对伊极限施压，是当前伊核危机的始作俑者。美方一直高喊，多边主义回来了，外交回来了，复谈就是对美方态度的一次检验。美方理应首先取消所有对伊及第三方的非法制裁，伊则应在此基础上恢复全面履约。美国一边说愿意积极参与复谈，一边于日前升级对伊制裁，这种做法违反国际法和国际关系基本准则，罔顾国际社会一致呼声，无助推进谈判进程，中方对此深表关切。希望美方以实际行动取信于国际社会，展现更多诚意，体现更多灵活，为推动早日达成共识作出更大努力。

三、营造复谈良好氛围。反复炒作伊射导问题，借国际原子能机构向伊施压，动辄鼓吹有关应对谈判破裂的"备用方案"（Plan B），甚至威胁诉诸安理会"快速恢复制裁机制"，都会干扰当前复谈进程，破坏各方维护全面协议努力，也将导致伊核局势更加复杂。各方应切实排除上述干扰，确保谈判不走极端，不入歧途。伊方也应理解各方对其核能力快速发展的关切，与机构保持建设性合作，早日解决相关未决问题。

《不扩散核武器条约》（NPT）是国际核不扩散体系的基石，在防止核武器扩散方面发挥重要作用。美、英、澳开展核潜艇合作涉及武器级核材料转让，构成严重核扩散风险，对伊核问题的政治外交解决产生负面影响，这种双重标准和破坏《不扩散核武器条约》目的与宗旨的做法必须予以纠正。

四、维护地区安全稳定。中东不稳，天下难安。伊核问题牵动中东地区局势，维护全面协议就是维护地区和平稳定。地区国家应坚持对话谈判妥处分歧，域外国家应为缓和地区紧张提供建设性帮助，而不是在地区制造对立、煽动对抗，更不应将地区安全问题与恢复履约谈判挂钩。中国国务委员兼外长王毅提出实现中东安全稳定的五点倡议，即倡导相互尊重、坚持公平正义、实现核不扩散、共建集体安全、加快发展合作，体现了中方促进中东和平安宁的真诚愿望和责任担当。我们愿就倡议和地区局势继续与各方保持沟通。

主席先生，

当前全球新冠肺炎疫情形势依然严峻。由于疫情和制裁双重影响，伊国计民生受到严重冲击。秘书长在报告中呼吁各国支持"贸易结算支持机制"和采购渠道运作，助伊应对疫情挑战。中方对此表示赞同，已在力所能及的范围内为伊方提供疫苗等抗疫支持,并将继续以自己的方式助力伊方抗击疫情。

作为安理会常任理事国和全面协议参与方,中方始终致力于维护全面协议的有效性,维护安理会决议的权威性,维护国际核不扩散体系的完整性。今年8月以来,中国国家主席习近平分别与伊朗、美国元首通话,中国国务委员兼外长王毅与有关各方就伊核问题保持沟通与协调。中方将继续践行真正的多边主义,积极参与恢复履约谈判,为推动全面协议重返正轨、促进伊核问题政治外交解决、维护国际核不扩散体系和中东地区和平稳定发挥建设性作用。

谢谢主席。

戴兵大使
在安理会表决轻小武器决议草案后的解释性发言

(2021年12月22日)

主席先生,

轻小武器的非法流动、过度累积和随意滥用加剧武装冲突,阻碍可持续发展,助长跨国有组织犯罪和恐怖主义活动,对国际和平与安全构成严峻挑战。中方支持安理会关注轻小武器禁运问题。秉持这一立场,我们建设性参与决议磋商并提出修改意见。很遗憾,草案最终未能充分反映中方关切,中方不得不在刚才的表决中投了弃权票。

决议草案中有不少内容涉及调整联合国维和行动的授权,要求维和行动为当事国监督武器禁运、追踪武器走私等提供支持,并要求秘书长在国别报告中就此提出建议。中方支持维和行动按照授权,在尊重当事国主权、充分听取当事国意愿的基础上,向当事国提供能力建设支持,包括帮助其加强轻小武器管控。同时要看到,每一个任务区都有特定的形势和挑战,维和行动的授权应当结合具体情况逐案讨论。通过一项安理会决议对维和行动授权作出一刀切的安排是不合适的。

各国都有义务严格执行安理会决议确定的武器禁运措施,同时任何国家都不得以执行安理会决议为由干涉他国内政,侵犯他国主权。制裁只是手段,不是目的。安理会武器禁运的初衷是帮助当事国恢复国家稳定和社会正常秩序,不应对当事国加强自身安全能力建设造成阻碍。很遗憾,这些合理意见没有在草案中得到充分反映。

主席先生,

从世界范围来看,轻小武器泛滥问题既存在于发展中国家,也存在于发达国家。个别发达国家国内枪支武器管理松弛,不仅伤害本国社会稳定和民众生命安全,也让邻国深受其害。国际社会对此也要保持高度关注。

谢谢主席先生。

三、热点军控问题

中国裁军大使李松在 2021 年裁谈会首次全会上的发言

(2021 年 1 月 19 日)

主席先生,

中国代表团和我本人祝贺你就任 2021 年裁谈会首任轮值主席,热烈欢迎孟加拉国、阿尔及利亚、缅甸、斯里兰卡、委内瑞拉、保加利亚和古巴大使到任。我们也十分高兴参加今年裁谈会主席团(P6+2 机制)的工作,愿为推动裁谈会工作回到正轨作出积极贡献。中方认为,联合国各成员国拥有参加多边军控工作的平等权利。我们希望看到更多国家能够以观察员身份参加今年裁谈会工作,支持主席就此与有关各方保持积极协商。

在我做正式发言之前,不得不对美国在刚才发言中对中国的恶意攻击表示强烈反对,坚决拒绝。过去两年来,中方在包括裁谈会在内的许多国际场合,已多次 进行这样的反击,并深入阐述中方有关政策主张。本届美国政府在军控领域谎话说尽,坏事做绝。他们的奇谈怪论掩盖不了中国国防和军控政策的坦荡,这套贼喊捉贼的把戏,国际社会早就烦透了!从明天开始,裁谈会不应再有这样的噪音。我想,这是广大成员国的共同呼声。请秘书处将我的话记录在案。

主席先生,

我们共同经历了极不平凡的 2020 年。突如其来的新冠肺炎疫情给世界带来全方位冲击。军控、裁军和防扩散努力所需要的国际政治和安全环境,面临冷战结束以来最为严峻的挑战。在新冠病毒和政治病毒肆虐的艰难时日,国际社会对国际格局、大国关系、多边主义,以及竞争与合作、安全与发展等事关人类前途命运的问题进行着深刻反思。冬尽春来,我们身处反思与展望的重要关口。在迎接2021年之际,我们对通过世界各国团结合作,全面战胜新冠肺炎疫情的决心更加坚定,也对开启多边主义和多边军控新篇章抱有信心和期待。在此,我愿和大家分享三点感悟:

第一,军控必须建立在不忘初心、重信守诺基础上。军控的初衷是通过国际对话与合作增进各国安全,进而实现全球平等、共同、普遍安全。损人利己、宽己律人的军控与裁军,不可能被其他国家接受。一个多世纪以来,随着国际形势的变化,军控裁军的内容、模式一直在调整,其基础和目标始终在于维护战略平衡与稳定。军控需要与时俱进,但决不能开历史倒车。就新时代军控而言,霸权主义、单边主义、例外主义是最危险敌人,冷战思维、零和博弈、强权政治是最大障碍。现有国际军控、裁军、防扩散体系,包括美俄双边裁军条约体系,是国际安全体系的重要组成部分,不应遭到削弱废弃,而应得到巩固加强。正因如此,国际社会强烈期待美国抓住最后时间窗口,同意延长美俄《新削减进攻性战略武器条约》,继续根据第一届裁军特别联大《最后文件》和《不扩散核武器条约》(NPT)历届审议大会成果履行核裁军特殊优先责任。

第二,加强对话、增进互信,是当务之急。近年来,国际军控、裁军、防扩散体系遭到冷战结束以来最为严重的破坏,根源在于美国违背战略平衡与稳定原则,将其他大国视为战略竞争对手,不惜将意识形态因素引入多边军控,企图发起"新冷战",拉下"新铁幕"。搞这样的"大国竞争"危及世界和平稳定,遭到国际社会广大成员的抵制,终将被历史所抛弃。要驱除冬霾,迎接新春,大国之间应重启对话,使大国关系重回正轨、重建互信。中国积极推动五核国对话与合作机制,该机制应成为五国围绕战略安全与稳定广泛领域的问题加强对话、增信释疑、扩大合作的重要平台。我们也对与五核国其他成员在双边层面开展战略安全和军控对话持积极开放态度,这有助于管控分歧,扩展合作。这样的对话在更广泛的国际层面积极开展,更应成为"新春时尚"。在联合国裁军研究所成立40周年纪念视频中，我们用不同语言喊出同样的口号："对话很重要"。对话不仅很重要，而且必将发挥应有作用。

第三，裁谈会既不是大国对抗的场所，也不是大国整治小国的工具，而是促进共同安全的平台。众所周知，裁谈会工作去年未能取得进展，既有新冠病毒的影响，更有政治病毒的冲击，后者遗患尤甚。新冠病毒影响的只是会议规模和形式，美国针对其他成员国的政治病毒则是近年来裁谈会工作偏离原有轨道的根本原因。裁谈会作为唯一多边裁军谈判机制，承载着第一届裁军特别联大赋予的历史使命，应始终体现"各国安全不受减损"这一核心要义。裁谈会所有成员无论国家大小一律平等，必须相互尊重，各国正当安全关切、利益诉求均应得到充分重视、合理解决。正因如此，裁谈会工作必须在协商一致基础上，以全面平衡的方式加以推进。我们终将摆脱新冠病毒困扰，也应致力于克服政治病毒，认真汲取近年来的经验教训，凝聚继续前行的共识和信心。

主席先生，

由于新冠肺炎疫情导致诸多会期推迟调整，使今年多边军控、裁军和防扩散领域的工作任务异常繁重。《不扩散核武器条约》第十次审议大会无疑是重中之重。囿于疫情因素，今年裁谈会工作还将受到客观条件制约。尽管如此，中方认为，裁谈会工作完全应该并且能够有序开展，为《不扩散核武器条约》十审会的顺利召开创造有利条件。为此，我们愿在今年裁谈会六位轮值主席提出的一揽子建议草案基础上，与各方积极协商，致力于达成全面平衡、各方均能接受的工作框架和会议安排，就各项重要议题成立附属机构，开展实质性工作，为开展条约谈判进行认真准备。与此同时，裁谈会成员国应充分利用全会平台，围绕新的国际政治和安全形势、多边军控与裁谈会走向等问题展开深入讨论，集思广益，推动形成真正符合成员国普遍安全利益的新共识。此外，在工作方法、成员组成和重点议题等方面，裁谈会如何更好地响应时代要求和国际社会期望，也是摆在我们面前的重要课题。中方愿和大家一道，本着开放态度和创新思维，就此进行积极认真的讨论。

谢谢，主席先生。

中国裁军大使李松在裁谈会 2 月 4 日全会上的发言

(2021 年 2 月 4 日)

主席先生,

中国对美国和俄罗斯如期延长《新削减战略武器条约》(New START)表示祝贺。美国政府换届后,美国响应俄罗斯倡议,与俄方迅速就无条件延长《新削减战略武器条约》达成一致,双方并及时履行了各自国内程序。这充分说明,无条件延长这项重要的双边核裁军条约是唯一正确选择,符合美俄共同利益,有助于维护全球战略稳定。美俄作为拥有最大核武库的国家,根据国际社会长期共识,继续切实履行核裁军特殊、优先责任,在延长《新削减战略武器条约》基础上进一步大幅、实质性削减核武库,是国际社会共同期待,也将为最终全面彻底核裁军创造条件。

中国愿在平等和相互尊重基础上,与包括美、俄在内的核武器国家就战略安全问题开展双边对话、增进战略互信,并在五核国机制、《不扩散核武器条约》审议进程和裁谈会等多边机制积极开展对话与合作,致力于维护全球战略稳定,促进国际和平与安全,推动国际军控、裁军和防扩散进程。

谢谢主席先生。

外交部副部长马朝旭
在中阿数据安全视频会议上的主旨发言

(2021年3月30日)

尊敬的阿拉伯国家联盟首席助理秘书长扎齐阁下，

尊敬的阿拉伯国家联盟助理秘书长阿里阁下，

尊敬的各位常驻阿盟代表，

尊敬的廖力强大使，

各位同事，

很高兴同扎齐首席助理秘书长和阿里助理秘书长以线上方式共同主持中阿数据安全会议。

近年来，中阿高层交往密切，各领域合作全面推进，战略伙伴关系建设硕果累累。在抗击新冠肺炎疫情过程中，中国同阿拉伯国家风雨同舟、守望相助，成为中阿命运与共的生动写照。去年，中阿合作论坛第九届部长会议成功召开，习近平主席向会议致贺信，为中阿政治关系开启了新篇章。中方愿同阿方一道，为中阿战略伙伴关系注入新内涵，携手打造志同道合、发展繁荣的中阿命运共同体。

各位同事，

当前，新一轮科技革命和产业变革蓄势待发。全球数字经济蓬勃发展，人类加速步入数字化时代。作为各国经济发展和产业革新的动力源泉，数据的重要性进一步凸显。与此同时，侵害个人信息、对他国大规模网络监控等数据安全风险和挑战日益突出，亟须全球性的解决之道。

为顺应各方共同需要，加强全球数字治理，去年9月，中方发起了《全球数据安全倡议》，就重大数据和网络安全问题提出解决方案，旨在促进数据安全合作，推动数字领域互利共赢、共同发展。

中阿一直是数字经济领域的重要合作伙伴。几个月来，双方就倡议及相关问题进行了深入沟通和协调，成功达成《中阿数据安全合作倡议》。这一成果是中阿深化数字合作战略共识的集中体现。早在2017年，中国就与埃及、沙特、阿联酋等国共同发起了《"一带一路"数字经济国际合作倡议》，中阿在5G、人工智能等高新技术领域合作不断深化，网络安全应急响应合作稳步推进。此次中阿《倡议》的达成，标志着中阿数字合作达到新水平，双方数字领域战略互信和务实合作进入新阶段。

同时，《中阿数据安全合作倡议》也是双方为推进全球数字治理做出的重要贡献。我们在《合作倡议》中呼吁各国坚持兼顾安全与发展、坚守公平正义的原则，携手打造开放、公正、非歧视的数字发展环境，反映了广大发展中国家的共同愿望和国际社会的共同呼声，对推动发展中国家在全球治理中拥有更大代表性和发言权具有重要意义。

各位同事，

中阿《合作倡议》的达成为加强双方数字合作奠定了良好基础。我们应再接再厉，把双方战略合作进一步推向深入。为此，我愿提出三点建议。

一是发挥中阿《合作倡议》引领作用，加强战略对接。我们要加强统筹协调，使双方数字领域发展战略对接更加精准高效，打造全面系统的数字合作架构，携手共建高质量"一带一路"。

二是坚持务实合作，扩大互利共赢。要充分调动政府、企业、学术等各界力量，推进数字经济、数据和网络安全治理、电子商务、智慧城市、人才培养等领域合作，将倡议的战略引领转化为实实在在的成果，有力促进中阿数字发展与合作。

三是坚持多边主义，推进全球治理。我们要积极推广中阿《合作倡议》倡导的共商、共建、共享理念，共同引领数据安全国际规则制定，为解决全球数字治理赤字作出贡献。

中方愿与阿方一道，为中阿数字合作凝聚新共识，绘制新蓝图，共同推动中阿战略合作迈上新台阶。

谢谢大家。

中国常驻禁化武组织代表谈践大使出席第 97 届执行理事会一般性辩论发言

（2021 年 7 月 7 日）

主席先生，

首先，请允许我代表中国代表团祝贺你当选执理会主席并首次主持执理会。中方相信以你的外交经验和技巧，一定能改善执理会工作和氛围，加强缔约国团结和协商一致精神，推动本届会议取得成功。中国代表团将与您和其他代表团积极合作，为顺利完成本届会议各项工作而共同努力。

中方感谢总干事和几位副主席的报告，赞同阿塞拜疆菲克拉特·阿洪多夫阁下代表不结盟运动和中国所做的发言。下面，请允许我进一步阐述中方对以下问题的看法。

首先，禁化武组织作为国际军控和裁军机制的重要组成部分，在推动实现"无化武世界"、促进化工领域国际合作、维护国际安全稳定方面发挥着不可或缺的独特作用。然而令人担忧的是，缔约国在一些敏感问题上的政治分歧和对抗影响了禁化武组织正常工作的开展。6 月 11 日，中国国务委员兼外长王毅在日内瓦裁军特别会议就推进国际军控、裁军与防扩散进程提出三点原则：要坚持合作共赢，以合作谋和平、以合作促安全，坚决抵制冷战思维和零和博弈，致力于实现共同安全；要坚守公平正义，加强以联合国为核心的多边裁军机制的权威性和有效性，摒弃例外主义和双重标准，致力于实现普遍安全；要坚持综合治理，既要着力应对当前突出的安全挑战，又要综合施策，消弭潜在安全威胁，致力于实现持久安全。这三条原则同样适用于禁化武组织。中方呼吁各方回归协商一致传统，共同努力改进禁化武组织工作氛围，有效维护《公约》权威性和有效性。

其次，化武销毁方面，全面、彻底销毁化学武器是《公约》的核心内容和目标。中方注意到近年来库存化武销毁所取得的进展，敦促唯一的化武拥有国切实履行《公约》义务，按照缔约国大会关于化武销毁逾期的决定，在规定时限内完成销毁。

销毁遗弃化学武器是《公约》的重要组成部分，关乎"无化武世界"的目标能否实现。面对新冠肺炎疫情影响，中方克服诸多困难，做了大量工作，与日方就防疫方案达成一致，推动哈尔巴岭销毁工作于今年5月重新启动。考虑到日方关于2022年内完成有关销毁工作的承诺，当前总体销毁进程仍然严重滞后。中方敦促日方切实履行遗弃国责任，加大投入稳步推进销毁进程，并妥善处理污染土壤等突出问题。中方将与日方以及技秘处继续保持沟通、加强协调，并将一如既往做好相关协助工作。

再次，关于叙利亚化武问题，中方始终主张对话合作是解决叙化武问题的唯一正确途径。中方注意到总干事和叙利亚散发的相关报告，鼓励叙方与技秘处继续保持接触和对话，推动叙化武初始宣布澄清等未决问题取得积极进展。同时，我们呼吁国际社会为双方不断加强合作、解决未决问题创造条件，而不是否认甚至阻挠这些努力。

中方一贯反对任何国家、组织或个人在任何情况下、出于任何目的使用化武。对于指称使用化武事件，应严格依照《公约》以及相关核查附件的规定，秉持公正、客观、专业的原则开展调查和处理。调查结论应基于事实，经得起时间和历史的检验。对于"调查鉴定组"工作，中方从一开始就强调其成立超出《公约》授权，并对其工作方法、程序及人员构成存在关切。中方呼吁有关各方尽快回归多边主义原则，推动指称使用化武调查工作回归《公约》框架，避免进一步在缔约国之间制造矛盾和对抗，停止将禁化武组织的工作不断政治化，共同维护《公约》的权威性和完整性。

最后，中方鼓励主席、副主席和各协调员继续发挥积极作用，推动各个磋商机制采取措施改进工作方法，全面、平衡推进《公约》各项工作。

中国代表团要求将此发言作为会议正式文件散发，并刊载于禁化武组织公众网站和内网。

谢谢主席。

外交部军控司司长傅聪
就新冠病毒溯源相关问题举行媒体吹风会

（2021年8月25日）

2021年8月25日，外交部军控司司长傅聪就新冠溯源相关问题举行吹风会，部分在京外国媒体记者参加。

一、傅聪表示，中国常驻日内瓦代表陈旭大使于8月24日致函世卫组织总干事谭德塞，重申中方在溯源问题上的一贯立场，并强调武汉病毒研究所泄漏极不可能，这是中国—世卫组织溯源联合研究报告得出的明确结论；如果有关方面坚持认为实验室泄漏不能排除，就理应本着公平、公正的原则，对美国德特里克堡基地、北卡罗来纳大学开展调查。陈旭大使还随函递交了《关于德特里克堡（美陆军传染病医学研究所）的疑点》《关于北卡罗来纳大学巴里克团队开展冠状病毒研究情况》两份非文件，以及环球网要求调查德特里克堡的网民公开信。

二、傅聪表示，国际社会对德特里克堡早有严重关切。该基地是美国生物军事化活动的大本营，陆军传染病医学研究所是其中最主要的实体。该研究所早在2003年已具备极其成熟的冠状病毒合成及改造能力；历史上曾发生多起生物安全事故，特别是2019年7月美国疾控中心下令关停其实验室；关停后德特里克堡附近暴发与新冠肺炎相似的呼吸道疾病，其真实病因、具体病例迄未公布等。

关于北卡罗来纳大学，美国一直污蔑武汉病毒研究所开展的研究引发新冠肺炎，实际上美国才是全球功能获得性研究最大的资助者和实施方，特别是该大学巴里克团队是此类研究的权威。只要调查巴里克团队及其实验室，完全可以澄清对冠状病毒的研究有没有、会不会产生新冠病毒。

三、傅聪指出，美国是世界上生物军事化活动最多的国家，国际社会的关切既包括美国境内的德特里克堡，也包括美国境外的两百多个生物实验室。相关活动符不符合《禁止生物武器公约》，国际社会一无所知。美国在境外如此多的实验室一旦发生安全事故，将对当事国乃至全世界都产生灾难性后果。

在叫嚣调查其他国家实验室的同时，美国恰恰是唯一反对建立多边生物核查机制的国家。早在2001年，国际社会本已就《禁止生物武器公约》核查议定书基本达成一致，正是美国以"生物领域不可核查"为由，突然单方面退出，导致国际社会的努力付诸东流。20年来，美国一直无视国际社会的呼声，独家反对重启谈判。即便没有溯源问题，美国也应该给国际社会一个交代。

四、傅聪最后强调，在全球溯源问题上，中方的立场是一贯的、明确的。溯源是科学问题，中方始终支持并将继续参加科学溯源。中国—世卫组织联合研究报告得出了国际社会和科学界公认的结论和建议，必须得到尊重和实施，今后全球溯源工作应该也只能在此基础上开展。

美国抹黑中国洗刷不了自己。中方再次敦促美国停止利用溯源问题进行政治操弄。如果美国顽固坚持实验室泄漏论，就应该首先邀请世卫组织去德特里克堡基地、北卡罗来纳大学进行溯源调查。中方将继续同国际社会共同努力，抵制将溯源问题政治化的逆流，推动溯源问题回归科学合作的正轨。

中国向《武器贸易条约》
第七届缔约国大会提交的书面发言

(2021 年 8 月 30 日)

首先,中方祝贺塞拉利昂大使兰萨纳·格贝里担任缔约国大会主席,赞赏条约秘书处为会议作出的周到安排。

主席先生,

中方一向高度重视常规武器引发的人道主义问题,赞成国际社会采取必要措施,规范国际武器贸易行为,打击非法武器转让。本着上述立场并经过充分评估,中国一年前正式加入了《武器贸易条约》,成为缔约国大家庭中的一员。中国入约是积极参与全球武器贸易治理、维护国际和地区和平稳定的重要举措,充分体现了中国坚定支持多边主义、推动构建人类命运共同体的决心和诚意。

作为条约正式缔约国,中方高度重视并正稳步推进相关履约工作。第一,坚持和完善中国的军品出口原则和法律法规,确保符合条约义务。中国将继续严格遵循武器出口三项原则,即有助于接受国的正当防卫能力;不损害有关地区和世界的和平、安全与稳定;不干涉接受国内政。继续严格执行中国颁布的《枪支管理法》《军品出口管理条例》及《军品出口管理清单》等法律法规,对所有军品出口依法实施严格、有效管理。2020 年 10 月,中国颁布《出口管制法》,进一步强化了包括军品在内的出口管理制度。第二,中国严格履行相关国际承诺,包括严格遵守联合国安理会有关武器禁运的决议。第三,中国将继续坚持只与主权国家开展军贸合作,并要求接受国政府提供军品的最终用户和最终用途证明,承诺未经中国政府许可不向第三方转让从中国进口的武器。

特别是，中国不向非国家行为体出售武器。第四，中方将按照条约规定，按时提交履约初始报告和年度报告。第五，中国愿与条约缔约国开展交流与合作，共同致力维护条约的权威性和有效性。

主席先生，

当前，地缘政治角逐加剧，地区武装冲突和动荡此起彼伏，全球武器贸易规模不断扩大，恐怖主义、极端主义和跨国有组织犯罪远未消除，常规武器非法转让和转用风险有增无减。特别是，有的国家持续将武器贸易作为政治工具，通过向非国家行为体售武等手段，露骨干涉别国内政，严重破坏国际和地区和平与稳定。有的国家为了一己私利，放宽本国武器贸易出口管制政策，甚至撤销签署《武器贸易条约》，严重冲击国际社会规范常规武器贸易的多边努力。

正如联合国秘书长古特雷斯在裁军议程中所言，常规武器军控是"拯救生命的裁军"。这恰当地反映了在多边主义框架下进一步加强常规武器军控的重要意义。作为《武器贸易条约》缔约国和多边主义的坚定支持者，我们理应为打击常规武器非法贸易发挥更大积极作用，为全球安全治理做出应有贡献。为此，中方愿提出三点主张：

第一，不断提升条约的普遍性和有效性。条约成员国应重信守诺，忠实、全面、有效履行条约义务，将条约宗旨和目标落到实处；应积极开展国际合作与援助，特别是要帮助发展中国家加强履约能力建设；应加强外联活动，不断吸引更多国家加入条约，为打击非法武器贸易争取更多支持。中方呼吁尚未加入条约的国家，特别是武器出口大国，尽快加入条约。

第二，加强联合国框架内常规武器军控机制的互动协同。各方应秉持多边主义，积极支持联合国在常规武器军控领域的主渠道作用。应加强条约与联合国"常规武器登记册"、轻小武器《行动纲领》等机制交流，做到相互补充，相互促进，争取形成合力。

第三，强化负责任的武器贸易理念。各国应本着构建人类命运共同体的理念，树立共同、综合、合作、可持续的新安全观，坚持通过政治、外交手段解决争端，为从根本上解决常规武器非法贸易问题创造条件。同时，充分考虑各国正当安全利益，妥善解决各国合法利益诉求，在严格遵守国际法和国际关系基本准则基础上，标本兼治、统筹解决常规武器各方面问题。中方呼吁各国不向非国家行为体出售武器，停止借此干涉主权国家内政，切实维护《联合国宪章》和《武器贸易条约》的宗旨和原则。

作为世界和平的积极建设者、国际秩序的坚定维护者，中国愿与包括缔约国在内的各方加强交流与合作，共同致力于构建规范合理的武器贸易秩序，妥善解决武器非法转让问题，为维护国际和地区和平与稳定做出积极贡献。

关于《科学家生物安全行为准则天津指南》的工作文件

(2021年9月2日)

2021年8月23日,中国和有关国家一道向《禁止生物武器公约》提交了关于《科学家生物安全行为准则天津指南》的工作文件。全文如下:

一、生物科技对保障、促进人类健康与福祉发挥着巨大作用,但其潜在的误用或滥用风险也不容忽视。

二、鉴此,制定科学家生物安全行为准则已成为全球生物安全治理的重要议题。通过推广负责任的生物科研、制定必要的行为准则,既能充分释放生物科技潜力和红利,也将避免生物科技被误用或滥用。

三、2006年《禁止生物武器公约》第六次审议大会最后文件指出,审议大会"认识到行为准则及自律机制对提高有关从业人员生物安全意识的重要性,呼吁缔约国支持并鼓励有关行为准则与自律机制的制定、公布与施行"。

四、自2015年以来,制定科学家生物安全行为准则的国际努力不断向前发展。本着包容、务实、科学、合作的精神,缔约国和包括科学界在内的所有利益攸关方围绕相关问题进行了深入讨论,制定行为准则的政治共识不断凝聚,自愿行为准则范本的文本不断完善。

五、在2016年中国和巴基斯坦提交的工作文件与相关讨论基础上,中国天津大学生物安全战略研究中心、美国约翰斯·霍普金斯大学健康安全中心、国际科学院组织秘书处开展合作,在过去一年深入探讨生物安全行为准则指南,以供各国政府及科研机构参考、补充和改善各自的行为准则。上述三个机构同跨越四大洲的科学界、企业界代表一道,召开两次会议,达成了《科学家生物安全行为准则天津指南》,并经国际科学院组织核可。

六、《天津指南》涵盖了负责任生物科研的主要方面，提出了坚守道德基准、遵守法律规范、倡导科研诚信、尊重研究对象、加强风险管理、参与教育培训、传播研究成果、促进公众参与、强化科研监管、促进国际合作十大准则。

七、《天津指南》的达成充分体现了国际科学界进一步规范生物科研活动的决心，也充分表明基于科学、具有广泛代表性的国际进程，可成为加强全球生物安全治理和相关国际合作的有效途径。

八、中国和巴基斯坦：

（一）完全赞同《天津指南》；

（二）认为《天津指南》有助于实现《禁止生物武器公约》的宗旨与目标，促进其他相关多边场合的讨论，进一步提高全球生物安全治理水平；

（三）鼓励所有利益攸关方根据各自情况，自愿采纳《天津指南》；

（四）欢迎缔约国参与共提本工作文件。

九、现将《天津指南》作为本工作文件的附件提交，并建议《禁止生物武器公约》第九次审议大会采取以下行动：

（一）核可《天津指南》，鼓励所有利益攸关方自愿将《天津指南》的内容纳入其相关实践、章程和法规中，并通过各自适当的方式积极予以推介。

（二）授权后续会间会进程讨论《天津指南》推介工作的信息、经验及有益实践，向《禁止生物武器公约》第十次审议大会报告讨论及推介的成果。

附件

科学家生物安全行为准则天津指南

生物科学领域的进步给人类带来福祉，但亦可能被滥用，特别是被用于发展和扩散生物武器。为弘扬负责任的文化，我们鼓励所有科学家、研究机构和政府部门将《科学家生物安全行为准则天津指南》的内容纳入其相关实践、章程和法规中。最终的目标是在不妨碍生物科研成果产出的同时防止滥用，这既与《禁止生物武器公约》一脉相承，也有利于促进联合国可持续发展目标。

一、道德基准

科学家应尊重人的生命和相关社会伦理。他们肩负着特殊的责任，要通过和平利用生物科学以造福人类，要弘扬负责任的生物科学文化，要防止滥用生物科学，包括避免生物科研破坏环境。

二、法律规范

科学家应了解并遵守与生物研究相关的国内法律法规、国际法律文书及行为规范，包括禁止生物武器。鼓励科学家及专业机构为推动建立并完善相关立法作出贡献。

三、科研责任

科学家应提倡科学诚信，努力防止不当行为。应认识到生物科学有多种潜在用途，包括可能被用于发展生物武器。应采取措施，防止生物制品、数据、专业知识或设备被滥用并产生消极影响。

四、研究对象

科学家有责任保障人类和非人类研究对象的权利，并在充分尊重研究对象的前提下，基于最高的伦理标准开展研究活动。

五、风险管理

科学家在追求生物研究效益时，应识别并管控潜在风险。在科学研究的全过程当中，应考虑潜在生物安全关切。科学家及科研机构应建立预防、减缓和应对风险的监督机制和操作规程，并致力于构建生物安全文化。

六、教育培训

科学家应与相关行业协会一道，努力维持业务精湛、训练有素的各层级科研人员队伍。研究人员应精通法律法规、国际义务和准则。相关教育和培训应由包括社会和人类科学在内的跨领域专家来实施，以便研究人员更深刻地理解生物研究的影响。科学家应定期接受科研伦理培训。

《禁止生物武器公约》核查议定书谈判势在必行
——中国裁军大使李松在《禁止生物武器公约》强化公约机制专题会议上的发言

(2021年9月8日)

9月8日,中国裁军大使李松在《禁止生物武器公约》强化公约机制专题会议上明确提出,重新启动公约核查议定书谈判势在必行。他表示,公约作为全球生物安全治理重要支柱,对促进国际和平、安全与发展发挥着不可替代的作用。推动公约得到全面、平衡、有效执行,符合广大缔约国和国际社会共同利益。核查机制是确保遵约、建立互信的最有效手段。20年来,只有美国一直在独家阻挡核查议定书谈判。我们敦促美方重新考虑上述立场,支持重启谈判的多边努力。

李松指出,长期以来,美国惯于对他国指手画脚,却无视国际上对其自身遵约情况的严重关切。这是一种很不健康的习惯、极不公正的做法。建立了核查机制,谁遵约、谁违约就会一目了然。作为世界上从事生物军事化活动最多的国家,美国国内生物防御基地,及其遍布全球各地的200多个生物实验室严重缺乏透明,存在不容忽视的安全隐患,是国际社会重大关切。美国自己做的事,只有自己最清楚!我们敦促美方本着公开、透明、负责任的态度,履行公约义务,对本国境内外生物军事化活动进行全面澄清。"重返多边"的美国,理应发挥"领导作用",给国际社会一个痛痛快快的交代。在建立核查机制之前,应强化现有的履约宣布机制,特别是美国应宣布其境外生物军事化活动情况。

李松强调,将于明年召开的公约第九次审议大会是进一步加强公约机制的重要机遇。我们应充分肯定公约在消除生物武器威胁、加强全球生物安全治理、促进和平利用与国际合作等方面的核心作用,铭记普遍安全、共同繁荣的共同目标,践行真正的多边主义,通过群策群力,实现合作共赢。中方希望审议大会作出决定,重启核查议定书谈判进程。凡是有利于重启核查议定书谈判的看法和建议都可以谈,重要的是重新明确共同方向,开始迈出扎实步子。他还就强化公约机制的中间措施、加强科技发展审议、积极促进国际合作、加强履约支持机构等问题介绍了中方的建设性立场和主张。

会议期间,中国关于重启核查议定书谈判的主张得到广泛响应。不结盟集团代表123个缔约国作共同发言,敦促美国改弦更张,呼吁尽快重启这一重要谈判。俄罗斯、巴西、南非、巴基斯坦、古巴、印度、伊朗、肯尼亚、委内瑞拉、菲律宾、爱尔兰等许多国家代表纷纷发言,强调加强公约履约核查机制的重要性和紧迫性。

中国理事、国家原子能机构
主任张克俭在国际原子能机构九月理事会上的发言

（2021年9月13日）

尊敬的主席女士，

首先请允许我对主席女士、格罗西总干事以及秘书处为此次理事会顺利召开所做努力表示感谢！

中国代表团赞成尊敬的哥斯达黎加大使代表"77国集团"和中国就本议题所做发言。

主席女士，

中国代表团满意地注意到，一年来机构克服疫情影响，通过线上线下等多种方式，成功举办"加强辐射安全，改进辐射防护实践"等多场国际会议，积极组织开展各类核与辐射安全培训，不断完善核安全标准导则体系，向成员国提供同行评审和咨询服务，与成员国联合举办核应急演习演练，为维护和加强全球核与辐射安全、提升核应急准备响应能力作出积极贡献。

主席女士，

中国正努力践行碳达峰、碳中和的庄严国际承诺，核能是实现该目标的重要选项，而核安全对于核能健康发展至关重要。中国政府一贯高度重视核安全，持续加强核安全法规体系建设，不断推进《核安全法》配套法规标准制修订工作，新发布《核动力厂营运单位核安全报告规定》等30余项法规标准文件。中国长期保持良好的核安全记录，核安全水平保持世界前列，今年以来未发生国际核事件分级1级及以上事件。"华龙一号"全球首堆在内的在运核电机组安全状态良好，在建机组安全质量有保障。

中国与机构在核与辐射安全、核应急领域的合作不断深化，积极参与机构核安全标准委员会、全球核安全与安保网络委员会等机制下法规标准制修订。近一年来，中方参加了机构举办的全部 4 次核应急演习，10 月还将参加机构最高级别的三级公约演习，并通过机构信息交换与应急系统及时准确向机构报送信息。中方愿进一步加强与机构和各国在核安全等领域的务实合作，为推动全球核能安全可持续发展、保护人类健康和生态环境作出积极贡献。

主席女士，

福岛核事故虽已过去 10 年，但是给全球核能发展、海洋环境、人类健康等带来的负面影响远未消除，中方注意到，机构工作团队刚刚赴日结束，技术工作组也将于近期启动对日本福岛核污染水处置问题的评估监督，希望机构秉持客观、公正、独立的态度，与利益攸关方保持沟通，发挥好技术工作组的评估、监督、检查作用。日方应全面配合机构工作，接受机构对其方案安全性、数据准确性和处置手段有效性的全面监督检查，并及时、公开、透明地向国际社会披露信息。

谢谢主席女士。

王群大使在国际原子能机构
九月理事会上关于《禁止核武器条约》问题的发言

(2021年9月16日)

主席女士,

中方注意到有关国家在理事会其他事项议题下提及《禁止核武器条约》问题。

中方理解无核武器国家在推进核裁军进程方面的愿望和诉求。从拥有核武器的第一天起,中国就积极倡导全面禁止和彻底销毁核武器,郑重声明在任何时候、任何情况下都不首先使用核武器,承诺无条件不对无核武器国家和无核武器区使用或威胁使用核武器,并一直将核力量维持在国家安全所需的最低水平。这是中国政府一以贯之的基本政策。就全面彻底销毁核武器的最终目标而言,中方立场与条约是一致的。

同时,核裁军进程不能脱离国际安全现实,必须遵循"维护全球战略稳定"和"各国安全不受减损"原则,循序渐进地加以推进。核裁军进程必须坚持协商一致原则,在现有国际裁军和防扩散机制下处理。中方将继续在联大一委、裁谈会、《不扩散核武器条约》审议进程及五核国合作等框架下,参加核裁军及相关问题的讨论,以理性、务实、有效的方式推动核裁军进程,为维护全球战略平衡与稳定、建立无核武器世界做出不懈努力。我们愿继续同各方就此保持建设性沟通。

谢谢主席女士。

王群大使：美国和英国协助澳大利亚发展核动力潜艇是赤裸裸的核扩散行径

（2021年9月16日）

9月16日，中国常驻维也纳联合国代表王群大使在国际原子能机构9月理事会上发言，就美国、英国宣布协助澳大利亚发展核动力潜艇项目一事初步表明中方的严正立场，指出美、英此举是赤裸裸的核扩散行径。

王群表示，防止核武器和核技术扩散，是《不扩散核武器条约》（NPT）的宗旨，也是缔约国履约应尽的核心义务。美、英作为上述条约的缔约方和核武器国家，公然帮助澳大利亚这一无核武器国家建造核动力潜艇，显然会造成核材料和核技术的扩散。这不仅有悖《不扩散核武器条约》的宗旨和核心义务，而且有损以《不扩散核武器条约》为核心的国际核不扩散机制及努力。中国坚定维护国际核不扩散机制，严重关切这一事态发展。同时，国际原子能机构作为履行《不扩散核武器条约》核不扩散和保障监督义务的国际组织，也有责任有义务对美、英、澳有悖《不扩散核武器条约》义务的行径公开表明其严正立场。

王群强调，美、英作为核武器国家，对澳大利亚这样的无核武器国家发展军用核技术公然扶持，这是赤裸裸的核扩散行为。这种核扩散行为对于朝鲜半岛核问题和伊朗核问题等热点问题的解决将造成严重的负面影响。当前，机构理事会和大会正在讨论朝核、伊核问题，各成员国和包括国际原子能机构在内的相关国际组织必须就美、英、澳合作发展核潜艇一事表明严正态度，以促进所有国家切实全面有效遵守国际核不扩散义务。

王群指出，美、英向澳大利亚出口高度敏感的核潜艇技术，再次证明他们在核出口问题上采取的是"双重标准",并将此作为地缘政治博弈的工具。这是极其不负责任的行径。同时,澳大利亚作为《不扩散核武器条约》的无核武器缔约国和《南太平洋无核区条约》的缔约国,引进具有战略军事价值的核潜艇技术,包括周边国家在内的国际社会对此有理由质疑澳方恪守核不扩散承诺的诚意。美、英、澳的这一行径严重破坏地区和平稳定,加剧军备竞赛,危害国际和平与安全。

王群最后强调,中方将密切关注事态发展,保留进一步做出反应的权利。我们也呼吁国际社会共同行动起来、制止这种危险行径。

王群大使：尽早启动
落实涉朝决议可逆条款是打破朝核问题僵局的有效途径

（2021年9月24日）

9月24日，国际原子能机构大会协商一致通过"执行国际原子能机构和朝鲜民主主义人民共和国与《不扩散核武器条约》有关的保障协定"决议，同时，《全面禁止核试验条约》组织筹委会第12届促进条约生效大会暨条约签署25周年纪念大会发表最后宣言。两份文件均采纳中国代表团建议，首次写入了联合国安理会涉朝决议可逆条款的内容。

对此，中国常驻维也纳代表王群大使向记者表示，可逆条款于2006年在安理会决议中即已提出，这是首次将上述条款写入两大国际组织的重要文件。这反映了国际社会对推动早日解决朝核问题的呼声和诉求，同时也体现了中国长期以来践行相互尊重、合作共赢的国际关系理念得到国际社会的广泛拥护。

王群表示，中国国家主席习近平在出席第76届联合国大会一般性辩论时指出，一个和平发展的世界应该承载不同形态的文明，必须兼容走向现代化的多样道路。民主不是哪个国家的专利，而是各国人民的权利。近期国际形势的发展再次证明，外部军事干涉和所谓的民主改造贻害无穷，我们要大力弘扬和平、发展、公平、正义、民主、自由的全人类共同价值，摒弃小圈子和零和博弈。施压和制裁解决不了问题。有关涉朝决议可逆条款要求，"继续审议朝鲜的行动，并根据朝鲜遵守情况，视需要加强、修改、暂停或解除这些（制裁）措施"，这给朝核问题的政治解决预留了出路。中国国务委员兼外长王毅前不久在东盟地区论坛外长会上突出强调，打破朝核问题目前僵局的有效途径是早日启动落实联合国安理会对朝制裁决议可逆条款，缓解对朝制裁，为重启对话协商创造积极氛围。

　　王群指出，当前形势下，尽快启动涉朝决议可逆条款的落实，符合安理会决议精神，有利于缓解朝方的人道和民生形势，更有利于为半岛问题的政治解决创造条件、注入动力。朝鲜已连续多年停止核试，并采取了炸毁丰溪里核试验场等积极措施，而美方迄未采取任何实质行动。显而易见，朝美对话僵局，核心症结是朝已采取的无核化措施未得到应有重视、正当合理关切未得到积极回应。此外，美韩联合军演、美国和英国协助澳大利亚发展核动力潜艇等消极事态也为地区安全局势增添了新的不稳定因素。

　　王群最后强调，为推动半岛核问题的妥善解决，美国应严格遵守同步对等原则，立即在取消对朝敌视政策、解除对朝制裁、向朝鲜提供安全保障等问题上做出实际举措，展示建设性推进解决半岛问题的诚意，给国际社会一个交代，而不是说一套、做一套，采取任何可能导致局势紧张升级的行动。中方也呼吁国际社会共同努力，积极推动尽早启动涉朝决议可逆条款，为推动半岛无核化和地区长治久安贡献正能量。

李松大使在日内瓦外空安全研讨会上的主旨发言

（2021年9月28日）

各位同事，女士们，先生们：

防止外空军备竞赛是1978年第一届裁军特别联大确定的外空安全共同目标。40年来，联大每年以压倒性多数通过决议，责成裁谈会就此谈判达成国际法律文书。在以"星球大战计划"为代表的超级大国外空争夺背景下，有关谈判在冷战期间难以启动。冷战结束后特别是近20年来，美国极力摆脱国际义务，拒绝接受新条约束缚，长期抵制防止外空军备竞赛多边谈判。说穿了，美国要称霸外空。

进入21世纪以来，空间科技迅速发展，外空开发探索及和平利用进一步惠及全球，极大促进了人类社会发展。各国维护外空安全、和平利用外空的迫切需求与超级大国称霸外空之间的矛盾更加尖锐，这正是外空安全面临的最大挑战。有鉴于此，防止外空武器化和军备竞赛，仍是外空安全最重要、最优先、最紧迫的任务和目标。

当前，围绕如何有效应对外空安全威胁和挑战，我们面临"以国际法为基础"还是"以规则为基础"两条路线，它们分别针对"空间行动"和"空间行为"。中俄在裁谈会提出的"防止在外空放置武器、对外空物体使用或威胁使用武力条约"（PPWT）草案代表了"以国际法为基础"的外空安全路线，紧扣国际社会长期军控目标，通过明确禁止在外空放置武器、禁止对外空物体使用或威胁使用武力，有效解决外空安全最核心问题。这两条基本义务充分考虑了外空技术的两用性和外空武器的复杂性，不刻意突出某一类武器，而是采取结果导向，聚焦对和平利用外空最具威胁的两类行动，从而为防止外空武器化和军备竞赛找到一条既有效、又可行的国际法出路。中国积极致力于推动"防止在外空放置武器、对外空物体使用或威胁使用武力条约"草案谈判。一旦这样的条约达成，我们呼吁主要空间大国与中国一道，作维护和遵守条约的典范。

2017年成立的联合国政府专家组对包括"防止在外空放置武器、对外空物体使用或威胁使用武力条约"草案在内的外空军控法律文书要素进行了全面深入探讨，几近达成客观平衡的报告草案，由于美国独家阻挡而功亏一篑。上述最新努力进一步说明，谈判防止外空军备竞赛条约不仅具有广泛政治意愿和扎实技术基础，而且越发必要和紧迫。

美国抵制中俄条约草案的主要依据是外空核查问题，声称没有核查条款是中俄草案的"根本缺陷"。在这里，美国再次奉行了双重标准。《禁止生物武器公约》（BWC）并没有核查机制，已经运行40多年，一直是大规模杀伤性武器领域最重要的一项多边条约。美国独家阻挡《禁止生物武器公约》核查议定书谈判已20年之久，迄今都不松口。这种双重标准才是阻碍防止外空军备竞赛进程的"根本缺陷"。中俄"防止在外空放置武器、对外空物体使用或威胁使用武力条约"草案并不排斥核查问题。鉴于外空核查的复杂性，我们主张先谈判达成具有法律约束力的条约，从政治和法律角度关上外空武器化和军备竞赛大门，进而在技术条件成熟时通过达成附加议定书解决核查问题。随着空间技术的进一步发展，核查不应成为永远解决不了的问题。所以说，核查并非条约谈判的障碍，更不应成为阻挡谈判的借口。我们再次敦促美方，不要再作裁谈会外空条约谈判的绊脚石。

各位同事，

"负责任外空行为准则"代表了"以规则为基础"的路线。两年前，英国裁军大使第一次和我谈及有关设想时，我就对他说，这个决议应该在联大一委和四委联席会议上加以讨论。英国倡议把外空安全与和平利用两个维度纠缠在一起，混淆了外空军备竞赛带来的安全（security）风险以及在和平利用外空过程中产生的安全（safety）风险，试图通过宽泛、模糊、主观色彩强烈的方式规范外空行为。如果不能有效防止外空成为战场，那么制定的"空间交通规则"就无异于"空间作战守则"。如果外空安全呈现"一超独霸，其他国家守规矩"格局，必将损害绝大多数国家的正当安全利益，也不符合国际社会维护外空安全的共同目标。"行为准则"属于透明和建立信任措施范围，可作为外空军控条约的组成部分，但不应导致多边军控"失焦"，绑架"以法律为基础"的防止外空军备竞赛大方向。

外空战与核战争一样，打不赢也打不得。维护外空安全是各国特别是主要空间大国的共同责任，启动外空军控条约谈判刻不容缓。裁谈会肩负这一使命已40年，应尽快启动有关工作。中俄"防止在外空放置武器、对外空物体使用或威胁使用武力条约"草案是开放的，欢迎各方进一步讨论并加以完善。即使一时难以就正式启动条约谈判达成一致，裁谈会也可通过附属机构、技术专家组等形式，着手开展实质性工作，就条约范围、义务、定义、核查及透明措施等问题开展广泛技术性讨论，为未来启动谈判作更充分准备。同时，应加强裁谈会与联合国政府专家组、开放式工作组，联合国裁审会、和平利用外空委员会，以及联大一委、四委等机构的联系，重视与外空业界和学术机构的沟通，全面动员国际各界力量，为防止外空军备竞赛和维护外空安全注入新的活力和动力。

一些国家正在推动今年联大就"负责任外空行为规则"问题成立开放式工作组。我认为，既然有关决议列在联大议程"防止外空军备竞赛"项下，这个开放式工作组就应把防止外空军备竞赛作为重要议题之一，本着开放包容、客观平衡的态度开展工作，通过认真负责的努力，向真正有效维护外空安全的目标迈进。

谢谢大家！

李松大使评美英澳核潜艇合作：纸包不住火

（2021 年 10 月 13 日）

10 月 13 日，中国常驻联合国日内瓦办事处和瑞士其他国际组织代表团以视频会议方式举行记者会。其间，中国裁军大使李松就美国、英国、澳大利亚建立"三边安全伙伴关系"（AUKUS）等问题回答记者提问。

新华社记者聂晓阳：日前，美、英、澳三国宣布建立 AUKUS。美、英将据此帮助澳建立一支核动力潜艇舰队。中方对此有何看法？

李松大使：AUKUS 是冷战思维和狭隘地缘政治观念的产物，三国开展核潜艇合作堪称"教科书级"核扩散案例，践踏《不扩散核武器条约》（NPT）精神，对条约有关规定构成严峻挑战。这一合作也是美英澳三国在国际防扩散领域发挥所谓"领导力"的最糟糕体现。

作为《不扩散核武器条约》存约国，美英帮助澳大利亚这一无核武器国家打造核潜艇舰队，涉及包括数以吨计武器级高浓缩铀在内的敏感核材料、技术和设备转让，对《不扩散核武器条约》而言史无前例。国际原子能机构针对无核武器国家的全面保障监督也从未适用于这样的合作。一言以蔽之，三国核潜艇合作是"火"，国际监督是"纸"，纸包不住火。

除核扩散风险外，AUKUS 还将冲击南太平洋和东南亚无核武器区，刺激地区军备竞赛，破坏地区团结合作，影响地区和平稳定。亚太地区不欢迎核扩散。最近外国核潜艇在南海发生的事故进一步说明，不远万里游弋到此的外国核潜艇只会兴风作浪、惹是生非，不会受到本地区国家和人民的欢迎。

李松大使
在《禁止生物武器公约》缔约国会议一般性辩论的发言

（2021年11月22日）

主席先生，

我代表中国代表团对你担任《禁止生物武器公约》缔约国会议主席表示祝贺。中方将全力配合你的工作。

当前，世界仍处在新冠病毒大流行之中。疫情的反复起伏、病毒的频繁变异时刻提醒我们，生物安全没有国界，人类命运紧密相连，国际社会需要团结合作。这场史无前例的疫情既是公共卫生事件，也是对全球生物安全治理体系及国际合作机制的重大考验。全面加强《禁止生物武器公约》，使其在新时期更好地发挥消除生物武器威胁、促进生物和平利用的作用，对于促进普遍安全和共同发展具有重要意义，符合国际社会共同利益。

中国和俄罗斯两国外长发表的关于加强《禁止生物武器公约》的联合声明，阐述了两国对于加强公约机制、推动审议大会取得实质成果的立场主张，充分体现了中俄两国维护全球生物安全、捍卫多边主义的坚定决心和负责任态度。

主席先生，

中国高度重视生物安全。习近平主席多次强调，生物安全是全球性问题，国际社会需要携手应对。中国一贯全面、严格履行《禁止生物武器公约》各项义务，自1989年以来每年均完整提交建立信任措施宣布材料。今年4月15日，《中华人民共和国生物安全法》正式施行。该法明确规定中国履行缔结或参加的国际条约规定的义务，明确禁止开发、制造或者以其他方式获取、储存、持有和使用生物武器,进一步强化了中国对公约的承诺。

同时,《生物安全法》坚持总体国家安全观,统筹发展和安全,涵盖了生物安全的主要方面。除了防范生物恐怖与生物武器威胁,还涵盖防控重大新发突发传染病和动植物疫情、生物技术研发与应用、实验室安全、人类遗传资源与生物资源安全管理、防范外来物种入侵与保护生物多样性等领域,并就国家生物安全治理体系和法律责任等做了明确规定。中国全国人大已就《生物安全法》的宣传、贯彻等提出明确要求,相关政府部门已建立国家生物安全工作协调机制,确保该法得到全面、有效实施,统筹协调国家生物安全的重大事项和重要工作。中方愿与感兴趣的国家一道,进一步加强生物安全立法和政策制定、风险评估、应急响应、能力建设等方面的合作,相互借鉴有益经验,不断提升生物安全水平。

面对前所未有的疫情,中国坚持与国际社会同舟共济,全方位推进抗疫国际合作,发起新中国成立以来最大规模的全球紧急人道主义行动。疫情发生后,中国最早分享新冠病毒全基因组序列信息,定期向世卫组织和有关国家通报疫情信息,多次接待世卫组织国际专家组来华开展疫情防控和病毒溯源研究考察,为全球疫情防控贡献中国力量。中国致力于弥合免疫鸿沟。早在疫情初期,习近平主席就提出新冠疫苗应成为全球公共产品。中方已宣布全年将努力对外提供 20 亿剂疫苗,迄今已提供超过 17 亿剂,包括向 110 多个国家提供无偿捐赠。在不久前举行的二十国集团峰会上,习近平主席进一步提出全球疫苗合作行动倡议。中国还明确未来了年内提供 30 亿美元,用于支持发展中国家抗疫和恢复经济社会发展。

主席先生,

明年举行的公约第九次审议大会是全面加强《禁止生物武器公约》、完善全球生物安全治理的重要契机。中方有以下几点主张。

首先,要发出强有力的政治信号。应践行真正的多边主义,统筹普遍安全和共同发展的根本目标,既充分肯定公约在消除生物武器威胁、促进生物和平利用等方面的核心作用,又着眼长远制定全面强化公约机制的切实举措,实现有效、可核查的遵约，促进生物科技造福全人类。缔约国可考虑在审议大会共同发表政治宣言，阐明对公约地位作用、发展方向的政治共识和政治承诺。

第二，要聚焦加强公约有效性。建立核查机制是确保遵约、建立互信的最有效手段。在本轮审议周期举行的系列专题会上，绝大多数缔约国强烈呼吁重启核查议定书谈判。九审会应就此作出决定，并成立开放式工作组等特设机制。缔约国可进一步开展技术讨论，在2001年几乎达成一致的草案基础上，分析科技发展对核查的影响，尽量厘清未来谈判的重点和方向。

在达成核查议定书之前，可继续通过中间措施强化公约机制。例如，进一步提高提交建立信任措施宣布材料的普遍性，并对宣布表格予以完善，包括增加海外生物军事活动和疫苗生产设施等内容，以提高宣布的完整度与透明度。中方欢迎一些缔约国自愿开展履约同行评议等活动，希望这些活动有助于最终达成核查议定书。

第三，要大力加强国际合作与援助。疫情背景下，维护和平利用权利、促进国际合作至关重要。在此前举行的专题会上，有的国家指出在获得抗疫物资和药物、疫苗研发技术等方面屡屡受阻，极大影响抗疫效果，危害经济社会发展和人民生命安全。还有国家指出，某些缔约国无视公约规定，实施歧视性政策和单边制裁措施，严重阻碍和平利用与国际合作。中方完全支持不结盟国家在此方面的立场主张，呼吁审议大会将公约第十条执行作为工作重点，并采取切实举措解决发展中国家关切。

中方积极推动第76届联大一委通过"在国际安全领域促进和平利用国际合作"决议，目的是在联合国框架下开启讨论进程，平衡处理防扩散与和平利用的关系，确保包括生物在内的相关领域技术和资源的和平利用与普惠共享。这有助于统筹考虑各领域的和平利用，也有助于促进《禁止生物武器公约》等框架下的讨论。希望各方积极支持，并积极参与联大后续进程。

第四，要促进生物科技健康发展。倡导负责任的生物科研，制定必要的自愿性行为准则，有助于充分释放生物科技红利，同时避免误用滥用、防范安全风险。在此前举行的专题会上，《科学家生物安全行为准则天津指南》受到广泛支持,中方对此表示赞赏。近期"天津进程"合作方继续在全球范围内推介《天津指南》,取得新的进展。我们鼓励缔约国参与联署中国和巴基斯坦提交、巴西联署的工作文件,共同推动审议大会核可《天津指南》,并授权后续会间会进程就推介《天津指南》开展讨论。

同时,我们支持设立公约科技审议机构。希望各方围绕相关机构的模式、授权、议题、预算等问题进一步开展讨论、凝聚共识,以便审议大会作出决定。作为一项原则,无论最终采取何种方案,都应尽可能地覆盖生物科技的主要方面,确保地域平衡和发展中国家的充分参与,并坚持协商一致的工作原则。

第五,要加强全球生物安全机制建设。我们对加强履约支持机构的人力、财政等各方面配备持开放态度。同时,要统筹考虑公约与其他国际组织和机制的关系,在符合各自授权前提下,加强在职能和资源方面的协调整合,包括建立健全生物风险监测预警与联合响应机制、资源储备和资源配置体系。中方支持哈萨克斯坦总统托卡耶夫提出的建立国际生物安全机构的倡议,期待各方就此开展建设性讨论。

主席先生,

美国在其境内外所开展的生物军事化活动引发了严重的遵约关切。美国是公约的存约国,理应在切实履约和加强公约机制方面发挥表率作用。然而,作为全球生物军事化活动最多的国家,美国的境内外生物军事化活动严重缺乏透明度,严重危及有关国家和地区的安全。与此同时,美国独家阻挡谈判核查议定书已达20年之久。我们呼吁美国本着负责任态度,对其境内外生物军事化活动作出全面澄清并接受核查,不要再作核查议定书谈判的绊脚石。

主席先生,

中方期待着与其他缔约国一道,坚定维护和加强《禁止生物武器公约》,推动明年审议大会取得实质成果。

谢谢主席先生。

王群大使：国际原子能机构
决定新增"美英澳核潜艇合作"议题
反映了国际社会的严重关切和解决决心

(2021年11月24日)

今年9月中，美英澳三国宣布成立三边安全伙伴关系并开展核潜艇合作（AUKUS）。中国国务委员兼外长王毅指出了三国此举对防扩散、地区安全及战略稳定等方面的"三大隐患"和"五重危害"，引起了国际社会的广泛共鸣。

今天，在中方建议下，国际原子能机构理事会在短时间内以协商一致方式决定增设单独、正式的议题，专门讨论"AUKUS所涉核材料转让及其保障监督等影响《不扩散核武器条约》（NPT）各方面的问题"。

这是不同寻常的，此举既反映出广大理事会成员国对此事的严重关切，也说明此事超出了机构秘书处现有授权范畴，必须由机构成员国通过政府间进程探讨并寻求解决方案。

中方认为，这是朝着寻求妥善解决该问题迈出的正确一步。机构的保障监督贵在防患于未然，不能等到扩散行为发生了，并造成了恶果再做反应。机构负有《不扩散核武器条约》框架下保障监督的职能，成员国有责任、有义务通过政府间进程就上述问题进行深入讨论。

美英澳三国合作不仅事关以《不扩散核武器条约》为基石的国际防扩散体系完整性、有效性和权威性，更事关战后国际安全秩序和全球战略稳定，涉及政治、法律和技术等方方面面问题。中方将在该议题讨论时提出这些问题，与各方充分讨论。同时，中方还会就下步如何深化有关讨论提出具体建议。

总之，美英澳三国核潜艇合作不是三国就可以私自处理的，也不是机构秘书处擅自处理的，这事必须由机构成员国来管。中方希望国际社会共同行动起来、共同探讨各方均可接受的相关解决方案，共同捍卫《不扩散核武器条约》的宗旨和目的，共同维护国际核不扩散体系，共同维护全球战略稳定，共同维护国际和平与安全。

后天，我还将与俄罗斯大使举行联合记者招待会，向记者朋友们介绍机构理事会对这一议题的讨论情况和中俄原则立场。

中国国家原子能机构
副主任董保同在国际原子能机构
11月理事会上关于技术援助与合作委员会报告议题的发言

（2021年11月25日）

尊敬的主席先生，

首先，祝贺你当选本届理事会主席，中国代表团将全力支持和配合你的工作。

主席先生，

技术合作是机构重要的职责之一，对成员国利用核能与核技术促进社会民生和经济发展、实现联合国可持续发展目标具有重要意义。中方赞赏秘书处在制定技术合作相关计划的过程中，与成员国充分沟通，广泛听取成员国特别是广大发展中国家对技术合作的需求和优先发展领域的考虑。中方注意到，2022—2023年技合计划中"脚注A"项目资金缺口较大，机构新推出的"人畜共患病综合行动计划""应对香蕉枯萎病"等技合项目资金尚未完全落实。中方呼吁成员国及时、足额缴纳技合基金指标份额，确保技合资源充足、有保证、可预见；希望秘书处既要加强伙伴关系，为技合项目寻求资源，也要节支增效、量入为出，并保持机构促进性活动和非促进性活动之间的适当平衡。

主席先生，

中国是机构技合活动的坚定支持者、积极参与者和重要贡献者。2021年，中国向机构提供了1035万欧元的技合基金捐款，并积极响应机构抗击新冠肺炎疫情技合项目倡议，通过中国月机构月受援国三方合作模式，为部分受疫情影响严重的国家提供新冠病毒检测物资预算外实物捐赠。利用与机构合作设立的"核农学协作中心""核技术昆虫不育协作中心""高放废物地质处置协作中心"等平台,向成员国分享知识与经验。通过中国政府原子能奖学金项目,自 2017 年以来累计为 26 个发展中国家培养了 118 名硕士和博士研究生,为这些国家的核能事业发展发挥了积极作用。

今年 9 月在联合国第 76 届大会上,中国国家主席习近平提出"全球发展倡议",宣布加大发展资源投入,加快落实联合国 2030 年可持续发展议程,构建全球发展命运共同体。中方将聚焦全球发展倡议,贡献资源积极参与机构技术合作,一是将为新兴核电国家核电基础能力建设、模块化小型堆和微堆技术应用、核及核衍生技术应对香蕉枯萎病等新周期跨地区技合项目提供力所能及的支持;二是将积极分享中国在诱变育种、辐照灭菌、昆虫不育、污水处理等方面的知识和经验,为发展中国家应对粮食安全、卫生健康、环境治理等挑战、实现可持续发展目标提供更多公共产品;三是将继续通过"中国政府原子能奖学金"项目,支持居里夫人奖学金计划,接受机构推荐的发展中国家学员,特别是女性学员来华学习深造。

在发表上述评论后,中国代表团注意到技术援助和合作委员会的报告以及相关文件。

谢谢主席先生。

中国代表团在国际原子能机构
十一月理事会上关于美国核潜艇南海碰撞事故问题的发言

（2021年11月26日）

主席先生，

中方注意到美军"康涅狄格"号核潜艇10月初发生水下碰撞事故，中国外交部和国防部发言人已就此表明中方立场。我愿在此强调以下几点。

第一，美军核潜艇10月2日发生碰撞事故，美军方10月7日才发表一份语焉不详的简短声明，11月1日再次发表声明称核潜艇在"印太地区国际水域"撞击了"不知名的海底山"，但直到今天也没有说明事故到底发生在什么地点、有没有造成核泄漏。美方这种刻意隐瞒拖延的做法极易引发误解误判，包括中方在内的地区国家不得不质疑事故真相和美方意图。

第二，据报道，美军方官员承认事故发生在南海海域，且事故涉核，高度敏感。作为当事方，美国理应负起责任，详细通报事故原因和细节，包括具体地点，有没有造成核泄漏、污染海洋生态环境、影响事发海域的航行安全等等，对地区国家和国际社会作出负责任的交代。

第三，此次碰撞事故根子在于美方不断强化在亚太和中国周边军力部署，频繁派遣军舰机到本地区耀武扬威，是美利用"印太战略"操弄军事对抗的必然结果。美方不久前还推动建立了美英澳三边安全伙伴关系（AUKUS），同澳开展核潜艇合作，不仅在地区制造核扩散风险，破坏东南亚无核区建设，而且可能导致本地区发生核事故的风险大幅上升，不排除造成比此次美军核潜艇事故更严重的后果。对此，美方应停止在南海穷兵黩武、肆意侵权挑衅行为，消除问题根源。

谢谢主席先生。

王群大使在国际原子能机构理事会上关于美英澳三国核潜艇合作及相关防扩散问题的发言

(2021年11月26日)

主席先生、各位同事，

9月15日，美国、英国、澳大利亚宣布建立三边安全伙伴关系（AUKUS），随之三国向国际原子能机构通报称美、英将协助澳建造至少8艘核动力潜艇。

国际社会普遍对美英澳三国合作的风险存在重大关切。鉴于上述事态发展，此次机构理事会于11月24日以协商一致方式决定单独新设理事会正式议题，专门讨论"美英澳三国合作所涉核材料转让及其保障监督等影响《不扩散核武器条约》各方面的问题"。此举不同寻常，它本身就充分反映出广大理事会成员国对此事的严重关切，也说明此事超出了机构秘书处现有授权范畴，必须由机构成员国通过政府间进程探讨并寻求解决方案。中方认为，这是朝着妥善解决该问题迈出的正确一步。

主席先生、各位同事，

中方认为，美英澳三国合作以意识形态划线，打造新的军事集团，将加剧地缘紧张。在国际社会普遍反对"冷战"和分裂之时，美方却公然违背其"不搞新冷战"的政策宣示，拉帮结伙炮制盎格鲁月撒克逊的"小圈子"，将地缘私利置于国际团结之上，这是典型的"冷战"思维。同时，三国此举将刺激地区国家加紧发展军力，甚至寻求突破核门槛，推高军事冲突风险。美方一方面以发展核技术为由制裁、打压一些国家，另一方面自己又公然向有的无核武器国家转让核武器材料和核武器技术，这是典型的双重标准。中方对此坚决反对。

主席先生、各位同事，

美英澳三国合作的负面政治影响巨大，但鉴于国际原子能机构的职责，中方在此将主要从防扩散角度来讨论美英澳三国核潜艇合作问题。

中方认为，在讨论美英澳核潜艇合作时，首先须弄清这一合作的基本事实和要害，那就是上述合作的问题到底出在哪？要害是什么？这是我们必须厘清的首要问题。为此，我们要问，上述合作是不是涉及了核材料？所转让的核材料是不是武器级核材料？这些在澳大利亚控制之下的核材是不是由澳大利亚自主研发和制造的？还是说这些材料是由美英作为核武器国家向澳这个无核武器国家转让呢？特别是鉴于美英澳三国已经决定开展核潜艇合作，三国应向国际社会澄清，三国合作所涉的核潜艇动力堆材料，是不是国际社会和专家普遍认为的、基于美现有核潜艇所采用的丰度为93%以上的核武器材料？如果不是这样的核武器材料，那美国准备向澳方提供什么样的核材料？

总之，是核武器材料，就要坦坦荡荡承认是核武器材料；是核武器国家向无核武器国家转让核武器材料，也要坦坦荡荡承认相关转让行为。这一事实，是根本性的，必须讲清，不能混淆。上述问题，希望美英澳三国尽早做出澄清，给国际社会一个明确的交代。搞清这些基本情况有助于机构理事国厘清相关事实，而这是理事会就此开展严肃和专业讨论的基础，也是寻求解决问题的前提。

主席先生、各位同事，

假如美英澳三国核潜艇合作确实涉及核武器材料，而且涉及核武器国家向无核武器国家转让核武器材料，那么必将引发一系列影响国际防扩散体系、全球战略稳定、国际安全秩序等的政治、法律和技术问题，值得我们高度重视并开展全面、深入的政府间讨论进程。

首先是政治上引发的问题。第一，美英澳三国核潜艇合作将是《不扩散核武器条约》（NPT）达成以来，核武器国家首次公然、直接向无核武器国家输出成吨成吨的核武器材料，明确违反《不扩散核武器条约》的目的和宗旨，严重冲击以《不扩散核武器条约》为基石的国际防扩散体系,这在现实中会引发什么样的后果?

第二,国际扩散体系是维护全球战略平衡与稳定的重要组成部分,为战后国际秩序的稳定发挥了重要支柱作用。冲击国际防扩散体系,对全球战略稳定、战后国际安全秩序会造成什么影响?对美俄新《削减战略武器条约》等关乎全球战略稳定的其他重要国际军控条约又会造成什么影响?

第三,美、英帮助澳大利亚成为首个引进核潜艇的无核武器国家,其他无核武器国家是不是也可以这样做?20世纪80年代,加拿大引进核动力潜艇,美、澳是最强烈的反对者,美、澳当初基于《不扩散核武器条约》阐述的反对理由,今天是否依然有效?现在美英澳三国要开展美澳当年明确反对的合作,这到底是《不扩散核武器条约》变得无关紧要了、还是三国走到了《不扩散核武器条约》的对立面?

第四,美英澳三国核潜艇合作对地区热点问题会造成什么样的影响?在浓缩铀丰度问题上,美英一方面要求伊朗不能生产丰度超过3.67%的浓缩铀,另一方面却公然直接向澳输出丰度超过90%的武器级高浓铀。在制造核武器的"突破时间"问题上,美英一方面要求伊方将时间限制在至少一年以上,另一方面却公然、直接向澳输出现成的核武器材料,使澳大利亚的"突破时间"可以减少到几天甚至几小时。这是不是双重标准,如何避免?值此美伊恢复伊核全面协议履约谈判复谈之际,三国现在在防扩散方面采取双重标准,是想要传递什么信息?对谈判会有什么影响?三国声称澳大利亚是防扩散的"优等生",依据是什么?除了澳大利亚还有哪些国家是可以同样获得美此类援助的"优等生"?如此的"优等生",那为什么偏偏要终止与法国所达成的使用低浓铀技术的合作协议,转而与美英合作使用防扩散风险更高的武器级高浓铀?

其次,如美英澳三国核潜艇合作涉及转让武器级核材料属实,必将在法律上引起一系列问题:

第一,就条文本身而言,《不扩散核武器条约》第一条开宗明义规定了核武器国家的条约义务,包括"不直接或间接向任何接受国转让核武器""不以任何方式协助、鼓励或引导无核武器国家制造或以其他方式取得核武器"。那么,什么是"不直接或间接"转让?什么是"不以任何方式协助"?现在美英作为核武器国家公然、直接输出成吨成吨的核武器材料,对照《不扩散核武器条约》第一条,该如何解读他们的条约义务?《不扩散核武器条约》第二条规定无核武器国家的条约义务,包括"无核武器国家不直接或间接从任何输出国接受核武器,不寻求或接受在制造核武器或其他核爆炸装置方面的任何协助"。在此,什么是"不直接或间接"接受?"不寻求或接受任何协助"意味着什么?该如何解读澳作为无核武器国家的条约义务、特别是澳是否直接违反了《不扩散核武器条约》第二条?

第二,就《不扩散核武器条约》的目的和宗旨而言,到底什么是《不扩散核武器条约》的目的和宗旨?是不是《不扩散核武器条约》仅仅只禁止"核武器"的扩散?"核武器"本身是不是一个空泛的概念、而不包括直接组成核武器材料和核武器技术?《不扩散核武器条约》是不是只禁止核武器扩散,而不禁止核武器通过以拆散成零部件或核武器材料的方式扩散?是不是只禁止偷偷摸摸的核扩散,而允许明目张胆的核扩散?

第三,根据公认的国际法准则、特别是《维也纳条约法公约》,一国有义务不得采取任何足以损害条约目的和宗旨的活动。美英澳公然直接从事转让成吨的武器级核材料,这样的活动是不是损害了《不扩散核武器条约》的目的和宗旨呢?如何才能制止这种损害《不扩散核武器条约》目的和宗旨的行径?

第四,核供应国集团、导弹及其技术控制制度等出口控制与作为习惯性国际法的《不扩散核武器条约》,共同组成了当前国际防扩散体系。上述机制普遍实行"全面控制原则",这一原则不但可以基于"能力"、甚至可以基于"意图"拒绝转让敏感物项和技术,但美、英现在向澳转让成吨成吨武器级核材料,"全面控制原则"还有什么意义?

再次,在技术上也存在许多问题:第一,机构全面保障监督协定模板文件的法律地位与《不扩散核武器条约》有什么不同?它能不能抵触作为母法的《不扩散核武器条约》?

第二，即使援引第14条，各方普遍认为第14条是针对有关国家的自主研发，本身并不涉及通过转让得到的核材料。有的国家要求第14条扩大适用到同意为通过转让而获取的核材料交保，这在法律上会有什么问题？

第三，模板第14条能不能适用于来路不明、甚至是非法的核武器材料？就像银行不能处理来路不明或非法的黑钱一样，国际原子能机构同样不能为来路不明或非法的核材料提供保障监督，否则的话，这样"洗白"核武器材料和银行"洗黑钱"有什么区别？怎样才能确保机构的防扩散性质和职责？

第四，《不扩散核武器条约》第三条明确要求澳大利亚这样的无核武器国家将其"管辖下"或"控制下"的所有核材料、设备和设施全面、全程交保，但如果澳大利亚的核潜艇长期不浮出水面，机构如何保证对其动力堆中的核材料进行有效的保障监督？如果机构全面保障监督安排不能对水下核潜艇进行有效监管，那么其"全面保障监督"的意义何在？是否应当制定新的措施来解决上述不足？

此外，还有不少专家此前也曾提出对三国核潜艇合作的顾虑，包括：三国合作是否会削弱甚至抵消美、澳所倡导的"高浓铀最少化"的国际努力？既然三国已决定开展合作，为什么没有按照经修订的准则3.1要求即向机构通报方案？三国该如何履行在该问题上的保监督法律义务？

总之，这些问题只是中方现在所思考的一小部分，远非全部。美英澳三国合作事关《不扩散核武器条约》的完整性、有效性和权威性，更涉及全球战略稳定和战后国际安全秩序，涉及政治、法律和技术等方方面面问题。中方主张现有的政府间进程应在机构理事会继续下去。下一步，为了更有效地聚焦解决相关问题，中方建议机构尽早成立所有成员国均可参加的特别委员会性质的机制，继续进行深入讨论，并向机构理事会和大会提交建议报告。中方主张，在通过共识找到妥善的解决方案之前，美英澳三国不应开展核潜艇相关合作，机构秘书处也不应擅自与三国谈判针对三国核潜艇合作的保障监督安排。

主席先生、各位同事，

我们希望三国倾听国际社会呼声，摒弃陈旧的"冷战"思维和狭隘的地缘政治观念，撤销有关错误决定，重视履行国际核不扩散义务，多做有利于地区和平稳定的事。与此同时，我们也呼吁国际社会共同行动起来、以实际行动捍卫《不扩散核武器条约》的目的和宗旨，共同维护国际核不扩散体系，共同维护全球战略稳定和国际和平与安全。

谢谢主席先生。

王群大使就美英澳核潜艇合作
及相关问题接受中外主流媒体采访

(2021年11月26日)

11月26日,在国际原子能机构理事会会后的中俄联合记者招待会上,中国常驻维也纳联合国代表王群大使就以下主要问题回答了中外主流媒体的提问,阐明了中方的原则立场。

一、国际原子能机构十一月理事会就三国核潜艇合作专设议题意味着什么?

国际原子能机构理事会新增设三国核潜艇合作及相关议题,开启了政府间的讨论进程。这既反映出广大理事会成员国对此事的严重关切,也说明此事超出了机构秘书处的现有授权范畴,必须由机构成员国通过政府间进程探讨并寻求解决方案。这是朝着寻求妥善解决该问题迈出的正确一步,需在此基础上继续推进。

二、一些学者认为三国核潜艇合作是利用了《不扩散核武器条约》的漏洞,《不扩散核武器条约》没有禁止发展核动力推进装置,因此不违反《不扩散核武器条约》,中方对此有何看法?

现在国际上的确有不少这种似是而非、具有误导性的观点,否认美英澳核潜艇合作违反《不扩散核武器条约》的目的和宗旨,还试图混淆视听,这完全是掩耳盗铃。《不扩散核武器条约》作为当前国际防扩散体系的基石,就是防扩散的唯一标准。就美英澳核潜艇合作而言,不管是不是核动力堆,要害是其是否涉及使用核武器材料、是否涉及核武器材料的非法转让。

就条文而言,《不扩散核武器条约》第一、二条分别明确规定了核武器国家和无核武器国家的条约义务，包括核武器国家"不以任何方式协助、鼓励或引导无核武器国家制造或以其他方式取得核武器"，无核武器国家"不寻求或接受在制造核武器或其他核爆炸装置方面的任何协助"。美英作为核武器国家直接输出成吨成吨的核武器材料，澳作为无核武器国家接受这些核武器材料，都是对《不扩散核武器条约》的公然违反。

就《不扩散核武器条约》的目的和宗旨而言，不能理解为《不扩散核武器条约》仅仅只禁止转让"核武器"，而允许通过以拆散成零部件或核武器材料的方式从事扩散。同样，《不扩散核武器条约》也不能理解为仅仅只禁止"偷偷摸摸"的转让，而允许美英澳如此明目张胆的核扩散。

这些基本事实必须厘清，不能任由三国混淆视听，用所谓"核动力堆材料"等概念来浑水摸鱼，掩盖其核武器材料的非法转让及扩散行径。三国必须尽早做出澄清，给国际社会一个明确的交代。

三、目前国际原子能机构的保障监督体系能否解决对三国核潜艇合作的保障监督问题？

美英澳核潜艇合作涉及核武器国家向无核武器国家转让成吨的核武器材料，国际原子能机构现行的保障监督安排无法对其实施有效监管。

国际原子能机构全面保障监督协定范本文件第14条（例外条款）并不适用于美英澳核潜艇合作。第14条是针对有关国家的自主研发，本身并不涉及三国核潜艇合作这种通过非法转让得到的核武器材料。就像银行不能处理来路不明的黑钱一样，如果第14条允许"洗白"来路不明的核武器材料，这和银行"洗黑钱"有什么区别？

美英澳核潜艇合作已成为国际原子能机构保障监督安排的大麻烦。机构全体成员国必须行动起来，通过政府间进程探讨公正合理的解决方案，切实消除其扩散风险。

四、在当前美伊恢复伊核全面协议履约谈判即将在维也纳举行之际，三国核潜艇合作是否会影响这一谈判？

美英澳核潜艇合作将引发一系列影响国际防扩散体系、全球战略稳定、国际安全秩序的政治问题。特别是在美伊恢复伊核全面协议履约谈判复谈之际，三国此举将向世界和伊朗传递什么信息？

就伊核问题而言，与三国核潜艇合作涉及的核材料有共同之处，譬如，"浓缩铀丰度"和制造核武器的"突破时间"。在浓缩铀丰度问题上，美英一方面要求伊朗不能生产丰度超过3.67%的浓缩铀，另一方面却公然、直接向澳输出丰度超过90%的武器级高浓铀。在制造核武器的"突破时间"这一伊核全面协议核心问题上，美英一方面要求伊方将时间限制在至少一年以上，另一方面却公然、直接向澳输出现成的核武器材料，使澳大利亚的"突破时间"可以减少到几天甚至几小时。这是典型的双重标准。

防扩散必须也只能用一个标准，这就是《不扩散核武器条约》这一习惯性国际法，和国际防扩散体系的基石。当前我们并不希望看到三国核潜艇合作对伊核谈判造成影响，但这种双重标准的做法，客观上会不会影响伊核谈判，是美英必须思考的问题。

五、三国核潜艇合作与20世纪80年代加拿大计划引进核潜艇的案例性质是否相同？

这两个案例都涉及核武器国家向无核武器国家转让核武器材料和技术，事件性质和引发的防扩散风险是相同的。20世纪80年代，加拿大计划引进核动力潜艇时，具有讽刺意味的是，美、澳恰恰是最强烈的反对者，加拿大最终因国际社会的反对而放弃相应计划。对此，国际社会有理由要问，美、澳当初基于《不扩散核武器条约》(《不扩散核武器条约》)阐述的反对理由，今天是否依然有效？现在美英澳三国要开展美澳当年明确反对的合作，这到底是《不扩散核武器条约》变得无关紧要了、还是三国走到了《不扩散核武器条约》的对立面？

六、如何解决三国核潜艇合作带来的一系列问题？

三国核潜艇合作只能有两种解决方案：一是三国合作违反《不扩散核武器条约》的目的和宗旨，这本身就是扩散行为，必须自行撤销有关错误决定；二是如果三国自己不改正，鉴于现行的机构保障监督安排无法对三国核潜艇合作实施有效监管，那么此事必须由机构全体成员国通过政府间进程共同探讨解决方案。

中方主张现有的政府间进程应在机构理事会继续下去。下一步，为了更加有效地聚焦解决相关问题，中方建议机构尽早成立所有成员国均可参加的特别委员会性质的机制，继续进行深入讨论，并向机构理事会和大会提交建议报告。在通过共识找到妥善的解决方案之前，美英澳三国不应开展核潜艇相关合作，机构秘书处也不应擅自与三国谈判针对三国核潜艇合作的保障监督安排。

中方希望三国倾听国际社会呼声，撤销有关错误决定，重视履行国际核不扩散义务，多做有利于地区和平稳定的事。与此同时，我们也呼吁国际社会共同行动起来、以实际行动捍卫《不扩散核武器条约》的目的和宗旨，共同维护国际核不扩散体系，共同维护全球战略稳定和国际和平与安全。

王群大使出席中俄大使联合记者招待会开场发言

(2021年11月26日)

各位媒体朋友、尊敬的乌里扬诺夫大使阁下，

首先，我要感谢乌里扬诺夫大使和我一起就美英澳三国核潜艇合作及相关防扩散问题举行今天的中俄联合记者招待会。我也要感谢各位媒体朋友在疫情肆虐的情况下克服困难前来参加今天的中俄联合记者招待会。

今天下午国际原子能机构理事会刚刚结束。我知道大家都十分关注机构对上述问题的讨论，因此和乌里扬诺夫大使共同决定举行此次记者招待会。确实，这次机构理事会首次增设了有关美英澳三国核潜艇合作及相关防扩散问题的正式议题，首次就上述问题开启了政府间讨论进程。这本身就充分反映出广大理事会成员国对此事的严重关切，也说明此事超出了机构秘书处现有授权范畴。这事必须由机构成员国通过政府间进程探讨并寻求解决方案。中方认为，这是朝着妥善解决该问题迈出的正确一步。

今天下午，理事会刚刚结束了对美英澳核潜艇合作相关问题的讨论，讨论非常全面、非常深入，各方提出了很多观点和建议。许多观点、包括俄乌里扬诺夫大使的发言和俄方的非文件，都非常有启发意义。这一讨论为国际原子能机构开启的相关政府间讨论进程开了一个好头，也为机构全体成员国寻求妥善解决这一问题打下了基础。

美英澳三国核潜艇合作事关《不扩散核武器条约》的完整性、有效性和权威性，更涉及全球战略稳定和战后国际安全秩序，涉及政治、法律和技术等方方面面问题。这事不是三国就可以私自处理的。关于美英澳三国核潜艇合作问题，中国国务委员兼外长王毅已明确指出了三国此举对防扩散、地区安全及战

略稳定等方面的"三大隐患"和"五重危害"。中方认为,美英澳三国合作以意识形态划线,打造新的军事集团,将加剧地缘紧张。在国际社会普遍反对"冷战"和分裂之时,美方公然违背其"不搞新冷战"的政策宣示,拉帮结伙炮制盎格鲁—撒克逊的"小圈子",将地缘私利置于国际团结之上,这是典型的"冷战"思维。同时,三国此举将刺激地区国家加紧发展军力,甚至寻求突破核门槛,推高军事冲突风险。美方一方面以发展核技术为由制裁、打压一些国家,另一方面自己又公然向无核武器国家转让核武器材料和核武器技术,这是典型的双重标准。中方对此坚决反对。

同时,考虑到机构的防扩散职责,在今天的理事会讨论中,中方主要侧重从防扩散角度来讨论美英澳三国核潜艇问题,全面系统地阐述了三国合作引发的政治、法律和技术层面的一系列负面影响。中方初步提出了50多个问题,这些问题都需要大家共同深入探讨答案。中方并就机构成员国继续通过政府间进程探讨并寻求解决方案提出了看法和建议。

中方希望三国倾听国际社会呼声,摒弃陈旧的"冷战"思维和狭隘的地缘政治观念,撤销有关错误决定,重视履行国际核不扩散义务,多做有利于地区和平稳定的事。同时,这事也不是机构秘书处能擅自处理的。这事必须在国际社会普遍参与的前提下,由国际原子能机构全体成员国共同探讨解决方案。在阐述立场的同时,中方也就机构下一步如何更加有效地解决相关问题提出了建议。

我先简单介绍到这。欢迎大家在提问环节继续就感兴趣的问题向我提问。

谢谢。

中国代表团
团长谈践大使在《禁止化学武器公约》
第 26 次缔约国大会一般性辩论中的发言

（2021 年 11 月 30 日）

主席先生，

首先，我代表中国代表团对你当选《禁止化学武器公约》第 26 次缔约国大会主席表示祝贺。中国代表团愿与你和各国代表团充分合作，推动大会取得成功。借此机会，我也愿对前任主席特雷霍（José Antonio Zabalgoitia Trejo）大使所做工作表示赞赏。

中方赞同阿塞拜疆代表不结盟运动和中国所作发言。下面，请允许我进一步阐述中方立场。

主席先生，

当前，百年变局和世纪疫情交织，世界比任何时候都更需要推进和平发展、公平正义和普遍安全，各国携手构建人类命运共同体的重要性更加突出。《禁止化学武器公约》是全球安全治理的重要支柱。广大缔约国应顺应历史大势，共同践行真正的多边主义，推动公约得到全面、平衡落实，维护公约的权威性和有效性。中方有几点主张：

首先，要坚定不移推进化武销毁。全面、彻底销毁化武是《禁止化学武器公约》的核心目标。明年将迎来公约生效 25 周年，缔约国应加大工作力度，使无化武世界的愿景尽快成为现实。国际规则应由所有国家共同遵守，没有也不应该有例外。中方敦促唯一未完成库存化武销毁的国家加大投入，切实履行国际义务，尽快完成库存化武销毁。

同时，要继续推进日遗化武销毁。在中日双方努力下，哈尔巴岭日遗化武于今年5月重启销毁，各项工作在确保疫情防控的前提下稳步推进。但当前日遗化武销毁总体进程仍严重滞后，中方敦促日方切实履行遗弃国责任，加大投入，尽早完成销毁。中方鼓励技秘处探索符合公约规定的创新方式，保持对日遗化武在内核查的关注和投入，在疫情背景下维护核查的实效性。明年是中日商定的日遗化武销毁重要节点，禁化武组织将对销毁进展进行审议。中方愿同日方秉持务实、负责任和建设性态度，就此展开协商并争取尽早做出安排。

第二，要坚定不移深化国际合作。国际合作是《禁止化学武器公约》的重要支柱，也是禁止化武组织转型方向所在。要统筹发展与安全，切实促进国际合作，确保缔约国充分享受和平利用的合法权利。中方支持通过建设化学技术中心、重振第十一条磋商机制等措施，确保公约相关条款得到有效实施，支持对发展中国家重点关注的领域加大投入。中方对技秘处创新工作方法，充分利用在线资源开展国际合作项目、保持国际合作势头表示赞赏。鼓励技秘处总结好的经验做法，丰富国际合作的工具箱。

中方向第76届联大一委提交"在国际安全领域促进和平利用国际合作"决议，目的是在联合国框架下开启讨论进程，平衡处理防扩散与和平利用的关系，确保包括化学在内的相关领域技术和资源的和平利用与普惠共享。这有助于统筹考虑各领域的和平利用，也有助于促进《禁止化学武器公约》等框架下有关讨论。希望各方积极支持并参与联大后续进程。

第三，要坚定不移维护公约权威性和有效性。世界上只有一个秩序，就是以国际法为基础的国际秩序。《禁止化学武器公约》是解决化武相关问题的依据和准绳，按照公约规定处理问题是唯一正确途径。对于叙利亚化武等指称使用化武问题，要按照公约规定的程序，开展全面、客观、公正的调查，基于确凿证据，得出经得起历史和事实检验的结论。在纳瓦尼问题上，应采取建设性合作态度，通过对话协商查明真相。对于中枢神经系统作用剂等涉及公约修订和解读的问题，应当根据公约规定的修约程序开展相关工作。

第四，要坚定不移维护禁化武组织团结。禁化武组织正面临分裂与团结、对抗与合作的十字路口。一些国家在若干问题上无视公约规定，罔顾协商一致传统。在使用化武追责问题上，强推建立超出公约授权的"调查鉴定组"。在中枢神经系统作用剂问题上，在各方远未达成共识的情况下强行推动就相关问题诉诸表决。美国甚至将中国的禁化武组织指定实验室列入"军事最终用户"清单，严重破坏缔约国互信与合作基础，对禁化武组织工作造成实质性损害。我们再次敦促有关国家改弦更张，停止毒化禁化武组织合作氛围，停止政治化的做法，停止损害公约权威。禁化武组织不能成为打压异己的政治工具，中方也希望技秘处，特别是总干事坚持客观公正立场，严格按照授权开展工作。

主席先生，

今年是中国恢复联合国合法席位50周年。50年来，中国始终做世界和平的建设者、全球发展的贡献者、国际秩序的维护者。作为《禁止化学武器公约》原始缔约国和禁化武组织第二大会费国，中方始终致力于维护公约宗旨和目标，坚决反对任何国家、任何组织和个人在任何情况下使用化武。中国宣布的工业设施居世界首位，始终高效、严格接受各类监督核查。疫情背景下，我们着力抓好国内履约工作，颁布实施《出口管制法》，启动修订《监控化学品管理条例》工作，制定《监控化学品出口通用许可管理暂行办法》，举办面向地方履约主管机构和企业的培训班，持续提升履约意识和能力。

谢谢主席先生。

附：

《禁止化学武器公约》在香港特别行政区实施的情况

按照《中华人民共和国香港特别行政区基本法》（以下称"《基本法》"）的"一国两制"原则，中央人民政府已将《禁止化学武器公约》（以下简称"《公约》"）的使用范围延伸到香港特别行政区（以下简称"香港特区"），香港特区政府负责在香港特区执行《公约》。

为确保《公约》全面及有效于香港特区执行，香港特区政府自2004年开始实施《化学武器（公约）条例》（以下简称"《条例》"），全面落实《公约》的规定。《条例》严禁使用、发展、生产、获取、储存、保有和参与转让化学武器。而受《公约》管制的化学品则受香港特区的战略贸易管制制度规管。香港特区亦已将《公约》自2020年6月起新增的四组有毒化学品加入规管范围。

为管制和监察涉及《公约》附表所列化学品和非附表所列特定有机化学品的生产和相关活动，《条例》规定，除非取得香港特区工业贸易署发出的许可证，任何人均严禁生产、获取、保有、使用、转让或消耗超过规定数量的表列化学品。此外，所有许可证持有人须定期呈报有关的生产活动。有关化学品设施的营运人亦必须对生产超过规定数量的非附表所列的特定有机化学品向工贸署作出呈报。

香港海关获《条例》赋予全面的执法权力，以调查可疑案件，包括：进入并搜查有关处所、车辆、船只或飞机；检取和没收违法物品；以及逮捕与检控违法人士。他们可视察受许可证和呈报制度所监管的化学品设施。违反《条例》规定，即属于刑事犯罪，于香港特区的法院经公诉程序定罪后，最高刑罚为终身监禁。《条例》亦授权香港海关容许禁止化学武器组织秘书处根据《公约》派遣的视察组视察香港特区的有关设施。

为履行向禁化武组织提交年度报告的责任，香港特区政府自2004年起定期将有关资料呈报中央人民政府。香港特区现时并没有生产或储存化学武器，亦没有需按《公约》规定而作宣布的化学品设施，只有少量涉及《公约》附表所列化学品的贸易活动，进口作科研或工业用途。

五核国对话与合作机制
第十次年度正式会议在法国巴黎举行

(2021年12月4日)

2021年12月2日至3日,五核国对话与合作机制第十次年度正式会议在法国巴黎举行。法国外交部秘书长德拉特致开幕辞,法外交部战略、安全与裁军事务司司长贝尔图主持会议,美国国务院负责军控和国际安全的副国务卿詹金斯、英国外交与联邦事务部国防与国际安全司司长乔布、俄罗斯外交部军控司副司长列昂特夫参加。中国特命全权裁军事务大使李松率团出席。

李松表示,《不扩散核武器条约》(NPT)是国际核裁军与核不扩散体系的基石,是战后国际安全体系的重要组成部分。当前,国际安全形势深刻复杂变化,核裁军与核不扩散领域矛盾突出,大国战略互信与合作不足,全球战略稳定受到冲击,现有军控法律文书遭到破坏,国际核不扩散机制面临新挑战,《不扩散核武器条约》第十次审议大会形势复杂严峻。

李松指出,五核国作为安理会常任理事国和《不扩散核武器条约》法定核武器国家,应加强沟通协调、管控矛盾分歧,维护全球战略平衡与稳定。为此,我们要践行真正的多边主义,坚持对话协商解决问题,致力于不冲突不对抗、相互尊重、合作共赢,构建总体稳定、均衡发展的大国关系框架。有关国家须停止渲染大国竞争,克制以意识形态划线的冲动,摒弃霸权主义、冷战思维与零和博弈的观念,停止打造排他性"小圈子""小集团",更不得以多边主义为名行单边霸道霸凌之实。有关国家还应切实降低核武器在国家安全中的作用,停止削弱或损害其他国家正当安全利益,更不能肆意挑战别国核心利益和底线。

李松说，五核国应积极致力于维护《不扩散核武器条约》机制权威，始终遵循公平合理、逐步削减、向下平衡原则推动核裁军进程。拥有最大核武库的国家应切实履行核裁军特殊、优先责任，进一步大幅削减核武库。五核国还应积极致力于伊朗核、朝鲜半岛核问题的政治外交解决进程，并充分发挥《不扩散核武器条约》在新时期服务和平与发展的作用，积极致力于促进和平利用核能及核科技领域的国际合作，惠及广大发展中国家。

会上，李松还专门针对美国、英国与澳大利亚开展核动力潜艇合作问题阐明中方立场。他指出，三国开展有关合作对《不扩散核武器条约》宗旨和原则构成严峻挑战。在中方建议下，国际原子能机构11月理事会将三国核潜艇合作相关问题列入会议正式议程。中方敦促美英忠实履行核不扩散义务，负责任地回应国际社会关切，撤销相关错误决定。

五核国对话与合作机制是中、美、俄、英、法在《不扩散核武器条约》审议进程中形成的协调机制。巴黎会议重点讨论了当前国际战略安全形势和五核国在相关领域合作，并为将于2022年1月在美国纽约举行的《不扩散核武器条约》第十次审议大会做准备。会议期间，五核国还与《不扩散核武器条约》十审会主席团、学术机构及无核武器国家代表开展交流。会议发表了联合公报，介绍五核国进程有关进展，表示五国将以积极、建设性态度为《不扩散核武器条约》十审会作出贡献。

李松大使在联合国
《特定常规武器公约》六审会一般性辩论中的发言

(2021年12月13日)

主席先生,

首先,中国代表团祝贺你当选本次会议主席。我们将积极支持你的工作。

作为常规军控领域的重要法律文书,《特定常规武器公约》在解决常规武器滥用引发的人道主义问题方面发挥着不可替代的作用,同时也为规范新兴技术军事应用提供了重要的讨论平台。

随着新兴技术军事应用的快速发展,公约正面临新的课题和挑战。以人工智能、大数据、量子计算等为代表的颠覆性技术迅猛发展,并广泛应用于军事领域,可能全面改变未来战争形态,给国际安全带来潜在挑战,并可能引发人道主义危机。

人工智能在引发巨大变革的同时,仍存在技术和社会潜在影响的双重不确定性。人工智能的军事应用在战略安全、治理规则、伦理道德等方面也将产生复杂深远的影响。各国已逐步认识到,在发展人工智能的同时,必须高度重视此类技术可能带来的风险和挑战,加强前瞻性应对,及时制定统一有效的安全规则。

为协调发展和治理的关系,确保人工智能发展的安全、可靠、可控,中方基于联合国《特定常规武器公约》多年讨论成果和各国有益实践,向本届审议会提交《关于规范人工智能军事应用的立场文件》。该文件聚焦人工智能军事应用涉及的研发、部署、使用等重要环节,就如何在军事领域负责任地开发和利用人工智能技术提出解决思路。我愿在此重点介绍一下该文件的主要内容:

一是各国在发展人工智能武器系统方面应保持克制，人工智能的军事应用不应成为发动战争和谋求霸权的工具，反对利用人工智能技术谋求绝对军事优势，损害他国主权和领土安全。二是坚持以人为本、智能向善原则，确保人工智能军事应用符合国际人道主义法，避免相关武器系统造成滥杀滥伤和误用恶用。三是要不断提升人工智能技术的安全性、可靠性、可控性，增强人工智能安全评估和管控能力，确保人工智能武器永远处于人类控制之下。四是要对人工智能军事应用加强监管，降低扩散风险。五是要坚持多边主义、开放包容原则，共同探讨人工智能军事应用问题的解决之道，建立普遍参与的国际机制，形成具有广泛共识的人工智能治理框架和标准规范。六是加强国际合作，帮助发展中国家提升治理水平，确保各国充分享有技术发展与和平利用的权利。

中方欢迎各方对此文件提出看法和建议，并愿与各方一道，共同推动人工智能的安全治理。

主席先生，

作为公约及其五个附加议定书的"完全成员国"，中方一贯重视并全面参与公约框架下各项议题的工作，按时提交国家履约报告，及时足额缴纳会费，每年向公约"支持机构"捐款，用于支持发展中国家参加公约相关会议和活动。

中国政府积极致力于国际人道主义扫雷援助与合作。迄今已向40余国提供了总额超过1亿人民币的人道主义扫雷援助，培训1000余名专业扫雷技术人员。今年，中方向东盟区域扫雷行动中心捐赠了20万美元，用于合办相关地区会议。中国还向柬埔寨和老挝提供了一批人道主义物资，帮助其加强扫雷能力建设。

中方愿与国际社会携手努力，不断增强公约的权威性和生命力，为实现公约目标做出积极贡献。

谢谢主席先生。

在人工智能领域推动构建人类命运共同体
——裁军大使李松就中国提出规范人工智能军事应用问题立场文件接受媒体采访

（2021年12月13日）

12月13日，中国特命全权裁军事务大使李松率团出席在日内瓦召开的联合国《特定常规武器公约》第六次审议大会，并向大会提交了《中国关于规范人工智能军事应用的立场文件》。李松大使就此专门接受了驻日内瓦媒体联合采访。

记者：人工智能技术的军事应用是国际社会普遍关心的热门话题。在今天开幕的联合国《特定常规武器公约》第六次审议大会上，中国代表团提交了《中国关于规范人工智能军事应用的立场文件》。请介绍一下中国提出这个文件的有关背景和考虑。

李松大使：随着人工智能技术的快速发展和广泛应用，人工智能安全治理成为国际社会共同课题。人工智能技术的军事应用，在战略安全、治理规则、道德伦理等方面可能产生深远影响和潜在风险。

习近平主席指出，要加强人工智能发展的潜在风险预判和防范，维护人民利益和国家安全，确保人工智能安全、可靠、可控。这一重要论述为加强人工智能国际治理贡献了中国智慧和中国方案。中方认为，在世界和平与发展面临多元挑战的背景下，各国应秉持共同、综合、合作、可持续的全球安全观，通过对话与合作，就如何规范人工智能军事应用寻求共识，构建有效治理机制，避免人工智能军事应用给人类带来重大损害甚至灾难。及时加强这方面的国际规范，预防和管控可能引发的风险，有利于增进国家间互信、维护全球战略稳定、防止军备竞赛、缓解人道主义关切,也有助于打造包容性和建设性的全球安全伙伴关系,在人工智能领域推动构建人类命运共同体。

记者:目前关于规范人工智能军事应用问题的多边军控努力进展如何?中方在工作文件中提出了哪些具体主张?

李松大使:人工智能军事应用是多边军控前沿领域。2014年以来,联合国《特定常规武器公约》框架下成立专家组,围绕"致命性自主武器系统"问题展开了系列讨论。中国积极参加了专家组工作,与各方共同推动专家组于2019年达成11条指导原则,在一定程度上填补了这一领域国际规则的空白。近两年来,《特定常规武器公约》政府专家组在继续开展工作。客观地说,人工智能作为新兴科技领域,科技快速发展与国际军控努力并驾齐驱,各国在一些具体问题上提出不同关切主张,甚至产生巨大分歧,这是正常现象。特别是在多边军控努力举步维艰的时候,更需要负责任大国站出来发出自己的声音,贡献智慧和力量。中国正是这样做的。

中国提出的工作文件,主要体现了以下几方面主张:一是在战略安全和军事政策上,各国特别是大国在人工智能军事应用方面须采取慎重负责态度,不谋求绝对军事优势;不能将人工智能军事应用作为发动战争和谋求霸权的工具。二是坚持以人为本,倡导"智能向善",强调人工智能军事应用应符合人类共同价值观,符合国际人道主义法和其他适用的国际法;加强自我约束,确保人工智能武器系统永远处于人类控制之下。三是各国应坚持多边主义、开放包容的原则,致力于共同规范人工智能军事应用,建立普遍参与的国际机制,推动形成具有广泛共识的治理框架和标准规范。四是充分考虑人工智能技术的军民两用性质,在国际合作中兼顾发展与安全,避免采取以意识形态划线、泛化国家安全概念的做法,消除人为科技壁垒,确保各国充分享有技术发展与和平利用的正当权利。

记者:据了解,中国提出的工作文件是《特定常规武器公约》框架下第一份阐述人工智能安全治理思路的文件。中方对《特定常规武器公约》机制进一步处理人工智能军事应用问题有何期待?

李松大使：这是中国首次就规范人工智能军事应用问题提出倡议，也是《特定常规武器公约》框架下首份关于人工智能安全治理问题的立场文件。文件聚焦人工智能军事应用涉及的研发、部署、使用等重要环节，并就如何在军事领域负责任地开发和利用人工智能技术提出解决思路。中方愿与各国分享自己的看法和主张，希望能对其他各方提供有益的启发和思考，相信这也有助于各方在公约政府专家组机制内继续积极探讨和处理有关问题。我们欢迎各国政府、国际组织、技术企业、科研院校、民间机构等各主体一起参加到国际社会的相关努力中来，秉持共商共建共享理念，协力共同促进人工智能安全治理。

记者：近年来，中国在多边军控领域积极主动地提出了一系列倡议，受到国际社会广泛关注。今年是新中国恢复联合国合法席位50周年，中方又采取了哪些新举措？

李松大使：的确如此。近年来，中国一直积极倡导构建人类命运共同体理念，秉持共同、综合、合作、可持续的全球安全观，在多边军控领域提出一系列主张和倡议。

比如，中国去年提出了《全球数据安全倡议》，这是数据安全领域首屈一指、综合全面的全球性倡议，为维护数据安全、促进数字发展与合作、推进全球数字治理贡献了中国智慧。在此基础上，中国同阿拉伯国家于今年3月共同发表《中阿数据安全合作倡议》，标志着发展中国家在携手推进全球数字治理方面迈出了重要一步。

今年是新中国恢复联合国合法席位50周年，中方在多边军控领域采取的一系列举措在国际上引起积极反响。《科学家生物安全行为准则天津指南》是全球生物安全治理领域首个以中国地名命名、以中国倡议为主要内容的国际倡议，我们正在《禁止生物武器公约》框架内积极推动，争取广泛国际参与和支持。今年10月，中国在联合国大会政治和安全委员会（联大一委）首次提出"在国际安全领域促进和平利用国际合作"决议草案并获得通过，在联大框架下开启公正、开放、包容的对话进程，妥善应对科技发展所带来的安全挑战，同时积极促进国际合作，更好地维护各国特别是广大发展中国家充分享有和平利用科技的正当权利。

此次提交关于规范人工智能军事应用的立场文件,是中国因应国际安全和新兴科技发展形势,积极引领国际安全治理进程的又一项重要努力。可以预期,中国将继续以积极、主动、负责任和建设性姿态参与国际军控进程,为维护世界和平、安全与稳定提出中国倡议、中国方案,贡献中国智慧和中国力量。

中国关于规范人工智能军事应用的立场文件

（2021年12月13日）

人工智能技术的快速发展及其广泛应用，正深刻改变人类生产和生活方式，给世界带来巨大机遇的同时，也带来难以预知的安全挑战。特别值得关注的是，人工智能技术的军事应用，在战略安全、治理规则、道德伦理等方面可能产生深远影响和潜在风险。

人工智能安全治理是人类面临的共同课题。随着人工智能技术在各领域的广泛应用，各方普遍对人工智能军事应用乃至武器化风险感到担忧。

在世界和平与发展面临多元挑战的背景下，各国应秉持共同、综合、合作、可持续的全球安全观，通过对话与合作，就如何规范人工智能军事应用寻求共识，构建有效的治理机制，避免人工智能军事应用给人类带来重大损害甚至灾难。

加强对人工智能军事应用的规范，预防和管控可能引发的风险，有利于增进国家间互信、维护全球战略稳定、防止军备竞赛、缓解人道主义关切，有助于打造包容性和建设性的安全伙伴关系，在人工智能领域践行构建人类命运共同体理念。

我们欢迎各国政府、国际组织、技术企业、科研院校、民间机构和公民个人等各主体秉持共商共建共享的理念，协力共同促进人工智能安全治理。

为此，我们呼吁：

——战略安全上，各国尤其是大国应本着慎重负责的态度在军事领域研发和使用人工智能技术，不谋求绝对军事优势，防止加剧战略误判、破坏战略互信、引发冲突升级、损害全球战略平衡与稳定。

——军事政策上，各国在发展先进武器装备、提高正当国防能力的同时，应铭记人工智能的军事应用不应成为发动战争和追求霸权的工具，反对利用人工智能技术优势危害他国主权和领土安全的行为。

——法律伦理上，各国研发、部署和使用相关武器系统应遵循人类共同价值观，坚持以人为本，秉持"智能向善"的原则，遵守国家或地区伦理道德准则。各国应确保新武器及其作战手段符合国际人道主义法和其他适用的国际法，努力减少附带伤亡、降低人员财产损失，避免相关武器系统的误用恶用，以及由此引发的滥杀滥伤。

——技术安全上，各国应不断提升人工智能技术的安全性、可靠性和可控性，增强对人工智能技术的安全评估和管控能力，确保有关武器系统永远处于人类控制之下，保障人类可随时中止其运行。人工智能数据的安全必须得到保证，应限制人工智能数据的军事化使用。

——研发操作上，各国应加强对人工智能研发活动的自我约束，在综合考虑作战环境和武器特点的基础上，在武器全生命周期实施必要的人机交互。各国应始终坚持人类是最终责任主体，建立人工智能问责机制，对操作人员进行必要的培训。

——风险管控上，各国应加强对人工智能军事应用的监管，特别是实施分级、分类管理，避免使用可能产生严重消极后果的不成熟技术。各国应加强对人工智能潜在风险的研判，包括采取必要措施，降低人工智能军事应用的扩散风险。

——规则制定上，各国应坚持多边主义、开放包容的原则。为跟踪技术发展趋势，防范潜在安全风险，各国应开展政策对话，加强与国际组织、科技企业、技术社群、民间机构等各主体交流，增进理解与协作，致力于共同规范人工智能军事应用并建立普遍参与的国际机制，推动形成具有广泛共识的人工智能治理框架和标准规范。

——国际合作上，发达国家应帮助发展中国家提升治理水平，考虑到人工智能技术的军民两用性质，在加强监管和治理的同时，避免采取以意识形态划线、泛化国家安全概念的做法，消除人为制造的科技壁垒，确保各国充分享有技术发展与和平利用的权利。

关于中华人民共和国
履行《不扩散核武器条约》情况的国家报告

（2021 年 12 月 28 日）

1、根据 2010 年《不扩散核武器条约》（下称《条约》）审议大会行动计划要求，五个《条约》核武器国家在 2019 年 1 月 30 日、2020 年 2 月 13 日举行的五核国北京、伦敦会议上商定，五国继续沿用 2013 年达成的共同框架，向《条约》第十次审议大会提交国家报告。五国在起草国家报告所用框架中使用共同标题分类，并据此提交相关信息，同时框架涵盖条约三大支柱：核裁军、核不扩散及和平利用核能。

2、中国高度重视《条约》在国际核裁军与核不扩散领域的基石地位，为实现防止核武器扩散、推进核裁军进程、促进和平利用核能三大目标做出了不懈努力。中国坚持走和平发展道路，积极推动构建人类命运共同体。本此精神，中国将继续以实际行动践行共同、综合、合作、可持续的全球安全观，坚定维护《条约》的权威性、有效性和普遍性，为维护国际和平与安全做出应有贡献。

3、根据《条约》2000 年和 2010 年审议大会的相关要求，中华人民共和国政府就履行《条约》情况说明如下。

一、报告与核裁军有关的国家措施

4、中国坚定不移奉行自卫防御的核战略，在核战略及核政策方面展示了最大限度透明，在核力量发展上保持了极大克制，在核武器使用方面采取极为慎重态度。从拥有核武器的第一天起，中国就倡导全面禁止和彻底销毁核武器，并一直把自身核力量维持在国家安全需要的最低水平。中国始终恪守在任何时候和任何情况下不首先使用核武器的政策，明确承诺无条件不对无核武器国家和无核武器区使用或威胁使用核武器。中国是五个核武器国家中唯一作出上述承诺的国家。中国将继续为实现无核武器世界的最终目标做出应有贡献。

（一）与核武器有关的国家安全政策、指导原则及活动

5、"核战争打不赢，也打不得。"从人类前途命运的角度看，核战争是不能触碰的底线。核战争没有最后的胜利者，只会给人类带来巨大的灾难。中国发展核武器是在特殊的历史时期为应对核威胁、打破核垄断、防止核战争被迫做出的历史性选择。中国发展核武器不是为了威胁别国，而是为了防御和自卫，维护国家的安全。在拥有核武器的第一天，中国政府即发表声明，郑重建议召开世界首脑会议，讨论全面禁止和彻底销毁核武器问题。2017年1月，习近平主席在联合国日内瓦总部发表演讲表示，核武器是悬在人类头上的"达摩克利斯之剑"，应该全面禁止并最终彻底销毁，实现无核世界。

6、中国始终恪守在任何时候和任何情况下都不首先使用核武器的承诺。拥有核武器几十年来，无论是在"冷战"时期面临核威胁与核讹诈的时候，还是在"冷战"后国际安全环境发生巨大变化的情况下，中国始终恪守这一承诺，今后也不会改变。这本身就是推动实现核裁军目标的一个实际行动。

7、中国承诺无条件不对无核武器国家和无核武器区使用或威胁使用核武器。1995年4月，中国发表声明，重申无条件向所有无核武器国家提供消极安全保证，并承诺向这些国家提供积极安全保证。2000年，中国与其他核武器国家发表联合声明，重申了中国1995年在联合国安理会第984号决议中做出的安全保证承诺。应乌克兰和哈萨克斯坦要求，中国分别于1994年12月和1995年2月发表了向两国提供安全保证的政府声明。中国主张国际社会尽早谈判缔结向无核武器国家无条件提供消极安全保证的国际法律文书，支持日内瓦裁军谈判会议尽早就此开展实质性工作。

8、中国坚持自卫防御核战略，目的是遏制他国对中国使用或威胁使用核武器。据此，中国确定了与此目的相适应的核武器作用、核武器使用、核力量

规模、核武器戒备状态、核军控等基本政策。特别是，中国始终把自身核力量维持在国家安全需要的最低水平，从不与其他国家比投入、比数量、比规模，不参加任何形式的军备竞赛，不为别国提供核保护伞，不在别国部署核武器。中国的核武器都是战略性的，在核武器使用方面采取极为慎重的态度。

9、维护全球和地区的战略平衡与稳定，有助于降低核战争风险，中国主张核武器国家共同为此做出努力。一是倡导共同安全，明确战略稳定目标。核武器国家应当摒弃冷战思维与零和博弈观念，放弃以首先使用核武器为核心的核威慑政策，遏制核军备竞赛冲动，降低核武器在国家安全政策中的作用，以切实减少核战争风险。二是持续增进互信，筑牢战略稳定根基。核武器国家应加强核战略与核政策对话，客观看待彼此战略意图，停止渲染大国战略竞争与对抗，切实尊重彼此安全关切，停止发展和部署全球反导系统等破坏战略稳定的举动，并妥善管控分歧，防止战略误判引发意外和危机，避免大国竞争成为自我实现的预言。三是严守国际义务和承诺，维护战略稳定框架。中国鼓励美俄切实履行核裁军特殊、优先责任，继续以可核查、不可逆和有法律约束力的方式，进一步大幅、实质削减核武库，为最终实现全面、彻底核裁军创造条件。同时，核武器国家应加强与无核武器国家的沟通与合作，共同维护《条约》的权威性、有效性和普遍性，坚持循序渐进核裁军原则。四是加强沟通交流，凝聚战略稳定共识。核武器国家应从战略力量、政策取向、战略互信等角度，循序渐进地讨论战略稳定内涵和要素，逐渐凝聚共识，扩大利益汇合点。

（二）核武器、核军控（含核裁军）及核查

10、中国按照精干有效的原则建设战略核力量，适应军事科技发展趋势，确保防护、快反、突防、毁伤能力，确保核武器安全性、可靠性、有效性，确保战略威慑与核反击能力，慑止他国对中国使用或威胁使用核武器。中国所进行的核武器现代化改造完全是为了确保核武器的安全与安保、可靠和有效。中国人民解放军火箭军目前是中国战略威慑的核心力量，装备东风系列弹道导弹。

11、中国已缩减核武器研制生产基地。早在20世纪80年代，中国就主动关闭了在重庆市建设的 816 军用核材料生产基地。该基地挖掘于深山之中,停建时已完成 85% 的工程量,累计投资 7.46 亿元人民币,它的停建彰显了中国主动克制核力量发展的决心,以及任何情况下都不追求核军备竞赛的原则。1987 年,中国政府作出了撤销青海核武器研制、试验、生产基地的决定。经过综合整治,青海基地已经整体移交当地政府安排利用。上述基地遗址均已对外开放参观。

12、中国一向高度重视核武器管理安全、使用安全和有效控制问题。自拥有核武器之日起,中国积极采取一系列切实有效措施,确保这支数量有限的核力量一直保持在绝对安全和绝对可靠的状态。中国有严格的法规制度和可靠的技术手段,对核武器储存、运输、训练等环节实行全流程安全管理。中国为防止核导弹的非授权发射和意外发射,除了在法规制度和战备等级制度上有明确规定外,还从装备技术角度采取了很多特殊的技术安全措施。中国重视涉核部门、机构和部队的核安全文化建设,不断强化涉核人员的核安全意识和责任感。中国的核武器没有出现过任何安全和安保问题。

13、中国核力量的指挥权高度集中,部队行动必须极端严格、极端准确地按照中央军委的命令执行。中国核力量平时保持适度戒备状态。在国家受到核威胁时,根据中央军委命令,提升戒备状态,做好核反击准备,慑止敌人对中国使用核武器;在国家遭受核袭击时,对敌实施坚决反击。

14、长期以来,中国在核武器的规模和发展方面始终采取极为克制的态度。在核力量运用方面,长期恪守无条件不首先使用核武器和不对无核武器国家使用或威胁使用核武器承诺,这不仅有利于降低核武器威胁、减少核战争风险和防止核武器扩散,也是走向全面彻底核裁军和实现无核武器世界的重要步骤。

15、中国积极参与国际核军控努力。中国一直倡导全面禁止和彻底销毁核武器的最终目标,所有核武器国家应该切实履行《条约》第六条规定的义务,公开承诺不寻求永远拥有核武器。核裁军应采取公正合理、逐步削减、向下平衡的步骤。拥有最大核武库的国家,在核裁军方面负有特殊、优先责任,应该继续以可核查、不可逆和有法律约束力的方式，大幅、实质削减其核武库，为最终实现全面、彻底核裁军创造条件。在条件成熟时，所有核武器国家都应加入多边核裁军谈判进程。

16、多年来，中国在联合国大会投票支持"核裁军""禁止使用核武器公约"和"缔结关于保证不对无核武器国家使用或威胁使用核武器有效国际安排"等重要核裁军决议。

17、中国积极推动核武器国家就不首先使用核武器缔结多边条约，于1994年1月向其他四个核武器国家提交了"互不首先使用核武器条约"草案，并积极推动与其他核武器国家在双边或多边基础上承诺互不首先使用核武器。

18、中国支持日内瓦裁军谈判会议达成全面、平衡的工作计划，就核裁军、对无核武器国家安全保证、禁止生产核武器或其他核爆炸装置用裂变材料条约和防止外空军备竞赛等重要议题开展实质性工作。

19、中国坚定支持《全面禁止核试验条约》宗旨和目标，国内履约筹备工作取得重要进展。中国一直恪守暂停核试验承诺，支持条约早日生效及为促进该条约生效所做的各项国际努力，参加了历届促进条约生效大会，并积极支持联合国安理会和联大一委有关决议。2018年1月，中国外交部长王毅在北京会见来访的《全面禁止核试验条约》组织筹备委员会临时技术秘书处时任执行秘书泽博，重申了中国对条约的坚定承诺。2020年起，中国已成为该条约第二大会费国，始终向条约组织筹委会按时足额缴纳会费。

20、近年来，中国境内禁核试监测台站批量通过核证验收，成为《全面禁止核试验条约》核查机制建设的亮点。中国承担了11个监测台站和1个放射性核素实验室的建设。到目前为止，除了北京次声台站正在进行选址工作，其余设施均已建成。2016年12月以来，兰州放射性核素台站、北京放射性核素台站、广州放射性核素台站、海拉尔基本地震台站、兰州基本地震台站相继通过核证验收。自2019年8月19日起，五个核证台站同时启动传输数据。中国境内台站批量通过核证验收并启动传输数据具有里程碑意义，体现了中国对条约核查机制建设的坚定支持。中国目前正在与条约组织筹备委员会临时技术秘书处合作，推进昆明次声台站核证程序。

21、中国积极支持并深入参与《全面禁止核试验条约》组织筹备委员会临时技术秘书处工作，参加了所有筹委会及其下属工作组会议，全面参与国际监测系统、国际数据中心、现场视察操作手册等指导文件谈判工作，积极参加条约组织筹委会临时技术秘书处组织或支持的旨在提高国际监测系统监测能力、促进签约国履约能力的各种国际活动，为条约核查机制建设贡献了中国智慧，为维护条约严肃性、公正性做出了中国贡献。

22、中国与《全面禁止核试验条约》组织筹委会临时技术秘书处保持良好合作。2016年5月，双方在北京联合举办"第四次东亚地区国家数据中心研讨会"。2016年10月，双方合作在北京举办"禁核试科学家研讨会"。北京放射性核素实验室参加了临时技秘处组织开展的历次样品国际比对工作和相关技术研讨会，并积极推进实验室的核证验收进程。中国高度重视发展中国家的履约能力建设，自2008年以来多次向条约组织筹委会临时技术秘书处"发展中国家专家参会项目"捐款，用于资助发展中国家专家参加筹委会活动。

23、朝鲜2016年1月6日、2016年9月9日和2017年9月3日进行核试验后，中国境内的兰州基本地震台站、海拉尔基本地震台站、北京放射性核素台站、广州放射性核素台站和兰州放射性核素台站及时向国际数据中心提供了相关监测数据。

24、中方一贯对"禁产条约"持积极态度，认为在裁谈会内根据"香农报告"（CD/1299）谈判并达成一项相关各方均参与的"禁产条约"，有助于促进核裁军进程，防止核武器扩散，维护国际和平与安全。裁谈会作为唯一多边裁军谈判机构，是谈判"禁产条约"的唯一适当场所。中国支持裁谈会达成一项全面、平衡的工作计划，以便据此开展包括"禁产条约"谈判在内的实质性工作。

25、中国积极参与裁谈会有关附属机构就"禁产条约"相关问题开展的有益讨论，相信这也将为裁谈会未来工作恢复活力打下基础。中国建设性参与了联合国"禁产条约"高级别专家筹备组，为推动筹备组按照有关决议授权开展工作并协商一致达成报告做出了贡献。专家组已完成使命，相关讨论应回到裁谈会轨道，通过设立附属机构聚焦相关技术问题。

26、中国重视并积极开展核军控核查研究，建设性地参与了根据联大第71/67号决议和74/50号决议成立的两届联合国核裁军核查政府专家组工作，支持专家组严格遵循相关联大决议授权开展工作，并为首届专家组协商一致通过工作报告做出贡献。中国认为，充分而有效的核裁军核查措施是全面禁止和彻底销毁核武器的重要技术保障，对确保核裁军条约的有效执行、建立缔约方互信及增强条约可靠性意义重大。同时也要看到，核裁军核查敏感复杂，需要考虑诸多因素，必须结合具体的核裁军条约考虑才有意义。

（三）透明与建立信任措施

27、中国一贯认为，意图和政策的透明最有现实意义。中国坚定走和平发展道路，奉行自卫防御的核战略，不会首先使用核武器，任何国家只要不对中国使用核武器，都不会受到中国核武器的威胁，这是最具实际意义的透明。核透明应遵循"各国安全不受减损""有助于增进战略互信"的重要原则，充分考虑各国面临的安全环境，由各国根据自己的国情自愿实施。在核透明措施方面，各国必须充分考虑不同核武器国家在核力量规模、基本核战略和核政策、战略安全环境等方面的不同，接受在透明度和侧重点上存在差异。中方会继续本着上述原则，在核透明方面采取必要举措，包括与其他四核国就此保持对话。

28、中国先后于1995年、2003年和2005年发布了《中国的军备控制与裁军》《中国的防扩散政策和措施》与《中国的军控、裁军与防扩散努力》三份军控白皮书，并在1998年至2010年期间，先后发布7份《中国的国防》白皮书。2013年，中国发布了《中国武装力量的多样化运用》白皮书。2015年，中国发布了《中国的军事战略》白皮书。2019年，中国发布了《新时代的中国国防》白皮书。在上述文件中，中国对本国的核战略、核武器的作用、核武器使用政策、核力量发展、核力量指挥控制、核武器戒备状态等作出了明确的阐述。

29、中国在建立信任措施方面采取了一系列行动。中国积极寻求与其他核武器国家互不将核武器瞄准对方。1994年9月，中国与俄罗斯签署联合声明，宣布两国互不将战略核武器瞄准对方。1998年6月，中国和美国元首宣布互不将各自控制下的战略核武器瞄准对方。2000年5月，中国、法国、俄罗斯、英国、美国五个核武器国家发表联合声明，宣布各自的核武器不瞄准任何国家。2009年，中国和美国元首在联合声明中重申不将各自核武器瞄准对方的承诺。同年，中国与俄罗斯签署《关于相互通报发射弹道导弹和航天运载火箭的协定》，自签署以来，该协定履行良好。2016年6月，中俄元首在北京共同发表《关于加强全球战略稳定的联合声明》。2019年6月，中俄元首在莫斯科共同签署《关于加强当代全球战略稳定的联合声明》。2020年12月15日，中国和俄罗斯签署了《关于延长2009年10月13日〈中华人民共和国政府与俄罗斯联邦政府关于相互通报发射弹道导弹和航天运载火箭的协定〉有效期的议定书》，将《关于相互通报发射弹道导弹和航天运载火箭的协定》有效期延期10年。2021年6月，中俄共同发表关于《中俄睦邻友好合作条约》签署20周年的联合声明，强调"核战争打不赢，也打不得，永远不应该被发动"。

30、2015年以来，中国同俄罗斯、美国、英国、法国、瑞士、荷兰、德国、日本、韩国、印度、巴基斯坦、以色列等国家以及欧盟、东盟、北约等国际和地区组织举行了军控与防扩散磋商，介绍中国在核裁军、核不扩散问题上的政策、立场与实践，并就《条约》审议进程等共同关心的国际安全和军控问题交换意见。

31、中国高度重视五核国合作机制，同其他四核国就建立信任措施和履行《条约》等问题保持对话与磋商。中国于2018年7月接任五核国合作机制协调员，努力推动五核国合作恢复生机活力，并于2019年1月30日在北京成功举办年度正式会议。中国还在会间举行由五核国与会代表与学术和新闻机构代表共同参加的公开活动，促进相互理解与信任。此外，中国以协调员身份牵头举办了五核国与"防扩散与裁军倡议"对话会等活动。

32、五核国北京会议围绕"加强五核国协作，维护《不扩散核武器条约》

机制"的会议主题，就核政策与核战略、核裁军、核不扩散等问题进行了深入、坦诚交流，达成一系列重要共识。五核国承诺共担国际和平与安全责任。五核国都认识到当前国际安全环境面临严峻挑战，维持良好大国关系对解决全球战略性问题至关重要，同意客观看待彼此战略意图，加强核政策与核战略交流，增进战略互信并维护共同安全，全力防止因误解和误判引发核风险。五核国还承诺维护现有国际军控体系，遵守各自参加的所有军控协议，重申有关无核安保承诺，包括积极安全保证和消极安全保证。

33、五核国承诺共同维护《条约》机制。五核国强调《条约》是国际核不扩散体系基石，也是国际安全架构重要组成部分，承诺全面完整执行条约，并促进《条约》的普遍性。五核国将遵循"维护全球战略稳定"和"各国安全不受减损"原则，推动核裁军取得更大进展，循序渐进实现无核武器世界目标。五核国确认将通过政治外交手段解决核不扩散问题，促进和平利用核能国际合作，支持东南亚、中东地区国家建立无核武器区的努力。五核国还同意向《条约》第十次审议大会提交国家报告，共同推动审议大会取得成功。

34、五核国承诺继续利用五核国合作平台保持对话协调。当前国际安全形势复杂深刻演变，大国互动事关国际安全环境、国际秩序走向、国际社会信心。五核国同意保持战略性对话，加强核政策与核战略交流，在《条约》审议进程中加强协调。各方支持中国牵头开展五核国核术语工作组第二阶段工作。五核国积极推动国际社会开展开放和建设性对话。

35、五核国作为安理会常任理事国和《条约》承认的核武器国家，本着相互尊重和坦诚务实态度进行深入交流，并达成多项共识，明确合作方向，体现了大国协调合作应对国际安全挑战的积极态度，有利于增强国际社会对国际安全环境的信心。这些交流与合作也有助于推动五核国在战略安全领域凝聚共识，以大国协调代替大国竞争，以合作共赢代替零和博弈，为促进世界和平稳定作出积极贡献。

36、2019年1月31日，五核国在北京与国际学术机构、媒体及部分无核武器国家驻华使馆官员举行对话会，向各方通报了五核国北京会议有关情况。

此外,中国在裁谈会向各方通报了五核国北京会议情况。

37、五核国于 2011 年成立"核术语工作组",在中方牵头协调下,就核裁军、核不扩散、和平利用核能领域的关键术语和定义进行深入讨论,并于 2015 年《条约》第九次审议大会期间在纽约正式发布《五核国核术语》。2019 年 1 月五核国北京会议的共识之一,就是各方支持中方继续牵头启动核术语工作组第二阶段工作。中国已于 2019 年 2 月、8 月和 12 月在北京举办工作组第二阶段三次会议,讨论了核术语清单,并于 2020 年 2 月在伦敦召开了第四次会议,明确了第二阶段术语表基本内容,同意在《条约》第十次审议大会前公布新的成果。

38、五核国关于核术语的讨论绝非一个简单的技术性问题,其意义在于通过讨论、增进共识、消除误解、增加互信、防止误判。因此,这也是一项核政策透明措施,是五核国落实《条约》审议成果的一个重要务实举措,充分体现了五核国致力于推进《条约》审议进程、履行《条约》义务的政治意愿。作为牵头国,中方高度重视五核国核术语工作组工作,为推动此项工作取得成果做出了不懈努力。

39、2020 年 2 月五核国伦敦会议以来,中方积极推动五核国合作进程,取得一系列重要成果。2020 年 3 月,五核国就《条约》生效 50 周年发表联合声明,重申对《条约》的政治支持。中方牵头的五核国核术语工作组第二阶段工作已接近完成,将向《条约》第十次审议大会提交新版《五核国核术语》。中方积极推动五核国发表关于"防止核战争"共同声明,重申"核战争打不赢,也打不得"理念,释放关于五核国促进全球战略稳定、维护国际和平与安全的积极信号。中方并积极参与五核国关于核战略与核政策、减少核风险、"禁产条约"、和平利用核能、《东南亚无核武器区条约》议定书等问题的对话与合作,致力于推动五核国向《条约》第十次审议大会提交务实成果。

(四)其他相关事项

40、反导问题事关全球战略平衡与稳定,与核裁军进程密切相关。中国认为,应秉持共同、综合、合作、可持续的全球安全观,停止发展和部署全球反导系统的非建设性做法，为推进国际军控与裁军进程创造必要条件，为维护全球战略稳定做出应有贡献。

41、中国坚决反对大规模杀伤性武器及其运载工具的扩散，反对美国退出《中导条约》并以所谓的"导弹威胁"为借口推进前沿部署。中国敦促美国恪守大国责任，切实遵守国际法并履行自身的防扩散义务，彻底放弃在亚太部署陆基中导的计划，停止向盟友扩散导弹及其技术，维护国际和地区的和平稳定。

42、中国坚定不移地奉行防御性国防政策，军力发展始终维持在合理水平。中国导弹力量全部部署在本国领土，目的是维护国家主权、安全和领土完整，不对任何国家构成威胁。因此，渲染"中国威胁"并以此为由推进中导前沿部署毫无道理。

43、中国坚持和平利用外空，积极倡导防止外空武器化和军备竞赛，积极推进外空军控多边进程。2008年2月，中俄共同向裁谈会正式提交"防止在外空放置武器、对外空物体使用或威胁使用武力条约"草案（CD/1839），并积极推动裁谈会就此开展讨论。2014年6月，中俄共同向裁谈会提交了该草案更新案文（CD/1985）。2017年，中俄推动联大通过决议，成立"防止外空军备竞赛"政府专家组，讨论防止外空武器化国际法律文书实质要素，为裁谈会早日启动有关谈判预做准备。中国对个别国家独家阻挡专家组通过报告深表遗憾。中国支持外空透明与建立信任措施，作为联大相关决议共同提案国，为2013年联合国"外空透明与建立信任措施"政府专家组报告达成作出积极贡献。

二、报告与核不扩散有关的国家措施

44、中国坚决反对核武器扩散，主张全面、忠实、平衡履行《条约》各项义务，加强以《条约》为基石的国际核不扩散体系的权威性、有效性。中国一贯严格履行国际核不扩散义务，全面完整执行安理会相关决议，积极参与国际防扩散合作。多年来，中国本着高度负责的态度，逐步建立了完善的防扩散和出口控制体系，无论在国内管理，还是出口控制方面，中国政府均采取了严格的管制措施，确保相关法规得到有效执行，为维护国际核不扩散体系做出重要贡献。中国积极参与地区热点核问题的政治解决进程，为促进国际和地区的和平与安全发挥应有作用。

（一）保障监督

45、保障监督是国际原子能机构的重要职能，对防止核武器扩散具有重要意义。中国重视保障监督在确保和平利用核能方面的作用，支持加强机构保障监督工作的效率和有效性。中国同时也认为，保障监督机制应以确保公正性和客观性为前提。

46、中国于1984年加入国际原子能机构，明确承诺履行《国际原子能机构规约》规定相关保障监督义务。1985年，中国宣布将本国部分民用核设施自愿提交机构进行保障监督。1988年，中国与国际原子能机构签订了《中华人民共和国和国际原子能机构关于在中国实施保障的协定》。1998年12月，中国签署关于加强国际原子能机构保障监督的附加议定书，并于2002年3月正式完成该附加议定书生效的国内法律程序，是附加议定书最早生效的核武器国家。

47、中国积极支持和配合国际原子能机构相关保障监督措施。目前，中国提交保障监督的候选核设施共有26项，包括压水堆、重水堆、研究堆、高温气冷堆、铀浓缩厂、核燃料元件生产线等设施。2017年机构选择对在建的高温气冷堆示范工程实施保障后，中方与机构共同努力，研究开发针对这种新的商用堆型的保障监督实施方案，有力推动机构保障监督技术的提升。

48、2007年，中国加入国际原子能机构成员国核保障支助计划，正式承担起国际原子能机构关于保障核查的手段和方法的研究与发展工作，支持机构开展保障概念研发项目，推荐专家免费为机构服务；加入网络分析实验室，积极承担样品分析任务，有力支持了机构保障监督活动。

49、中国高度重视保障监督专业人力资源开发。成立"国家原子能机构—国际原子能机构核保障与核安保联合培训中心"，专门组织保障监督核查、核材料衡算与控制等领域的培训活动，2018年积极组织专家参加机构核保障大会并做学术报告，2019年4月专门组织核保障国内学术研讨会，保障和提升相关人力资源储备及技术水平。

（二）出口控制

50、中国对核出口实行严格控制和管理，并制定了明确的核出口三原则，即仅用于和平非爆炸目的、接受国际原子能机构的保障监督、未经中方同意不得转让给第三方。

51、中国政府本着依法治国的原则，不断完善和加强核不扩散出口管制的法制建设，加大力度确保有关防扩散政策的有效实施。自20世纪90年代中期以来，中国逐步建立起涵盖核、导弹、生物、化学等相关敏感物项和技术及所有军品的完备的出口控制法规体系，颁布实施了《核材料管制条例》《核出口管制条例》《核两用品及相关技术出口管制条例》《核进出口及对外核合作保障监督管理规定》等法律法规，及时更新《核出口管制清单》《核两用品及相关技术出口管制清单》，并制定了《核进口政府承诺管理办法》等一系列配套文件，确保了核进出口活动得到有效管制。

52、2020年12月，中国《出口管制法》正式生效，中国的防扩散出口管制立法层级进一步提升，体系更加完备，监管能力进一步增强。

53、中国对核及核两用物项实行严格管控，采用国际通行的出口经营登记制度、最终用户和最终用途证明、许可证管理制度、以防止核武器扩散为根本出发点的审批原则、清单控制办法、全面控制原则等，实现了与国际惯例接轨。

54、中国重视现有多国出口控制机制在防扩散领域，特别是防止核武器扩散方面发挥的重要作用。中国于1997年、2004年分别加入"桑戈委员会"和"核供应国集团"，同"导弹及其技术控制制度"保持接触和交流。中国的《核出口管制清单》和《核两用品及其相关技术出口管制清单》涵盖了"桑戈委员会"和"核供应国集团"控制清单中所有物项和技术。《中华人民共和国导弹及相关物项和技术出口管制条例》管制清单与"导弹及其技术控制制度"的附件基本一致。

55、作为"核供应国集团"成员,中国积极参与集团相关工作,坚决维护国际核不扩散体系的有效性、完整性和权威性。中国派团积极参与集团全会、咨询组非正式会、技术专家组会等集团各类会议,以建设性态度处理非《不扩散核武器条约》缔约国加入集团问题。2016 年以来,根据全会授权,在"非《不扩散核武器条约》缔约国加入集团的技术、法律和政治问题"议题下,中国积极参与了相关问题的讨论。中国支持继续按照"两步走"的授权,首先就非《不扩散核武器条约》缔约国加入制定非歧视性标准,再研究具体国家的加入申请。

(三)核安保

56、中国政府以建设持久和平、普遍安全的世界为目标,积极践行理性、协调、并进的核安全观,在持续加强自身核安保能力建设,强化政治投入和国家责任的同时,积极开展核安保国际合作,推动构建公平、合作、共赢的国际核安全体系。

57、中国政府积极加入核安保有关公约并严格履行核安保国际义务。1989 年,中国加入《核材料实物保护公约》,又于 2008 年批准《核材料实物保护公约》修正案,按公约及其修正案要求完善了国家核安保体系。中国参加了《制止核恐怖主义行为国际公约》的制定,严格履行联合国安理会有关决议,切实防范非国家实体获取敏感核材料。中国积极支持和参与国际社会为加强放射源管理所做努力,承诺遵守《国际原子能机构放射源安全和保安行为准则》。

58、中国强调核安保国家责任,建立了一套与中国核工业发展相适应的国家核安保法规体系。中国大力推动核安保能力建设,包括对老旧核设施实物保护系统升级改造,开展核材料衡算以及核安保关键技术攻关,组织核安保实战对抗演练,强化核安保监督检查,建立全国核材料与核设施安保在线管控中心,组建了国家核安保技术中心等。2017 年,中国邀请国际原子能机构对华开展国际实物保护咨询服务,国际专家组对中国的国家核安保监管体系和核设施核安保技术措施给予高度肯定。这些措施为提高中国的核安保能力提供了有力保障。

59、中国积极参与"核安全问题联络小组"相关工作,并担任小组地区能力建设与合作牵头国,将继续在小组地区能力建设与合作上发挥牵头作用,加强核安保能力建设、促进能力建设国际合作。中国作为"打击核恐怖主义全球倡议"创始伙伴国,将依托国家核安保示范中心和海关辐射探测培训中心等平台,协助伙伴国提高反核恐能力,继续深入参与"倡议"各项工作。

60、中国积极推进双边核安全合作。2015年9月,中美两国元首宣布建立核安全年度对话机制,并于2016、2017、2018年举行三次对话。2016年3月,中美两国元首发表《中美核安全合作联合声明》,随后于当年10月及2017年成功举办两次打击核走私对话。2018年7月,两国在中国国家核安保示范中心联合举办面向中亚国家和蒙古的打击核走私区域研讨班。中国并积极探索与其他各国开展核安全交流与合作,于2018年2月与俄罗斯举行首次核安全对话。

61、中国积极向发展中国家提供核安保技术援助。2019年以来,中国同国际原子能机构合作在华相继设立"核安保技术协作中心""核安保一线官员能力建设协作中心";并在核法证学、大型公众活动核安保等领域签署多项合作文件。中国利用国内优势资源平台,每年都同国际原子能机构合作举办主题多样的核安保培训班和研讨会,并通过技术交流和人员培训等方式,向本地区国家分享核安保良好实践、提供力所能及的技术支持与帮助。中国已连续10年向机构核安保基金捐款,用于支持亚太地区国家核安保能力建设,并多次向机构捐赠自主研发的核安保设备。

62、中国积极践行"减少高浓铀使用"政治承诺。中国支持各国根据本国需要,在经济和技术条件可行的情况下,尽量减少使用高浓铀。2016年3月,中国顺利完成中国原子能科学研究院高浓铀微堆低浓化改造。2017年8月和2018年12月,中国在国际原子能机构框架内与有关国家合作,相继完成加纳和尼日利亚高浓铀微堆的低浓化改造工作。通过技术改造,一方面降低了微堆的防扩散风险,另一方面加强了微堆安全性,为有关国家更好地开展和平利用核能活动贡献了自己的力量。中国愿在已有的成功模式基础上,继续协助其他国家开展微堆低浓化改造工作。

（四）无核武器区

63、中国认为，建立无核武器区对推动核裁军与防止核扩散、促进地区及世界的和平与安全具有重要意义。中国一贯支持无核武器国家根据本地区实际情况，在自行协商、自愿协议基础上建立无核武器区，并恪守无条件不对无核武器国家和无核武器区使用或威胁使用核武器的承诺。

64、中国已签署和批准所有已开放供签署的无核武器区条约议定书，包括《拉丁美洲和加勒比禁止核武器条约》第二号附加议定书、《南太平洋无核区条约》第二、第三号附加议定书、《非洲无核武器区条约》第一、第二号附加议定书、《中亚无核武器区条约》议定书。中国还加入了《南极条约》《关于各国探测及使用外层空间包括月球与其他天体活动所应遵守原则的条约》《禁止在海床洋底及其底土安置核武器和其他大规模杀伤性武器条约》。

65、2017年2月，中国派代表团参加《拉美和加勒比禁止核武器条约》开放签署五十周年纪念活动，重申中国将恪守承诺，严格履行相关义务。2019年12月、2021年9月，中国以观察员国身份参加拉丁美洲和加勒比禁止核武器组织第26、27届例会，重申对拉美无核武器区的支持，介绍中国支持建立无核武器区和维护《条约》的政策主张。

66、中国一贯坚定支持建立中亚无核武器区，已于2015年4月完成《中亚无核武器区条约》议定书的批准和交存工作。中方愿不断深化同有关国家在这一问题上的合作，共同维护条约及议定书的宗旨与目标，促进中亚地区及世界的和平与安全。

67、中国一贯坚定支持非洲无核武器区建设。2021年10月，中国出席《非洲无核武器区条约》第五届缔约国大会，重申中国将一如既往地忠实履行《非洲无核武器区条约》附加议定书规定的义务，并积极支持非洲和平利用核能事业。

68、中国支持东盟国家建立东南亚无核武器区的努力，并为推动东盟与五核国就《东南亚无核武器区条约》议定书相关问题达成共识，发挥了建设性作用。目前，中国与东盟已解决《东南亚无核武器区条约》议定书所有遗留问题。2019 年 1 月 30 日，在五核国北京会议上，各方同意由中方牵头与东盟国家沟通，就议定书问题重启磋商，争取早日签署议定书。中国为此与东盟国家及其他四核国进行了积极沟通协调。

69、中国支持建立中东无大规模杀伤性武器区，充分理解阿拉伯国家在此方面的合理关切。在当前形势下，建立中东无大规模杀伤性武器区，有利于防止大规模杀伤性武器扩散，缓和中东地区紧张局势，增进地区及世界和平与安全。中国对 2018 年联大通过的"召开建立中东无核武器及其他大规模杀伤性武器区会议"决定（A/73/546）投了赞成票，支持该会议顺利召开并取得进展，并为此做出积极努力。2019 年 11 月，中国参加了首次中东无核武器及其他大规模杀伤性武器区会议。会议开启了建立中东无核武器及其他大规模杀伤性武器区的国际讨论进程，对早日实现在中东地区建立无大规模杀伤性武器区的目标具有积极意义。中国呼吁有关各方加大外交协调，采取务实举措，争取尽快就建立中东无大规模杀伤性武器区相关安排达成一致。中国愿继续为此做出积极贡献。

70、中国尊重蒙古的无核武器地位，支持历届联大通过的相关决议。2000 年，中国与其他四个核武器国家发表共同声明，承诺向蒙古提供无核武器国家安全保证。2012 年，中国与其他四个核武器国家再次发表声明，重申支持蒙古的无核武器地位及对蒙古的安全保证。中方愿继续与各方一道，共同维护蒙古的无核武器地位。

（五）遵约及其他有关问题

71、中国一直在相关领域严格履行防扩散国际义务和责任。中国遵守国际原子能机构和联合国安理会等相关国际机构就遵守防扩散义务制定的规则和通过的决议。

72、中国重视《条约》在国际核不扩散体系中的基石性作用，呼吁尚未加入《条约》的国家尽早以无核武器国家身份加入，也支持国际社会在妥善处理分歧的基础上，就细化应对退约措施和适当提高退约门槛所做的努力。

73、中国认为，美国、英国、澳大利亚三国决定开展核动力潜艇合作损害地区和平与稳定，并构成严重核扩散风险，违反《条约》的目的和宗旨。中国对此表示严重关切并坚决反对。国际原子能机构现行保障监督体系无法对美、英拟向澳转让的核潜艇动力堆及相关核材料实施有效保障监督，因此无法确保澳不将相关核材料转用于制造核武器或核爆炸装置。对无核武器国家核潜艇动力堆及相关核材料的保障监督问题事关《条约》的完整性和有效性，涉及机构所有成员国利益，应由机构所有成员国共同讨论，以寻求各方均可接受的解决方案。为此，中国建议机构成立所有成员国均可参加的特别委员会，专题讨论对无核武器国家核潜艇动力堆及其相关核材料实施保障监督所涉及的政治、法律和技术问题，并向机构理事会和大会提交建议报告。在上述建议报告获得通过之前，美英澳不应开展核动力潜艇相关合作，机构秘书处也不应与三国谈判针对三国核动力潜艇合作的保障监督安排。

（六）对防止核武器扩散的其他贡献

74、中国始终以高度负责任的态度处理防扩散问题，积极参与国际防扩散合作，为推动有关地区核问题的解决作出积极努力。中国主张，各国应摒弃零和博弈和冷战思维，充分尊重各国合理安全关切，消除核武器扩散根源。各国应致力于维护国际核不扩散体系的权威性和有效性，摒弃实用主义和双重标准做法，在现有国际法框架内，通过政治与外交手段和平解决核武器扩散关切。

75、在朝鲜半岛核问题上，中国始终坚持实现半岛无核化，坚持维护半岛和平稳定，坚持通过对话协商解决问题。近年来，在中方及有关各方共同努力下，半岛形势总体稳定，仍处政治解决轨道。同时，半岛和谈久陷僵局，主要症结是朝方正当合理关切未得到应有重视和回应。新形势下，中国希望有关各方谨言慎行，多做有利于维护半岛和平稳定的事，为积累互信、重启对话创造条件，并按照"双轨并进"思路和分阶段、同步走原则，探讨均衡解决各方关切的有效办法。中方将一如既往地为实现半岛长治久安作出不懈努力。

76、在伊朗核问题上，中国始终致力于推动对话谈判，寻求有利于国际核不扩散体系及中东和平稳定的解决方案。中国、美国、俄罗斯、英国、法国、德国及欧盟与伊朗于2015年7月在维也纳达成伊核问题全面协议。习近平主席

2016 年在华盛顿出席伊核问题六国领导人会议，深刻总结伊核协议达成给国际社会提供的启示。中国深入参与全面协议执行进程，包括牵头推动阿拉克重水堆改造项目取得显著进展。中国积极支持国际原子能机构秉持客观、公正、中立原则，严格根据授权开展对伊监督核查，为机构相关活动提供了总计 1270 万元人民币捐款。美国 2018 年退出全面协议后，中国积极推动各方从大局和长远出发，共同维护和执行全面协议。王毅国务委员兼外交部长于 2018 年 7 月、9 月，2019 年 9 月，2020 年 12 月四次出席伊核问题外长实体或视频会议，就维护和执行全面协议提出系列主张，强调各方应坚持维护多边主义的根本原则，坚持履行全面协议的郑重承诺，坚持协商化解分歧的正确途径，坚持促进地区和平的基本方向。2021 年 4 月以来，全面协议参与方和美国在维也纳围绕美伊恢复履约问题进行了密集谈判，中国积极劝和促谈，发挥了建设性作用。维护全面协议就是维护多边主义，维护联合国安理会权威，维护以国际法为基础的国际秩序。中国呼吁有关各方坚定信心，做出政治决断，以灵活务实的态度推进恢复履约谈判，推动全面协议早日重返正轨。中国将继续本着客观、公正和负责任态度，坚定维护和执行全面协议，促进伊核问题政治外交解决进程，同时坚定维护自身正当合法权益。

三、报告与和平利用核能有关的国家措施

77、中国支持各国、特别是发展中国家和平利用核能的权利，认为不应以防扩散为借口，损害各国这一权利。中国重视核能对社会、经济发展的促进作用，推动核能和平利用的技术研究与产业开发应用，积极参与并支持为促进世界核能发展及和平利用核能的国际合作，履行了相关国际义务。

（一）促进和平利用核能

78、中国致力于建设和谐美丽的国家，推动核能为建设美丽中国发挥积极作用。半个多世纪以来，中国已发展形成了符合自身国情的核工业体系，使得核能在能源、医学、工业、公共安全等领域得到广泛应用，促进了社会、经济发展。

79、核电作为绿色、低碳的清洁能源，在中国构建清洁高效能源体系、应对气候变化挑战、实现碳达峰碳中和目标的进程中发挥着重要作用。中国主张在确保安全的前提下积极有序发展核电。截至 2021 年 8 月底，中国大陆投入商业运行的核电机组共计 51 台，运行装机容量为 5300 万千瓦，在建核电机组 21 台、装机容量 2100 万千瓦。中国是当前在建核电规模最大、核电发展最快的国家，也是率先实现三代核电机组批量商业运营的国家，为世界核能复苏发挥了重要作用。

80、中国坚持"闭式循环"核燃料发展路线，基本形成完整的核燃料循环体系；核燃料供应可满足已投运核电站的燃料需求；三个中低放射性废物近地表处置场已经建成，正在开展高放射性废物深地质处置设施有关工作。

81、中国在核电设计、建设、运行方面积累了丰富的经验和技术，在此基础上，积极推进更安全、更先进核能技术的研发和应用。自主三代核电技术"华龙一号"国内外首堆已成功并网发电。2017 年，中国在经合组织核能署"核电厂多国设计评价计划"下发起成立了"华龙一号"专项工作组，与国际同行分享相关经验。全球首座具有第四代先进核能系统特征的高温气冷堆示范工程成功临界，即将并网发电。泳池式低温供热堆完成演示验证，聚变工程实验堆研发积极推进，示范快堆工程建设进展顺利。

82、中国积极推动核技术的开发和应用，形成了较为完整的产业体系，年产值已突破 3000 亿元人民币，年增长率保持在 20% 左右。核技术已在工业、农业、医学、环保、公众健康、公共安全等领域得到广泛应用。在农业和食品安全方面，中国科学家培育的突变植物品种占全球总数量的近 1/4，农产品辐照加工总量近 20 万吨。核科学技术已成为改造、革新传统农业和促进农业现代化的重要手段。在生命健康方面，国家原子能机构联合科技部等 7 部门发布《医用同位素中长期发展规划（2021—2035 年）》，加快医用同位素关键核心技术研发。中国医用直线加速器应用迅速普及，目前已有近 2000 台，核医学显像手段发展迅速。在公共安全领域，探测技术已广泛用于航空、铁路、海运、公路的货运安全检查。中国研制的安检设备远销海外。2020 年新冠肺炎疫情暴发以来，中国利用核技术开展医疗防护物资灭菌、医疗废水和废弃物处置、冷链食品外包装病毒消杀等，为疫情防控提供了绿色、环保、高效的解决方案。

83、中国重视在核不扩散前提下与致力于发展核能的国家分享经验，已与30多个国家签订了政府间和平利用核能合作协定。以此为基础，中国与这些国家开展了包括人员互访、设备和技术引进、经贸往来等广泛的交流与合作，实现了互利共赢。

84、中国政府积极支持有助于促进核技术发展及和平利用核能的多边合作和交流。中国是第四代核能系统国际论坛（GIF）、国际聚变能组织（ITER）成员国，与经济合作与发展组织核能署签订了《关于在和平利用核能领域合作的联合声明》，并积极参与亚洲核合作论坛等地区性合作机制。

85、中国积极为国际核能合作提供交流平台，多次举办和平利用核能国际会议。2015年以来，中国已成功举办"世界核能发展论坛""世界核妇女大会""国际核工程大会""国际核电运维大会"等大型国际会议，每年多次组织承办国际原子能机构框架下的研讨会、培训班及技术会议。

86、中国向第76届联大一委提交了"在国际安全领域促进和平利用国际合作"决议草案，26国参加共提。决议最终以75国投赞成票的结果通过。该决议重申国际社会防扩散共识，同时强调维护各国和平利用权利的重要性，特别是强调和平利用对发展中国家的发展至关重要，应就此开展包括和平利用核能在内的国际交流与合作。决议决定将"在国际安全领域促进和平利用国际合作"问题列入联大议程，请联合国秘书长就相关问题征求所有成员国意见，并向第77届联大提交报告。

（二）通过国际原子能机构向其他成员国提供的技术援助

87、在《国际原子能机构规约》框架下，中国支持并积极参与了国际原子能机构的技术合作活动。中国通过国际原子能机构技术合作渠道扩大对其他发展中国家的支持和技术援助，截至2021年9月，中国累计向国际原子能机构技术合作基金捐款8024万美元，接受其他国家学者来华进修科访和培训4000余人次，向发展中国家派出专家服务 3000 余人次。

88、在技合基金捐款方面，2021 年中国向国际原子能机构技合基金捐款 1035 万欧元，占比 11.55%。中国已经成为技术合作基金第二大捐赠国。中国积极参与亚太地区核科技合作协定（RCA）框架下的核科技交流与合作，每年提供 11 万美元捐款，用于支持亚太地区核技术应用领域的合作项目。中国积极支持国际原子能机构核技术应用实验室改造项目（RENUAL），累计提供了 200 万欧元预算外捐款，以及一台价值 250 万美元的辐照设备，用于实验室基础建设、设备更新以及技术服务，帮助发展中成员国提高核技术应用水平和能力。中国积极响应机构利用核及核衍生技术为发展中国家抗击新冠肺炎疫情提供援助的合作倡议，通过中国、机构、受援国三方模式向受疫情影响严重的国家捐赠新冠病毒检测设备和物资，价值约 200 万美元。

89、中国不断深化与国际原子能机构合作，与机构合作在华设立了核电建设国际培训中心（ICTC）、核与辐射应急准备与响应能力建设中心、高放废物地质处置协作中心、核农学协作中心、核技术昆虫不育协作中心、放射性药物及同位素生产应用协作中心等平台。中国愿充分发挥这些平台的作用，通过开展技术研发、经验分享、人员培训等合作，为核能新兴国家、广大发展中国家和平利用核能、安全发展核能提供全方位的支持。

90、作为世界上最大的发展中国家，中国十分重视与其他发展中国家合作，并致力于向其他核能新兴国家及有意和平利用核能的国家提供力所能及的帮助。中国设立"中国政府原子能奖学金"，每年面向其他发展中国家招收核工程和核技术专业的硕士和博士研究生，积极促进各国和平利用核能事业人才建设。

（三）核安全与核责任

91、中国核能发展始终秉持"安全第一，质量第一"的方针，采取严格有效的安全措施，建立了完善、有效的核安全法规体系、监管体系和应急体系，加强基础设施建设。中国长期保持良好核安全记录，核电安全运营指标居世界前列，核技术利用安全水平不断提升，公众健康和环境安全得到充分保障。

2016年9月，国际原子能机构对中国开展核与辐射安全监管综合跟踪评估，认为中国国家元首对核安全高度重视并作出政治承诺，中国生态环境部（国家核安全局）是一个有效、可靠的核与辐射安全监管机构。

92、中国建立了系统完备的核安全法规标准体系。中国已颁布实施《中华人民共和国核安全法》《中华人民共和国放射性污染防治法》《中华人民共和国民用核安全设备监督管理条例》《中华人民共和国民用核设施安全监督管理条例》等法律法规。同时，中国正积极推进《原子能法》立法工作。

93、中国一贯重视核应急管理工作。中国先后颁布了《核电厂核事故应急管理条例》《国家核应急预案》《核电厂核事故应急预案演习管理规定》等法规和部门规章，并于2013年6月颁布了修订版《国家核应急预案》。目前，中国已组建了国家级核应急专业技术支持中心和国家级核应急专业救援分队。

94、中国政府高度重视放射性废物管理工作，先后出台了《放射性废物安全管理条例》等法律文件，不断完善顶层设计和法律框架。中国政府秉持新的安全发展理念，不断加强放射性废物管理，在确保现有中低放废物处置场安全稳定运行的同时，正在积极推进新的处置场选址和建设。中国首座高放废物地质处置地下实验室建设项目2021年6月已正式开工建设。中国放射性废物总体安全受控，确保了公众健康、环境安全和核工业可持续发展。

95、中国注重提高公众对核能的科学认识。中国政府和企业积极向公众宣传核能安全、核应急政策法规和核科技基础知识，增强了公众对核能安全的信心。通过新闻发布会、核安全信息公开平台、社会责任报告、安全发展白皮书及开放日等形式，使相关信息披露更加公开、透明。2019年，中国发布了《中国的核安全》白皮书，全面介绍了中国核安全事业发展历程，阐述中国核安全的基本原则和政策主张，分享中国核安全监管的理念和实践，阐明中国推进全球核安全治理进程的决心和行动。

96、中国一直努力推动建立有关核损害赔偿制度。新实施的《中华人民共和国核安全法》首次以法律形式对核损害赔偿做出了明确规定，充分体现了中国政府以人为本的执政理念以及对核损害责任问题的高度重视。

97、中国认为，核能的和平利用应该服务于构建人与自然生命共同体，不能以牺牲自然环境和人类健康为代价。日本福岛核电站事故是人类历史上发生的最严重核事故之一。福岛核电站事故核污染水处置问题事关全球海洋生态环境和各国人民健康。2021年4月，日本政府单方面宣布向海洋排放福岛核污染水的决定，中方对此坚决反对。这一决定没有穷尽安全处置手段，没有全面公开相关信息，没有与周边国家等利益攸关方充分协商，也没有拿出可有效监督核查的安排。中国期待国际原子能机构技术工作组发挥应有作用，对福岛核污染水处置进行事前、事中、事后的评估与监督核查，确保核污染水处置绝对安全。中国敦促日本认真回应周边邻国与国际社会呼声，撤销向海洋排放核污染水的错误决定，除非同利益攸关方及有关国际机构充分协商并达成一致，否则不得擅自启动核污染水排海。

关于和平利用核能问题中国代表团提交的工作文件

（2021年12月28日）

一、和平利用核能是《不扩散核武器条约》赋予各缔约国不可剥夺的权利。促进和平利用核能领域国际合作，有助于全面实现条约的各项目标，有助于推动核裁军和核不扩散进程。

二、核能广泛应用于能源、经济、社会、民生等各个领域，和平利用核能对实现联合国2030年可持续发展目标、应对全球气候变化挑战具有独特优势和重要作用。《不扩散核武器条约》缔约国理应持续获得和平利用核能的红利，应将这一领域合作打造成条约履行的新亮点。

三、发达国家和国际原子能机构应根据广大发展中国家的实际需要，加强对发展中国家和平利用核能的援助。成员国应积极支持国际原子能机构技术合作活动，保证技术合作资源的充足和可预见性。

四、中国国家主席习近平在第76届联大一般性辩论中提出全球发展倡议，呼吁坚持普惠包容、坚持人与自然和谐共生，呼吁加快绿色低碳转型，加快落实联合国2030可持续发展议程，构建全球发展命运共同体。为推动落实倡议，中国将继续高度重视和平利用核能国际合作，与各国分享技术和经验，贡献资源和平台，为推动核能造福各国人民、促进核能可持续发展做出贡献。

五、和平利用核能与防止核武器扩散相辅相成，两者同等重要，不可偏废。防止核武器扩散的努力不应损害各国、特别是发展中国家和平利用核能的正当权利。各方要避免将和平利用核能政治化，干扰和限制正常的国际合作。2021年11月，第76届联大一委通过了中国等26国提交的"在国际安全领域促进和平利用国际合作"决议，反映了各国维护和平利用核能权利的共同决心。该决议强调维护各国和平利用权利重要性，特别是和平利用对发展中国家发展的重要性，有力维护了发展中国开展包括和平利用核能在内的国际合作的权利。

六、核安全是核能发展和核技术应用的生命线，既关系到当事国的经济发展和社会稳定，还可能带来地区性乃至全球性的严重影响。各国应严格落实核安全国家责任，积极开展核安全国际合作，提升各国核安全水平，保障核能事业安全发展。

七、中国高度重视核安全，践行理性、协调、并进的核安全观，持续加强自身核安全能力建设，不断强化政治投入和国家责任，积极开展核安全国际合作，推动构建公平、合作、共赢的国际核安全体系。中国支持国际原子能机构在核安全国际合作进程中发挥主导作用，将继续依托国家核安保示范中心、核与辐射安全中心、中国海关辐射探测培训中心等平台，开展核安全相关国际合作，欢迎有意愿的国家积极参与。

八、核能的和平利用应该服务于构建人与自然生命共同体，不能以牺牲自然环境和人类健康为代价。日本福岛核电站事故核污染水处置问题事关全球海洋生态环境和各国人民健康。2021年4月，日本政府单方面宣布向海洋排放福岛核污染水的决定，引发许多太平洋沿岸国家严重关切和反对。日本应认真回应周边邻国与国际社会关切，撤销向海洋排放核污染水的错误决定。除非同利益攸关方及有关国际机构充分协商并达成一致，否则日方不得擅自启动核污染水排海。

关于核不扩散问题中国代表团提交的工作文件

(2021年12月28日)

一、加强国际核不扩散体系，消除核武器扩散风险，是维护《不扩散核武器条约》（下称"条约"）的应有之义，有助于促进国际和地区的和平与稳定，符合国际社会共同利益。

当前国际安全形势正经历深刻复杂变化，核不扩散领域不断出现新问题、新挑战，国际社会应从以下几方面加大努力：

第一，秉持人类命运共同体理念，打造有利的安全环境。各国应坚持标本兼治、综合治理核不扩散问题，秉持共同、综合、合作、可持续的全球安全观，构建公道正义、普遍安全的国际和地区环境，消除核武器扩散根源。

第二，践行真正的多边主义，通过政治外交手段解决核扩散问题。各国应坚定支持以联合国为核心的国际体系，维护以国际法为基础的国际秩序，切实履行业已达成的多边协议和安理会相关决议，坚决反对毁约退群，实施单边制裁和"长臂管辖"，甚至威胁诉诸武力。

第三，反对双重标准做法，维护国际核不扩散体系权威性和有效性。应全面、忠实、平衡履行条约各项义务，尚未加入条约的国家应尽快以无核武器国家身份加入，并根据规定将全部核设施置于国际原子能机构（下称"机构"）保障监督之下。支持机构本着客观、公正、中立原则履行保障监督职能，继续促进全面保障监督协定和附加议定书的普遍性。

第四，坚持公正、平衡原则，妥善处理核不扩散与和平利用核能关系。任何防止核扩散的措施都不得妨碍各国和平利用核能的合法权利，以及为和平目的在核相关材料、设备和技术方面进行的国际合作，同时不得以和平利用核能为借口从事扩散活动。应重视个别国家核材料供需严重失衡问题，采取有效措施予以纠正。

二、中国致力于加强以《不扩散核武器条约》为基石的国际核不扩散体系的权威性、普遍性和有效性，坚决反对任何形式的核武器扩散，认真、全面履行自身承担的防扩散国际义务，切实执行安理会相关决议。

中国不断加强和完善本国核不扩散体系，确保防扩散政策有效实施。2020年12月，《中华人民共和国出口管制法》正式施行，进一步加强了中国的防扩散与出口管制机制。

三、中方始终积极参与核不扩散国际合作，为推动政治外交解决地区核热点问题作出不懈努力。

伊朗核问题全面协议是经安理会第2231号决议核可的多边外交重要成果，是国际核不扩散体系和中东地区和平稳定的关键支柱。完整、有效履行全面协议是解决伊核问题的唯一有效途径。各方应坚持对话谈判的大方向，不断凝聚共识，在相互尊重的基础上妥善处理分歧，避免采取可能导致局势复杂化的行动，推动全面协议早日重返正轨。作为单方面退出协议的一方，美国应彻底纠正错误政策，体现必要诚意和灵活，积极回应伊朗在解除制裁等问题上的正当合理关切。伊朗则应在此基础上恢复履行核领域承诺。中国将继续坚定维护全面协议和安理会第2231号决议的权威性和有效性，为推动伊核问题政治外交解决进程发挥建设性作用，同时坚定维护自身合法权益。

中国始终坚持实现朝鲜半岛无核化，坚持维护半岛和平稳定，坚持通过对话协商解决问题。延续对话与形势缓和势头符合国际社会共同利益，各方应继续按照"双轨并进"思路和分阶段、同步走原则，探讨均衡解决各方关切的有效办法。当前朝美双方对话陷入停滞，打破僵局的有效途径是早日启动安理会对朝制裁决议可逆条款，缓解对朝制裁，为重启对话协商创造积极氛围。美国应立即在取消对朝敌视政策、解除对朝制裁、向朝鲜提供安全保障等问题上做出实际举措，避免采取任何可能导致局势紧张升级的行动。

中国严重关切并坚决反对美、英、澳三国开展核动力潜艇合作。这一合作损害地区和平与稳定，并构成严重核扩散风险，违反《不扩散核武器条约》的目的和宗旨。机构现行保障监督体系无法对美、英拟向澳转让的核潜艇动力堆及相关核材料实施有效保障监督，因此无法确保澳不将相关核材料转用于制造核武器或核爆炸装置。对无核武器国家核潜艇动力堆及相关核材料的保障监督问题事关《不扩散核武器条约》的完整性和有效性，涉及机构所有成员国利益，应由机构所有成员国共同讨论，以寻求各方均可接受的解决方案。为此，中国建议机构成立所有成员国均可参加的特别委员会，专题讨论对无核武器国家核潜艇动力堆及其相关核材料实施保障监督所涉及的政治、法律和技术问题，并向机构理事会和大会提交建议报告。在上述建议报告获得通过之前，美英澳三国不应开展核动力潜艇相关合作，机构秘书处也不应与三国谈判针对三国核动力潜艇合作的保障监督安排。

关于核裁军问题中国代表团提交的工作文件

(2021年12月28日)

一、全面禁止和彻底销毁核武器,最终建立无核武器世界,符合全人类的共同利益,是世界各国的共同夙愿。2017年1月,习近平主席在联合国日内瓦总部发表演讲表示,核武器是悬在人类头上的"达摩克利斯之剑",应该全面禁止并最终彻底销毁,实现无核世界。

二、当前,国际安全形势经历深刻复杂变化,国际军控体系面临空前挑战。霸权主义、集团政治和"新冷战思维"大行其道,热点安全问题胶着难解,新威胁新挑战交织涌现,国际军控进程正处于重要的十字路口。国际社会对国际安全形势不断恶化深感担忧,维护世界和平发展的呼声日益高涨。

一些国家固守冷战思维,渲染大国竞争,放手发展军力,强化军事同盟体系。有关核武器国家斥巨资升级三位一体核武库,发展并部署低当量核武器,寻求在远离本土的亚太和欧洲部署陆基中导,还不断发展和部署全球反导系统,计划在外空部署武器,谋求攻防兼备的压倒性军事优势。这些消极动向严重威胁地区安全,破坏全球战略平衡与稳定,阻碍国际核裁军进程。

三、当前形势下,国际社会更应践行真正的多边主义,坚决抵制冷战思维和零和博弈,秉持共同、综合、合作、可持续的安全观,维护并加强包括《不扩散核武器条约》在内的多边核裁军与核不扩散机制的权威性和有效性,共同应对当前突出安全挑战,消弭潜在安全威胁,建设持久和平、普遍安全的世界。中方主张:

(一)依据公正合理、逐步削减、向下平衡原则,循序渐进开展核裁军。核裁军措施应遵循"维护全球战略稳定"和"各国安全不受减损"等基本原则。两个拥有最大核武库的国家，应根据联大决议等联合国文件规定，切实履行核裁军特殊、优先责任，继续以可核查、不可逆和有法律约束力的方式，进一步大幅、实质削减各自核武库，为最终实现全面、彻底核裁军创造条件。在条件成熟时，所有核武器国家都应加入多边核裁军谈判进程。

（二）维护并加强以《不扩散核武器条约》为基石的国际核不扩散与核裁军体系，抵制可能损害其权威的"小集团""小圈子"。各方应全面平衡推进核裁军、防扩散与和平利用核能三大支柱，坚决抵制双重标准和实用主义，旗帜鲜明反对个别国家基于冷战思维和狭隘地缘政治考量，开展有违条约目的和宗旨的核合作。

（三）降低核武器在国家安全政策中的作用。所有核武器国家应重申"核战争打不赢也打不得"理念，放弃以首先使用核武器为基础的核威慑政策，并缔结"互不首先使用核武器条约"；以具有法律约束力的方式向无核武器国家提供有效安全保证。美国应停止制造大国对立和对抗，纠正谋求压倒性军事优势的错误做法，放弃发展或部署全球导弹防御系统，不寻求在亚太及欧洲部署中导，为防止核军备竞赛、维护战略稳定做出应有贡献。

（四）核武器国家应致力于认真履行《不扩散核武器条约》第六条义务，恪守往届审议大会达成的核裁军共识，公开承诺不寻求永远拥有核武器。有关核武器国家应废除核保护伞及核共享的政策和做法，将部署在国外的核武器全部撤回本国。核武器国家应积极支持无核武器国家在自行协商、自愿协议的基础上建立无核武器区，并尽快签署和批准无核武器区条约相关附加议定书。

（五）国际社会应保持建设性沟通，以理性、务实、有效的方式推动核裁军进程。中方理解无核武器国家在推进核裁军进程方面的愿望和诉求。就全面彻底销毁核武器的最终目标而言，中方立场与《禁止核武器条约》是一致的。同时，核裁军进程不能脱离国际安全现实，必须遵循"维护全球战略稳定"和"各国安全不受减损"原则，循序渐进地加以推进。《禁止核武器条约》不反映、也不构成习惯国际法，对非缔约国不具有法律约束力。

四、作为核武器国家，中国自拥有核武器第一天起，就积极倡导全面禁止和彻底销毁核武器，致力于实现无核武器世界崇高目标。中国从不回避本国承担的国际核裁军责任，以实际行动为推进国际核裁军进程作出了重要贡献。

——中国坚定走和平发展道路，坚持独立自主和平外交政策，始终不渝奉行防御性国防政策和自卫防御的核战略。中国的核政策在所有核武器国家中最具稳定性、连续性和可预见性。

——中国承诺在任何时候和任何情况下都不首先使用核武器，无条件不对无核武器国家和无核武器区使用或威胁使用核武器。中国是五核国中唯一作出有关承诺的国家，这一政策不会改变。

——中国始终将核力量维持在国家安全需要的最低水平，从来不与任何国家比投入、比数量、比规模。中国从不参加任何形式的军备竞赛，不为别国提供核保护伞，不在别国部署核武器。

——中国高度重视《不扩散核武器条约》作为国际核不扩散与核裁军体系的基石作用，积极参与条约审议进程，认真履行条约义务，恪守历届审议大会共识，已向十审会提交更新版的国家履约报告。

——中国支持《全面禁止核试验条约》尽早生效，始终恪守"暂停试"承诺，正稳步推进国内各项履约筹备工作。中国境内禁核试监测台站批量通过核证验收并启动实时数据传输，体现了中国对条约的坚定支持。

——中国认为裁谈会是谈判达成"禁产条约"的唯一适当场所。支持裁谈会在达成全面、平衡工作计划基础上，根据"香农报告"及其所载授权，启动条约谈判。

——中国认为充分有效的核裁军核查措施是最终全面禁止和彻底销毁核武器的重要技术保障，将继续积极参与联合国核裁军核查政府专家组工作。

——中国致力于维护联大一委、裁谈会等多边军控机制权威性和有效性，支持各方在现有机制框架内，就国际安全环境、全球战略稳定、减少核战争风险等问题进行坦诚、务实对话。

——中国积极参与五核国对话与合作进程，致力于推动五核国发表防止核战争的联合声明，重申"核战争打不赢也打不得"理念，并牵头完成制订新版五核国核术语表，协调五核国与东盟就《东南亚无核武器区条约》议定书签署问题重启对话。中方将继续支持五核国就核战略与核政策、减少战略风险、和平利用核能等事关战略安全与稳定的所有重大问题开展对话合作。

——中国高度重视与无核武器国家间的建设性对话，充分理解无核武器国家推进核裁军的良好意愿，愿与无核武器国家就维护和加强现有裁军机制、循序渐进实现无核武器世界最终目标保持沟通。

五、中国将继续为促进国际团结合作、推进国际核裁军进程、实现全面禁止和彻底销毁核武器作出不懈努力。

关于无核安保问题中国代表团提交的工作文件

(2021 年 12 月 28 日)

一、摆脱核武器与核战争威胁,最终全面禁止和彻底销毁核武器,符合全人类的共同利益。在实现这一目标之前,所有核武器国家都应明确承诺在任何时候、任何情况下不首先使用核武器,无条件不对无核武器国家和无核武器区使用或威胁使用核武器。

二、核武器国家应缔结"互不首先使用核武器条约"。中国 1994 年 1 月向其他四个核武器国家提交了"互不首先使用核武器条约"草案,并积极推动与其他核武器国家在双边或多边基础上承诺互不首先使用核武器。

三、核武器国家向无核武器国家提供具有法律约束力的安全保证,有助于加强国际核不扩散机制,推进核裁军进程。日内瓦裁军谈判会议应尽早就达成一项无核武器国家安全保证问题国际法律文书开展实质性工作。

四、核武器国家应降低核武器在国家安全政策中的作用,放弃以首先使用核武器为基础的核威慑政策,不把任何国家列为核打击目标,不把自身控制的核武器瞄准任何国家。

五、核武器国家应支持无核武器国家建立无核武器区的努力,并以有法律约束力的形式承担相应义务。

关于无核武器区
和中东核问题中国代表团提交的工作文件

（2021 年 12 月 28 日）

一、建立无核武器区是实现无核武器世界目标的关键步骤，对实现核裁军和核不扩散目标、促进国际和地区的和平与安全具有重要意义。

二、国际社会应继续支持有关国家根据《不扩散核武器条约》第七条和联合国裁军审议委员会于 1999 年通过的指导原则建立无核武器区。

三、核武器国家应明确承诺无条件不对无核武器国家和无核武器区使用或威胁使用核武器，并就此缔结国际法律文书。

四、核武器国家应尊重无核武器区法律地位，签署、批准有关无核武器区条约议定书，并落实相关安全保证。在此方面，应支持核武器国家与《东南亚无核武器区条约》缔约国重启磋商进程，致力于在维护既有共识的基础上早日签署该条约议定书。

五、美国、英国、澳大利亚开展核潜艇合作，系核武器国家首次向无核武器国家转让核潜艇动力堆和武器级高浓铀，构成严重的核扩散风险，违反《不扩散核武器条约》的目的与宗旨，将破坏东盟国家建立东南亚无核武器区的努力，并损害《南太平洋无核区条约》。国际社会应予以坚决反对。

六、建立中东无核武器区，有利于防止核武器扩散，缓和中东紧张局势，增进地区及世界和平与安全。国际社会在促进中东地区国家和解与合作、推进中东和平进程的同时，应继续支持建立中东无大规模杀伤性武器区。历届联合国大会有关决议和决定、1995 年《不扩散核武器条约》审议大会关于中东问题的决议，以及 2000 年和 2010 年《不扩散核武器条约》审议大会最后文件有关内容应得到切实遵守。应积极落实第 73 届联大"召开建立中东无核武器及其他大规模杀伤性武器区会议"的决定（A/73/546），在 2019 年 11 月召开首次国际会议基础上，推动该地区所有国家及有关核武器国家参加 2021 年 11 月举行的第二届国际会议。

七、以色列应尽快以无核武器国家身份加入《不扩散核武器条约》。中东地区有关国家应尽快签署和批准国际原子能机构全面保障监督协定。国际社会应继续鼓励中东地区有关国家尽快签署和批准全面保障监督协定附加议定书。

八、中国政府一贯支持建立中东无核武器及其他大规模杀伤性武器区的国际努力，建设性参加了 2019 年 11 月举行的首次建立中东无核武器及其他大规模杀伤性武器区国际会议。中国国务委员兼外交部长王毅 2021 年 3 月提出实现中东安全稳定的五点倡议，呼吁国际社会支持地区国家有关建立中东无核及其他大规模杀伤性武器区的努力。

关于美英澳核潜艇合作问题中国代表团提交的工作文件

(2021年12月28日)

一、美国、英国、澳大利亚三国宣布建立三边安全伙伴关系（AUKUS）并决定开展核动力潜艇合作，损害地区和平与稳定，构成严重核扩散风险，违反《不扩散核武器条约》（下称"《条约》"）的目的和宗旨，损害《南太平洋无核区条约》，破坏东盟国家建立东南亚无核武器区的努力。中国对此表示严重关切并坚决反对。

二、美英澳开展核潜艇合作，系核武器国家首次向无核武器国家转让核潜艇动力堆和武器级高浓铀，国际原子能机构（下称"机构"）现行保障监督体系无法对美、英拟向澳转让的核潜艇动力堆及相关核材料实施有效保障监督，因此无法确保澳不将相关核材料转用于制造核武器或核爆炸装置。

三、美英澳核潜艇合作充分暴露出三国在防扩散问题上的双重标准，将为解决伊朗核、朝鲜半岛核等地区核热点问题带来深远负面影响。三国核潜艇合作可能打开"潘多拉魔盒"，引发其他国家群起效尤，严重损害国际核不扩散体系。

四、对无核武器国家核潜艇动力堆及相关核材料的保障监督问题事关《条约》的完整性和有效性，涉及机构所有成员国利益，应由机构所有成员国共同讨论，以寻求各方均可接受的解决方案。

五、中国已建议机构成立所有成员国均可参加的特别委员会，专题讨论对无核武器国家核潜艇动力堆及其相关核材料实施保障监督所涉及的政治、法律和技术问题，并向机构理事会和大会提交建议报告。在上述建议报告获得通过之前，美英澳不应开展核动力潜艇相关合作，机构秘书处也不应与三国谈判针对三国核动力潜艇合作的保障监督安排。

六、中国建议《条约》第十次审议大会支持机构启动上述特别委员会进程，完善和加强机构保障监督体系。

七、中国敦促美英澳三国撤销核潜艇合作的错误决定，忠实履行国际核不扩散义务，多做有利于地区和平稳定的事。

四、其他军控与裁军问题

谈践大使率团出席
《禁止化学武器公约》第25届缔约国大会二期会

(2021年4月20日)

2021年4月20日,《禁止化学武器公约》第25届缔约国大会二期会在荷兰海牙召开。中国驻荷兰大使兼常驻禁化武组织代表谈践率团与会。

谈大使就"处理叙利亚拥有及使用化武"决定草案做专题发言,表示中方一贯主张以对话合作的方式解决国际社会的热点、敏感问题。叙利亚自加入公约以来,积极与禁化武组织技秘处开展合作。然而一些国家在禁化武组织不断推动缔约国大会、执理会投票通过相关决定,指责叙利亚违约,甚至剥夺叙方作为缔约国的正当权利。这不仅不利于叙利亚化武问题的解决,反而会破坏叙方与禁化武组织的合作。

谈大使并就上述决定草案所依据的"调查鉴定组"报告提出关切,指出"调查鉴定组"的成立超出公约授权,工作程序不符合公约及其核查附件的有关规定,执理会等公约决策机构未能就报告开展充分讨论。这严重损害叙利亚作为公约缔约国的权利,也影响了公约的严肃性和有效性。

谈大使强调,中方一贯主张对话合作是解决叙利亚化武问题的唯一正确途径,强行推动相关决定草案只会进一步激化矛盾和对抗,损害公约的权威性和有效性。当务之急是各方尽快回归多边主义原则,推动使用化武追责问题回归公约框架。缔约国之间的分歧应通过建设性对话,以公约本身为准绳,妥善处理。只有如此,才能切实维护公约和组织的权威性和有效性。

戴怀成公参在国际原子能机构六月理事会上关于叙利亚核问题的发言

(2021年6月11日)

主席女士,

中方注意到,机构近年来发布的报告均表示未能就该问题获得新信息,相关工作一直无实质性进展。在此情况下,中方认为理事会继续将该问题单列为议题进行讨论不具实际意义。为此,中方支持有关国家提议,不再将该问题列为理事会会议议题。同时,中方鼓励叙方认真履行保障监督协定义务,继续与机构加强合作。

谢谢主席女士。

戴怀成公参在国际原子能机构六月理事会上关于朝鲜半岛核问题的发言

(2021年6月11日)

主席女士，

一段时间以来，因朝美严重缺乏互信，未能找到妥善解决各自关切的办法，和谈进程陷入僵局，但朝鲜半岛形势总体平稳、和缓。

当前朝鲜半岛形势处于重要节点。我们注意到美方宣布已完成对朝政策审议，强调目标是实现朝鲜半岛完全无核化，美将以和平、外交方式解决问题，在美朝新加坡会晤共识及"9·19共同声明"等基础上，寻求恢复美朝对话。今年初，朝鲜劳动党八大召开，坚持对美"强对强，善对善"，保持对话谈判的可能性。有关各方应多做有利于半岛和平稳定的事，尊重彼此合理关切，避免相互刺激，努力延续来之不易的和缓局面，推动对话谈判进程早日重启，持续推进半岛问题政治解决进程。

维护半岛和平稳定，实现半岛无核化，构筑半岛和平机制，符合各方共同利益。国际社会应支持对话协商解决半岛问题的大方向。中方支持朝美开展良性互动，支持朝韩改善关系，支持任何有利于推动对话、缓和紧张、促进合作的努力。我们愿同国际社会一道，继续按照"双轨并进"思路和分阶段、同步走原则，为推进半岛问题政治解决进程发挥积极作用。

谢谢主席女士。

戴怀成公参在国际原子能机构
六月理事会上关于对伊朗保障监督问题的发言

(2021年6月11日)

主席女士,

中方注意到国际原子能机构(下称"机构")总干事提交的"伊朗履行《不扩散核武器条约》保障监督协定"报告(GOV/2021/29)。

中方欢迎机构与伊方通过对话协商就临时技术谅解达成的共识,这为正在进行的伊核全面协议恢复履约谈判争取了时间,也再次证明对话是解决分歧的唯一有效途径。中方赞赏机构与伊方为此所做努力,希望双方延续当前合作势头,继续相向而行,确保相关谅解能够得到有效落实,也呼吁其他各方都能为此发挥建设性作用。

关于该报告中提及的一些保障监督具体问题,中方支持伊方与机构加强对话合作,寻求妥善解决办法。我们相信机构能够秉持客观、公正立场,妥善处理相关问题。我们想重申,伊朗的"核计划军事层面问题"(PMD)已有定论。我们希望有关各方都能向前看,多做有助于缓和局势的事,避免采取激化矛盾的举措。

谢谢主席女士。

戴怀成公参在国际原子能机构六月理事会上关于伊朗核问题全面协议执行的发言

(2021年6月11日)

主席女士：

中方注意到国际原子能机构（下称"机构"）总干事提交的"根据联合国安理会第2231号决议在伊朗实施监督与核查"的报告（GOV/2021/28）。报告确认伊继续就执行全面协议接受机构监督核查，也反映了伊朗与机构达成"临时技术谅解"的相关情况。中方对机构所做努力表示赞赏，支持机构继续秉持客观、中立和公正的原则，并严格根据授权，开展对伊监督核查工作。

当前，全面协议恢复履约谈判取得重要进展，但距离达成协议还有变数。中方希望各方能够从长远和大局出发，增强紧迫感，做出政治决断，以灵活务实态度解决遗留问题，早日达成美伊恢复履约的最终方案，推动全面协议重返正轨。

中方认为，要推动谈判取得突破，关键是秉持正确的是非观。美国单方面退出全面协议，对伊"极限施压"，这是伊核危机的根源。美方理应首先取消所有对伊非法制裁，包括对第三方长臂管辖，伊方则在此基础上尽快全面恢复履约。同时，我们希望所有各方都能为伊核谈判创造有利的氛围。

中方始终以建设性态度参与谈判，为推动各方凝聚共识、化解分歧发挥了重要作用。中方将继续为推动早日达成协议做出努力，维护国际核不扩散体系，维护中东地区的和平与稳定。同时，我们也将坚定维护自身的正当合法权益。

谢谢主席女士。

李森公参在国际原子能机构六月理事会上就福岛核污染水处置问题发言

（2021年6月11日）

中国常驻维也纳联合国代表团李森公参6月11日在国际原子能机构6月理事会上就日本福岛核污染水处置问题发言，敦促日方撤回福岛核污染水排海错误决定、全面配合国际原子能机构开展评估与监督，并驳斥日方相关错误言论。

李森表示，今年4月13日，日本政府不顾国内外质疑和反对，在未穷尽安全处置手段、未全面公开相关信息、未与周边国家和国际社会充分协商的情况下，单方面决定向海洋排放福岛核电站事故核污染水，极不负责任。这一决定可能直接危害周边国家人民切身利益，对全球海洋环境和国际公共健康安全构成威胁。中国和许多周边国家都表达了反对和关切。国际原子能机构专家也称，福岛现有核废水需进一步净化处理。

李森强调，中方主张国际原子能机构尽快成立包括中方等利益攸关方在内的技术工作组，就日本福岛核污染水处置方案、后续落实与国际评估和监督等开展工作。中方将全力支持国际原子能机构根据授权开展相关工作，以实现对日本核污染水的处置严格管控，在事前开展技术评估和同行评议，在事中进行技术监控，并在事后做出安全性评价。希望国际原子能机构秉持客观、公正和专业精神推进有关工作，日方则应本着负责任态度予以配合。

针对日方代表在发言中辩称福岛核废水排海是"符合国际惯例"，以及"所排废水系经多核素处理系统（ALPS）净化处理过的，安全无害、不会影响海洋环境"等谬论，李森代表中方行使答辩权，强调海洋是人类共同财产，核事故污染水排海没有先例，它与核电站正常运行排水有本质不同。福岛核污染水处置问题绝不只是日本国内问题，还关系到国际社会的共同福祉。事实证明，日本在福岛核电站事故上的处置一次次失信于国内民众和国际社会，我们不得不对其所宣称的'安全处置'的合理性、科学性，以及提供信息和数据的真实性、可信性打一个问号。中方强烈敦促日方秉持科学态度，对国际社会、周边国家的严重关切做出负责任的回应。日方应重新审视该问题，撤回错误决定。在同各利益攸关方和国际原子能机构协商并达成共识前，不得擅自启动排海。

中国代表团
戴怀成公参就《全面禁核试条约》组织筹委会相关工作阐述中方立场

（2021年6月24日）

6月21日至23日，中国代表团出席《全面禁核试条约》组织筹委会第56次会议，就筹委会相关工作阐述立场。

中方表示，《全面禁核试条约》作为国际核裁军与核不扩散体系的关键支柱，为遏制核军备竞赛、维护全球战略安全与稳定发挥了重要作用。近年来，国际社会普遍支持条约，条约普遍性进一步增强，迄今已有185国签约，履约筹备工作不断取得进展。当前，国际战略安全形势正在经历复杂深刻变化，继续倡导多边主义、加强对条约政治支持，在今天尤显重要。中方呼吁所有国家共同努力，切实维护并加强国际核军控条约体系，反对任何有损全球战略安全与稳定的举措。

中方表示，支持筹委会预算坚持"实际零增长"原则，赞赏临时技秘处在优化资金分配和提高使用效率方面所做努力，希技秘处继续加大对发展中国家能力建设项目支持。中方作为第二大会费国，将继续为筹委会工作做出自身贡献。

中方指出，有关国家在惰性气体本底调查和移动监测系统问题上立场存在分歧，希各方以建设性态度，开展沟通协商，尽快就相关问题制定指导原则，确保有关活动符合条约规定，遵循"临时试运行"原则，不超出筹委会授权。中方也希技秘处充分听取各方意见和关切。

中方强调，作为首批签署条约的国家之一，中方坚定支持条约的宗旨和目标,始终恪守"暂停试"承诺,并积极参与促进条约生效的国际努力。中国履约筹备工作取得积极进展,近年已有5个监测台站通过核证验收并正式传输数据,昆明次声台站已启动核证程序。下步,中方愿继续深入参与筹委会各项工作,与技秘处密切合作,为推进条约履约筹备工作不懈努力。

中方最后祝贺弗洛伊德当选新任执秘,支持他领导技秘处顺利履职,期待他上任后团结所有各方,以客观、公正和专业精神开展工作,为加强条约体系、维护多边主义作出贡献。同时,中方高度评价并感谢现任执秘泽博多年来卓有成效开展工作,推动条约体系建设不断取得进展,为提高条约普遍性和影响力做出重要贡献,中方将同有关方一道,继续支持他在剩余任期内顺利履职。

中国代表团在联合国外空委第 64 届会议上的发言

（2021 年 8 月 26 日）

主席先生，

中国代表团祝贺您当选本届会议主席，相信在您的领导下，本届会议将取得圆满成功。中方赞赏主席先生及西蒙内塔（Simonetta di Pippo）女士率领的秘书处克服新冠肺炎疫情影响召开外空委会议，保持外空委工作连续性对推进和平利用外空国际合作有重要意义。中方支持哥斯达黎加代表"77 国集团加中国"所作发言。

主席先生，

今年是中华人民共和国恢复在联合国合法席位 50 周年。50 年来，中国积极维护多边主义和以联合国为核心的国际体系，在和平利用外空全球治理和国际合作中，支持外空委发挥主要平台作用。面对外空技术快速发展和传播带来的发展机遇，以及在确保外空活动长期可持续性、规范新型外空活动方面的挑战，中方期待与各方一道，维护并践行真正的多边主义，利用外空委这一重要平台广泛开展交流对话，提升空间技术和应用对实现可持续发展目标的促进作用。

中方欢迎第 58 届科技小组委员会和第 60 届法律小组委员会的报告。LTS 新工作组应根据外空委第 62 届会议有关决定，平衡推进制订新准则、交流执行经验、提高认知及能力建设三项职能。中方正梳理和研究外空活动长期可持续性面临的新挑战，同时采取有效措施从空间活动监管、空间业务安全和能力建设层面对已通过准则进行自愿执行，依托联合国附属空间科技教育亚太区域中心（中国）等为各国学员提供相关培训。从根本上说，扩大国际合作，加强航天技术和应用能力建设,是执行 LTS 准则的基础,也应是外空委重要工作方向。

空间资源开发活动正从设想走进现实,相关国际法律框架亟待明确,外空委法律小组委员会决定设立工作组,有助于以多边主义方式讨论和应对这一问题。中方期待工作组尽快启动实质性工作,坚持外空条约所奠定的基本法律原则,本着审慎态度逐步发展空间资源活动规则,促进空间资源开发活动以合法、有序且有利于各国共同利益的方式开展。

在低轨道拥挤问题日益突出背景下,低轨道巨型卫星星座在技术和法律层面带来挑战受到越来越多关注。中方支持在外空委或其小组委员会合适议题下对有关问题开展更有针对性的讨论,确保相关活动符合对轨道和频率的可持续利用,维护外空的可进入性。

"空间 2030"议程制定工作进入最后阶段。"空间 2030"议程是外空委重要文件,应充分反映各方在和平探索外空、为全人类谋福利方面的共同利益。中方期待各方相向而行,基于外空委已有工作成果,充分协商并达成共识,以便如期将"空间 2030"议程提交联大审议。

主席先生,

中国继续大力推进和平利用外空领域国际合作。今年 3 月,中国与俄罗斯共同发起建设国际月球科研站,欢迎感兴趣的国际伙伴参与国际月球科研站的设计、研制、实施等合作。自 6 月起,作为旨在确保火星轨道安全(safety)的一项工作,中国国家航天局与美国国家航空航天局(NASA)定期交换火星探测器轨道数据。在嫦娥五号月球探测任务和天问一号火星探测任务中,中方还与阿根廷、巴基斯坦、纳米比亚、欧空局(ESA)等开展良好合作。"祝融号"火星车自今年 5 月至 8 月圆满完成既定巡视探测任务,后续将实施拓展任务。

中国空间站项目正按计划推进,三名航天员于 6 月 17 日由神舟十二号载人飞船送入太空,并于 7 月 4 日和 8 月 20 日两次出舱活动,预计在轨驻留 3 个月。中方正协同相关国家和联合国外空司推进实施"中国空间站国际合作计划"首批项目。今年是人类首次太空飞行 60 周年,纪念先行者有助于载人航天及其国际合作的重要意义，中方感谢俄罗斯代表团举办纪念边会，中国首位航天员杨利伟将参加边会。

2020年7月，北斗三号全球卫星导航系统正式开通，一年来，北斗三号系统运行稳定、性能稳中有升，已向全球120多个国家和地区提供服务。北斗系统同GPS系统、GLONASS系统及Galileo系统持续开展兼容与互操作协调，并与广泛国家和地区建立常态化交流平台。

今年8月，中国与巴西、俄罗斯、印度、南非共同签署《金砖国家遥感卫星星座合作协定》。该倡议由中国国家航天局于2015年发起，将由金砖国家现有卫星组成"遥感卫星虚拟星座"，旨在促进卫星数据共享合作，帮助有关国家共同应对气候变化、重大自然灾害等挑战。

中国继续向联合国灾害管理与应急反应天基信息平台（UNSPIDER）提供支持，2019至2020年，共提供人民币285万元，用于保障UNSPIDER北京办公室日常运转和项目执行工作。中国还为阿富汗严重干旱、萨尔瓦多洪涝等灾害提供监测服务，为有关国家抗击自然灾害提供支持。

主席先生，

中方乐见外空委持续扩员和提升影响力，欢迎安哥拉、孟加拉国、斯洛文尼亚提交的外空委成员国申请，也欢迎朝鲜、危地马拉、巴拿马、梵蒂冈、马耳他骑士团、国际统一私法协会（UNIDROIT）、开放月球基金会、平方公里阵列天文台（SKAO）提交的观察员申请。

维护外空安全（security），防止外空武器化和外空军备竞赛，是确保外空和平利用的根本保障。中国愿与各国继续携手努力，为和平利用外空这一人类共同事业做出贡献，实现命运共同体愿景。

谢谢主席先生。

李森公参在国际原子能机构
九月理事会上关于日本福岛核污染水处置问题的发言

（2021年9月13日）

主席女士，

日本福岛核电站事故核污染水处置问题不是日本一家的私事，而是关乎周边国家人民切身利益和全球海洋环境的重大国际议题。中方对此高度关注。

今年4月，日本政府单方面决定向海洋排放福岛核污染水，中国、韩国、俄罗斯、中美洲、南太平洋岛国等环太平洋沿岸国家纷纷表达关切和反对。令人遗憾的是，日方完全无视各方合理关切，持续推进向海排放核污染水的技术和政策准备。就在不久前，日方对外公布将通过海底隧道方式向海排放核污染水。日方这种做法是企图将自身错误决定强加于国际社会，完全不可接受。中方敦促日方认真回应国际社会、周边国家以及本国民众的呼声，切实履行应尽的国际义务，撤销将核污染水排海的错误决定，停止推进排海准备工作。在与周边国家等利益攸关方及有关国际机构协商并达成一致前，日方不得擅自启动核污染水排海。

主席女士，

中方支持国际原子能机构根据授权，在日本核污染水处置问题上发挥作用。我们希望机构就此成立的技术工作组根据协商一致原则，认真开展工作，对日本核污染水处置进行事前、事中、事后的评估与监督核查，确保核污染水处置绝对安全。日方应给与国际原子能机构全面配合，包括就所有可能的核污染水处置方案选项进行评估和协商，在数据准确性和处置手段有效性等方面接受监督核查。我们也希望机构秘书处同有关利益攸关方加强沟通。

海洋是人类共有财产，保护海洋环境是国际社会的共同责任。国际社会必须对日福岛核污染水处置问题保持关注，敦促日方以负责任的方式行事。中方就继续密切关注事态发展，并保留进一步反应的权利。

谢谢主席女士。

李森公参在国际原子能机构
九月理事会上关于伊朗核问题全面协议执行的发言

（2021年9月16日）

主席女士，

中方认真研读了国际原子能机构（下称"机构"）总干事提交的"根据联合国安理会第2231号决议在伊朗实施监督与核查"的报告（GOV/2021/39），注意到报告反映的机构对伊朗执行全面协议监督核查情况，以及机构与伊执行"临时技术谅解"的现状。

中方赞赏机构和伊朗所做的有关努力，支持机构继续秉持客观、中立和公正的原则，严格根据授权开展对伊监督核查工作。我们支持机构与伊方加强对话协商，欢迎机构与伊方9月12日达成的有关"临时技术谅解"的安排。中国政府已明确今年继续为机构开展监督核查活动捐款135万元人民币。

伊核全面协议是多边外交的重要成果，是国际核不扩散体系和中东地区和平稳定的关键支柱。国际社会应坚定支持完整、有效执行全面协议和安理会第2231号决议。我们不应忘记，美前政府退出全面协议并对伊"极限施压"是伊核危机的根源，伊方减少履约是对美方错误行径的反制。要求伊方单方面恢复履约，既不公正，也无法实现。伊方已多次重申，愿在利益得到保障的情况下恢复履约。因此，解决伊减少履约和监督核查问题，根本上要靠推进美伊恢复履约的谈判，恢复全面协议的完整、有效执行。

当前，伊核形势处于重要关口。中方注意到，伊朗新政府展示出维护全面协议的政治意愿，表示愿意重返谈判，但需要时间审议谈判政策。各方应始终坚持对话谈判的大方向，避免采取可能导致局势复杂化的行动。作为单方面退出协议的一方,美方理应彻底纠正前政府错误政策,体现必要诚意和灵活,积极回应伊方在解除制裁等问题上的正当合理关切,推动谈判早日达成协议。

中方始终坚定维护全面协议和安理会第 2231 号决议的权威性和有效性,建设性参与恢复履约谈判,为推动各方凝聚共识、化解分歧发挥了重要作用。中方将继续为伊核问题的政治外交解决作出不懈努力,同时也将坚定维护自身的正当合法权益。

谢谢主席女士。

李森公参在国际原子能机构九月理事会上关于朝鲜半岛核问题的发言

(2021年9月16日)

主席女士,

中方注意到国际原子能机构总干事提交的"在朝鲜实施保障监督"最新报告。我们认为,机构报告提到的有关动向,需依据事实进一步研判,不应仓促作出结论。

当前,朝鲜半岛形势总体稳定,但朝美对话停滞不前,半岛问题政治解决进程停滞不前。我们注意到,美方虽完成对朝政策审议并多次提议同朝方对话,但迄未拿出有吸引力的具体对话方案。半岛形势之所以久陷僵局,症结在于朝方已采取的无核化措施未得到美方应有重视,朝方在安全和发展方面的合理关切未得到应有回应。当前形势下,美方应切实负起责任并显示灵活,以实际行动展现对话诚意。

主席女士,

作为半岛近邻和安理会常任理事国,中方一贯坚决维护国际核不扩散体系,坚持实现半岛无核化,坚持维护半岛和平稳定,坚持通过对话协商解决问题。基于上述立场,中方支持有关方按照"双轨并进"思路和分阶段、同步走原则,寻找均衡解决各自关切的方案。中方愿同有关各方和国际社会一道,继续为推动政治解决半岛问题发挥建设性作用。

在执行安理会决议问题上,中方始终认真履行国际义务。中方一向认为,制裁不是目的,对话才是正途。坚持施压只会加剧朝经济困难,不利于重启对话。我们呼吁安理会尽快启动涉朝决议可逆条款,缓解民生领域制裁,这有助于打破僵局、重启对话。

谢谢主席女士。

李森公参在国际原子能机构
九月理事会上关于叙利亚核问题的发言

(2021年9月16日)

主席女士,

中方注意到国际原子能机构总干事提交的"在叙利亚执行保障监督协定"报告。

近些年来,机构框架下叙核问题相关工作一直没有实质性进展。在此情况下,中方支持有关国家提议,不再将该问题列入理事会议题。同时,中方鼓励叙方认真履行保障监督协定义务,继续与机构加强合作。

谢谢主席女士。

李森公参在国际原子能机构
九月理事会上关于中东地区保障监督问题的发言

(2021年9月16日)

主席女士,

中国代表团注意到国际原子能机构总干事提交的"在中东地区实施保障监督"最新报告。中方一贯支持加强《不扩散核武器条约》(NPT)的普遍性、权威性和有效性,支持在中东地区建立无核及其他大规模杀伤性武器区(下称"中东无核区")。我们认为,有效执行机构大会"在中东地区实施保障监督"决议,有助于促进国际社会推动建立中东无核区的努力。

中方呼吁,中东地区所有国家均应认真履行《不扩散核武器条约》义务,尽快签署与批准全面保障监督协定。仍未加入《不扩散核武器条约》的国家应尽快以无核武器国家身份加入条约,并将其所有核设施置于机构全面保障监督之下。

主席女士,

建立中东无核区,有利于遏制大规模杀伤性武器扩散,缓和中东紧张局势,促进地区及世界和平与安全。根据联大决定,首届建立中东无核区国际会议于2019年11月在纽约召开,开启了相关国际讨论进程。今年11月,第二届中东无核区国际会议将再次在纽约召开。中方希望美方能担负起应有责任,出席会议并为会议取得成功发挥应有的作用。

中方一贯积极支持建立中东无核区,连续多年对联大相关决议及决定投赞成票,并积极参与相关国际进程。我们愿同有关国家一道,继续为实现这一目标作出不懈努力。

谢谢主席女士。

李森公参在国际原子能机构
九月理事会上关于对伊朗保障监督问题的发言

(2021 年 9 月 16 日)

主席女士,

中方注意到机构总干事提交的"伊朗履行《不扩散核武器条约》保障监督协定"报告(GOV/2021/42)。报告反映了机构对伊朗核计划实施保障监督的现状,以及机构与伊方就解决未决问题的沟通情况。我们也注意到,伊方同机构就四个场址相关问题保持了对话合作,并表示愿就经修订的全面保障监督辅助安排 3.1 条款寻求解决办法。中方对此表示赞赏和欢迎。

当前形势下,对话合作仍有空间,也是唯一正确途径。中方支持机构继续秉持客观、公正和中立原则,严格按照授权,开展对伊保障监督活动。中方鼓励机构与伊方进一步加强对话与协商,妥善解决保障监相关未决问题。同时,我想重申,伊朗"可能的核计划军事层面问题"已有定论,不应重开相关讨论。

中方希望有关各方都能从大局出发,保持理性克制,体现善意和灵活,为机构与伊对话合作营造良好的氛围,也为促进重启全面协议恢复履约谈判创造条件。

谢谢主席女士。

中国代表团
戴怀成公参就《全面禁核试条约》组织筹委会相关工作阐述中方立场

(2021年11月12日)

11月10日至12日,中国代表团出席《全面禁核试条约》组织筹委会第57次会议,就筹委会相关工作阐述立场。

今年是《全面禁核试条约》达成25周年。条约已成为国际核裁军与核不扩散体系的关键支柱,为遏制核军备竞赛、维护全球战略稳定发挥了重要作用。在各方共同努力下,条约普遍性不断提高,履约筹备工作持续取得进展,禁核试已经成为国际共识。

当前国际安全形势深刻复杂演变,继续倡导多边主义、加强对条约政治支持,在今天尤显重要。中方呼吁所有国家共同努力,践行真正的多边主义,谋求各国共同、综合、合作、可持续的安全,切实维护并加强国际核军控条约体系,为《全面禁核试条约》早日生效创造条件。某些国家尤其要摒弃冷战思维,切实降低核武器在国家安全政策中的作用,放弃谋求绝对军事优势,不采取任何有损全球战略稳定的举措。

中方支持筹委会预算坚持"实际零增长"原则,赞赏技秘处在优化资金分配和提高使用效率方面所做努力,希技秘处继续加大对发展中国家能力建设项目支持。中国作为第二大会费国,一向认真履行财政义务,及时、足额缴纳会费。中方将继续为筹委会工作做出自身贡献。

有关国家在利用移动监测系统开展惰性气体本底调查问题上立场存在分歧,希望各方以建设性态度,开展沟通协商,就相关问题制定指导原则,确保有关活动符合条约规定及筹委会授权,并遵循"临时试运行"原则。中方也希望技秘处充分听取各方意见和关切。

中国是最早签署《全面禁核试条约》的国家之一,坚定维护条约宗旨和目标。自1996年以来,中国始终恪守"暂停试"承诺,并积极参与促进条约生效的国际努力。多年来,中国积极参与筹委会工作,加强禁核试国际合作,支持发展中国家能力建设,为推动条约履约筹备进程做出贡献。中国的履约筹备工作取得积极进展,近年已有5个监测台站通过核证验收并正式传输数据,昆明次声台站已启动核证程序。中国在自愿捐款、设备研发等方面也与技秘处开展了良好合作。下步,中方愿继续深入参与筹委会各项工作,加强与技秘处及各签约国合作,为推进条约履约筹备工作不懈努力。

中国代表团在国际原子能机构
十一月理事会上关于日本福岛核污染水处置问题的发言

（2021年11月26日）

主席先生，

日本福岛核电站事故核污染水处置问题是关乎周边国家人民切身利益和全球海洋环境的重大国际议题，中方对此高度关注。

今年4月，日本政府单方面决定向海洋排放福岛核污染水。日方未穷尽安全处置手段，未全面公开相关信息，未与周边国家等利益攸关方充分协商，也未拿出可监督核查的安排，贸然作出上述决定是极其不负责任的。中国、韩国、俄罗斯、太平洋岛国、中美洲国家等均表达了反对或关切。然而，日本完全无视国际社会合理关切，还在不断推进向海排放的技术和政策准备。这种企图将自身错误决定强加于国际社会的做法完全不可接受。

日方应认真回应国际社会、周边国家以及本国民众的呼声，切实履行应尽的国际义务，撤销将核污染水排海的错误决定，停止推进排海准备工作。日方应秉持公开、透明、科学的态度，邀请国内和国际上的利益攸关方充分参与，与有关国际机构充分协商，重新评估核污染水处置的各种可能方案。除非与利益攸关方及国际原子能机构协商并达成一致，否则日方不应擅自启动排海。

主席先生，

中方关注国际原子能机构技术工作组的工作进展，希机构及时向国际社会进行通报。中方认为，机构应秉持客观、公正、科学和负责任的态度，充分听取利益攸关方意见，协助国际社会对日本核污染水处置进行事前、事中、事后的评估与监督核查，确保核污染水处置绝对安全。中方希机构秘书处就有关工作加强同利益攸关方的沟通。日方应给予机构全面配合，包括就所有可能的核污染水处置方案选项进行充分协商，在数据准确性和处置手段有效性等方面接受监督核查。

海洋是人类共同财产，核事故污染水排海没有先例。国际社会必须对日福岛核污染水处置慎之又慎。中方将继续密切关注事态发展，并保留作出进一步反应的权利。

谢谢主席先生。

戴怀成公参在国际原子能机构
十一月理事会上关于伊朗核问题的发言

(2021年11月26日)

主席先生,

中方注意到国际原子能机构(下称"机构")总干事提交的"根据联合国安理会第2231号决议在伊朗实施监督与核查"的报告(GOV/2021/51)。中方支持机构继续秉持客观、中立和公正的原则,严格根据授权,开展对伊履行全面协议相关监督核查工作。中方并欢迎伊邀请机构总干事访伊,支持双方通过对话解决分歧。

当前,伊朗核问题处于关键节点。各方已商定于11月29日在维也纳重启全面协议恢复履约谈判,这表明各方仍致力于通过政治外交手段解决伊核问题。中方希望各方坚持正确的谈判逻辑,秉持务实的谈判策略,营造必要的谈判氛围,顺利推进复谈并取得积极成果,推动全面协议早日重返正轨。美国作为单方面退出全面协议的一方,理应率先取消所有全面协议相关对伊制裁,包括对第三方的长臂管辖,伊方则在此基础上恢复全面履约。

当前,各方均应为外交努力取得进展创造必要条件和良好氛围。中方相信,随着全面协议恢复完整、有效执行,伊减少履约问题将迎刃而解。各方均应从大局和长远出发,继续支持伊与机构通过对话协商解决分歧,避免采取可能破坏谈判进程的举措。

中方始终坚定维护全面协议和安理会第2231号决议的权威性和有效性。最近一段时间,中方与有关各方保持密切沟通,积极劝和促谈,目的就是要推动重启恢复履约谈判并早日取得成果。我们将继续以建设性态度参与谈判,推动伊核问题政治外交解决进程,维护国际核不扩散体系,维护中东地区的和平与稳定。

谢谢主席先生。

戴怀成公参在国际原子能机构十一月理事会上关于朝鲜半岛核问题的发言

(2021年11月26日)

主席先生,

近年来,国际原子能机构框架下叙核问题相关工作一直没有实质性进展。在此情况下,中方认为理事会继续将该问题单列为议题进行讨论不具实际意义。因此,中方支持有关国家提议,不再将该问题列为理事会会议议题。

同时,中方鼓励叙方认真履行保障监督协定义务,继续与机构加强合作。

谢谢主席先生。

戴怀成公参在国际原子能机构十一月理事会上关于对伊朗保障监督问题的发言

(2021年11月26日)

主席先生,

中方注意到国际原子能机构(下称"机构")总干事提交的"伊朗履行《不扩散核武器条约》保障监督协定"报告(GOV/2021/52)。我们支持机构继续秉持客观、中立和公正的原则,履行对伊朗核计划的保障监督授权。

关于该报告中提及的保障监督未决问题,中方支持伊方与机构加强对话合作,寻求务实合理的解决方案,同时避免重开伊核计划"军事层面问题"(PMD)讨论。中方注意到机构就视察员的安检问题与伊方保持沟通,相信能够找到优化安检安排的办法。

中方希望有关各方都能向前看,多做有助于缓和局势的事,避免采取激化矛盾的举措。

谢谢主席先生。

五、王群大使就美伊恢复履行伊核全面协议问题的系列讲话

王群大使
就美伊恢复履行伊核全面协议等问题接受中外媒体采访

（2021年4月6日）

一、问：此次会议讨论了什么话题，有什么具体成果？这轮会谈将持续多久？美国和伊朗什么时候能达成恢复履约的协议？

这次会议是在伊核问题局势处于关键阶段召开的一次重要会议，各方同意积极落实去年12月举行的伊核外长会共识，推动美伊尽快恢复履约。这次会议启动了两个进程，一是核领域和制裁解除工作组工作进程，二是与美"近距离接触"进程。接下来，两个工作组将立即动起来，积极开展工作。中方希望各方延续良好势头，及早就恢复全面履约达成共识，推动伊核全面协议尽快重回正轨。

二、问：最近各方围绕美伊恢复履约问题密集互动，中方为此都做了哪些工作？

伊核全面协议是有关各方经过艰苦努力达成的重要多边主义成果。中方从维护多边主义和维护联合国安理会权威的政治高度出发，积极维护伊核全面协议，为推动伊核全面协议重返全面履约的正轨做了大量工作、发挥了重要作用。

首先，中方为恢复履约提供了强劲的政治支持。在去年12月举行的伊核

外长会上，王毅国务委员兼外长提出伊核问题政治外交解决的四点主张。

其次，中方建设性参与历次伊核全面协议联委会工作，推动各方巩固维护全面协议共识，积极促成联委会正式启动恢复履约方案谈判进程。

第三，中方积极通过双边渠道做主要当事方的工作。中国外交部马朝旭副部长近期多次与美国总统伊朗事务特使马利通电话，促美作为单方面退出全面协议的责任方，切实拿出诚意，尽快采取行动，包括解除不合法的单边制裁措施，取消针对包括中国在内的长臂管辖措施。同时，中方也通过多渠道做伊方工作，促美伊尽快全面恢复履约。

此外，针对有国家要求安理会发表伊核主席声明，拟在国际原子能机构3月理事会重提涉伊决议等，中方旗帜鲜明表示反对，为恢复履约排除干扰。中方还倡议搭建海湾地区多边对话平台，为通过平等协商解决各国关切，争取形成维护地区和平稳定的新共识提供新渠道。

总之，中方一直在为推动伊核全面协议重返正轨作出积极努力。我们已经作出了应有的贡献，并且还将继续为此不懈努力。

三、问：伊朗方面表示美国重返伊核协议前必须取消全部制裁，中方对此有何评论？

这涉及一个基本是非问题，伊朗作为一个受害方的正当要求应首先得到确认和满足。美国单方面退出伊核全面协议，并对伊朗极限施压，造成伊方被迫减少履约来反制，这是伊核局势发展至今的根本逻辑。"解铃还须系铃人"，美方取消所有不合法的单边制裁、早日重返全面协议，是破解当前伊核局势的钥匙。美国新政府决定重返全面协议是正确的选择。既然定了，就应切实采取行动，特别是立即解除对伊朗的不合法制裁，同时取消针对包括中国在内的第三方实体和个人的长臂管辖。这是美重返全面协议的应有之义，也是必然要求，伊方当然也应在此基础上恢复全面履约。

四、问：美表示要谈判解决涉伊地区安全问题，欧洲多国也表示要谈判全面协议升级版，中方对此持何立场？

当务之急是美伊尽早恢复履约，这次联委会讨论的也正是这个问题。

对于伊核全面协议的作用，我们应用历史的逻辑来看待，全面协议谈判达成的初衷是解决伊朗的核计划问题，不可能解决所有地区安全问题，这反映了中东地区安全的现实，全面协议各方和美方对此都很清楚。

各方对于地区安全问题的关切，应与伊核全面协议分开处理。王毅国务委员兼外长倡议在维护伊核全面协议前提下，搭建一个海湾地区多边对话平台，讨论当前地区面临的安全问题，通过平等协商解决各国关切，争取形成维护地区和平稳定的新共识。中方对倡议如何具体落地持开放态度。中方愿就在华举办海湾地区安全多边论坛同各方保持密切沟通，这一新平台可从2轨或1.5轨开启，从保障石油设施和航道安全等议题入手，探讨构建中东信任机制，先易后难、积累互信，逐步打造共同、综合、合作、可持续的中东海湾安全架构。

五、问：此前，伊朗方面曾公开表示绝不会与美国方面举行任何级别的直接会谈，美国务院发言人也表示美国官员不会很快同伊朗进行直接对话，美伊间如何实现间接接触？

启动与美的"近距离接触"是这次联委会的一大成果，这是包括中方在内的伊核全面协议各方一个时期以来努力的结果。中方理解这种"接触"的具体模式还需进一步探讨并明确，我们赞赏并将继续支持欧盟作为联委会会议的协调员为美伊间的沟通协调发挥积极作用。

王群大使：
中方支持联委会启动两个进程 尽早实现美伊恢复履约

（2021年4月6日）

4月6日，伊核问题全面协议联合委员会政治总司长级会议在奥地利维也纳举行，讨论美伊恢复履约问题。会议由欧盟对外行动署副秘书长莫拉主持，伊朗副外长阿拉格齐、俄罗斯、英国、法国、德国相应官员与会。中国常驻维也纳联合国代表王群大使出席。

王群表示，要解决当前问题、达成美伊恢复履约方案，首先要对事态如何发展到今天有个清晰认识。美前政府单方面退出伊核问题全面协议并对伊朗极限施压，是造成伊核局势持续紧张的根源。美国早日重返全面协议，是破解当前伊核局势的钥匙。受害方的正当要求应首先得到确认和满足，而不是加害方，这涉及一个基本是非问题。作为一项基本原则，美方理应取消所有对伊非法制裁，伊方则在此基础上恢复全面履约。

王群强调，中方支持联委会启动两个进程，一是核领域和制裁解除工作组工作进程，二是与美"近距离接触"进程。上述进程应确保各方有效参与，保障各方合法权益。中方希望两个工作组能尽快取得进展，并将讨论成果提交联委会核可。

王群说，中方坚决反对美方施加的所有不合法的单边制裁，将坚定维护自身合法权益，不论是美对伊朗的不合法制裁，还是针对包括中方在内的第三方实体和个人的"长臂管辖"，都应当立即解除。

王群表示，中方继续坚定不移维护全面协议，希望各方通过此次联委会会议能够增加紧迫感、抓住当前的机会，通过公正合理谈判推动全面协议重回正轨。中方将与各方一道，从大局和长远出发，继续推进伊核问题政治解决进程，争取早日恢复全面协议完整、有效执行。

会议期间，中俄出席会议的代表团长就会议重要议题深入交换了看法。王群还分别会见了欧盟对外行动署副秘书长莫拉、伊朗副外长阿拉格齐、美国总统伊朗事务特使马利，就美伊恢复履约问题交换了意见。

王群大使：美国解除单边制裁的承诺应立即付诸行动

（2021年4月9日）

王群表示，中方认为，本次联委会会议总体是建设性的，各方都积极落实去年12月外长会共识，正朝正确的方向迈进。它启动的两个进程，一个核领域和制裁解除工作组进程，一个与美"近距离接触"进程，均开展了密集的工作。通过这四天的会议，有关各方就恢复全面履约问题的分歧正在收窄，我们已经看到各方逐渐形成共识的势头。这为下步形势保持向好发展创造了有益氛围。

王群强调，对于美国的单边制裁，中方和有关各方在会上均明确表达了关切。这个问题是核心问题，关乎恢复履约的成败，必须立即解除。此类制裁问题都是美国前政府非法制裁执行伊核全面协议的实体和个人所造成的。解除这些制裁不仅仅是双边范畴的问题，更是维护全面协议这一多边主义成果的重要方面。我们注意到美方近日就解除此类制裁释放了一些积极信息，呼吁美方立即付诸实际行动，以利于全面协议得到完整有效的执行。

王群表示，各方下周还将在这里继续谈判，我们希望本周会议的积极的建设性态势能够得到延续。维也纳是伊核全面协议谈判开始和达成的地方，中方希望维也纳也能见证各方达成美伊恢复履约安排。

王群大使：
各方应排除一切干扰加紧推动谈判取得实质进展

（2021年4月15日）

4月15日，伊核问题全面协议联合委员会新一轮政治总司长级会议在奥地利维也纳举行，继续讨论美伊恢复履约问题。会议由欧盟对外行动署副秘书长莫拉主持，伊朗副外长阿拉格齐、俄罗斯、英国、法国、德国相应官员与会。中国常驻维也纳联合国代表王群大使出席。

王群表示，中方注意到对伊朗纳坦兹核设施的破坏行径，我们对此强烈谴责并坚决反对。同时，中方也注意到有关国家14日就伊朗宣布加装离心机和提高铀浓缩丰度发表共同声明、表达关切。希望各方保持克制，不要过度反应。

王群强调，上述事态发展使中方更加坚信，在当前伊核局势的关键节点，有关各方应努力维持上周谈判的良好势头，排除一切干扰，加速推进谈判进程，以尽早就美伊恢复履约安排达成一致。

王群说，联委会本周应继续通过工作组和"近距离接触"这两大进程，聚焦美制裁解除问题的具体方案；中方呼吁美方立即无条件重返伊核全面协议并解除伊核问题所有相关制裁，不论是对伊制裁，还是对第三方实体和个人的长臂管辖措施。制裁解除不仅是谈判成败的关键，更是恢复履约和维护全面协议的应有之义。当务之急，是美拿出制裁解除的实实在在的具体方案。伊朗则在此基础上恢复全面履约。

王群最后表示，中方将一如既往继续深入参与谈判，推动及早取得成果。

王群大使：各方应继续聚焦并立即谈判制裁解除的具体安排条文

（2021年4月17日）

4月17日，正在参加新一轮伊核全面协议联委会的中国常驻维也纳联合国代表王群大使说，中方对联委会工作重新回到正轨并在这两天所开展的建设性工作感到鼓舞。

王群说，中方认为，当前联委会应通过核领域和制裁解除工作组以及与美"近距离接触"两大进程，继续聚焦制裁解除实质工作，特别是立即开始谈判制裁解除的具体安排案文。美国所有制裁，不论是对伊朗的制裁，还是针对第三方"长臂管辖"制裁，包括对中方企业和个人的制裁，都必须立即取消。

王群说，中方将继续与相关各方一道努力，推动美伊恢复履约谈判及早取得实实在在的成果。

王群大使：
全面彻底干净解除所有相关制裁是谈判取得成效的关键

（2021年4月20日）

4月20日，伊核问题全面协议联合委员会新一轮政治总司长级会议继续在奥地利维也纳举行。会议由欧盟对外行动署副秘书长莫拉主持，伊朗副外长阿拉格齐、俄罗斯、英国、法国、德国相应官员与会。中国常驻维也纳联合国代表王群大使出席。

王群大使表示，最近几天的谈判是有益的，当前谈判已进入了一个新阶段。中方欢迎联委会通过有关工作组以及与美"近距离接触"两大进程就美伊恢复履约安排的案文起草进行密集谈判。目前，各方对上述安排的框架及主要要素都有了更加清晰的认识。这些工作为联委会下步谈判打下了扎实的基础。

王群强调，当务之急是继续聚焦全面彻底干净解除所有相关制裁，包括对伊朗及对第三方的相关制裁。这是谈判成败的关键。

王群说，中方坚定支持美伊尽早实现恢复履约，愿与相关各方携手努力，共同推动实质性案文谈判早日取得各方均能接受的成果。

王群大使：美伊恢复履约顺序问题首先是个是非观问题

（2021年4月27日）

4月27日，伊核问题全面协议联合委员会新一轮政治总司长级会议在奥地利维也纳举行。中国常驻维也纳联合国代表王群大使出席。

王群表示，联委会关于美伊恢复履约的谈判已进入第四周。这将是非常重要的一周。当前，谈判取得了一些重要进展，但也还有一些重要分歧。中方认为，美伊恢复履约顺序问题首先是个是非观问题，不能本末倒置。是美国前政府单方面退出伊核全面协议并对伊极限施压，才导致了当前伊核危机。为此，美国理应首先取消所有对伊朗及第三方的非法单边制裁，这是谈判取得成功的关键。各方必须继续聚焦并首先解决这一核心问题。同时，联委会也要考虑如何核查美解除制裁的情况。

王群说，中方希望有关各方维持当前谈判势头，坚持正确方向，坚持已有共识，坚持不懈为实现谈判总体目标而携手努力。

会前，王群大使与伊朗副外长阿拉格齐、俄罗斯常驻维也纳联合国代表乌里扬诺夫一道举行了中俄伊三方会谈，就美伊恢复履约谈判的当前重要问题充分交换了意见。

当日，王群大使还会见了欧盟对外行动署副秘书长莫拉，就推动当前谈判交换了意见，强调中方支持欧盟在谈判中发挥协调员的积极作用，及早提出欧方文件。

王群大使：
各方应切实增强谈判紧迫感　及早提出完整的一揽子方案

（2021年5月7日）

5月7日，伊核全面协议联委会新一轮恢复履约谈判政治总司长级会议在奥地利维也纳举行。中国常驻维也纳联合国代表王群大使出席会议。

王群表示，伊核全面协议联委会关于美伊恢复履约的谈判经过前四周的密集商谈，共识领域更加明确，分歧焦点也更为清晰。当前，有关各方都应继续聚焦并扩大共识，并把良好的政治意愿转化为具体行动，切实增强紧迫感，避免相互指责，共同推进谈判进程。中方支持欧盟作为协调员，及早提出完整的一揽子方案案文；同时也希望谈判的每一方均为此创造有利气氛，而非设置先决条件。

王群说，在后续谈判中，中方愿与其他各方携手努力，推动谈判早日取得突破，使伊核全面协议及早恢复全面履约。

王群大使：应加倍努力推进美伊恢复履约谈判进程

（2021年5月19日）

5月19日，伊核全面协议联委会新一轮恢复履约谈判政治总司长级会议在奥地利维也纳举行。中国谈判代表、常驻维也纳联合国代表王群大使出席会议。

王群表示，当前美伊恢复履约的谈判总体是有进展的，但离达成协议的目标还有距离。有关各方应加倍努力，进一步将达成协议的良好意愿切实转化为具体行动，并秉持理性和务实的态度，在制裁解除、核领域措施、恢复履约顺序等方面提出现实可行建议，推动形成全面有效的恢复履约方案。为此，中方也希望伊朗和国际原子能机构就"临时双边技术谅解"的延期及时达成相关安排。

王群强调，中方一直在伊核问题上秉持公正立场，将继续与各方一道，积极推动谈判进程，同时，中方将在制裁解除等方面坚定维护自身合法权益。

王群大使：希望各方拿出政治决断，一揽子解决问题

（2021年5月25日）

5月25日，伊核全面协议联委会新一轮恢复履约谈判政治总司长级会议在奥地利维也纳举行。中国谈判代表、常驻维也纳联合国代表王群大使出席会议。

王群表示，中方欢迎伊朗和国际原子能机构就"临时双边技术谅解"的延期达成相关安排，这为顺利推进恢复履约谈判提供了有利的条件。中方希望各方能增强紧迫感，拿出应有的政治决断，一揽子解决问题，及早达成恢复履约协议。

王群强调，中方一直为推动达成协议积极努力，习近平主席昨天同鲁哈尼总统通话时强调，中方支持伊方在伊核问题全面协议问题上的合理诉求。我们希望伊方的合理诉求能够在此次谈判中得到妥善解决。当然，中方也将继续坚定维护自身合法权益。中方愿继续与各方一道，积极推动谈判早日达成一致。

王群大使：伊朗的合理关切理应得到妥善解决

（2021年6月2日）

6月2日，伊核全面协议联委会新一轮恢复履约谈判政治总司长级会议在奥地利维也纳举行。中国谈判代表、常驻维也纳联合国代表王群大使出席会议。

王群表示，当前，美伊恢复履约谈判取得重要进展，但同时，在制裁解除相关问题上，也还有重要分歧。谈判两个多月来，制裁解除这一首要问题至今拖而不决，这说明是非观问题还没有得到根本解决。单方面退出伊核问题全面协议、并对伊"极限施压"的是美国，这才是伊核危机的根源。因此，美伊要恢复全面协议履约，就必须首先全面、干净、彻底地取消所有美方对伊非法制裁，包括对第三方长臂管辖；美方在退约期间采取的所有与全面协议和联合国安理会相关决议不相符的其他制裁措施，也应当彻底解除。同时，还得采取切实措施防止相关方再次随意退约。中方也支持伊方其他领域的合理关切得到妥善解决。现在是就此作出政治决断的时候了。

王群强调，中方一直在伊核问题上秉持公正立场，愿继续与各方一道，积极推动谈判进程，同时，中方在制裁解除等方面将一如既往地坚定维护自身合法权益。

王群大使：希望美方全面、干净、彻底解除制裁

（2021年6月12日）

6月12日，伊核全面协议联委会新一轮恢复履约谈判政治总司长级会议在奥地利维也纳举行。中国谈判代表、常驻维也纳联合国代表王群大使出席会议并阐述中方立场。

王群说，美伊恢复履约谈判持续了11周，已进入最后阶段，但制裁解除及相关问题在谈判中仍然拖而不决。伊朗对于这一问题的关切是正当合理的。要恢全面协议履约，美国就必须首先解除其对伊单边制裁和对第三方长臂管辖制裁。美国对伊常规武器禁运，也与全面协议和联合国安理会相关决议不符，也应当彻底解除。美方10日宣布解除几项对伊制裁，但多少给人有些扭扭捏捏的感觉，美方既然已作出重返全面协议的政治决断，就应当全面、干净、彻底地取消所有相关制裁。同时，有关各方还应当通过谈判采取切实有效措施防止相关方再次随意退约和恢复实施制裁。

王群表示，在当前谈判的最后阶段，希望有关各方加倍努力，秉持理性和务实的态度，尽早达成全面有效恢复履约的一揽子方案。

王群大使：伊核各方应聚焦现有案文努力扩大共识

（2021年12月3日）

12月3日，在伊核问题全面协议联委会政治总司长级会议上，中国谈判代表、常驻维也纳代表王群大使表示，自11月29日第七轮美伊恢复履约谈判重启以来，各方都严肃认真，虽远未取得突破，但不应小觑这一周来谈判所取得的进展。本周，各方都以上六轮谈判形成的案文为基础，不仅重点就制裁解除问题，还就核领域问题进行了全面、深入的讨论。伊朗就上述两大问题提出了书面修改建议，其他各方则在此基础上与伊方进一步深入交换了看法。这些密集互动有助于其他各方增进对伊新政府谈判团队立场的了解。

王群强调，当前，尽管各方仍存在分歧，但应坚持对话谈判的政治方向，继续坚定维护谈判势头，通过继续聚焦案文及有关书面修改意见，努力从中寻求并扩大共识，以此推进谈判。不应过多强调分歧，以至深陷分歧之中。

王群表示，今天各方同意暂时休会，以便评估本周以来谈判情况、寻求各自首都进一步指示。中方希望这能为下周中继续进行的谈判注入新的政治动力。同时，中方也希望在休会期间，有关各方都能继续努力营造良好谈判氛围。

中方将继续坚定支持美伊恢复履约谈判进程，发挥独特建设性作用，与各方共同推动谈判早日取得成果。

王群大使：
期待各方将此轮谈判重要共识早日转化为最终协议

（2021年12月17日）

12月17日，伊核问题全面协议联合委员会政治总司长级会议在维也纳举行，结束了第七轮美伊恢复履约谈判进程，同时决定今年底前启动下轮谈判。会议由欧盟对外行动署副秘书长主持，伊朗副外长巴盖里、俄罗斯、英国、法国、德国相应官员与会。中国谈判代表、常驻维也纳代表王群大使率团出席。

王群表示，经过三周来高强度密集谈判，在各方共同努力下，第七轮谈判达成了重要共识，就核领域问题形成了新的共同文件，为推进后续谈判进程、推动全面协议最终重返正轨打下了扎实的基础。

王群指出，当前伊核局势处在关键十字路口。中方赞赏欧盟作为协调员在谈判中发挥了不可替代的重要作用；肯定各方在谈判期间所展示的严肃认真态度和灵活务实精神；高度评价伊方同意在以往谈判基础上向前推进，欢迎伊方与国际原子能机构就相关核设施监控达成的重要共识。中方期待各方继续团结协作，大力推进恢复履约谈判。

王群强调，中方始终致力于维护全面协议，建设性参与本轮谈判，努力推动谈判取得积极进展。昨天，中国国务委员兼外长王毅同伊朗外长阿卜杜拉希扬通电话，就进一步推动谈判进程提出了期望、明确了立场。本轮谈判期间，中方就谈判提出了重要思路和建议。我们也与美、伊以及其他各方代表团都进行了良好的沟通与合作，坚定不移维护伊核问题的政治外交解决进程，为推动谈判在正确的轨道上行进发挥了建设性作用。

王群表示，中方期待第八轮谈判早日启动，期待着与各方再聚维也纳，将此轮谈判重要共识早日转化为最终协议。综合前七轮谈判经验，中方愿就后续谈判提出以下几点建议：

一是坚定正确的谈判方向。本轮谈判排除困难和干扰，最终推动达成了多个成果文件和共识。这充分说明对话和谈判是解决伊核问题的唯一出路。我们要保持这一来之不易的良好势头，积极回应彼此正当合理关切，尽早达成各方均可接受的美伊恢复履约安排。

二是聚焦实质的案文谈判。通过本轮谈判的充分沟通，各方对彼此的立场和关切有了更加清晰的认识，并达成了融合各方立场的最新案文。下步，我们一方面要完善核领域问题共同文件，另一方面要始终将制裁解除作为谈判必须解决的首要问题。必须以认真、专业的态度推进实质性讨论，重点解决相关未决问题，推动具体案文谈判取得新的进展。

三是维护良好的谈判氛围。重返伊核全面协议符合各方共同利益，希望各方本着务实合作、求同存异的精神，保持客观理性，充分展示耐心，珍惜来之不易的谈判和对话氛围。各方要避免采取刺激性和消极言论，不要人为制造危机，动辄威胁、干扰谈判进程。

王群最后强调，中方将继续坚定支持美伊恢复履约谈判进程，建设性参与后续谈判进程，与各方一道努力推动谈判早日取得成果。

王群大使：努力扩大共识、妥善处理分歧，共同推动谈判取得新的突破

（2021年12月27日）

12月27日，伊核问题全面协议联合委员会政治总司长级会议在维也纳举行，宣布启动第八轮美伊恢复履约谈判进程。会议由欧盟对外行动署副秘书长莫拉主持，伊朗副外长巴盖里、俄罗斯、英国、法国、德国相应官员与会。中国谈判代表、常驻维也纳代表王群大使率团出席。

王群表示，今天伊核有关各方在圣诞和新年假日期间即启动第八轮谈判。这本身就充分反映出各方对恢复履约谈判的紧迫感。

王群指出，关于第七轮谈判，尽管有不同的解读，但中方同大多数参与方一样，都认为谈判取得了积极的成果。各方就核领域问题形成了新的"共同案文"，就制裁解除问题形成了"共同谅解"，同意在第八轮谈判中聚焦这一重点问题深入谈判。这些共识为本轮谈判打下了扎实的基础。

当前，有关各方要聚焦共识、特别是正在形成的共识，并在此基础上努力扩大共识。同时，要妥善处理分歧。在伊核及相关防扩散问题上，不能出于一己私利，搞实用主义和双重标准；也不能动辄威胁制裁、甚至在谈判期间对伊实施新的制裁。希望各方均能采取实际举措，共同维护当前谈判势头和氛围，推动谈判早日达成一揽子方案。

王群最后表示，中方将继续坚定支持美伊恢复履约谈判进程，建设性参与后续谈判，与各方一道努力推动谈判取得成果。